REIHNHOLD THEN
MIT PAULUS UNTERWEGS

REINHOLD THEN

Mit Paulus unterwegs

IN ZUSAMMENARBEIT MIT
RENATE BÖSL

VERLAG KATHOLISCHES
BIBELWERK STUTTGART

Bildnachweis
Umschlag
 Bild oben: Athen, Akropolis (5. Jh. v. Chr.),
 Bildagentur Mauritius, München
 Bild unten: Ephesus, sogenannter
 Hadrianstempel (2. Jh. n. Chr.),
 J. Schindler, Regensburg
Innenteil
 Alle Aufnahmen wurden vom Verfasser zur
 Verfügung gestellt

ISBN 3-460-32797-9
Alle Rechte vorbehalten
© 2003 Verlag Katholisches Bibelwerk GmbH,
Stuttgart
Für die Texte der Einheitsübersetzung der
Heiligen Schrift:
© Katholische Bibelanstalt, Stuttgart 1980

Umschlag: Finken & Bumiller, Stuttgart
Layout und Satz: Buchherstellung Dotzauer,
Stuttgart
Druck: Ludwig Auer GmbH, Donauwörth

Inhalt

Vorwort 7

Die Frühzeit des Apostels
Teil 1: Hinführung 9
Teil 2: Die literarischen Zeugnisse 13
Teil 3: Paulus aus Tarsus 17
Teil 4: Erziehung und Ausbildung 23
Teil 5: Paulus vor Damaskus 28

Von der Bekehrung bis zur ersten Missionsreise
Teil 6: Damaskus 34
Teil 7: Die ersten Christen in und um Damaskus 40
Teil 8: Antiochia am Orontes (I) 46
Teil 9: Antiochia am Orontes (II) 51
Teil 10: Ausblick: Antiochia in den ersten Jahrhunderten (III) 53

Die erste Missionsreise
Teil 11: Nach Seleuzia hinab 58
Teil 12: Von Seleuzia bis Perge 64
Teil 13: Antiochia, Ikonion, Lystra, Derbe 69
Teil 14: Perge 75
Teil 15: Das Apostelkonzil in Jerusalem 79
Teil 16: Der Konflikt zwischen Paulus und Petrus 85

Die zweite Missionsreise
Teil 17: Die neuen Mitarbeiterinnen und Mitarbeiter 91
Teil 18: Thekla – eine Reisebegleiterin des Paulus? 96
Teil 19: Galater auf Schritt und Tritt 102
Teil 20: Eine Landschaft erzählt 108
Teil 21: Philippi 113
Teil 22: Philippi – Die Lieblingsgemeinde 119
Teil 23: Thessalonich – Die Missionsstrategie 124
Teil 24: Thessalonich – Vom Briefeschreiben (I) 130
Teil 25: Thessalonich – Vom Briefeschreiben (II) 136
Teil 26: Thessalonich – Vom Briefeschreiben (III) 141
Teil 26a: Tabelle: Die paulinischen Briefeingänge (Präskript) 147
Teil 27: Thessalonich – Die Thessalonicherbriefe 148
Teil 28: Beröa – Athen 152
Teil 29: Athen (I) 157
Teil 30: Athen (II) 163
Teil 31: Eleusis (I) 169
Teil 32: Eleusis (II) 174
Teil 33: Isthmia 179
Teil 34: Korinth (I) 184
Teil 35: Korinth (II) 189
Teil 36: Korinth (III) 194
Teil 37: Korinth (IV) 201
Teil 38: Korinth (V) 207

Die dritte Missionsreise

Teil 39: Ephesus (I) 214
Teil 40: Ephesus (II) 218
Teil 41: Ephesus (III) 223
Teil 42: Ephesus (IV) 229
Teil 43: Ephesus (V) 232
Teil 44: Die Weiterreise nach
        Griechenland 237
Teil 45: Von Korinth nach Rom.
        Der Römerbrief (I) 242
Teil 46: Von Korinth nach Rom.
        Der Römerbrief (II) 249
Teil 47: Von Korinth nach Rom.
        Der Römerbrief (III) 255
Teil 48: Von Korinth nach Jerusalem (I)
        261
Teil 49: Von Korinth nach Jerusalem (II)
        266
Teil 50: Letztmals in Jerusalem 270
Teil 51: Von Jerusalem nach Cäsarea
        277

Die Fahrt nach Rom

Teil 52: Die Fahrt nach Rom (I) 280
Teil 53: Die Fahrt nach Rom (II) 284
Teil 54: Rom - Ende und Anfang 290
Teil 55: Schluss - Ausblick 296

Anhänge

Anhang 1: Literaturverzeichnis 299
Anhang 2: Die Lebensdaten des Paulus 302
Anhang 3: Die Briefe des Paulus 303
Anhang 4: Die römischen Kaiser 303

Bildteil 305

Vorwort

„Mit Paulus unterwegs" zu sein, ist ein spannendes, umfangreiches Unternehmen. Vor allem, wenn man vorhat, die einzelnen Orte seines Wirkens aufzusuchen oder wenn man sie schon einmal besucht hat. So werden die Paulusbriefe lebendig und die Orte und Landschaften der Geschichte bekommen neues Leben. Dann verknüpft die Kreativität die eigene Phantasie und die fremde Welt zu einer spannenden Einheit.

Die vorliegende Reise folgt dem Vorschlag des Apostels Paulus in 1 Kor 9,5: „Haben wir nicht das Recht, eine gläubige Frau mitzunehmen, wie die übrigen Apostel und die Brüder des Herrn und wie Kephas?"

Alleine zu reisen, ist nur die halbe Wahrheit, in Gemeinschaft unterwegs zu sein, schafft stärkere Einsicht (Sir 34,9-12). Warum nicht mit dem Gegenüber des anderen Geschlechts unterwegs sein? So hat mich meine freie Mitarbeiterin Renate Bösl kritisch beraten und manche weiblichen Aspekte auf den Reisen des Paulus nicht übersehen lassen. Teil 18 (Thekla) und Teil 21 (Lydia) hat sie selbst verfasst. Mehr noch hat sie viele meiner Reisen vor Ort oder in den Bildungshäusern begleitet und wurde so zur guten „Weggefährtin".

Deshalb muss mit Recht zumindest im Innentitel dieses Buches stehen „in Zusammenarbeit mit".

•

Auf einer langen Reise ist es wichtig, dass man den langen Atem nicht verliert. Das gilt auch für alle Leserinnen und Leser. Deshalb wurde dieses Buch ursprünglich als Artikelserie im Regensburger Bistumsblatt gedruckt und dort auf seine Akzeptanz hin geprüft. Weil wieder wie beim ersten Versuch (Unterwegs im Heiligen Land. Auf den Spuren Jesu) viele nicht nur einzelne Beiträge sammeln wollten, sondern das Buch schätzen, wurde die Buchausgabe gedruckt.

Zuweilen kann man noch die enge Portionierung der Einzelteile auf maximal 5 Seiten erahnen. Und doch hat sich eine solche Lesart bewährt. Wie sich die Marschlänge unseres Apostels samt seiner Begleiter während der Reisen täglich portioniert, so sind auch die vorliegenden 55 Einzelteile in einem lesbaren Umfang gehalten und laden zum Weiterlesen ein.

Auch Bibelkreise benutzen die einzelnen Bausteine gerne als Hintergrundinformationen, um dann im Gesprächskreis biblische Texte zu beleuchten. Nach 10 Jahren „Grundkurs Bibel"-Arbeit in der Diözese Regensburg wird sich so manche/r in meinen Argumentationen wiederfinden. Das ist beabsichtigt und macht uns den unbequemen Apostel vertrauter.

Gespräch und Vorort-Studien haben sich jedenfalls für ein tiefergehendes Paulustudium bewährt.

Danken möchte ich für die Geduld von Stephan Mohr, dem Redakteur des Regensburger Bistumsblatts, der wöchentlich auf seine Beiträge warten musste und auch dem Verlagslektor Herbert Wilfart, dem es am Ende nicht viel anders erging.

Regensburg, im Bibeljahr 2003
REINHOLD THEN

Die Frühzeit des Apostels

TEIL 1
Hinführung

Nach Jesus ist Paulus unumstritten die wichtigste Persönlichkeit im Neuen Testament und im gesamten Urchristentum. Von keiner Gestalt des frühen Christentums haben wir so genaue und umfangreiche Kenntnis wie von ihm. Wir erfahren dank seiner zahlreichen Briefe authentische und genaue Details zu seiner Person, aber auch zum frühen Christentum der 60er Jahre des 1. Jahrhunderts. Ergänzend gibt uns Lukas in der Apostelgeschichte Einblicke in das spannungsreiche Leben des Völkerapostels und in die Umwelt, in der er sich bewegte. Dank der Apostelgeschichte, die in ihrer zweiten Hälfte ausschließlich mit den paulinischen Aktivitäten zu tun hat, erhalten wir Überlieferungen aus der lukanischen und frühkirchlichen Sicht des Völkerapostels, erfahren Details aus seinem Leben, die dieser selbst verschweigt oder im Zusammenhang seiner brieflichen Argumentation nicht unterbringen kann oder will. Mit Paulus erfahren wir manches aus dem Alltag der frühen Kirche, bei längerem Hinsehen können wir sogar einiges über die soziale und kulturelle Umwelt herauslesen, also all das, was sich um Paulus und die frühen Gemeinden zugetragen hat. Dies ist Anlass genug, einmal genauer hinzuschauen und Paulus, die Urkirche und auch die heidnische Umwelt etwas schärfer unter die Lupe zu nehmen, um so herauszufinden, was die herausragende Größe des Apostels und seine Botschaft ausmacht. Wir tun dies, indem wir Paulus auf seinen Reisen begleiten und uns so zu seinen Weggefährten machen.

Die Apostelgeschichte des Lukas gibt uns die Abfolge der apostolischen Missionsstationen vor und nimmt uns als Reisebegleiter mit in die antike Weite hinein.

Die Serie im Überblick

Die Artikelfolge vermittelt Einblicke in das Leben und Wirken des Völkerapostels. Seine Biographie soll in drei Phasen dargestellt werden. Zunächst ergründen wir skizzenhaft die Frühzeit des Apostels von der Geburt bis zur Bekehrung (Phase 1), das sind ca. 30 Jahre seines Lebens. Dann erfolgt die Zeit von der Bekehrung bis zum Beginn der ersten Missionsreise (Phase 2), das sind nochmals ca. 17 Jahre. Dieser langen Zeit schließt sich der ca. 13-jährige Abschnitt der Missionsreisen an (Phase 3), der Paulus am Ende, noch nicht am Ziel seiner Mission angekommen, in Rom das Martyrium kostet. In dieser Zeit entsteht der Briefwechsel des unsteten Apostels mit seinen Gemeinden. Es sind wichtige Hilfsmittel seiner missionarischen Tätigkeit, damit direkte Zeugnisse paulinischer Argumentation und somit authentische Einblicke in die Sorgen, Nöte aber auch Freuden der Menschen, die sich an Paulus gewendet haben und denen er ausführlich antwortet. Der dritte Lebensabschnitt wird uns die meiste Zeit beschäftigen. Die Reiseroute mit den jeweiligen Missionsstationen gibt uns die Apostelgeschichte vor.

•

Sie sind herzlich eingeladen sich in die Zeit, die Kultur und Umwelt des Apostels Paulus zurückzuversetzen. Wir wollen seine Botschaft ergründen, sein Leben und seinen Alltag verstehen lernen und bei alledem das Umfeld wahrnehmen, in dem er gewirkt hat.

Freilich ist uns bewusst, dass eine Reise in eine 2000-jährige Vergangenheit auch strapaziös ist, da sie uns in eine weit zurückliegende Epoche und in sehr fremde Länder führt. Fremd ist uns das meiste, weil es anders ist als unser gegenwärtiger Alltag: Das Klima ist anders, die Sprache, die gesprochen wird, eine andere. Die Menschen, die wir antreffen, fühlen, denken und urteilen anders als wir heute. Der Genfer Bibeltheologe Ernst Axel Knauf sagt: „Eine solche Reise findet immer nur in der Vorstellung statt: denn die Vergangenheit ist ein Land, in das wir wohl hineinsehen können, soweit unsere eigene Erinnerung reicht, über das wir Nachrichten sammeln können, die uns aus diesem fernen Land zugekommen sind – nur hineingehen und selber nachprüfen, was es denn mit diesen Nachrichten auf sich habe, können wir nicht ... Der Reisende sieht das fremde Land, das er besucht, mit anderen Augen als die Einheimischen. Er hat auch andere Länder gesehen und kann vergleichen. Er kann sich bemühen, die Einheimischen zu verstehen, kann auch einige ihrer Anliegen zu seinen machen; nur ein Einheimischer werden kann er nicht. Der Reisende kommt aus großer Ferne und kehrt dahin zurück. Er sieht manches klarer, anderes dafür überhaupt nicht."[1]

Wir haben vieles in unserem kulturellen Rucksack, das uns hindert, dieser unbeugsamen Gestalt des frühen Christentums zu folgen. Und dennoch machen wir uns auf den Weg.

Unterwegs fragen wir uns, inwieweit die unglaublich weiten Wegstrecken und Missionsräume, die Paulus zurückgelegt hat, zufällig oder doch eher bewusst gewählt wurden.

Unsere Reisebibel im Gepäck ist die Einheitsübersetzung der Hl. Schrift. Zwar können wir diese Übersetzung im heutigen Deutsch lesen, ein wirkliches Verstehen gerade der paulinischen Texte entzieht sich uns aber häufig auf Grund vielfältiger Barrieren. Wir wollen deshalb, wenn wir Paulus zitieren, zuweilen auch auf eine andere moderne, ökumenische Bibelübersetzung zurückgreifen, die uns die Inhalte bereits deutend auslegt: Die Gute Nachricht.

•••

[1] E. A. Knauf, Die Umwelt des Alten Testaments. (Neuer Stuttgarter Kommentar Altes Testament 29), Stuttgart 1994, 19.

Paulus und seine Zeitgenossen

Glücklicherweise haben wir nicht nur Paulus, auf den wir uns berufen können, wenn wir ihn und seine Zeit beschreiben. Es gibt verschiedene Zugänge und mehrere Reiseleiter, die uns beim Übersetzen in unsere Zeit und unseren Lebensalltag helfen können.

Ein zweiter wichtiger Reiseleiter auf unseren langen paulinischen Wegstrecken ist Lukas. Er schreibt seine Apostelgeschichte zwar erst eine Generation nach Paulus, vieles ist daher verklärend und für die Gemeindesituation seiner Kirche am Ende des 1. Jhs. geschrieben, doch die zahlreichen Quellen, die er einarbeitet, liefern viele Auskünfte über die Tatsachen der Gemeindeverhältnisse in Antiochia und Jerusalem, da er wohl antiochenische und jerusalemer Quellen über Paulus verarbeitet.

Seine Reiserouten, die er für den Völkerapostel absteckt, geben uns Wege und Räume vor, denen wir entlang der Apostelgeschichte folgen können. Hätten wir nur die Paulusbriefe und nicht die Apostelgeschichte, so könnten wir kaum rekonstruieren, wie die Jahre der paulinischen Mission vor allem in ihrer Abfolge ausgesehen haben.

Die Reiseliteratur der Antike ist glücklicherweise zahlreich. Uns interessieren daher die antiken Autoren vor allem des 1.–2. Jhs., da sie uns die damaligen Zeit- und Umweltverhältnisse transparent machen. Der Reisende Pausanius (110–180 n. Chr.) z. B. ist eine Plaudertasche, die ihresgleichen sucht. Er schildert ausführlich seine Reiseeindrücke in Griechenland und hält fest, was er in Athen, Korinth, Epitaurus und an vielen anderen Orten während seiner Städtebesichtigungen beobachtet hat. Da Paulus diese Stätten mehr oder weniger zeitgleich gesehen hat, illustrieren und ergänzen solche Beschreibungen unser Wissen gerade deshalb, weil Paulus und auch Lukas in ihren religiösen Unterweisungen an solchen Ausführungen nicht interessiert waren.

Zeitgenössische Philosophen, Dichter und Historiker (Plinius, Plutarch, Seneca, Petronius, Horaz, Cato, u.a.) sagen, wie sie die Welt verstehen - auch und gerade ohne Paulus. Wir dürfen dabei nicht vergessen, dass die religiösen Angebote damals sehr vielfältig waren, nicht immer nur minderwertig oder dekadent, sondern oft auch ethisch sehr hoch stehend, sodass Paulus mit seiner Missionsbotschaft vom Heil, das in einem gekreuzigten Christus liegt, vor den Menschen häufig keinen leichten Stand hatte. So vertritt der zeitgenössische römische Philosoph Seneca eine Lehre, die mitunter sehr christlich anmutet und manches mit Paulus teilt. Paulus dürfte Seneca in seiner kurzen Zeit in Rom wohl nicht begegnet sein. Und doch gibt es einen erfundenen apokryphen Briefwechsel zwischen Seneca und Paulus aus dem 4. Jh., ein literarischer Versuch, die ideelle Nähe zwischen beiden herzustellen.

Übersehen wollen wir nicht den römischen Koch Marcus Gavius Apicius (geb. um 25 v. Chr.), der uns über seine Kochbücher ausführliche Einblicke in die antike Kochkunst gewährt und zudem die Gepflogenheiten bei einem Gastmahl offenbart. Denn nicht nur beim Herrenmahl, den Agapefeiern und den hellenistischen Kulten werden Gastmähler für unseren Zusammenhang wichtig. Mahlgemeinschaften und Gastfreundschaft sind bei Paulus wesentliche Erkennungszeichen für ein echtes Christentum.

Wenn wir in die antike Welt des Paulus hineinsehen, so dürfen wir ebenso nicht die heitere, leichte Seite des Paulus übersehen. Paulus verkündet eine Botschaft, die beschwingt, befreit und den Alltag froh macht. Weil wir nur seine Antwortbriefe kennen, haben wir einen sehr begrenzten Einblick in sein Leben. Da dort zuweilen deutliche Ermahnungen und Zurechtweisungen ausgesprochen werden, meinen viele, Paulus sei ein überaus ernster Mensch gewesen. Bereits der Philipperbrief zeigt uns aber, wie heiter und fröhlich Paulus mit seinen Freunden sein konnte. Schließlich ist noch das Thema Paulus und die Frauen zu betrachten. Wir werden nachweisen können, dass der Glaube an Jesus Christus Paulus zu einem Freund der Frauen gemacht hat.

Reisen bildet

Zu uns gehört es, neugierig zu sein. Wo es gilt, unbekanntes Land zu entdecken, werden wir unruhig. Wer sich aufmacht und unterwegs ist, hat die besten Chancen immer wieder Neues zu erleben. Wissensdurst wird dort gestillt, wo es etwas zu entdecken gibt. Wer das Glück hat, fremde Länder bereisen zu können und Menschen aus anderen Kulturkreisen zu erleben, darf sich glücklich schätzen. Wer gar einen Auftrag wie Paulus verspürt, in die Weite der Welt hinausgehen zu müssen, wird umtriebig und kann andere für seine Sache begeistern.

Begeben wir uns also mit Paulus, Lukas und vielen anderen Zeitgenossen auf einen Weg, der spannend und zuweilen sogar abenteuerlich sein wird und von einer anderen, ungewohnten Seite her, die Anfänge unseres christlichen Glaubens beleuchtet. Damit wir einen Einblick in die Fülle der antiken religiösen Welt bekommen, sei ein Vergleich gestattet. Der dänische Religionshistoriker Franz Cumont hat bereits vor hundert Jahren geschrieben: „Nehmen wir einmal an, das moderne Europa wäre Zeuge davon gewesen, wie die Gläubigen die christlichen Kirchen verließen, um Allah oder Brahma zu verehren, die Gebote des Konfuzius oder des Buddha zu befolgen, die Grundsätze des *shinto* anzunehmen; denken wir uns ein großes Durcheinander von allen Rassen der Welt, in dem arabische Mullahs, chinesische Literaten, japanische Bonzen, tibetanische Lamas, hinduistische Pandits zu gleicher Zeit den Fatalismus und die Prädestination, den Ahnenkult und die Anbetung des vergötterten Herrschers, den Pessimismus und die Erlösung durch Selbstvernichtung verkündigten, und dass alle diese Priester in unseren Städten fremdartig stilisierte Tempel erbauten und in diesen ihre verschiedenen Riten zelebrierten – dann würde dieser Traum, den die Zukunft vielleicht einmal verwirklichen wird, uns ein ziemlich genaues Bild von der religiösen Zerissenheit gewähren, in der die alte Welt vor Konstantin verharrte." [2]

•••

[2] F. Cumont, Die orientalischen Religionen im römischen Heidentum (Les religions orientales dans le paganisme romain, Paris 1. Aufl 1906), Darmstadt 7. Aufl. 1975, 178f.

TEIL 2
Die literarischen Zeugnisse

Unser Wissen über Paulus beruht ausschließlich auf zwei literarischen Quellen: die Selbstzeugnisse des Apostels in seinen Briefen an die Gemeinden und die lukanische Apostelgeschichte. Da Lukas in seinem Werk verschiedene Quellen aus Jerusalem, Antiochia und unbekannter Herkunft aufgreift, lässt sich indirekt auch ein Portrait der frühen Gemeinden über Paulus erheben. Darüber hinaus besitzen wir keine literarischen Hinweise mehr, die das auf historischen Tatsachen beruhende Leben und Wirken des Apostels erhellen.

Mittels eines fiktiven Gesprächs zwischen Paulus und Lukas soll eine erste Annäherung zwischen beiden literarischen Zeugnissen versucht werden. Das Gespräch ist frei erfunden, die verwendeten Argumente entsprechen jedoch dem Erkenntnisstand heutiger Bibelwissenschaft.

Paulus und Lukas im Gespräch

Lassen wir die Unterredung bald nach der Abfassung der Apostelgeschichte ca. 90 n. Chr., also eine Generation nach dem Martyrium des Heidenapostels, stattfinden:

Lieber Paulus, endlich habe ich Gelegenheit dir einmal persönlich gegenüber zu stehen und dir das zu sagen, was ich dir schon längst sagen wollte.

Leider konnte ich dich in deinem irdischen Leben nicht treffen, hätte ich doch gerne von dir gelernt und deinen entschiedenen Glauben an Jesus Christus persönlich erlebt.

So musste ich mich auf die Worte der christlichen Brüder und Schwestern verlassen, deren Kunde ich vernommen habe.

Weil ich in meinem Werk so viele Details aus deinem Leben zusammengetragen habe, haben mich die späteren Brüder zu deinem Reisebegleiter gemacht, zumindest, so sagen sie, soll ich auf der zweiten Etappe deiner Missionsreisen mit dir unterwegs gewesen sein.

Wahr ist, dass ich dir nicht einmal persönlich begegnet bin, dass ich auch deine Briefe, die man inzwischen gesammelt hat, nicht gekannt habe. Meine Glaubensgeschwister waren neugierig und wollten mehr über dich erfahren, mehr als du selbst in deinen Briefen von dir hast verlauten lassen. Und so habe ich auf meine Freunde in Jerusalem und Antiochia vertraut, die ihrerseits bereits schriftliche Aufzeichnungen über dich gesammelt haben.

Du machst mich neugierig. Was hast du denn, lieber Lukas, über mich zu sagen?

Nun, dass du z.B. in Tarsus aufgewachsen bist und von deinem Vater her das römische Bürgerrecht und das stadtrömische Bürgerrecht von Tarsus besitzt, was für einen frommen Juden gar nicht selbstverständlich ist.

Weil du aber nie etwas über deinen Geburtsort geäußert hast, konnte ich darüber leider auch nichts herausfinden. Da ich nicht sicher war, ob du in Tarsus auch geboren wurdest, habe ich nur ganz allgemein von deiner Herkunft aus Tarsus gesprochen.

Ich weiß, lieber Lukas, du hast mir viele Reden in den Mund gelegt und bist dabei behutsam mit deinen Auskünften über meine Person verfahren. Dass du nicht immer alles genau auf die Reihe gebracht hast, sehe ich dir nach. Loben möchte ich dich für dein perfektes schriftstellerisches Können. Du bist ja unbestritten ein Meister der griechischen Sprache. Auch ich habe zwar das Griechische als Muttersprache gelernt und war im Schreiben besser als im Reden, doch du beherrschst die weltweite griechische Verkehrssprache besser als ich.

αγραφα α′

Lieber Paulus, das liegt an meiner Herkunft, ich bin ja unter gebildeten Heiden aufgewachsen, die mich in die Literatur der griechischen Philosophie und Schriftsteller eingeführt haben.

Mich dagegen, lieber Lukas, haben meine Eltern mehr die jüdische Religion gelehrt, worauf ich immer stolz war.

Ich weiß, Paulus, du trägst ja den bekannten Namen des großen Königs Saul und gleichzeitig den eher seltenen römischen Namen Paulus. Warum hast du darüber nie gesprochen?

Meinen heidenchristlichen Brüdern und Schwestern war dies nicht so wichtig. Soll ich dir das glauben, lieber Paulus? Ich weiß von meinen Glaubensbrüdern aus Antiochia, dass deine Eltern Wert auf deine jüdische Herkunft gelegt haben. Nicht nur, weil sie der pharisäischen Richtung angehörten, sondern weil ihnen die Religion wichtig war. Die Kenntnis über deinen handwerklichen Beruf als „Zeltmacher" habe ich aus sicherer Quelle. Ebenso zweifelsfrei ist von den Brüdern aus Antiochia überliefert, dass dich Barnabas nach deiner Bekehrung in die Metropole Antiochia geholt hat. Nur weil du dich nicht mit Johannes Markus verstanden hast, gerietest du später mit Barnabas in Streit und bist deine eigenen Missionswege gegangen. Nicht so sicher war ich mir, als ich dich mehrmals in einer Rede sagen ließ, du seist als Christ auch Pharisäer geblieben. Auch bin ich mir nicht mehr so sicher, ob dich deine Eltern in deiner Jugend nach Jerusalem geschickt haben, damit du beim großen Rabbi Gamaliel in die Schule gehen konntest.

Es stimmt, Lukas, dass ich auch darüber nie geschrieben habe und doch sollte man aus meinen Briefen herauslesen können, wie sehr ich mich mit der schriftgelehrten rabbinischen Theologie beschäftigt habe.

Du überschätzt uns, lieber Paulus, uns, die wir aus einer heidnischen Welt kommen und mit der jüdischen Religion nicht vertraut sind. Die anderen Glaubensbrüder tun sich häufig schwer mit deinen biblischen Begründungen. Ich selbst konnte, wie gesagt, deine Briefe nicht einsehen, sodass ich nicht weiß, wie schriftgelehrt du argumentieren konntest.

αγραφα β′

Was hast du denn, lieber Lukas, noch in Antiochia über mich in Erfahrung gebracht, worüber ich selbst nie geschrieben habe?

Mir wurde glaubhaft überliefert, dass Antiochia für dich der Dreh- und Angelpunkt deiner Missionsreisen gewesen ist. Ich aber wollte natürlich in meiner Apostelgeschichte stärker die Muttergemeinde in Jerusalem herausstellen und alle Verkündigung von dort ausgehen lassen. Antiochia ist dagegen nur eine Pflanzung der Heiligen Stadt. Deshalb habe ich dich auch zu einem Zeugen in Jerusalem gemacht, der bei der Steinigung des Stephanus dabei gewesen ist. Worüber du nichts geschrieben hast, worüber mir aber meine antiochenischen Quellen Auskunft geben konnten, ist, wie du vor dem römischen Prokonsul Gallio in Korinth angeklagt wurdest, wie du den Aufruhr der Silberschmiede in Ephesus inszeniert hast und wie man dich nach deiner dritten Missionsreise in Jerusalem festgenommen, in römische Schutzhaft nach Cäsarea gebracht und von dort in einer gefahrvollen Seefahrt nach Rom deportiert hat. Warum hast du darüber nie etwas geschrieben?

Lukas, ich wollte um meine Person nicht so viel Aufhebens machen, denn mir ging es immer um die Verkündigung des Auferstandenen, nicht um meine Person. Ich muss sagen, du hast viele Details zu meiner Person erkundet, die tatsächlich für die Späteren wichtig geworden sind. Ergänzend darf ich noch anführen, denn auch das interessiert die künftigen Generationen, mich hat in Galatien eine schwere Krankheit fast aus der Bahn geworfen. Nicht wegen dieser Krankheit, sondern um des Himmelreiches willen bin ich ehelos geblieben und habe keine Frau berührt. Du musst wissen, ich war von der brennenden Vorstellung beseelt, dass unser Herr bald, wirklich bald wieder kommen würde; da sind Details um meine eigene Person nicht angebracht.

Lukas, du gehst in deiner Apostelgeschichte immer davon aus, dass die Ankunft des Herrn noch dauern könnte und hast deshalb der Mission so viel Raum zugestanden. Das habe ich immer anders gesehen. Meine Berufung zum Völkerapostel hat mich zwar in die ganze Welt hinausgetrieben, doch ich habe immer damit gerechnet, dass der Herr bald kommen würde.

Ich möchte in diesem Zusammenhang auch das richtig stellen, mein Lieber, was du tatsächlich falsch dargestellt hast.

Du behauptest, ich hätte auf dem Apostelkonzil in Jerusalem eine Vereinbarung, genauer einen Kompromiss, mitgetragen, der das Zusammenleben der Juden- und Heidenchristen geregelt habe. Das ist undenkbar! Du behauptest sogar, ich hätte die Beschlüsse in meinen Gemeinden umgesetzt.

Hättest du mich gekannt, wüsstest du, wie wenig kompromissbereit ich bei der Verkündigung gewesen bin. Ich habe um der Sache Christi willen sogar häufig mein Judesein verleugnet, nur um keinen Kompromiss eingehen zu müssen. Zudem hast du das in der Folge so wichtige Apostelkonzil nicht ganz richtig in meine Missionsreisen eingeordnet. Man hat den Eindruck, ich hätte schon vor dem Konzil in Griechenland missioniert, was de facto nicht der Fall ist; aber das nur am Rande.

Ich bin ein wenig enttäuscht darüber,

dass du mich nie als einen Apostel Jesu Christi herausgestellt hast. Meine Briefe beginne ich immer mit meinem mir wichtigen apostolischen Auftrag, „Paulus, Apostel Jesu Christi an die Gemeinde in …" Warum kannst du nicht sagen, dass ich den anderen Aposteln ebenbürtig bin? Es stimmt zwar, dass ich Jesus nicht selbst gesehen und ihn auf seinen Wegen nicht begleitet habe. Das ist auch der Grund, weshalb ich mich fast nie auf ein Herrenwort berufe und nie vom irdischen Jesus spreche. Und doch hatte ich eine Offenbarung des Auferstandenen, die mein Leben so radikal veränderte, dass mich kaum einer wiedererkannte. Du hast mir die Apostelwürde vorenthalten, obwohl sie mir so wichtig war, lieber Lukas. Aber lassen wir diese Dinge so stehen. Du hast mich in vielen Belangen geschont und wohl wollend dargestellt, vor allem, was die Konflikte in meinen Gemeinden betrifft.

Es muss dir ja zu Ohren gekommen sein, dass das Gemeindeleben in Korinth von Krisen geschüttelt war und dass auch meine zahlreichen Briefwechsel dorthin fast nichts bewirkt haben. Über mein Wirken in Korinth und Ephesus schreibst du auffällig wenig. Warum nur? Ich habe dort sehr viel Zeit verbracht.

αγραφα γ'
Du übergehst auch meinen Konflikt, den ich mit Petrus wegen der Einhaltung der jüdischen Speisevorschriften und der Freiheit bezüglich des Gesetzes in Antiochia hatte. Da hat es kräftig zwischen uns geraucht, hat es viele laute Worte gegeben, in meinem Brief an die Galater habe ich darüber geschrieben. Natürlich haben wir schließlich wieder ein einvernehmliches Miteinander gefunden.

Du übergehst auch, dass Barnabas, der für meine anfängliche Mission wichtig war, bei körperlichen Anstrengungen und geistigen Strapazen zu schwach war und bei meinen Marschgeschwindigkeiten nicht mithalten konnte, weshalb ich ihn um des Evangeliums willen zurücklassen musste.

Du verschweigst auch, um mich zu schonen, dass es viele Erhebungen gegen mich gegeben hat und regelst manchen Konflikt einvernehmlich, du verlegst diese sogar in spätere Zeit, nur damit es so ausschaut, als sei in der Urkirche alles ideal und wir alle seien „ein Herz und eine Seele" gewesen. Nein, die Konflikte und Widerstände wegen des Evangeliums waren in den Gemeinden stärker, als du die Leser glauben machst.

Stimmt, Paulus, ich war auf Harmonie und Frieden im Gemeindeleben aus. Mir lag deshalb auch daran, dich vor allzu großen Demütigungen zu bewahren. Da ist zum Beispiel deine große Redeschwäche. Ich habe dich als großen und glänzenden Redner herausgestellt, der sogar mit den stoischen und epikuräischen Philosophen in Athen diskutiert. Ich weiß, du hättest auf Grund deiner fehlenden Vorbildung keine Chance bei den Gesprächen mit diesen Männern gehabt.

Demütigend muss für dich die Kerkerhaft in Ephesus gewesen sein, ich habe darüber lieber nichts geschrieben. Denn wichtig war mir deine Berufung, sie trägt Züge einer Bekehrungsgeschichte, dreimal erwähnte ich sie, um allen zu zeigen, was für ein neuer Mensch du geworden bist und wie sich dein Leben von da ab gewandelt hat.

Lieber Lukas, du verehrst mich, nur so kann ich mir erklären, dass die Hälfte deiner Apostelgeschichte meine Mission darstellt. Du hättest doch gewiss auch über die anderen Missionare viel schreiben können. Und doch muss ich dich auf eine Fehleinschätzung meiner Theologie hinweisen. Welche Bedeutung hat der Tod Jesu in deinen Augen? Ich habe den Eindruck, er ist für dich nicht mehr als ein Märtyrertod. Für mich ist er viel bedeutsamer. Hättest du nur meinen Korinther- und Römerbrief gekannt, wo ich über die Bedeutung und Tragweite des Kreuzestodes Christi gesprochen habe! Der Tod Jesu ist im Gegensatz zu deiner Vorstellung Sühneopfer für unsere Sünden. Darin liegt für mich die Erlösung der Welt.

Warum schreibst du auch fast nichts über die Rechtfertigung des Sünders, nichts über die Gerechtigkeit, die aus dem Glauben kommt? Warum übergehst du meine Kollekte für Jerusalem? Sie war mir sehr wichtig, nicht nur, weil ich damit Almosen für die Armen nach Jerusalem gebracht habe. Die Kollekte war ein wichtiges, einheitsstiftendes Band für die Gesamtkirche. Auch erwähnst du nicht meinen Plan für eine Spanienreise. Der Spanienmission liegt ein wichtiger biblischer Auftrag zu Grunde, der die Nähe des Reiches Gottes markiert.

Lieber Paulus, darüber wusste ich zu wenig, ich kannte dich und deine Theologie ja nicht. Und das, was ich ergänzend wusste, wollte ich nicht schreiben, weil meine Apostelgeschichte ein anderes Konzept verfolgte.

Die Späteren werden es leichter haben mit unser beider Absicht, denn sie können sowohl deine Briefe als auch meine Apostelgeschichte lesen und sich so von dir selbst, aber auch von der frühen Kirche eine Meinung bilden.

Lass es dir gut gehen, Paulus – es grüßt dich im Herrn dein Lukas.

TEIL 3
Paulus aus Tarsus

„Ich bin ein Jude aus Tarsus in Zilizien, Bürger einer nicht unbedeutenden Stadt." (Apg 21,29). Wer hier spricht, ist der lukanische Paulus, anlässlich seiner Verhaftung im jerusalemer Tempel. Wir brauchen nicht zu zweifeln, dass Lukas verlässliche Nachrichten über die Heimat des Paulus hat. Dreimal erwähnt er Tarsus als Herkunftsangabe (Apg 9,11; 21,39; 22,3). In der Bekehrungsgeschichte berichtet er zudem, dass Paulus sich nach Tarsus begibt, wo ihn Barnabas besucht (Apg 9,30; 11,25). Andererseits verschweigt Paulus in den Briefen seinen Herkunftsort. Warum nur? Weil er in der Diaspora und nicht im Land Israel geboren wurde? Weil ein Diasporajude weniger gilt als ein im Land der Väter geborener Israelit? Für die Muttergemeinde in Jerusalem mag dies so gesehen worden sein; doch war es für die Diasporajuden(-christen), an die Paulus seine Briefe auch schreibt, ein Argument?

Der Hebräer Paulus

Hier stellt sich die Frage nach dem Judenverständnis des Paulus. Er hat seine religiöse Herkunft nie verleugnet, auch nach seiner Berufung nicht. So schreibt er an die Gemeinde in Philippi bezugnehmend auf Auseinandersetzungen mit dortigen Juden und Falschlehrern: „Wenn ein anderer meint, er könne auf irdische Vorzüge vertrauen, so könnte ich es noch mehr. Ich wurde am achten Tag beschnitten, bin aus dem Volk Israel, vom Stamm Benjamin, ein Hebräer von Hebräern, lebte als Pharisäer nach dem Gesetz" (Phil 3,4b.5). Man kann den Stolz auf seine religiösen Wurzeln heraushören, mit dem er sich seiner Heimat rühmt. Nach dem Erwählungszeichen Israels, der Beschneidung (Gen 17,12), gehört er zum Volk Israels, ist also nicht ein „Hinzugekommener", ein Proselyt, wie es damals in der Diaspora so viele gab. Er kann, im Gegensatz zu manch anderen Juden, sogar auf seine Herkunft aus dem Stamm Benjamin verweisen. Seine Eltern gaben ihm den Namen des großen Sohnes der Benjaminiten, des ersten Königs in Israel: Saul. Wir wissen davon nur über Lukas. Auch der Doppelname Saulus-Paulus, den ebenfalls nur die Apostelgeschichte erwähnt, bringt keinen Bekenntniswechsel zum Ausdruck, sondern ist in der griechisch-römisch-hellenistischen Welt ein gewöhnliches Namensphänomen: „Saulus, der auch Paulus heißt" (Apg 13,9). Andere Persönlichkeiten des frühen Christentums tragen ebenfalls Doppelnamen, so Johannes Markus (Apg 12,12), Josef Barsabbas Justus (Apg 1,23), Josef Barnabas (Apg 4,36), Simon Niger (Apg 13,1), Tabita Dorkas (Apg 9,36) u.a. Nur das Missverständnis der doppelten Namensgebung hat den Eindruck eines Namenswechsels vermittelt und das geflügelte Wort entstehen lassen: „Vom Saulus zum Paulus", und damit den Irrtum in die Welt gebracht, der Jude Saulus sei zum Christen Paulus konvertiert. Lukas verwendet den Namenswechsel in einer Situation, die anzeigen soll, dass Paulus sich nun vor dem Statthalter Sergius Paulus in Paphos auf Zypern seinem Missionsauftrag in der römischen Welt öffnet.

In den Briefen verwendet der Apostel immer seinen Namen Paulus, der vielleicht Hauptname ist, wohingegen der zweite Name Saul(us) eher im vertrauten häuslich familiären Rahmen zu Hause war. Unklar wird bleiben, weshalb die Eltern den Namen Paulus gewählt haben, der im römischen Reich selten und im römischen Osten sogar sehr selten anzutreffen war.

Paulus versteht sich auch nach seiner Berufung als vollgültiger Jude, als „Hebräer von Hebräern". Genauer rechnet er sich zur jüdischen Gruppierung der Pharisäer. Dass er sich als Diasporajude mit „Hebräer" ausweist, ist ungewöhnlich, doch kann dies auf die Herkunft seiner Eltern hindeuten.

Sie stammen nach der Überlieferung des Hieronymus aus dem galiläischen Gischala. Im Kommentar zum Philemonbrief schreibt Hieronymus: „Es heißt, die Eltern des Apostels Paulus stammten aus der Gegend von Gischala in Judäa und seien, als die ganze Provinz von römischer Hand verwüstet wurde und die Juden in die ganze Welt zerstreut wurden, in die Stadt Tarsus in Zilizien verschlagen worden. Der noch ganz junge Paulus habe das Schicksal seiner Eltern geteilt."[1]

Ist hier an den Einfall des Römers Pompejus ins Hl. Land gedacht, der 63. v. Chr. das Land befriedete oder an den Feldzug des Quinctilius Varus im Jahr 4. v. Chr.? Dann wären die Eltern des Paulus nach Tarsus geflohen oder ausgewandert, aber gebürtige Galiläer. Nach einer anderen Notiz des Hieronymus müsste Paulus sogar in Gischala geboren worden und in jungen Jahren mit seinen Eltern geflohen sein. Auffälligerweise erwähnt die Apostelgeschichte Tarsus nicht als Geburtsort des Paulus. Und doch dürfte Hieronymus einer falschen Information bzgl. des Geburtsortes aufsitzen.

Näheres wüssten wir über die Zugehörigkeit zur Gruppierung der Pharisäer, da diese Aufschluss über das religiöse Selbstverständnis des Apostels geben könnte.

Doch sind wir über die Pharisäer als eigenständige Diasporagruppe kaum unterrichtet. Sie darf jedenfalls nicht vorschnell mit den Pharisäern im Hl. Land gleich gesetzt werden.

Die Zugehörigkeit des Paulus zur Gruppierung der Pharisäer erfahren wir von ihm selbst (Phil 3,5) und auch aus der Apostelgeschichte (Apg 22,3). Vielleicht war es die gute Erziehung seiner Eltern, die ebenfalls schon der Laienbewegung des Pharisäismus angehörten, („ich bin Pharisäer und ein Sohn von Pharisäern" (Apg 23,6), die ihm die Freude an der Tora vermittelte. Im Brief an die Galater schreibt er: „In der Treue zum jüdischen Gesetz übertraf ich die meisten Altersgenossen in meinem Volk, und mit dem größten Eifer setzte ich mich für die Überlieferungen meiner Väter ein." (Gal 1,14).

Die Apostelgeschichte weiß darüberhinaus von einer Erziehung des jungen Paulus bei Gamaliel I. in Jerusalem, einem der großen Rabbiner aus der Hillelschule. Anlässlich einer Verteidigungsrede im jerusalemer Tempelhof bekennt er vor den „Vätern": „Ich bin ein Jude, geboren in Tarsus in Zilizien, hier in dieser Stadt erzogen, zu Füßen Gamaliëls genau nach dem Gesetz der Väter ausgebildet, ein Eiferer für Gott, wie ihr alle es heute seid." (Apg 22,3).

Hier weiß die Apostelgeschichte mehr, als Paulus uns kund tut. Dass er eine gute bibelexegetische Ausbildung genossen hat, erkennen wir, wenn er biblisch argumentiert und mit rabbinischen Methoden die Hl. Schrift auslegt.

Lukas ist für die Auskunft seiner Quellen bzgl. des frühen paulinischen Aufenthalts in Jerusalem dankbar, weil er damit Paulus in der Hl. Stadt wohnen und ihn bereits bei der Verfolgung und Steinigung des Stephanus in einer kleinen Statistenrolle dabei sein lässt: „Die Zeugen legten ihre Kleider zu Füßen eines jungen Mannes nieder, der Saulus hieß." (Apg 7,58).

•••

[1] Hieronymus, Kommentar zum Philemonbrief, (Migne, PL 26, 1845, 617), zitiert nach der deutschen Übersetzung von Klaus Haacker, Paulus. Der Werdegang eines Apostels (Stuttgarter Bibelstudien 171), Stuttgart 1997, 23.

Weil Lukas die Kirche und die Mission in Jerusalem beginnen lässt und Paulus selbst über diesen frühen Jerusalemaufenthalt schweigt, zweifeln manche an der Glaubwürdigkeit des frühen jerusalemer Aufenthalts. Paulus kann allein in Tarsus seine gute jüdisch-hellenistische Bildung erfahren haben, denn Tarsus war eine Hochburg der akademischen Bildung.

Damit tut sich eine grundsätzliche Frage auf, die immer wieder für Verwirrung gesorgt hat: Sind die Selbstauskünfte des Paulus in seinen Briefen zuverlässig oder sind die vielen Details, die nur Lukas in seiner Apostelgeschichte verarbeitet und die ihrerseits auf Zeugnisse und genaues Wissen der frühen Gemeinde vor allem aus Antiochia (antiochenische Quellen) zurückzuführen sind, zutreffend? Man wird unterscheiden müssen, zwischen jenen Details über Paulus, die nur die Apostelgeschichte überliefert und solchen, die Paulus weglässt oder verschweigt, und schließlich den offensichtlichen Widersprüchen, die sich zwischen Lukas und Paulus auftun (vergleiche Teil 2). Bereits der antike Christenkritiker und Plotinschüler Porphyrios (4. Jh.) hält den Eindruck fest, der Paulus der Briefe scheint eine andere Person zu sein als der Paulus der Apostelgeschichte.

In seiner Schrift „Gegen die Christen" sagt er: „Dieser selbe Mann, der so vieles redet, wobei er gleichsam seine eigenen Worte vergisst, erzählt dem Chiliarchen (= Oberst einer Militäreinheit), er (Paulus) selbst sei kein Jude, sondern Römer, sagt aber vorher (Apg 22,3): ‚Ich bin ein jüdischer Mann, geboren in Tarsos in Zilizien, aufgewachsen zu Füßen des Gamaliel, erzogen mit aller Sorgfalt im väterlichen Gesetz.' Er, der behauptet, ‚ich bin Jude, und ich bin Römer', der jedem zugetan sein will, ist keines von beiden. ... Wenn nun Paulus vortäuscht, teils Jude, teils Römer zu sein, teils ohne Gesetz, teils Grieche, aber, wenn er will, auch das Gegenteil, d.h. jeweils ein Fremder oder Feind, so zerstört er jeden, indem er in die Rolle eines jeden schlüpft, während er durch Schmeichelei sich die Vorteile eines jeden erschleicht ... Dann plötzlich, wie aus einem Traum aufgeschreckt, sagt er (Gal 5,3): ‚Ich, Paulus, bezeuge euch, dass, wenn einer von euch auch nur eine einzige Vorschrift des Gesetzes befolgt, ist er verpflichtet, das ganze Gesetz zu erfüllen', anstatt zu sagen: Es ist nicht nötig, sich an alles zu halten, was das Gesetz vorschreibt ... Er, der an die Römer schreibt, dass das Gesetz ein geistiges sei (Röm 7,14), und wiederum: ‚Das Gesetz ist heilig, die Vorschrift ist heilig und gerecht' (Röm 7,12), verflucht diejenigen, die dieses Heilige befolgen.'"[2]

Es gibt tatsächlich viele Versuche, die Auskünfte über Paulus in den Selbstzeugnissen und Briefen einerseits und in der Apostelgeschichte andererseits stimmig zu machen, doch ist eine Klärung schwie-

•••
[2] Porphyrios, Adversus Christianos, bei Macarius Magnes 3,31.33, M. Stern, Greek and Latin Authors on Jews and Judaism, 3. Bde, Jerusalem 1974-1984, Nr. 459d, deutsche Übersetzung bei: Karl Leo Noethlichs, Der Jude Paulus – ein Tarser und Römer?, in: Raban von Haehling (Hrsg.), Rom und das himmlische Jerusalem. Die frühen Christen zwischen Anpassung und Ablehnung, Darmstadt 2000, 55f.

riger, als es scheint. Über seine eigene Jugend und Bekehrung äußert sich Paulus erst im Galater- bzw. im Korintherbrief (ca. 55 n. Chr.), also viele Jahre nach den Begebenheiten. Liegt da nicht der Eindruck nahe, dass der Apostel selbst vieles verklärt und aus dem Abstand langjähriger Lebenserfahrung und vor allem auf Grund seiner Lebenswende seit seiner Bekehrung vieles rückblickend anders sieht, als es wirklich geschehen ist bzw. es Dritte (antiochenische Gemeinde z. B.) objektiver sehen können? Keine Seite, weder Paulus noch manches antiochenisches Gemeideglied ist objektiv, sondern hat eine bestimmte Absicht, die dargestellt werden soll.

Tarsus

Tarsus gehörte seit 66 v. Chr. zur römischen Doppelprovinz Syrien-Zilizien mit der Hauptstadt Antiochia. Als Zilizien 72 n. Chr. von Vespasian zu einer eigenen Provinz erhoben wurde, stieg Tarsus zur Hauptstadt auf. Zu einem ihrer bekanntesten Statthalter (Prokonsul) zählt Cicero, der große römische Rhetor. Marcus Antonius traf sich erstmals mit Kleopatra in dieser Stadt. Als Venus verkleidet näherte sie sich auf einer goldenen Barke mit Purpursegeln der bedeutenden Metropole. Dass sie Antonius gewinnen konnte, beweist die folgenreiche Geschichte. Noch heute erinnern Reste des „Kleopatra-Tores", das anlässlich der Hochzeit zwischen Antonius mit Kleopatra errichtet wurde, an die berühmte Verbindung. Octavius, der spätere Kaiser Augustus, galt als großer Wohltäter der Stadt. Athenodoras, der Lehrer des Kaisers, zählte zu den renomiertesten Lehrern. Seine stoische Ausrichtung mit der Vorstellung der Befreiung von Leidenschaften dürfte Paulus nicht unbekannt gewesen sein.

Die kulturellen Leistungen der Stadt machen die Metropole über die Provinz hinaus berühmt. Der Geschichtsschreiber Strabon (63 v. Chr bis 26 n. Chr.) rühmt sie vor allen anderen Städten: „Bei den Bewohnern dieser Stadt herrscht ein so großer Eifer für die Philosophie und alle Zweige der allgemeinen Bildung, dass Tarsus sowohl Athen wie Alexandria und jede andere Stadt übertrifft, in denen philosophische Studien betrieben werden."

Aus einer zuverlässigen Quelle am Ende des 1. Jhs. erfahren wir die Einwohnerzahl der Stadt: 500.000 Menschen sollen es gewesen sein, Griechen, Orientalen und Juden.

Dieses Umfeld bedingte es wohl auch, dass Paulus mit der griechischen Sprache als Muttersprache aufwuchs, er es also später nicht erst erlernen musste und deshalb in seiner Briefliteratur ein gutes Griechisch schreiben konnte.

Er verwendete das Griechische also nicht nur, weil seine heidenchristlichen Gemeindeglieder es verstanden, sondern weil ihm die Sprache von Kindesbeinen an vertraut war.

Deshalb zitierte er seine Bibel (Altes Testament) aus der griechischen Übersetzung, wie sie den Juden seit dem 2. Jh. v. Chr. aus Alexandria vertraut war, und nicht in der hebräischen Ursprache, die er vom Gesetzesstudium und der Liturgie her kannte.

Wie orthodox seine Synagogengemeinde war, wissen wir nicht. Hat er am Sabbat den Toraabschnitt in hebräischer Sprache gehört, wie auch heute noch in einer orthodoxen Gemeinde üblich, oder hat man das Wort Gottes in das Griechische übertragen und somit in Übersetzung rezitiert?

Der mögliche Jerusalemaufenthalt bei Gamaliel im zweiten Jahrzehnt seiner Jugend macht ein gründliches Hebräischstudium wahrscheinlich, doch dürfte er in dieser Zeit auch Kontakte zu den jerusalemer Diasporasynagogen gehabt haben, die die griechische Sprache und das griechische Denken pflegten. Können wir also gute Griechischkenntnisse des Paulus bereits in seiner Kindheit vermuten, weil die Heimatstadt Tarsus eine aufgeklärte Philosophenstadt war, so verwundert doch, wie wenig hellenistisch gebildet er später in seinen Briefen argumentiert.

Allein das geflügelte Wort des Menander „Schlechter Umgang verdirbt gute Sitten" (1 Kor 15,33) [3] findet sich bei ihm. Damit dürfen wir heute annehmen, dass Paulus zwar griechisch schreibt und spricht, jedoch in seinem näheren tarsischen Umfeld vornehmlich jüdisch aufgewachsen ist und dort jüdische Bildung genoss. D.h., die großen griechisch-hellenistischen Philosophen und Denker der Stadt sind in seiner Jugendzeit und trotz der Bildung, die seine Eltern ihm angedeihen ließen, nahezu spurlos an ihm vorüber gegangen.

•••

[3] Kor 15,33 = Menander, Thais, frag 218.

Wenn die Eltern ihren Sohn Saul zu theologischen Studien nach Jerusalem bringen konnten, so lässt dies auf die Einkommensverhältnisse der Eltern rückschließen, die es sich leisten konnten, einen Sohn in die theologische Hochburg des Judentums zu schicken, damit er dort bei einem der berühmtesten Gelehrten in der damaligen Zeit Torastudien nehmen konnte. Wenn wir später mehrmals lesen, Paulus habe das Handwerk des Zeltmachers gelernt, so gibt dies noch keine Auskunft über die wirtschaftliche Lage im Elternhaus.

Vielmehr sollte jeder junge Rabbiner neben seiner Gesetzeslehre auch einen bürgerlichen Beruf lernen, damit er weiß, wovon er spricht, wenn er seine Schüler unterrichtet. Ein Merksatz des späteren Rabbi Gamaliel III. lautete: „Schön ist das Studium der Tora verbunden mit weltlicher Beschäftigung, denn die Mühe um beides läßt Sünde vergessen. Alles Torastudium aber, mit dem man keine gewerbliche Tätigkeit verbindet, hört schließlich auf und zieht Sünde nach sich." (Pirke Abot 2,2), eine Eigenart, die auch das moderne Israel noch lange Zeit beherzigt hat. Ein Wissenschaftler sollte immer auch einen Beruf erlernen (Melker, Landwirt, Bauhandwerker), damit er die Bodenhaftung während seiner Lehre nicht verliert. Für Paulus war sein Handwerk deshalb wichtig, weil er sich damit als wandernder Missionar von niemanden aushalten lassen musste. Keiner konnte ihm vorhalten, dass er zum Schnorren (hebräisch für fechten, betteln) gekommen wäre. „Bei Tag und Nacht haben wir gearbeitet, um keinem von euch zur Last zu fallen, und haben euch so das Evangelium Gottes verkündet." (1 Thess 2,9).

Die geografisch günstige Lage von Tarsus begünstigte den Handel, eine Region, in der bis heute noch drei Ernten pro Jahr eingefahren werden. Tarsus liegt im Westen der zilizischen Ebene mit ihrer ausgedehnten besonders fruchtbaren Vegetation. Der Anschluss ans Meer über den schiffbaren Kydnosfluss (heute verlandet) beflügelte den Handelsverkehr auf dem Mittelmeer mit den benachbarten hellenistischen Städten. Konnte Paulus die Stadt noch mit dem Schiff direkt verlassen, so ist heute der Fluss verlandet und bis zum Meer sind es ca. 20 km. Die Strandverschiebung und damit Verlandung von Küstenstädten ist freilich keine Seltenheit. So lagen zahlreiche Städte wie Ephesus, Pergamon oder Perge im Gegensatz zu heute einst am Meer.

Die nahe gelegene Kilikische Pforte ermöglichte einen Durchschlupf durch das massive Taurusgebirge und eröffnete damit die Möglichkeit zu regem Handel im anatolischen Hinterland. Tarsus war seit Jahrhunderten Knotenpunkt und Handelsumschlagplatz zwischen dem syrischen Antiochia, der ägäischen Küste Kleinasiens und dem Schwarzen Meer. Wer sich für Neuigkeiten interessierte, musste sich nur im Hafen oder am Marktplatz von Tarsus einfinden und er wusste, was es Wichtiges in der Welt gab.

TEIL 4
Erziehung und Ausbildung

Was erfahren wir über das Leben des Apostels vor seiner Berufung? Äußerst wenig. Im Selbstzeugnis erwähnt Paulus auf direktem Weg nur wenige Eckdaten: „Ich wurde am achten Tag beschnitten, bin aus dem Volk Israel, vom Stamm Benjamin, ein Hebräer von Hebräern, lebte als Pharisäer nach dem Gesetz". (Phil 3,5)

In der Apostelgeschichte lesen wir von seiner Jugendzeit in Tarsus und seiner zeitweiligen religiösen Ausbildung in Jerusalem. Inwieweit Paulus seine hellenistische Bildung in Tarsus oder in Jerusalem erfahren hat, lässt sich nicht mehr entscheiden. Tarsus hält jedenfalls das geistige Rüstzeug bereit.

Hellenistische Bildung

Ein typischer Bildungsweg eines Jugendlichen in Tarsus lässt sich mit Jürgen Becker wie folgt beschreiben: „Zunächst wurde man im Elementarbereich (Gymnastik, Musik, Lesen und Schreiben) unterrichtet. Das besorgten Privatlehrer und Sklaven. Darauf baute die höhere Allgemeinbildung auf. Das war die Aufgabe der Rhetoren und ihrer Schulen. Sie lehrten Grammatik, Lektüre der Klassiker, Rhetorik (Rede- und Aufsatzkunde), Dialektik (Anfangsgründe des Philosophierens), Mathematik und Musiktheorie. Daran schloss sich als Krönung der Unterricht an den Philosophenschulen an,

Die Frühzeit des Apostels

an denen gerade auch das bedeutendste Fachwissen aller Art aus dem ganzen Altertum gelehrt wurde."

Da dieser Schulbesuch für einen religiösen Juden undenkbar war, versuchte das jüdische Bildungswesen in der hellenistischen Diaspora eine vergleichbare Ausbildung. „Diese bestand – schon aus Konkurrenzdruck – in Bezug auf die erste und zweite Bildungsstufe aus sehr analogen Unterrichtsfeldern. Natürlich konnten, ja mussten Modifikationen vorgenommen werden. Die Tora wurde selbstredend Hauptgegenstand des Unterrichts. Gymnastik war bei den Juden nicht gut angesehen, konnte also vernachlässigt werden. Bei den Sprachen standen wohl Aramäisch und Griechisch hauptsächlich auf dem Stundenplan. Die Einführung in die griechische Philosophie konnte mit Zurückhaltung oder gar nicht gelehrt werden."[1]

Da Paulus die griechische Sprache gut beherrscht, darf eine entsprechende Schulbildung bereits aus seiner Schulzeit anzunehmen sein. In den Paulusbriefen finden sich zahlreiche typisch klassisch-griechische Satzperioden. Paulus muss von Jugend an die griechische Sprache gepflegt haben und sei es über die griechische aus Alexandria stammende Bibel, Septuaginta genannt. Denn er zitiert in seinen Briefen die Hl. Schrift häufig auswendig und zwar in griechischer Sprache.

Für hellenistische Bildung spricht der Aufbau und die Argumentationsfolge in den Briefen. Die hellenistischen Argumentationsmuster, wie sie uns vor allem im Römerbrief aufscheinen, setzen gehobene Bildung voraus. So gesehen ist Paulus später nur im Nebenberuf und im Broterwerb „Zeltmacher".

Eine ähnlich intellektuelle Voraussetzung dürfen wir für die frühjüdisch rabbinische Bibelauslegung annehmen. Hier müssen wir sogar einen hebräischen und aramäischen sowie einen griechischen Sprachsektor annehmen. Dies alles lässt erahnen, dass Paulus ein gebildeter Kopf seiner Zeit war. Knapp 2000 Jahre später haben wir Mühe diesen schwierig gewordenen Apostel recht zu verstehen.

Rabbinische Bildung und Bibelauslegung

Wo hat Paulus seine Bibelauslegung gelernt? In Tarsus bei seinen Eltern und in der Schule oder in Jerusalem bei Rabbi Gamaliel, wie Lukas weiß. Die biblischen Auslegungsmethoden, die wir in den Paulusbriefen antreffen, können auch in der kleinasiatischen Diasporametropole Tarsus vermittelt worden sein, denn sie entsprechen geläufigen frühjüdischen Auslegungsprinzipien.

Wenn Paulus sich vor seiner Bekehrung in den Synagogen schriftgemäß mit den Judenchristen auseinandersetzt oder später während seiner Mission in den Synagogen von der Schrift ausgehend den auferstandenen Christus verkündet, dann tut er dies immer mit den damals gängigen Auslegungsmitteln. Einige seien exemplarisch vorgestellt, um so deutlich werden zu lassen, wie die Bibel damals interpretiert wurde.

---

[1] J. Becker, Paulus. Der Apostel der Völker, Tübingen 1989, 54f.

Rabbinische Methode „Das Reihen von Perlen" (Charasexegese)

Das Aufreihen von Perlen auf einer Schnur wird im jüdischen Kunsthandwerk mit „charas" bezeichnet. Bild und Begriff wurden im Rabbinischen auf die exegetische Begrifflichkeit übertragen. Rabbi Elischa ben Abuhja sagte: „Sie setzten sich und begannen Worte der Tora aneinanderzureihen. Worte aus der Tora reihten sie an Worte der Propheten und Worte der Propheten an Worte der Übrigen Schriften." (pHag 77b). Hintergrund dieser Schriftgelehrsamkeit ist der Versuch, mit dem Zitieren von Belegen aus den drei Abteilungen des Alten Testaments (Fünf Bücher Mose, Propheten und Übrige Schriften) die Nähe der eigenen Lehrmeinung zum Offenbarungsgeschehen auf dem Sinai zu verdeutlichen. Die Auswahl der Bibelverse erfolgt wie die Reihung nicht zufällig, sondern mit einer bewussten theologischen Absicht.

Auch Paulus beherrscht diese Methode. Begnügen wir uns mit der Beobachtung der Art und Weise des Zitierens ohne kommentierende Ausdeutung des Gemeinten. **Beispiel Röm 11,7-10:** „Was Israel erstrebt, hat nicht das ganze Volk, sondern nur der erwählte Rest erlangt; die übrigen wurden verstockt, wie es in der Schrift heißt: *Gott gab ihnen einen Geist der Betäubung, Augen, die nicht sehen, und Ohren, die nicht hören, bis zum heutigen Tag.*" (Jes 29,10; Dtn 29,3). Und David (= David als Psalmensänger) sagt: „*Ihr Opfertisch werde für sie zur Schlinge und zur Falle, zur Ursache des Sturzes und der Bestrafung.* (Ps 69,23-24) *Ihre Augen sollen erblinden, sodass sie nichts mehr sehen; ihren Rücken beuge für immer!"*

In diesem Fall hat Paulus mit Jes 29,10 + Dtn 29,3 + Ps 69,23f drei Texte aus den drei Abteilungen des Alten Testaments zusammengeführt.

Ein weiteres Beispiel Röm 15,9-12: „Die Heiden aber rühmen Gott um seines Erbarmens willen; es steht ja in der Schrift: *Darum will ich dich bekennen unter den Heiden und deinem Namen lobsingen* (Ps 18,50). (10) An anderer Stelle heißt es: *Ihr Heiden, freut euch mit seinem Volk!* (Dtn 32,43). (11) Und es heißt auch: *Lobt den Herrn, alle Heiden, preisen sollen ihn alle Völker* (Ps 117,1). (12) Und Jesaja sagt: *Kommen wird der Spross aus der Wurzel Isais; er wird sich erheben, um über die Heiden zu herrschen. Auf ihn werden die Heiden hoffen* (Jes 11,1.19)."

Hier reiht Paulus Ps 18,50 + Dtn 32,43 + Ps 117,1 + Jes 11,1.99 wie eine Perlenkette.

Ein letztes Beispiel aus Röm 10,5-15: „Mose schreibt: Wer sich an die Gesetzesgerechtigkeit hält in seinem Tun, wird durch sie leben (= Lev 18,5). (6) Die Glaubensgerechtigkeit aber spricht: Sag nicht in deinem Herzen (= Dtn 9,4): Wer wird in den Himmel hinaufsteigen? (= Dtn 30,12) Das hieße: Christus herabholen. (7) Oder: Wer wird in den Abgrund hinabsteigen? (= Ps 107,20) Das hieße: Christus von den Toten heraufführen. Was also sagt sie? Das Wort ist dir nahe, es ist in deinem Mund und in deinem Herzen (Dtn 30,14). Gemeint ist das Wort des Glaubens, das wir verkündigen; denn wenn du mit deinem Mund bekennst: «Jesus ist der Herr» und in deinem Herzen glaubst: Gott hat ihn von den Toten auferweckt, so wirst du gerettet werden.

Wer mit dem Herzen glaubt und mit dem Mund bekennt, wird Gerechtigkeit und Heil erlangen. Denn die Schrift sagt: *Wer an ihn glaubt, wird nicht zu Grunde gehen* (Jes 28,16). Darin gibt es keinen Unterschied zwischen Juden und Griechen. Alle haben denselben Herrn; aus seinem Reichtum beschenkt er alle, die ihn anrufen. *Denn jeder, der den Namen des Herrn anruft, wird gerettet werden* (Joel 3,5). Wie sollen sie nun den anrufen, an den sie nicht glauben? Wie sollen sie an den glauben, von dem sie nichts gehört haben? Wie sollen sie hören, wenn niemand verkündigt? Wie soll aber jemand verkündigen, wenn er nicht gesandt ist? Darum heißt es in der Schrift: *Wie sind die Freudenboten willkommen, die Gutes verkündigen!"* (Jes 52,7).

Diese Perlenkette aus Schriftversen ist noch etwas umfangreicher: Lev 18,5 + Dtn 9,4 + Dtn 30,12 + Ps 107,20 + Dtn 30,14 + Jes 28,16 + Joel 3,5 + Jes 52,7.

Rabbinische Methode „Blütenteppich" (Florilegium)

Diese Methode reiht Schriftverse meist aus einem biblischen Buch aneinander. Bereits das Buch der Chronik (3. Jh. v. Chr.) kennt diese Methode und greift auf einen vorgegebenen „Blütenteppich" zurück (1 Chr 25). Paulus übernimmt z.B. in Röm 3,10-18 vermutlich einen „Blütenteppich" und baut ihn in seinem Brief als schriftgelehrtes Argument ein: „... wie es in der Schrift heißt: *Es gibt keinen, der gerecht ist, auch nicht einen* (Koh 7,20); *es gibt keinen Verständigen, keinen, der Gott sucht. Alle sind abtrünnig geworden, alle miteinander taugen nichts. Keiner tut Gutes, auch nicht ein einziger.* (Ps 14,1-3). *Ihre Kehle ist ein offenes Grab, mit ihrer Zunge betrügen sie* (Ps 5,10); *Schlangengift ist auf ihren Lippen* (Ps 139,4). *Ihr Mund ist voll Fluch und Gehässigkeit* (Ps 10,7). *Schnell sind sie dabei, Blut zu vergießen* (Jes 59,7); *Verderben und Unheil sind auf ihren Wegen* (Spr 1,16), *und den Weg des Friedens kennen sie nicht* (Jes 59,8). *Die Gottesfurcht steht ihnen nicht vor Augen* (Ps 35,2)."

Hier wird aus der 2. und 3. Abteilung der Bibel, also ohne Tora, ein Sinnzusammenhang geknüpft. Ohne kommentierende Hinzufügungen stehen die Schriftverse nebeneinander.

•

Einige Auslegungsnormen, die auf Rabbi Hillel (1. Jh.) zurückgeführt werden, nachweislich aber schon älter sind, lassen sich auch bei Paulus finden:

Der Schluss vom Geringeren auf das Größere: „Doch anders als mit der Übertretung verhält es sich mit der Gnade; sind durch die Übertretung des einen die vielen dem Tod anheim gefallen, so ist erst recht die Gnade Gottes und die Gabe, die durch die Gnadentat des einen Menschen Jesus Christus bewirkt worden ist, den vielen reichlich zuteil geworden." (Röm 5,15)

Zwei verschiedene Bibelstellen, in denen dasselbe Wort vorkommt, erklären sich gegenseitig:

Röm 4,3-8: „Denn die Schrift sagt: *Abraham glaubte Gott, und das wurde ihm als Gerechtigkeit angerechnet* (= Gen 15,6). Dem, der Werke tut, werden diese nicht aus Gnade angerechnet, sondern er bekommt den Lohn, der ihm zusteht. Dem aber, der keine Werke tut, sondern an den glaubt, der den Gottlosen gerecht macht, dem wird sein Glaube als Gerechtigkeit angerechnet. Auch David preist den Menschen selig, dem Gott Gerechtigkeit unabhängig von Werken anrechnet: *Selig sind die, deren Frevel vergeben und deren Sünden bedeckt sind. 8 Selig ist der Mensch, dem der Herr die Sünde nicht anrechnet* (Ps 32,1-2)."

Hier ist es der Wortstamm „anrechnen", der beide Schriftverse zusammenbringt. Abraham wurde sein Glaube zur Gerechtigkeit angerechnet (Gen 15,6). Und damit: Selig ist der Mensch, dem der Herr die Sünde nicht *anrechnet* (Ps 32,2). Somit ist die Rechtfertigung aus Glauben notwendig als Sündenvergebung zu verstehen, so die Quintessenz des Abschnitts.

Es muss auf die geringsten Feinheiten des Ausdrucks geachtet werden

Gal 3,16: „Abraham und seinem Nachkommen wurden die Verheißungen zugesprochen. Es heißt nicht: «und den Nachkommen», als wären viele gemeint, sondern es wird nur von einem gesprochen: und deinem Nachkommen; das aber ist Christus." (vgl. Gen 22,17). Auf welche Bibelausgabe stützt sich Paulus? Die hebräische Bibel schreibt in Gen 22,17 Mehrzahl „die Nachkommen", die griechische Bibel schreibt Einzahl, „seinem Nachkommen". Dieser Wechsel von Einzahl/Mehrzahl ist für Paulus ein prophetischer Hinweis auf Christus, der sich bereits in der griechischen Bibel findet.

•

Im ägyptischen Alexandria wurde vom jüdischen Religionsphilosophen Philo (20 v. bis 50 n. Chr.) eine bildliche Auslegung der Schrift gepflegt, sie hat im hellenistischen Judentum eine große Verbreitung gefunden.

Allegorische (= bildliche) Auslegung

1 Kor 9,9-10: „Im Gesetz des Mose steht doch: *Du sollst dem Ochsen zum Dreschen keinen Maulkorb anlegen* (Dtn 25,4). Liegt denn Gott etwas an den Ochsen? Sagt er das nicht offensichtlich unseretwegen? Ja, unseretwegen wurde es geschrieben. Denn der Pflüger wie der Drescher sollen ihre Arbeit in der Erwartung tun, ihren Teil zu erhalten."

Ein weiteres Beispiel: Gal 4,22-26: „In der Schrift wird gesagt, dass Abraham zwei Söhne hatte, einen von der Sklavin, den andern von der Freien (Gen 16,15; 21,2f). Der Sohn der Sklavin wurde auf natürliche Weise gezeugt, der Sohn der Freien auf Grund der Verheißung (Gen 17,16).

Darin liegt ein tieferer Sinn: Diese Frauen bedeuten die beiden Testamente. Das eine Testament stammt vom Berg Sinai und bringt Sklaven zur Welt; das ist Hagar, denn Hagar ist Bezeichnung für den Berg Sinai in Arabien -, und ihr entspricht das gegenwärtige Jerusalem, das mit seinen Kindern in der Knechtschaft lebt (Gen 16,1). Das himmlische Jerusalem aber ist frei, und dieses Jerusalem ist unsere Mutter."

In den genannten Beispielen sind es der Ochse bzw. die beiden Frauen Hagar und Sarai, die bildlich übertragen und ausgedeutet werden sollen.

Typologische Auslegung

Röm 5,14: „Adam ist die Gestalt, die auf den kommenden hinweist." Ein anderes Beispiel mit Adam/Christus ist 1 Kor 15,22.45-49: „Denn wie in Adam alle sterben, so werden in Christus alle lebendig gemacht werden... So steht es auch in der Schrift: Adam, der Erste Mensch, wurde ein irdisches Lebewesen. Der Letzte Adam wurde lebendigmachender Geist. (Gen 2,7). Aber zuerst kommt nicht das Überirdische; zuerst kommt das Irdische, dann das Überirdische. Der Erste Mensch stammt von der Erde und ist Erde; der Zweite Mensch stammt vom Himmel. Wie der von der Erde irdisch war, so sind es auch seine Nachfahren. Und wie der vom Himmel himmlisch ist, so sind es auch seine Nachfahren. Wie wir nach dem Bild des Irdischen gestaltet wurden, so werden wir auch nach dem Bild des Himmlischen gestaltet werden."

Sie stellt eine heilsgeschichtliche Beziehung her. So ist Adam das Vorbild (= Adam der erste Mensch) und Christus das höhere Abbild (Christus, der letzte Mensch dieser Weltzeit), das in Beziehung steht.

Bei dieser Methode wird das Alte Testament von Christus her gelesen und auf ihn hin gedeutet. Geschichte wiederholt sich, jedoch in größerer Weise auf Christus hin.

TEIL 5
Paulus vor Damaskus

Der jüdische Paulus

Im Galaterbrief erfahren wir, wie sehr Paulus von seiner jüdischen Religion überzeugt war und mit welcher Konsequenz er für seinen Glauben einstand.: „In der Treue zum jüdischen Gesetz übertraf ich die meisten Altersgenossen in meinem Volk, und mit dem größten Eifer setzte ich mich für die Überlieferungen meiner Väter ein." (Gal 1,14). Welches Religionsverständnis liegt solch engagiertem Glaubensleben zu Grunde?

Lange nach seiner Bekehrung spricht Paulus noch vom unaufgebbaren Judentum, von den Vorzügen des Judeseins und von der Trauer, die er empfindet, wenn er an seine Glaubensbrüder denkt: „Ich bin voll Trauer, unablässig leidet mein Herz. Ja, ich möchte selber verflucht und von Christus getrennt sein um meiner Brüder willen, die der Abstammung nach mit mir verbunden sind. Sie sind Israeliten; damit haben sie die Sohnschaft, die Herrlichkeit, die Bundesordnungen, ihnen ist das Gesetz gegeben, der Gottesdienst und die Verheißungen." (Röm 9,2-4).

Paulus beschreibt hier Juden, wie sie in pharisäischer Ausrichtung zu kennzeichnen sind. Bezüglich der Gottesbeziehung sagt er von ihnen: „Du nennst dich zwar Jude und verlässt dich auf das Gesetz, du rühmst dich deines Gottes, du kennst seinen Willen, und du willst, aus dem Gesetz belehrt, beurteilen, worauf es ankommt" (Röm 2,17b-18). Für Nichtjuden hat ein solcher Jude vorbildliche Funktion: „du traust dir zu, Führer zu sein für Blinde, Licht für die in der Finsternis, Erzieher der Unverständigen, Lehrer der Unmündigen, einer, für den im Gesetz Erkenntnis und Wahrheit feste Gestalt besitzen." (Röm 2,19-20).

Das Gesetz, die Tora, kurz die Hl. Schrift, ist die entscheidende Richtschnur für einen rechten Gottesdienst und eine ehrliche Begegnung mit den Menschen.

Muss aber solch ein jüdisches Bibelverständnis zu einem kämpferischen, aggressiven Glaubenseifer führen, der anders denkende Menschen sogar verfolgt? Wäre Paulus bei Rabbi Gamaliel in Jerusalem in die Schule gegangen, so hätte er dort Toleranz und Nachsicht gegenüber den Judenchristen gelernt und nicht Kampf und Verfolgung als Mittel von Konfliktlösung (vgl. Apg 5,33-39).

Der paulinische Glaubensweg ist damals vielen bekannt: „Ihr habt doch gehört, ... wie maßlos ich die Kirche Gottes verfolgte und zu vernichten drohte" (Gal 1,13b). Nach den eigenen Worten ist dieses kämpferische Verhalten eine notwendige Konsequenz, die aus seiner Bibeltreue wächst.

Kaum anders überliefert Lukas das paulinische Verhalten: „Saulus wütete immer noch mit Drohung und Mord gegen die Jünger des Herrn. Er ging zum Hohenpriester und erbat sich von ihm Briefe an die Synagogen in Damaskus, um die Anhänger des (neuen) Weges, Männer und Frauen, die er dort finde, zu fesseln und nach Jerusalem zu bringen." (Apg 9,1-2).

Was kann der Grund für diesen militanten Einsatz sein? Zunächst einmal macht die Apostelgeschichte deutlich, die „Anhänger des neuen Weges" sind Judenchristen, die sich in den Synagogen aufhalten und dort am Gottesdienst teilnehmen. Sie fühlen sich als Juden mit dem neuen Bekenntnis, dass Jesus, der Auferstandene, der erwartete Messias ist. Paulus verfolgt demnach eine innerjüdische Gruppierung, deren Glaubensverständnis vom paulinischen so sehr abweicht, dass er sich genötigt fühlt, tätig zu werden.

Paulus reist sogar in die Diaspora, in die Dekapolisstadt Damaskus, um die Betroffenen notfalls mit Gewalt vor den Hohen Rat nach Jerusalem zu schleppen und sie dort in der Hl. Stadt über den rechten Glauben zu belehren.

Die Hochschätzung des Gesetzes lässt ihn zum Verfolger seiner Glaubensgeschwister werden. Denn diese relativieren die Bedeutung des Gesetzes mit Jesus Christus. Der gekommene Messias wird zum Erlöser und zum Sühnemittel für unsere Sünden, wie Paulus nach seiner Bekehrung sagen wird. Die „Anhänger des neuen Weges" behaupten sogar, Gott habe den Gekreuzigten von den Toten erweckt und ihn damit in die göttliche

Nähe gebracht. Dass dieser Christus Gott sei, werden die Judenchristen so noch nicht gesagt haben. Und doch erkennt der Jude Paulus, dass die Einzigartigkeit Gottes damit in Frage gestellt wird.

Denn die Hauptgebete der Juden formulieren damals wie heute „Höre Israel (Schma Israel), der Herr unser Gott, der Herr ist ein einziger." Dieser einzige Gott umfasst die Schöpfung und deren Heilsgeschichte: „Gepriesen seist du ... Gott Abrahams, Gott Isaaks und Gott Jakobs, ... höchster Gott, Schöpfer Himmels und der Erde, unser Schild und Schild unserer Väter... Heilig bist du und furchtbar dein Name, und kein Gott ist außer dir." (1. und 3. Benediktion des Achtzehnbittengebetes). Der fromme Jude Paulus sah sich genötigt, gegen eine Gesetzes- und Gottesrelativierung seiner Glaubensgeschwister vorzugehen. Nach dem Zeugnis der Apostelgeschichte nahm er sogar eine Hinrichtung der Verfolgten in Kauf: „Ich ließ mir von den Hohenpriestern Vollmacht geben und sperrte viele der Heiligen ins Gefängnis; und wenn sie hingerichtet werden sollten, stimmte ich dafür." (Apg 26,10). Hat nun eine Krise im eigenen Gesetzesverständnis die Offenbarung vor Damaskus ermöglicht? Manche vermuten dies und stützen sich auf Röm 7,7-25[1], eine komplizierte Argumentation, in der Paulus die heilsvermittelnde Funktion des Gesetzes

• • •

[1] Röm 7,7-25: „Heißt das nun, dass das Gesetz Sünde ist? Keineswegs! Jedoch habe ich die Sünde nur durch das Gesetz erkannt. Ich hätte ja von der Begierde nichts gewusst, wenn nicht das Gesetz gesagt hätte: *Du sollst nicht begehren* (Ex 20,17). Die Sünde erhielt durch das Gebot den Anstoß und bewirkte in mir alle Begierde, denn ohne das Gesetz war die Sünde tot. Ich lebte einst ohne das Gesetz; aber als das Gebot kam, wurde die Sünde lebendig, ich dagegen starb und musste erfahren, dass dieses Gebot, das zum Leben führen sollte, den Tod bringt. Denn nachdem die Sünde durch das Gebot den Anstoß erhalten hatte, täuschte und tötete sie mich durch das Gebot. Das Gesetz ist heilig, und das Gebot ist heilig, gerecht und gut. Ist dann etwa das Gute mein Tod geworden? Keineswegs! Sondern die Sünde verursachte, damit sie als Sünde offenbar werde, durch das Gute meinen Tod; denn durch das Gebot sollte die Sünde sich in ihrem ganzen Ausmaß als Sünde erweisen.
Wir wissen, dass das Gesetz selbst vom Geist bestimmt ist; ich aber bin Fleisch, das heißt: verkauft an die Sünde. Denn ich begreife mein Handeln nicht: Ich tue nicht das, was ich will, sondern das, was ich hasse. Wenn ich aber das tue, was ich nicht will, erkenne ich an, dass das Gesetz gut ist. Dann aber bin nicht mehr ich es, der so handelt, sondern die in mir wohnende Sünde. Ich weiß, dass in mir, das heißt in meinem Fleisch, nichts Gutes wohnt; das Wollen ist bei mir vorhanden, aber ich vermag das Gute nicht zu verwirklichen. Denn ich tue nicht das Gute, das ich will, sondern das Böse, das ich nicht will. Wenn ich aber das tue, was ich nicht will, dann bin nicht mehr ich es, der so handelt, sondern die in mir wohnende Sünde. Ich stoße also auf das Gesetz, dass in mir das Böse vorhanden ist, obwohl ich das Gute tun will. Denn in meinem Innern freue ich mich am Gesetz Gottes, ich sehe aber ein anderes Gesetz in meinen Gliedern, das mit dem Gesetz meiner Vernunft im Streit liegt und mich gefangen hält im Gesetz der Sünde, von dem meine Glieder beherrscht werden. Ich unglücklicher Mensch! Wer wird mich aus diesem dem Tod verfallenen Leib erretten? Dank sei Gott durch Jesus Christus, unseren Herrn! Es ergibt sich also, dass ich mit meiner Vernunft dem Gesetz Gottes diene, mit dem Fleisch aber dem Gesetz der Sünde."

beschreibt und seine Zweifel bzgl. der eigenen Sündenverfallenheit und der rettenden Heilsfunktion des Gesetzes zum Ausdruck bringt. Das Damaskuserlebnis hätte dann eine Lösung des eigenen Gesetzeskonflikts gebracht.

Die Wende

Auf dem Weg nach Damaskus trat Gott dem Paulus in den Weg. Im Galaterbrief schreibt er rückblickend: „Als Gott, der mich schon im Mutterleib auserwählt und durch seine Gnade berufen hat, mir in seiner Güte seinen Sohn offenbarte, damit ich ihn unter den Heiden verkündige, da zog ich keinen Menschen zurate." (Gal 1,13.15-16).

Paulus spricht mehr verhüllend als offen. Den Galatern war zu Ohren gekommen, was sich vor Damaskus zugetragen hatte. Deshalb verzichtet er auf die genaue Nennung der örtlichen Gegebenheiten und kann sich ganz auf das Offenbarungsgeschehen berufen. Nicht von Menschen, von Gott selbst hat er die Erkenntnis, nun berufen zu sein.

Paulus versteht sich im Sinne der alttestamentlichen Propheten als „auserwählt", „ausgesondert" und berufen. Er zitiert dabei die Propheten Jesaja und Jeremia „Hört auf mich, ihr Inseln, merkt auf, ihr Völker in der Ferne! Der Herr hat mich schon im Mutterleib berufen; als ich noch im Schoß meiner Mutter war, hat er meinen Namen genannt." (Jes 49,1). Von einer vorgeburtlichen Berufung spricht ebenso Jeremia: „Noch ehe ich dich im Mutterleib formte, habe ich dich ausersehen, noch ehe du aus dem Mutterschoß hervorkamst, habe ich dich geheiligt, zum Propheten für die Völker habe ich dich bestimmt." (Jer 1,5). Wie einst die Propheten, so wurde auch er – ungefragt – zum Verkündigungsdienst berufen. Wie ungefragt dies bei Jeremia aussah, erfahren wir in Jer 1,6-8: „Da sagte ich: Ach, mein Gott und Herr, ich kann doch nicht reden, ich bin ja noch so jung. Aber der Herr erwiderte mir: Sag nicht: Ich bin noch so jung. Wohin ich dich auch sende, dahin sollst du gehen, und was ich dir auftrage, das sollst du verkünden. Fürchte dich nicht vor ihnen; denn ich bin mit dir um dich zu retten – Spruch des Herrn." Wie in dieser prophetischen Berufung wird sich auch bei Paulus künftig das apostolische Selbstbewusstsein gründen („Paulus, Knecht Christi Jesu, berufen zum Apostel, auserwählt", Röm 1,1).

Ungefragt ist über ihn diese Berufung gekommen und gnadenhaft (= gütig). Messbar wird die neue Erkenntnis durch die göttliche Offenbarung, die ihn Jesus Christus als „Sohn" (Gottes) ins Bewusstsein rief. „Ich bin Jesus, den du verfolgst" wird die Apostelgeschichte formulieren, wenn sie die Gestalt beschreibt, die Paulus im himmlischen Glanz erschien. Im Brief an die Korinther schreibt Paulus, er habe „Jesus, unseren Herrn, gesehen" (1 Kor 9,1). Im Zusammenhang mit den Erscheinungen des Auferstandenen vor den zahlreichen Zeugen sagt er, Christus sei ihm „erschienen" (1 Kor 15,8). „Demnach ist das Damaskuserlebnis des Paulus eine Ostergeschichte, ja, er ist im Neuen Testament der einzige, der von seinem Ostererlebnis authentisch berichtet.".[2]

Das heißt, das, was Paulus im Galaterbrief äußerst kurz mit „Sohn" beschreibt, meint den „Sohn in Macht" (Röm 1,3), den auferweckten Herrn. Offenbar hat Gott Paulus nicht das Evangelium, sondern den auferweckten Sohn (Gottes). Die damit verbundene Einsicht wird ihn hinaustreiben in die Welt zur Verkündigung unter den Heiden. Auffälligerweise schreibt Paulus nichts vom Ort des Widerfahrnisses, schreibt nicht, dass er von Jerusalem nach Damaskus gereist ist, um die dortigen Judenchristen in den Synagogen zu verfolgen. Er schreibt nur, „ich ging auch nicht sogleich nach Jerusalem hinauf zu denen, die vor mir Apostel waren, sondern zog nach Arabien und kehrte dann wieder nach Damaskus zurück. Danach ging ich in das Gebiet von Syrien und Zilizien. Den Gemeinden Christi in Judäa aber blieb ich persönlich unbekannt." (Gal 1,17.21-22).

Die Bekehrung vor Damaskus, wie sie in der Apostelgeschichte überliefert wird, dürfte jedoch nicht aus der Luft gegriffen sein, sondern sich auf Erinnerungen stützen, die Paulus auch den Galatern gegenüber als inzwischen bekannt voraussetzt.

Die Bekehrung nach Lukas

„Saulus wütete immer noch mit Drohung und Mord gegen die Jünger des Herrn. Er ging zum Hohenpriester und erbat sich von ihm Briefe an die Synagogen in Damaskus, um die Anhänger des (neuen) Weges, Männer und Frauen, die er dort finde, zu fesseln und nach Jerusalem zu bringen. Unterwegs aber, als er sich bereits Damaskus näherte, geschah es, dass ihn plötzlich ein Licht vom Himmel umstrahlte. Er stürzte zu Boden und hörte, wie eine Stimme zu ihm sagte: Saul, Saul, warum verfolgst du mich? Er antwortete: Wer bist du, Herr? Dieser sagte: Ich bin Jesus, den du verfolgst. Steh auf und geh in die Stadt; dort wird dir gesagt werden, was du tun sollst. Seine Begleiter standen sprachlos da; sie hörten zwar die Stimme, sahen aber niemand. Saulus erhob sich vom Boden. Als er aber die Augen öffnete, sah er nichts. Sie nahmen ihn bei der Hand und führten ihn nach Damaskus hinein. Und er war drei Tage blind, und er aß nicht und trank nicht. Einige Tage blieb er bei den Jüngern in Damaskus; und sogleich verkündete er Jesus in den Synagogen und sagte: Er ist der Sohn Gottes." (Apg 9,1-9.19b.20).

Auch die Bekehrungsgeschichte bei Lukas stimmt im entscheidenden Punkt unabhängig von Paulus überein. Paulus verkündet nach seiner Genesung den „Jesus in den Synagogen" mit der Erkenntnis: „Er ist der Sohn Gottes". Doch was war in der Zwischenzeit geschehen? „In Damaskus lebte ein Jünger namens Hananias. Zu ihm sagte der Herr in einer Vision: Hananias! Er antwortete: Hier bin ich, Herr.

Der Herr sagte zu ihm: Steh auf und geh zur so genannten Geraden Straße, und frag im Haus des Judas nach einem

---

[2] O. Betz, Die Vision des Paulus im Tempel von Jerusalem. Apg 22,17-21 als Beitrag zur Deutung des Damaskuserlebnisses, in: Verborum Veritas. Festschrift f. G. Stählin, Wuppertal 1970, 113-123, 117.

Mann namens Saulus aus Tarsus. Er betet gerade und hat in einer Vision gesehen, wie ein Mann namens Hananias hereinkommt und ihm die Hände auflegt, damit er wieder sieht.

Hananias antwortete: Herr, ich habe von vielen gehört, wie viel Böses dieser Mann deinen Heiligen in Jerusalem angetan hat. Auch hier hat er Vollmacht von den Hohenpriestern, alle zu verhaften, die deinen Namen anrufen. Der Herr aber sprach zu ihm: Geh nur! Denn dieser Mann ist mein auserwähltes Werkzeug: Er soll meinen Namen vor Völker und Könige und die Söhne Israels tragen. Ich werde ihm auch zeigen, wie viel er für meinen Namen leiden muss.

Da ging Hananias hin und trat in das Haus ein; er legte Saulus die Hände auf und sagte: Bruder Saul, der Herr hat mich gesandt, Jesus, der dir auf dem Weg hierher erschienen ist; du sollst wieder sehen und mit dem Heiligen Geist erfüllt werden. Sofort fiel es wie Schuppen von seinen Augen, und er sah wieder; er stand auf und ließ sich taufen. Und nachdem er etwas gegessen hatte, kam er wieder zu Kräften." (Apg 9,10-19a).

Für das Offenbarungsgeschehen ist entscheidend, Paulus hat sich auch in Damaskus nicht von Hananias oder anderen Christen in der Christenlehre oder im Evangelium unterweisen lassen.

Paulus sagt, „ich zog keinen Menschen zu Rate; ich ging auch nicht sogleich nach Jerusalem hinauf zu denen, die vor mir Apostel waren, sondern zog nach Arabien und kehrte dann wieder nach Damaskus zurück." (Gal 1,16b.17).

Paulus hat die Erkenntnisse, die ihn haben umkehren und zu Christus finden lassen, ausschließlich aus der Offenbarung, die ihm widerfahren ist. Dieses einschneidende Erlebnis wird sein weiteres Leben gravierend verändern.

Vor Damaskus. Noch ehe die Reisegesellschaft ihr Ziel in Damaskus erreicht, umstrahlt Paulus vom Himmel her ein Licht, so dass er zu Boden stürzt. Die lukanische Schilderung der Vision des Saulus benutzt gängige Umschreibungen für Erscheinungsdarstellungen. Im hellenistisch-frühjüdischen Roman „Josef und Asenet" heißt es vergleichbar: „So spaltete sich bei dem Morgenstern der Himmel, und es erschien ein unaussprechlich großes Licht. Wie Asenet dies sah, fiel sie aufs Antlitz in die Asche."

Ohne Vorbild bleibt der kunstgeschichtlich folgenreiche Sturz des Paulus vom hohen Ross, wovon bei Lukas freilich nicht die Rede war. Vielmehr sollte mit dem Sturz vom hohen Ross der Sturz des jüdischen Selbstbewusstseins des Apostels zum Ausdruck gebracht werden, eine, wie man heute weiß, fatale Fehlinterpretation des jüdischen Paulus. Die Karawanenmitglieder, die Paulus auf seinem Weg nach Damaskus begleiten, führen ihn in die Stadt hinein. Im „Haus des Judas" an der Geraden Straße wird drei Tage später Hananias im Auftrag Gottes den genesenden Neubekehrten aufsuchen.

Von der Bekehrung bis zur ersten Missionsreise

TEIL 6
Damaskus

Eine orientalische Stadt

„In Damaskus lebte ein Jünger namens Hananias. Zu ihm sagte der Herr in einer Vision: Hananias! Er antwortete: Hier bin ich, Herr. Der Herr sagte zu ihm: Steh auf und geh zur so genannten Geraden Straße, und frag im Haus des Judas nach einem Mann namens Saulus aus Tarsus. Er betet gerade ..." (Apg 9,10-11).

Das römische Damaskus, in das Paulus von seinen Reisebegleitern gebracht wurde, lässt sich architektonisch und religionsgeschichtlich beschreiben. Bereits im 2. Jh. v. Chr. hat es seine städteplanerische Gestalt erhalten.

Die Hauptgeschäftsstraße, der von West nach Ost laufende decumanus, von Lukas in der Apostelgeschichte „Gerade Straße" genannt, hat z. Z. des Paulus das Stadtbild bestimmt und prägt auch heute noch die Altstadt. Trotz der reißbrettartigen Architektur, die auf den hellenistischen Städteplaner Hippodamos von Milet zurückgeht, blieb der Stadt mit ihrem unverwechselbaren Oval ein zauberhafter Charme.

Das wichtigste und das Stadtbild prägende Bauwerk ist der um die Zeitenwende errichtete Jupitertempel, der auf ein älteres Heiligtum der aramäischen Stadtgottheit Hadat zurückgehen dürfte.

Sein riesiger Vorplatz (Temenos) mit 156 m x 97 m konnte schon z. Z. der Verehrung Hadats hunderte von Pilger aufnehmen. Etwa zur Zeit des Paulus muss der erweiterte Tempelvorplatz (peribolos), umschlossen von gewaltigen Säulenreihen (Kolonnaden), fertig gestellt worden sein. Dieser 380 m x 310 m große, umgebende äußere Tempelvorplatz prägte einen Großteil der Stadt. Das Osttor mit seiner heute noch erhaltenen Fassade (Propylon) lässt die monumentale Anlage erahnen. Bis in severinische Zeit wurde an ihm gebaut, ergänzt und verschönt. Eine Kolonnadenstraße führte einst auf eine der Tempelanlage östlich gegenüberliegende Agora, ein Marktplatz, der das öffentliche Leben bestimmte.

Diese städtische Geographie wurde ihrerseits in die nach dem Vorbild des Städteplaners Hippodamos angelegte Stadtanlage integriert. Sie „gliedert das Stadtareal in rechteckige insulae (= Wohneinheiten), die von einem streng geometrischen Straßennetz mit sich rechtwinklig kreuzenden Achsen begrenzt werden. Die Straßen sind meist nach den Haupthimmelsrichtungen N–S und W–O orientiert; ihre Breite und ihr Abstand folgen standardisierten Maßeinheiten."[1]

Die „Gerade Straße", der Decumanus, stellt somit die zweite Achse der erweiterten Stadtgeographie dar. Insgesamt wurde dieses Stadtnetz von Straßen- und Wohneinheiten von einer Stadtmauer umfriedet. Paulus berichtet, dass er einst einer Verfolgung durch den Nabatäerkönig Aretas IV. entkommen konnte (2 Kor 11,32-33: „In Damaskus ließ der Statthalter des Königs Aretas die Stadt der Damaszener bewachen, um mich festzunehmen. Aber durch ein Fenster wurde ich in einem Korb die Stadtmauer hinuntergelassen, und so entkam ich ihm." Vgl. Apg 9,24-25)

•••

Flavius Josephus erwähnt das für das kulturelle Leben der Stadt prägende Gymnasion, eine hellenistische Einrichtung, die für das körperliche Wohlbefinden und die geistige Bildung der männlichen Bevölkerungsteile zuständig war. Herodes d. Große hatte es seiner Zeit der Stadt geschenkt.

Wenn man Josephus trauen darf, dann wurden 66 n. Chr. im Gymnasion der Stadt, das auch als Gerichtsgebäude diente, zwischen 10.500 und 18.000 Juden gefangen genommen, ehe sie einem Massaker zum Opfer fielen (Der jüdische Krieg 2,20,2 und 7,368). Diese Zahl an Gefangenen, die nicht nur Aufschluss über die Größe des Gebäudes gibt, lässt zudem Rückschlüsse auf die Größe der jüdischen Gemeinde in Damaskus und Umgebung zu. Zu diesem Personenkreis sind dann auch die Judenchristen zu zählen, auf die Paulus nach seiner Bekehrung getroffen ist.

Natürlich wird sich Paulus nicht in diesem Gymnasion und auch nicht im Jupitertempel aufgehalten haben, doch waren beide Einrichtungen für das öffentliche Leben entscheidend. Die jüdischen Einrichtungen und viel mehr noch die judenchristlichen machten demgegenüber einen verschwindend kleinen Anteil aus. Doch ist die Stadt insgesamt das Missionsfeld des Paulus und dann der frühen Christen. Die Stadtgeographie hat sich jedenfalls in der Folgezeit nicht mehr verändert. Nach dem Erstarken des Christentums wurde in byzantinischer Zeit der Jupitertempel zu einer christlichen Kirche umfunktioniert. Als Johanneskirche, die das Haupt Johannes des Täufers barg, wurde der frühere Jupitertempel nun zur stadtbestimmenden Einrichtung. Nach der islamischen Eroberung im 7. Jh. wurde auch die Johanneskirche ihrerseits wieder umfunktioniert, nun zu einer Hauptmoschee (Omayyadenmoschee). Auch die gesamte Stadtanlage ist mit ihrem geometrischen Grundmuster, so Eugen Wirth, „nach der Eroberung durch den Islam nochmals verfestigt worden: Pragmatisch-kluge Sterndeuter oder Schriftgelehrte orientierten die Gebetsrichtung (qibla) der Moscheen – vermutlich gegen besseres

---

[1] E. Wirth, Die orientalische Stadt im islamischen Vorderasien und Nordafrika, Bd.1, Mainz 2000, 29.

eigenes Wissen – streng nach Süden. Damit ließen sich alle neuen religiösen Gebäude ohne jede Schrägstellung in das vorhandene, nach den Haupthimmelsrichtungen ausgerichtete Grundmuster des antiken Stadtplans einfügen." [2]

Dank dieser religionenübergreifenden stadtarchitektonischen Eigenart hat sich die Kontinuität des Stadtbildes über zweitausend Jahre erhalten. Damaskus ist wie Jerusalem, Gerasa (Djerash), Palmyra, Apameia, Bosra, oder die nordafrikanischen römischen Städte Volubilis, Leptis Magna, Sabrathe, Djemila oder Timgad eine westliche, hellenistisch-römische Stadt im Orient und letztlich keine orientalische Stadt. Die Sprachen, die man dort sprach, waren orientalische (aramäische Dialekte) dann aber vor allem indogermanische (Griechisch und Latein), das kulturelle Leben ein orientalisch-westlich geprägtes.

Weltkulturerbe

Die damaszenische Altstadt gehört heute zum Weltkulturerbe und ist wie Aleppo, Bagdad oder Altkairo eine typisch orientalische Stadt. Man meint, das Leben in ihr verlaufe zeitlos, das Uhrwerk der Basare zähle die Stunden in Jahrtausenden.

Damaskus darf zudem zu den schönsten orientalischen Städten gerechnet werden. Der mittelalterliche Mekkapilger Ibn Dschubair schreibt 1184 [3] „Damaskus ist das Paradies des Orients, der Ort, wo graziöse und leuchtende Schönheit sich entfaltet, das Siegel der Länder des Islams, wo wir Gastfreundschaft suchten: Die Braut der Städte. Sie ist mit Blüten von süßduftenden Kräutern geschmückt und bedeckt mit den Brokat-Kleidern der Gärten. Mit ihrer Schönheit hat sie einen sicheren Rang inne, und auf ihrem Hochzeitsstuhl ist sie reich geschmückt."

Ähnlich schwärmerisch beschreibt noch 800 Jahre später Neil Blackmore in seinem Roman „Der Himmel über Damaskus" (2000) den sinnlichen Zauber der Stadt: „Wenn man zur richtigen Tageszeit in der Stadt eintrifft..., fällt einem inmitten der aufsteigenden Hitze, der kahlen Felsen und des spärlichen Gestrüpps zuallererst eines auf: die Farbe des Steins. Die gesamte Stadt ist aus Sandstein erbaut. Und in den ersten Stunden nach Tagesanbruch, oder um Sonnenuntergang herum, ist der Sandstein rosa. Vollkommen rosa. In aller Frühe ist es ein ganz blasses Rot, und in der Sinnlichkeit des Sonnenuntergangs ist der Stein gerötet wie die kussweichen Lippen der Geliebten. Ein tiefes Rot, gegen das sich die fedrigen grünen Palmen oder die schwarzen Zypressen abheben, die die Straßen säumen." [4]

Der syrische Dichter Nizar Kabbani erinnert sich mit wehmutsvollen Worten an seine Altstadt: „Damaskus bei Nacht, /Damaskus aus Jasmin, /die Häuser von Damaskus/ finden ein Heim in unseren Herzen/die Minarette werfen Licht auf unsre Reisen. Es ist, als trügen wir die Minarette der Omayyaden in uns, /als duf-

•••

[2] E. Wirth, Die orientalische Stadt, ebd., 38.
[3] Ibn Dschubaier, Tagebuch eines Mekkapilgers. Aus dem Arabischen übertragen und bearbeitet von Regina Günther, 1985, 196.
[4] N. Blackmore, Der Himmel über Damaskus, 2000, 9-10.

teten die Apfelgärten in unserer Fantasie./Als hätten Licht und Sonne uns alle begleitet."⁵

Das heutige Damaskus ist ein orientalischer Sinnenschmaus geblieben. Scherazades Erzählungen aus Tausendundeiner Nacht scheinen sich hier zugetragen zu haben: Da ist der Basar, das traditionelle Wirtschaftszentrum der orientalischen Stadt mit seinen Einzelhandels- und Handwerksgeschäften, Großhandelshäusern und Lagern. Kein Geschäft befindet sich zufällig an seinem Ort.

Alles ist an seiner fest gefügten, bewährten Stelle zu finden. Die Großhandelshäuser, auch Karawansereien, arabisch Chan, genannt, „liegen meist im Innern eines Gevierts, dessen den Basargassen zugewandten Außenseiten von Basarboxen umbaut sind", beschreibt die Kennerin der damascenischen Architektur, Prof. Dorethée Sack. „Ein Merkmal des Basars der orientalisch-islamischen Stadt ist die Spezialisierung einzelner Basarbereiche auf bestimmte Angebote. Der Zusammenschluss von Händlern, die das gleiche verkaufen, und von Handwerkern, die das gleiche herstellen, ergab sich aus der Notwendigkeit der engen Nachbarschaft von Einzel- und Großhandel bzw. von Basarhandwerk und Rohstofflieferanten."⁶

•••

⁵Text und Übersetzung aus: B. Keenan, Damaskus. Verborgene Schätze im Orient, Stuttgart 2001, 84f.
⁶D. Sack, Damaskus.Entwicklung und Struktur einer orientalisch-islamischen Stadt. (Damaszener Forschungen 1), Mainz 1989, 56.
⁷D. Sack, ebd., 60-61.

Im Großen Basar von Damaskus gibt es alles, was das alltägliche Leben nötig macht. Neben den Handelsangeboten finden sich Garküchen und Teestuben, dazu Geldwechsler und Kreditgeber sowie Schreiber, die Kaufverträge aufsetzen, sollten diese nicht per Handschlag besiegelt werden. Zum Basar gehören ebenso Bäder und Moscheen. Die Badeanlagen (Hammam) dienen nicht nur der täglichen Körperpflege, der Entspannung und dem Informationsaustausch, sie ermöglichen ebenso rituelle Reinigungen für die Besucher der Moscheen.

Eine weitere wichtige Einrichtung in der Altstadt ist die Moschee. „Die in den Basar integrierten Moscheen dienen über ihre Funktion als Betplatz hinaus auch als basarinterne Versammlungsplätze; in Krisenzeiten werden hier Abstimmungen durchgeführt und gemeinsame Vorgehensweisen beschlossen... Deshalb finden sich nur selten Fremde in den Basarmoscheen zum Gebet ein. Sie besuchen meist die Umaiyaden-Moschee oder eine der großen Moscheen in den Basarrandgebieten, die aber auch von der im Basar arbeitenden Bevölkerung aufgesucht werden. Schließlich haben die Betplätze noch eine weitere, für die Organisation der Stadt wichtige Funktion: zu jeder Moschee gehört auch eine Latrinenanlage, die den ganzen Tag zugänglich ist."⁷

Die Gerade Straße ist bis heute das Rückgrat der Altstadt innerhalb der alten Mauern geblieben. Ihre Breite ist so angelegt, dass zwei bepackte Kamele einander auch dann noch leicht passieren können, wenn der Große Basar, der sich

Von der Bekehrung bis zur ersten Missionsreise

im westlichen Teil der „Geraden Straße" befindet, stark frequentiert ist.

Wer sich in die nach Norden abgehende Bab-Tuma-Straße begibt, trifft unmittelbar auf das Christenviertel, das Bab-Tuma-Quartier, in dem sich zahlreiche christliche Gemeinschaftseinrichtungen befinden.

Bis ins 14. Jh. reichen die ältesten Kirchen, Klöster und Schulen zurück. Die Einteilung der Altstadt in Judenviertel (Charat al Yahud) im südöstlichen Teil und Christenviertel (Charat Bab Tuma) im nordöstlichen Teil reichen zurück in die Zeit vor der islamischen Eroberung im 7. Jh.

Auf Paulus Spuren trifft man nur indirekt. Da Lokaltraditionen häufig alt sind, ist durchaus anzunehmen, dass sich zumindest irgendwo im Christenviertel die Originalschauplätze des paulinischen Aufenthalts in Damaskus befinden.

Neuerdings hat sich die Bevölkerungsstruktur der Altstadt verändert. Im Judenviertel wurden palästinensische Flüchtlinge angesiedelt. Auch im ehemaligen Schiitenviertel sind kaum noch Schiiten nachzuweisen. Die wohlhabenden Bewohner der Altstadt haben sich bessere Wohnungen in der Neustadt genommen und leben nach westlichen Vorbildern orientiert.

Wer sich einmal in einen der Hinterhöfe zurückzieht, trifft allerorts auf Topfpflanzen mit für unsere Verhältnisse überdimensional großen Hibiscus- und Orleanderpflanzen. Wärme und ausreichende Bewässerung schaffen paradiesische Wohnverhältnisse. Plastikventilatoren versuchen in den Sommermonaten Kühlung zu zufächern, um die Hitze zu mildern. Rafik Schamis „Erzähler der Nacht" charakterisiert die sommerlichen Temperaturen: „Der August hat im Volksmund den Beinamen ‚der flammende'. Damaskus liegt den ganzen Tag unter einer Feuerglocke. Die Temperatur klettert im Schatten über vierzig Grad. Was sollen die armseligen Ventilatoren da noch bewirken? Sie wirbeln hoffnungslos die warme Luft umher. In den anderen Monaten schafft es die Nacht, die gewünschte Kühlung zu bringen, aber nicht im August. Die Erde bleibt auch dann noch warm, und die Farbsäule im Thermometer bleibt wie festgesogen bei dreißig Grad stehen, sodass die Menschen kaum schlafen können. Schon eine Stunde nach Sonnenaufgang schnellt die Temperatur wieder in die Höhe."[8]

In der Jugenderinnerung von Wafic Rida Said liest sich das so: „Ich wuchs in einem alten Haus in Damaskus auf, in einem jener typischen arabischen Hofhäuser ... Rückblickend erkenne ich, wie geschickt der Architekt es entworfen hatte, damit es den klimatischen Extremen von Damaskus gerecht wurde. Im Sommer wohnten wir im Erdgeschoss, in kühlen, schattigen Räumen, die zum Innenhofgarten hin lagen, sodass der Duft von Jasmin und Kräutern durch das Haus zog, wo er sich mit dem Geruch von Kaffee

•••

[8] R. Schami, Erzähler der Nacht, München, 10. Aufl 2001, 25. Weitere Geschichten von R. Schami über und um Damaskus: Eine Hand voller Sterne. Roman, München, 6. Aufl. 2000; Der Fliegenmelker. Geschichten aus Damaskus, München 1997.

und Kardamon vermischte. Die beruhigenden Geräusche eines Wasserrads und einiger Springbrunnen ließen die Stille dieses privaten Ortes noch intensiver wirken, der eine willkommene Zuflucht vor der sengenden Sommerhitze bot. Im Winter zogen wir in den ersten Stock, wo die Zimmer genauso angelegt waren wie im Erdgeschoss, aber durch reich verzierte Holztäfelchen und herrlich gearbeitete Teppiche gegen die Kälte abgeschirmt waren."⁹

In diesem heißen Klima sind die orientalischen Träume zu Hause, die Kunst der Erzähler. Im Basar finden sie sich heute noch. Hinter der Omayyaden-Moschee in der Bab-Djairun-Str. erzählen sie, die Fabulierer der orientalischen Dichtungen.

Wer orientalisch träumen will, wird sich in seinen Erinnerungen an die endlosen Geschichten von „laila welaila", tausendundeiner Nacht, halten. Hugo von Hofmannsthal sagt, „es sind Märchen über Märchen, und sie gehen bis ans Fratzenhafte, ans Absurde; es sind Abenteuer und Schwänke, und sie gehen bis ins Groteske, ins Gemeine; es sind Wechselreden, geflochten aus Rätseln und Parabeln, aus Gleichnissen, bis ins Ermüdende; aber in der Luft dieses Ganzen ist das Fratzenhafte nicht fratzenhaft, das Unzüchtige nicht gemein, das Breite nicht ermüdend, und das Ganze ist nichts als wundervoll: eine unvergleichliche, eine vollkommene, eine erhabene Sinnlichkeit hält das Ganze zusammen... Wir bewegen uns aus der höchsten in die niedrigste Welt, vom Kalifen zum Barbier, vom armseligen Fischer zum fürstlichen Kaufherrn, und es ist *eine* Menschlichkeit, die uns umgibt, mit breiter, leichter Woge uns hebt und trägt; wir sind unter Geistern, unter Zauberern, unter Dämonen und fühlen uns wiederum zu Hause... Das eigentliche Abenteuer freilich ist unverwüstlich und bewahrt, nacherzählt und wiederum nacherzählt, seine Kraft; aber hier sind nicht bloß Abenteuer und Begebenheiten, hier ist eine poetische Welt."¹⁰

Neuere Literatur wie Lieve Joris, „Die Tore von Damaskus. Eine arabische Reise", holt uns andererseits in die reale Gegenwart. „Über dem Eingang zum Suq hängt ein riesiger lachender Assad, im Hintergrund ein Miniatur-Damaskus. Der Präsident schielt leicht, was seinem Gesicht einen etwas durchtriebenen Ausdruck verleiht – kein sehr schmeichelhaftes Porträt. Die ganze Stadt hängt voll von solchen Bildern. Jung, alt, mit Brille, ohne Brille; seit ich hier angekommen bin, habe ich ihn in allen möglichen Varianten gesehen. Heute Morgen ist sogar ein Mercedes mit Assad-Sonnenblenden vorbeigerauscht... Rings um die Omayyaden-Moschee ist ein Teil des Suqs abgerissen worden, angeblich damit der

•••

⁹ Wafic Rida Said, in: B. Keenan, Damaskus. Verborgene Schätze im Orient, Stuttgart 2001, 6.

¹⁰ Hugo von Hofmannsthal, Einleitung zu dem Buche genannt die Erzählungen der Tausendundein Nächte, in: Die Erzählungen aus den Tausendundein Nächten. Vollständige deutsche Ausgabe in 12 Bänden zum ersten Mal nach dem arabischen Urtext der Calcuttaer Ausgabe aus dem Jahre 1939, übertragen v. E. Littmann, Bd.1, Wiesbaden 1976, 8f.

Präsident an den Feiertagen im Auto zum Gebet fahren kann, aber jeder hier kennt den wahren Grund: Wenn in Damaskus ein Aufstand ausbricht, muss die Altstadt für Panzer erreichbar sein.."[11]

Im Jahr 2001 ist es nicht mehr Assad, sondern sein Sohn Baschar al Assad, der auf den überall gegenwärtigen Bildern prangt. Kein Zweifel, nicht Demokratie sondern monarchische Diktatur treffen wir an in der Alleinregierung der Assads.

Was den Umgang der beiden Geschlechter in diesem orientalischen Land betrifft, so darf man sich keine Illusionen machen. Die Frau im syrischen Islam wird eindeutig vom Mann beherrscht. Lieve Joris charakterisiert eine typische Szene im Haus: „Eine geschlossene Gesellschaft sucht sich Fenster nach draußen. Deshalb halten die Männer hier im Haus die Frauen auch so kurz – weil sie wissen, welche Gefahren überall lauern. Raschids Freunde dürfen nicht einmal den Namen seiner Frau wissen. Wenn er auf dem Dach Kaffee oder etwas zu essen haben will, pfeift er, und sie stellt ein Tablett auf die Treppe. Und wenn einer seiner Freunde gehen will, beugt er sich über die Brüstung und ruft ‚Yallah!' hinunter, und sofort verschwinden alle Frauen im Haus."[12]

Nicht das christliche Menschenbild prägt heute die Gesellschaft, sondern die patriarchal orientierte muslimische Religion.

•••

[11] L. Joris, „Die Tore von Damaskus. Eine arabische Reise", München 2000, 5f.
[12] L. Joris, ebd., 31.

TEIL 7
Die ersten Christen in und um Damaskus

Paulus zog nach Damaskus, um „die Anhänger des (neuen) Weges" zu verfolgen. Noch hießen jene, die Jesus als Messias bekennen, nicht Christen. Lukas bezeichnet in der Vision des Hananias die Christen als „Heilige", wenig später als „Jünger". Der griechische Name Christianoi, Christen, wird erstmals in Antiochia (Apg 11,26) verwendet.

Die Christen verstehen sich noch ganz dem Judentum zugehörig, weshalb Paulus sie in den Synagogen aufsucht.

Nach der Bekehrung wird Paulus von seinen Begleitern in das Haus des Judas gebracht. Hananias, der Paulus im Haus des Judas aufsuchen soll, ist eine einflussreiche Gestalt in der kleinen christlichen Gemeinschaft in Damaskus. Nach der Apostelgeschichte ist „Hananias, ein frommer und gesetzestreuer Mann." (22,12). Er dürfte dem griechisch sprechenden Kreis der Judenchristen (= Hellenisten) angehört haben, der vor kurzem aus Jerusalem vertrieben worden war. Ihr Missionsauftrag beschränkte sich auf Randgruppen Israels, auf die Samaritaner und die „Gottesfürchtigen", fromme Heiden, die zur jüdischen Religion gefunden hatten, jedoch nicht beschnitten waren und deshalb noch nicht zur jüdischen Kultgemeinde gerechnet wurden.

In der Damaskusgeschichte des Lukas

erfahren wir einige theologische Eigenarten der dortigen frühen Christengemeinschaft.

Paulus fastete drei Tage nach seiner Bekehrung, bis er von Hananias die Hände aufgelegt bekam und getauft wurde. Dieses Fasten vor der Taufe kennt Lukas sonst nicht. Wir dürfen deshalb annehmen, dass diese Eigenart auf das Konto einer Quellennotiz zurückzuführen ist, die ihrerseits damaszenische Verhältnisse berücksichtigt. In außerbiblischen Büchern finden wir häufiger ein Fasten vor der Taufe, so in der Zwölfapostellehre (ca. 120 n. Chr.) (7,4), bei Justin, dem Märtyrer (gest. 165) (Ap 61,2), 1. Clemensbrief (ca. 90er-Jahre des 1. Jh.) (Rec 6,15; 7,34;) und Tertullian (150-230) (Bapt 20).

Ein weiteres, der Taufe vorausgehendes Merkmal finden wir in Damaskus: Hananias spendet Paulus durch Handauflegung den Hl. Geist, eine Geste, die sonst den Zwölfen vorbehalten blieb. Dass überhaupt die Taufe erwähnt wird, zeigt, wie wichtig sie den ersten Christen in Damaskus ist. Sie ist ihnen wichtiger als Paulus selbst, denn er wird nie auf seine eigene Taufe zu sprechen kommen. Wenn die damaszenische Quelle des Lukas erwähnt, Paulus habe bald nach seiner Bekehrung in den Synagogen missioniert, so wird Paulus als Juden- und nicht als Heidenmissionar vorgestellt. D.h., Paulus wird in dieser Sichtweise noch nicht zur Heidenmission bestellt. Anders der Apostel selbst, der in Gal 1,16 sagt, Gott habe ihm „seinen Sohn offenbart, damit er ihn unter den Heiden verkünde".

Die Hananias-Vision trägt eindeutig prophetische Züge (z.B. Anrede, Erwiderung, Auftrag zu gehen, „Einwand" des Propheten), was besagt, Paulus wurde durch Hananias prophetisch beauftragt.

Zwar trägt Hananias keinen Titel, doch hat er eine Funktion, die sonst den Aposteln zukommt: die direkte Geistverleihung. Daraus lässt sich schließen, dass Damaskus eine selbstständige christliche Zelle ist, die unabhängig von Jerusalem agiert. Lukas, der dies gerne anders sehen möchte, überliefert seine damaszenischen Notizen, lässt dann aber Paulus nach kurzem Aufenthalt („einige Tage blieb er bei den Jüngern in Damaskus" (9,19)) nach Jerusalem hinaufziehen.

Anders Paulus, der einen frühen Kontakt mit den Aposteln in Jerusalem bestreitet: „ich ging auch nicht sogleich nach Jerusalem hinauf zu denen, die vor mir Apostel waren, sondern zog nach Arabien und kehrte dann wieder nach Damaskus zurück. Drei Jahre später ging ich nach Jerusalem hinauf, um Kephas kennen zu lernen, und blieb fünfzehn Tage bei ihm. Von den anderen Aposteln habe ich keinen gesehen, nur Jakobus, den Bruder des Herrn." (Gal 1,17-19).

Die Rückkehr des Paulus nach Damaskus besagt, dass es eine intensivere Bindung zur dortigen christlichen Gemeinschaft gegeben hat, eine Bindung, die stärker war als jene zur Muttergemeinde in Jerusalem.

Arabien – Hauran

Folgen wir der Selbstdarstellung des Paulus, so wird Damaskus die christliche Heimat des Neubekehrten. Streng genommen bildet der 3-jährige Aufenthalt in Damaskus und im angrenzenden Arabien die erste Missionsreise des christlichen Paulus. Doch erfahren wir nichts aus dieser Zeit, weder von Lukas noch von ihm selbst.

Orte der Mission werden nicht genannt. Doch ist der Hauran, ein städtereiches Gebiet südlich von Damaskus für das genannte „Arabien" anzunehmen. Auch Flavius Josephus meint häufiger, wenn er von Arabien spricht, das Gebiet südlich von Damaskus und östlich des Jordan bis hinunter zum Golf von Aqaba.

Für die Hauranstädte Nawa, Sur, Sheikh Meskene und Ezraa sind jüdische Gemeinden belegt. Zahlreiche Weihe- und Ehreninschriften dokumentieren jüdische Würdenträger, die über das herodianische Königshaus, das bis zum Tod Agrippas II. (um 100 n. Chr.) dort präsent war, ihre Einflüsse geltend machten.[1] Hier könnte Paulus missioniert haben. Die ältesten literarischen Quellen erwähnen Bischöfe und deren Gemeinden in Bosra. Origenes hielt sich 214/215 in der Stadt auf, dann Hippolyt zwischen 250/260 und Maximus um 264. Bis zur Anerkennung des Christentums als Staatsreligion mussten die Christen in Privathäusern zusammenkommen, deshalb sind Kirchenbauten erst nach der Konstantinischen Wende nachweisbar, so die älteste Kirche in Hit (325), die dem Hl. Sergius geweiht ist. Die syrische Kirche südlich von Damaskus hat alte Traditionen, wenn sie auch noch nicht so erforscht ist wie die nordsyrische um Edessa (heute Urfa).[2]

Die Flucht

Als die Juden beschließen, Paulus in Damaskus zu töten, plant die christliche Gemeinschaft seine Flucht: „Seine Jünger nahmen ihn und ließen ihn bei Nacht in einem Korb die Stadtmauer hinab." (Apg 9,25).

Paulus kommt im 2. Korintherbrief auf diese spektakuläre Aktion zu sprechen: „In Damaskus ließ der Statthalter des Königs Aretas die Stadt der Damaszener bewachen, um mich festzunehmen. Aber durch ein Fenster wurde ich in einem Korb die Stadtmauer hinuntergelassen, und so entkam ich ihm." (2 Kor 11,32-33). Hier sind es nicht die Juden, die Paulus verfolgen, sondern der Statthalter, wörtlich Ethnarch, des Nabatäerkönigs Aretas IV. (9 v. bis 40 n. Chr.). Dieser Ethnarch war eine Art Oberhaupt einer ethnischen Gruppe innerhalb des Staatswesens, hier der Vorsteher der nabatäischen Handelsniederlassung in Damaskus. Das arabische Handelsvolk der Nabatäer, das durch den Weihrauchhandel zu großem Reichtum kam, in Petra seine Hauptstadt hatte und in der Region zahlreiche Handelskolonien verzeichnen konnte, kontrollierte das gesamte Ostjordanland und

...

[1] Kulte und Tempel im Hauran. Kaiserzeitliche Tempelbauten im Hauran (1. Jh. v. – 3.Jh.n. Chr.) – Zeugnisse lokaler Kulte in der Region des Djabal al-Arab, in: Archäologische Entdeckungen. Die Forschungen des Deutschen Archäologischen Instituts im 2. Jahrhundert/Deutsches Archäologisches Institut, Mainz 2000, 97-103.102.
[2] J.-M. Dentzer, Siedlungen und ihre Kirchen in Südsyrien, in: Syrien. Von den Aposteln zu den Kalifen. Ausstellungskatalog, E.M. Ruprechtsberger, Linz 1993, 82-101.

Arabien, stand zu diesem Zeitpunkt freilich schon längst unter Roms Gnaden.

Woran könnte das Interesse der Nabatäer bestanden haben, Paulus zu verfolgen? Wollte Aretas, der mit Herodes Agrippa I (37-44) im Streit lag, die Juden in Damaskus für sich gewinnen und sich damit judenfreundlich stellen? Oder lag der Antrieb für eine Beseitigung des Paulus in der Missionspraxis des Apostels, der von sich aus sagt, er habe, wenn auch erfolglos (?), in Arabien missioniert. Hatte er gar unter den heidnischen Nabatäern missioniert? Wie Ausgrabungen in der Nähe der Hananias-Kapelle ergaben, liegen an der Westmauer der heutigen Krypta nicht nur Reste einer byzantinischen Kirche des 5./6. Jh., sondern nachweislich auch Teile des ehemaligen Nabatäer-Viertels. Hatten sich die Christen im Nachhinein im Nabatäer-Viertel niedergelassen oder bestanden schon sehr früh nähere Kontakte zu diesem arabischen Handelsvolk?

Bemerkenswert ist bei Lukas auch die Notiz, „die Jünger des Paulus" hätten ihn gerettet. Hat Paulus schon Tage nach seiner Bekehrung aufgrund der Predigten und lehrhaften Argumentationen in den Synagogen Jünger gewonnen?

Jedenfalls ist aufgrund des Selbstzeugnisses des Paulus anzunehmen, dass er sich bis zu drei Jahre in und um Damaskus aufhielt.

Geschichte der Christen

In der Folgezeit stand Damaskus im Schatten der römischen Provinzhauptstadt Antiochia. Kaum etwas ist uns über die Christen in dieser Zeit authentisch aus dieser Stadt überliefert. Anonym kann hier viel mehr geschehen sein. Klaus Berger vermutet, johannäische Christen hätten sich dort angesiedelt, ehe sie auch anderenorts, etwa in Ephesus, anzutreffen gewesen seien.

Hadrian erhebt in seiner Regierungszeit (117–138) Damaskus zur Metropolis. Als mit dem theodosianischen Edikt das Christentum im Jahr 391 zur Staatsreligion erblühte, wurde auch der Haupttempel des Jupiter Damascensus in eine Kirche umgewandelt und auf den Namen Johannes des Täufers geweiht. Das Haupt des Täufers wird noch heute in der Omayyaden-Moschee aufbewahrt und von Muslimen und Christen verehrt. Die Johanneskirche blieb in der gesamten byzantinischen Zeit Hauptbasilika und hatte Vorrang vor den 14 anderen Kirchen der Stadt. Auch nach der muslimischen Eroberung im Jahre 735 durften alle Kirchen weiter für christliche Zwecke genutzt werden. Unter ihnen befand sich eine Kreuzkirche, eine Marienkirche und eine dem Hl. Johannes von Damaskus geweihte Kirche aus byzantinischer Zeit.

Der Ostteil der Altstadt blieb bis auf den heutigen Tag christliches Viertel mit einer bewegten Geschichte. Ihren Tiefpunkt erlebten die Christen in Damaskus, als ohne Intervention der osmanischen Machthaber libanesische Drusen im Juni 1860 ein Massaker unter den Christen der Stadt anrichteten und viele Kirchen, Wohnviertel und Werkstätten zerstörten.

Viele Gebäude, die heute im Christenviertel, dem Bab-Tuma-Quartier (= Quartier am Tor des Thomas), stehen, wurden nach diesem Datum errichtet.

Von Damaskus nach Jerusalem

Paulus verlässt Damaskus und reist nach Jerusalem. Den Galatern schreibt er: „Drei Jahre später ging ich nach Jerusalem hinauf, um Kephas kennen zu lernen, und blieb fünfzehn Tage bei ihm. Von den anderen Aposteln habe ich keinen gesehen, nur Jakobus, den Bruder des Herrn. Was ich euch hier schreibe – Gott weiß, dass ich nicht lüge. Danach ging ich in das Gebiet von Syrien und Zilizien. Den Gemeinden Christi in Judäa aber blieb ich persönlich unbekannt." (Gal 1,18-19.22).

Ist es ein Rapport, den Paulus vor Kephas (= Petrus) ablegen muss? Die zwei kurzen Wochen deuten darauf hin, dass sich beide voneinander Klarheit verschaffen wollten. Was haben sie besprochen? Wir wissen es nicht. Und doch wird Paulus nichts anderes gesagt haben als das, was er später den Christen in Philippi schreiben wird: „Doch was mir damals ein Gewinn war, das habe ich um Christi Willen als Verlust erkannt. Ja noch mehr: ich sehe alles als Verlust an, weil die Erkenntnis Christi Jesu, meines Herrn, alles übertrifft. Seinetwegen habe ich alles aufgegeben und halte es für Unrat, um Christus zu gewinnen und in ihm zu sein. Nicht meine eigene Gerechtigkeit suche ich, die aus dem Gesetz hervorgeht, sondern jene, die durch den Glauben an Christus kommt, die Gerechtigkeit, die Gott aufgrund des Glaubens schenkt … Das Ziel vor Augen, jage ich nach dem Siegespreis: der himmlischen Berufung, die Gott uns in Christus Jesus schenkt." (Phil 3,7-9.14).

Wo sind die anderen Apostel in Jerusalem? Sind sie auf Missionsreisen? Paulus will sie nicht gesehen haben. Petrus, der Kopf des Zwölferkreises, scheint Weichenstellungen vorgenommen zu haben, die das Missionsfeld des Paulus festlegten. Bei allem dürfen wir nicht übersehen, was Paulus den Galatern schreibt: „Das Evangelium, das ich verkündigt habe, stammt nicht von Menschen; ich habe es ja nicht von einem Menschen übernommen oder gelernt, sondern durch die Offenbarung Jesu Christi empfangen." (Gal 1,11-12). Mit Günther Bornkamm wird man sagen können: „Von einem spät nachgeholten Katechumenat und missionarischen Schnellkurs bei Petrus kann also nicht die Rede sein."[3]

Das Gebiet von Syrien und Zilizien, von dem Paulus spricht, weist auf seine Heimatstadt Tarsus und die dazugehörige römische Provinz Syria mit der Provinzhauptstadt Antiochia. 14 Jahre hatte er in dieser Gegend und in dieser Stadt missionarisch gewirkt, ehe er zum zweiten Mal nach Jerusalem hinaufzieht.

Anders Lukas. Er lässt Paulus bald nach seiner Bekehrung nach Jerusalem reisen. Erster Ansprechpartner in Jerusalem ist nicht Kephas, sondern Barnabas mit dem Zweitnamen Josef, ein Levit aus Zypern (Apg 4,36). Er hat wohl vermittelnde Funktion und führt Paulus zu den Aposteln. Von ihm werden wir später noch mehr erfahren. Lukas erwähnt, Paulus wollte die Hellenisten, das sind griechisch sprechende Juden, missionieren. Das Vorhaben misslingt jedoch. Denn

•••

[3] G. Bornkamm, Paulus, Stuttgart u.a. 3. Aufl 1976, 50.

diese wollten ihn wie einst schon Stephanus töten. Wieder ist es wie in Damaskus eine Flucht, die Paulus rettet, organisiert von den „Brüdern".

Als Paulus laut Apostelgeschichte Jahre später im Tempelvorhof eine Rede vor dem Volk hält, kommt er auch auf diesen Jerusalemaufenthalt zu sprechen: „Als ich später nach Jerusalem zurückgekehrt war und im Tempel betete, da geriet ich in eine Verzückung. Und ich sah ihn, wie er zu mir sagte: Beeil dich, verlasse sofort Jerusalem; denn sie werden dein Zeugnis über mich nicht annehmen. Da sagte ich: Herr, sie wissen doch, dass ich es war, der deine Gläubigen ins Gefängnis werfen und in den Synagogen auspeitschen ließ. Auch als das Blut deines Zeugen Stephanus vergossen wurde, stand ich dabei; ich stimme zu und passte auf die Kleider derer auf, die ihn umbrachten. Aber er sagte zu mir: Brich auf, denn ich will dich in die Ferne zu den Heiden senden."(Apg 22,17-21).

Hier bei Lukas ist es eine Christuserscheinung im Tempel, die Paulus zur Heidenmission autorisiert. Ohne konkrete örtliche Zielangabe wird dennoch deutlich, dass Paulus keine Judenmission betreibt. Das widerspricht freilich der Praxis der paulinischen Missionsarbeit. Wenn der Apostel in eine fremde Stadt ging, besuchte er zunächst die Synagoge und verkündete dort aus den Schriften Christus, ehe er sich an die Heiden wandte.

Manche zweifeln an der Echtheit dieser Christuserscheinung im Tempelvorhof und führen sie auf eine vorlukanische Quellennotiz zurück, die Paulus noch einmal und nun vom Tempel her für seine Heidenmission legitimieren will. Über die weitere Abfolge der paulinischen Missionsetappen sind wir nun gänzlich auf die Apostelgeschichte des Lukas angewiesen, da Paulus kaum noch Reisenotizen angibt.

Lukas hat die Ortsangaben der paulinischen Aufenthalte allerdings nicht aus den Fingern gesogen, sondern sich meist auf ein Reiseitinerar, eine Art Reisetagebuch verlassen, das christliche Gemeinden bereits geführt haben, um die Wege der paulinischen Mission nachzeichnen zu können.

Von Jerusalem wird Paulus nicht mehr nach Damaskus zurückkehren, sondern er wird nach Cäsarea am Meer und über den Seeweg nach Tarsus gebracht, ehe ihn Barnabas für weitere Aufträge dort wieder abholt. „Barnabas aber zog nach Tarsus, um Saulus aufzusuchen. Er fand ihn und nahm ihn nach Antiochia mit. Dort wirkten sie miteinander ein volles Jahr in der Gemeinde und unterrichteten eine große Zahl von Menschen." (Apg 11,25-26a).

**Hananias-Vision
Apg 9,10-16**

In Damaskus lebte ein Jünger namens Hananias. Zu ihm sagte der Herr in einer Vision: Hananias! Er antwortete: Hier bin ich, Herr. Der Herr sagte zu ihm: Steh auf und geh zur so genannten Geraden Straße, und frag im Haus des Judas nach einem Mann namens Saulus aus Tarsus. Er betet gerade und hat in einer Vision gesehen, wie ein Mann namens Hananias hereinkommt und ihm die Hände auflegt, da-

mit er wieder sieht. Hananias antwortete: Herr, ich habe von vielen gehört, wie viel Böses dieser Mann deinen Heiligen in Jerusalem angetan hat. Auch hier hat er Vollmacht von den Hohenpriestern, alle zu verhaften, die deinen Namen anrufen. Der Herr aber sprach zu ihm: Geh nur! Denn dieser Mann ist mein auserwähltes Werkzeug: Er soll meinen Namen vor Völker und Könige und die Söhne Israels tragen. Ich werde ihm auch zeigen, wie viel er für meinen Namen leiden muss.

TEIL 8
Antiochia am Orontes (I)

Als Paulus aus seiner Heimatstadt Tarsus von Barnabas nach Antiochia geholt wird, besteht dort bereits eine christliche Gemeinde. Wichtige Details zur anfänglichen Situation gibt uns die Apostelgeschichte: „Bei der Verfolgung, die wegen Stephanus entstanden war, kamen die Versprengten bis nach Phönizien, Zypern und Antiochia; doch verkündeten sie das Wort nur den Juden. Einige aber von ihnen, die aus Zypern und Zyrene stammten, verkündeten, als sie nach Antiochia kamen, auch den Griechen das Evangelium von Jesus, dem Herrn." (Apg 11,19-20).

Die führenden Männer dieser Versprengten werden bei Lukas genannt: „Philippus und Prochorus, Nikanor und Timon, Parmenas und Nikolaus, einen Proselyten aus Antiochia." (Apg 6,5). Diese sechs Herren mit hellenistischen Namen sind die Häupter eines siebener Leitungsgremiums, das für die griechisch-sprachigen christlichen Hausgemeinden in Jerusalem zuständig war. Stephanus, der inzwischen das Martyrium erlitten hat, scheint der Kopf dieses Gremiums gewesen zu sein. Ihnen allen ist ein missionarischer Auftrag eigen. Zunächst wurden sie „in die Gegenden von Judäa und Samaria zerstreut" (Apg 8,1b), blieben indes aber nicht untätig, sondern „zogen umher und verkündeten das Wort" (Apg 8,4). Philippus missioniert in Samarien unter den Samaritanern. Andere treibt es bis nach Phönizien, auf die Insel Zypern und einige nach Antiochia am Orontes. Diese Judenchristen „verkünden das Wort nur den Juden". Bemerkenswert ist für Lukas, dass einige jener versprengten hellenistischen Judenchristen, die sich zunächst in Zypern und dann in Zyrene, das ist eine Gegend westlich vom afrikanischen Alexandria, niederließen, nun in Antiochia zur Heidenmission ansetzen und erfolgreich wirken. Lukas sagt: „Die Hand des Herrn war mit ihnen, und viele wurden gläubig und bekehrten sich zum Herrn." (Apg 11,21).

Die aramäisch-sprachige jerusalemer Muttergemeinde unter der Leitung der Zwölf ist darüber noch verwundert, weshalb sie zur Überprüfung der „geistlichen Legitimität"[1] einen Mann ihres Vertrauens, „Barnabas, einen Leviten aus Zypern" (Apg 4,36), nach Antiochia entsenden.

Barnabas wird von allen Christen in der Metropole als Autorität anerkannt. „Als er ankam und die Gnade Gottes sah, freute er sich und ermahnte alle, dem Herrn treu zu bleiben, wie sie es sich vorgenommen hatten. Denn er war ein trefflicher Mann, erfüllt vom Heiligen Geist und von Glauben. So wurde für den Herrn eine beträchtliche Zahl hinzugewonnen."(Apg 11,23f).

Nun sollte man annehmen, dass Barnabas wieder nach Jerusalem zurückkehrt und den Zwölfen berichtet, wie die Gemeinde in Antiochia wächst und gedeiht. Doch Barnabas reist nach Tarsus, um dort Paulus für das neue griechischsprachige Missionsfeld in der Metropole Antiochia zu gewinnen.

„Mit Paulus hatte sich Barnabas einen Mitarbeiter auserkoren, von dem er sich mit Recht tatkräftige Unterstützung für die programmatische Heidenmission in Antiochia erhoffen konnte. Umgekehrt bot sich für Paulus, der bis dahin gänzlich auf sich gestellt und mit vermutlich eher bescheidenem Erfolg in der Arabia wie in Syrien und Kilikien missioniert hatte, mit dem Ruf nach Antiochia die Chance, nunmehr unter günstigeren Rahmenbedingungen der Berufung zum Heidenapostel nachzukommen."[2]

„Fragt man, warum sich Barnabas gerade Paulus holte, dann sollte die Antwort klar sein: Paulus war indessen als ein Theologe bekannt, der durch seine kritische Einstellung zum Gesetz zu der Entwicklung in Antiochia vorzüglich passte." (J. Becker).[3]

Barnabas ergreift die Initiative und behält zunächst auch die leitende Funktion. Paulus erscheint in diesem Leitungsgefüge als „Juniorpartner", der hinzukommt. Wer war dieser Levit aus Zypern?

Josef Barnabas

Vieles bleibt im Dunkeln und doch darf Barnabas zu den wichtigsten Persönlichkeiten der frühen Kirche gezählt werden. Denn im 2. bis 6. Jh. schreibt man ihm noch den Hebräerbrief[4], sowie nachneutestamentliche und apokryphe Literaturen zu (Barnabasbrief[5], Barnabasakten[6], Barnabasevangelium[7]).

Barnabas, „Sohn des Trostes", hieß Josef. Die Urgemeinde legt ihm erst den Beinamen Barnabas zu, der seinen eigentlichen Namen überdeckt (Apg

---

[1] J. Roloff, Die Apostelgeschichte (NTD 5), Göttingen 1981, 130.
[2] B. Kollmann, Joseph Barnabas. Leben und Wirkungsgeschichte (Stuttgarter Bibelstudien 175), Stuttgart 1998, 35f.
[3] J. Becker, Paulus und seine Gemeinden, in: ders. u.a., Die Anfänge des Christentums, Stuttgart 1987, 113.
[4] So erstmals Tertullian, De Pudicitia 20 (150-230 n. Chr.).
[5] Der wirkliche Verfasser bleibt unbekannt, seine Anonymität ist programmatisch, vgl. F.R. Prostmeier, Der Barnabasbrief (KAV 8), Göttingen 1999, 130. Dt. Übersetzung und Kommentierung: F.R. Prostmeier, ebd.
[6] Dt. Übersetzung: B. Kollmann, ebd., 76-82.
[7] Dt. Übersetzung: S.M. Linges, Das Barnabas-Evangelium. Wahres Evangelium Jesu, genannt Christus, eines neuen Propheten, von Gott der Welt gesandt gemäß dem Bericht des Barnabas, seines Apostels, Bonndorf 1994.

4,36). Er muss begütert aus Zypern gekommen sein, da er in Jerusalem einen Acker besitzt, den er der jerusalemer Gütergemeinschaft überlässt. Mit dieser edlen Tat macht er sich in der Muttergemeinde erinnernswert, verschafft sich Einfluss und liefert Stoff für Legenden. Alexander Monachus (6. Jh.) schreibt: „Dieser Gerechte aber wurde in Zypern geboren. Als seine Eltern ihn sahen, wie er Gott wohlgefällig war, nannten sie ihn sofort Joseph, um den Knaben mit dem Eigennamen des Patriarchen zu ehren. Es stimmt aber mit der Namensgebung auch die edle Beschaffenheit des Charakters überein. Denn Joseph bedeutet ‚Zugabe von Gott'. Der Gerechte empfing nämlich von Gott einen Zusatz an Gnade, um zur apostolischen Vollkommenheit zu gelangen."[8]

Da Barnabas mit der begüterten Maria, der Mutter des Johannes Markus, verwandt ist, dürfte er in ihrer großzügigen Hausgemeinschaft gelebt haben (vgl. Apg 12,12). Als „Lehrer" hat er sich bereits in Jerusalem betätigt, zweifelsfrei jedoch in Antiochia (Apg 11,26).

Barnabas gehört in Jerusalem nicht dem Siebener Gremium an, auch nicht dem Zwölfer Kreis und doch bleibt er bedeutend. Lukas lässt ihn als Mittler zwischen Paulus und den Aposteln auftreten, als dieser nach seiner Berufung in Jerusalem aufkreuzt. Er wird nicht nur zur Visitation nach Antiochia gesandt, sondern scheint dort auch ein leitender Kopf gewesen zu sein.

„In der Gemeinde von Antiochia gab es Propheten und Lehrer: Barnabas und Simeon, genannt Niger, Luzius von Zyrene, Manaën, ein Jugendgefährte des Tetrarchen Herodes, und Saulus." (Apg 13,1). Barnabas steht in dieser vorlukanischen Namensliste an erster Position. Auch wird er mit jenen Zypriote und Zyrenern in Zusammenhang gebracht, die in Antiochia mit der Heidenmission begannen. Bei der ersten Missionsreise des Paulus ist er die führende Persönlichkeit, Paulus hingegen nur „Juniorpartner". Wieder ist aus der Reihenfolge der Namen ersichtlich, wer das Sagen hat. Als die antiochenische Gemeinde und mit ihr Barnabas und Paulus „zu Ehren des Herrn Gottesdienst feierten und fasteten, sprach der Heilige Geist: Wählt mir Barnabas und Saulus zu dem Werk aus, zu dem ich sie mir berufen habe." (Apg 13,2).

Bei der späteren Klärung der Heidenmission wird Barnabas mit Paulus nach Jerusalem zum Apostelkonzil gesandt und führt dabei die antiochenische Delegation an.

Die erste Missionsreise des Paulus ist streng genommen eine Reise des Barnabas mit Paulus. Soviel lässt sich noch aus den Reisebeschreibungen des Lukas erkennen (Apg 13-14). Die anschließende zweite Missionsreise führt wegen des Helfers Johannes Markus zum Eklat: „Nach einiger Zeit sagte Paulus zu Barnabas: Wir wollen wieder aufbrechen und sehen, wie es den Brüdern in all den Städten geht, in denen wir das Wort des

---

[8] Dt. Übersetzung der Laudatio des Alexander Monachus bei B. Kollmann, ebd., 83-93, hier 83.

Herrn verkündet haben. Barnabas wollte auch den Johannes, genannt Markus, mitnehmen; doch Paulus bestand darauf, ihn nicht mitzunehmen, weil er sie in Pamphylien im Stich gelassen hatte, nicht mit ihnen gezogen war und an ihrer Arbeit nicht mehr teilgenommen hatte. Es kam zu einer heftigen Auseinandersetzung, sodass sie sich voneinander trennten." (Apg 15,36-40). Damit ist für Lukas die weitere Beschreibung der Tätigkeit des Barnabas beendet. Auch wenn Barnabas in seiner zyprischen Heimat sicherlich noch segensreich gewirkt hat.

Metropolis Antiochia

Wie sah das Gemeindeleben in Antiochia aus? Werfen wir einen Blick auf die antike Stadt. Antiochia am Orontes ist in den Jahren des paulinischen Aufenthalts bereits eine der größten Städte des römischen Reiches. Mindestens 300.000 Menschen wohnen dort, knapp hundert Jahre später werden es ca. 600.000 sein. Antiochia ist damit nach Rom und Alexandria die drittgrößte Stadt in der alten Welt. Pompeius machte sie 64 v. Chr. zur Hauptstadt der römischen Provinz Syrien, zuvor war sie die Hauptstadt des mächtigen Seleukidenreichs. Nach der Niederlage des Antigonos I. gegen Seleukos I. (301 v. Chr.), beide waren Generäle des früh verstorbenen Alexander des Großen, nannte Seleukos die Stadt zu Ehren seines Vaters Antiochos Antiochia. Dank der Lage am Verkehrsknotenpunkt wichtiger Handelsrouten und des ca. 25km entfernten Hafens Seleuzia Pieria konnte sich die Stadt rasch zur Großstadt entwickeln.

In unseren Tagen vergleicht man das antike Antiochia in seiner Dynamik und mit seinem Bevölkerungsgemisch gerne mit New York oder Los Angeles.

Das antike Antiochia liegt heute mehrheitlich unter der modernen türkischen Stadt Antakya nahe der syrischen Grenze begraben.[9] Archäologische Arbeiten gestalten sich deshalb schwierig. Und doch hatte 1932 eine gigantische Grabungskampagne seinerzeit noch unter Führung der französischen Regierung der regierenden Kolonialmacht vor Ort in Verbindung mit den Museen Louvre, Harvard, Worcester u.a. einzigartige Objekte zu Tage gebracht. Vor allem die beeindruckenden Mosaiken aus den Privathäusern zeugen von einer handwerklich-künstlerischen Vollkommenheit, von Reichtum und religiöser Vielfalt.

Als Barnabas mit Paulus die Metropole betritt, können sie im Treiben der Großstadt anonym bleiben. Antiochia ist inzwischen eine attraktive Beamten- und Verwaltungsstadt, ein Umschlagplatz für vielerlei Handlungsreisende und Wirtschaftsleute. Allein 10.000 Sklaven werden auf den Märkten Antiochiens täglich (!) verkauft. Die zahlreichen Einwohner machen einen großen Warenumsatz und entsprechend hohe Dienstleistungen erforderlich. Wie funktionierte die Wasser- und Lebensmittelversorgung in solch einer großen Stadt? Wo waren Latrinen und Kanalisation, damit die hygienischen Verhältnisse nicht zusammenbra-

•••

[9] Die bis heute gültige ausführliche Beschreibung der antiken Stadt verfasst G. Downey, Ancient Antioch, Princeton 1963.

chen? Die hellenistisch-römischen Städteplaner waren geniale Meister auch in solchen Fragen.

Der Warenumschlag verlangte zahllose Karawansereien und Herbergen. Botschafter aus dem fernen Indien und China machten Station, ehe sie weiter in den Westen reisten.

Die politischen und wirtschaftlichen Verhältnisse erlaubten verstärkt Neuansiedlungen. Viele Veteranen, die einst in den Legionen gedient hatten, ließen sich hier auf dem Altenteil nieder. Phönizier, Araber, Perser, Ägypter, Inder fanden sich seit mehreren Generationen in der Stadt.

60.000 Juden lebten hier, mehrheitlich griechisch und aramäisch-sprachig. Handelssprache war das Griechische. Die Römer führten freilich auch Latein ein, wie zahlreiche Inschriften belegen. Indogermanische Sprachen und semitische Dialekte wechselten sich an jeder Straßenecke ab.

Vor allem sind es die literarischen Zeugnisse von Josephus (37–95 n. Chr.), Strabo (63 v. Chr.–19 n. Chr.), Libanius (4. Jh.) und Malalas (491–578), die uns über das gemischt religiöse Milieu informieren. Tempel und Bildsäulen gab es an vielen Straßenecken. Antiochia stand unter der Herrschaft der Stadtgötter Zeus und Apollo. Die Bildsäule der Tyche war weit über die Region hinaus berühmt. Kaiser Tiberius (14–37) errichtete und restaurierte Tempel zu Ehren des Jupiter Capitolinus, des Dionysius und des Pan. Unter Claudius (41-54) zerstörte ein Erdbeben die großen Tempel der Artemis, des Ares und des Herakles. Trotz der Erdbebengefahr in diesem Gebiet wurden weitere Tempel und kulturelle Einrichtungen wie Gymnasien, Pferderennbahnen, Theater und Pantheon errichtet.

43 n. Chr. begründete Claudius Olympische Spiele, die regelmäßig alle 5 Jahre bis zur Zeit des Septimus Severus (193-211 n. Chr.) durchgeführt wurden und sich in der gesamten römischen Welt großer Beliebtheit erfreuten. Vermutlich haben die sportlichen Attraktionen Paulus bereits hier in Antiochia Anlass gegeben, immer wieder das religiöse Leben mit Bildern des Sports zu vergleichen, um so auf die Bedeutung des christlichen Lebens aufmerksam zu machen.

Nun sind es nicht nur die kulturellen Einrichtungen, welche die Stadt bedeutend machen. Zahlreiche luxuriöse Wohnquartiere bedeutender und vor allem reicher Beamte und Funktionäre des römischen Staatswesens weisen auf die Standards dieser Stadt hin, wie die schönen Mosaikarbeiten[10] in den Vorhöfen der Patrizierhäuser dokumentieren.

Erst als im 6. Jh. durch ein Erdbeben 250.000 Menschen ums Leben kommen, erholt sich die Stadt nicht mehr von den Schäden und erlebt ihren Verfall.

•••

[10] Einen instruktiven Überblick zu den herrlichen Mosaikarbeiten aus dem antiken Antiochia liefert der Ausstellungskatalog von Chr. Kondoleon, Antioch. The Lost Ancient City, Princeton 2001, 253.

TEIL 9
Antiochia am Orontes (II)

Missionspraxis

Die Missionspraxis der griechisch sprechenden Judenchristen in Antiochia überzeugt nicht nur viele Juden, auch die bislang noch nicht versuchte Hinwendung zu den Heiden verdankte sich „der Hand des Herrn".

Als Paulus an der Seite des Barnabas zu missionieren begann, konnte er seiner Berufung gemäß neben den aus Zypern und Zyrene angekommenen Judenchristen missionarisch aktiv werden und auch „Griechen das Evangelium von Jesus, dem Herrn" verkünden. Wie die oben angeführte Ämter- und Namensliste (Apg 13,1) zeigt, wird die Gemeinde durch „Lehrer und Propheten" geführt. „Das Amt des christlichen Lehrers ist maßgeblich durch Schriftauslegung, Gemeindeunterweisung und Weitergabe von Jesustradition gekennzeichnet. Auf diesem Hintergrund spricht vieles dafür, dass Paulus mit der Mehrzahl jener Jesustraditionen und vorliterarischen Formeln, die er später in seinen Briefen aufgreift, während der antiochenischen Lehrtätigkeit an der Seite des Barnabas bekannt wurde."[1]

Die Zahl der neu gewonnenen Gemeindeglieder aus der Gruppe der Heiden muss beträchtlich gewesen sein, denn es sind jene Heiden, die den Jesusanhängern erstmals die griechische Bezeichnung Christianoi, d.h. Christianer oder Christusleute oder Christusanhänger antragen (Apg 11,26). Im Neuen Testament wird der Begriff „Christen" nur von Außenstehenden gebraucht (Apg 26,28; 1 Petr 4,16). Im 2. Jh. beginnt dann bei Ignatius von Antiochien der neue Name Selbstbezeichnung zu werden.[2]

„Denkbar ist auch, dass man die Christen als ‚Messianische' bzw. als ‚die Anhänger des Christus (= des Gesalbten) verstanden hat."[3] Diese griechische Fremdbezeichnung wird sich durchsetzen und der wichtigste Name für die Jünger werden.

•

Der Reichtum der antiochenischen Gemeinde hat bald auch die Jerusalemer Christen veranlasst, in Sachen Armenversorgung initiativ zu werden. „In jenen Tagen kamen von Jerusalem Propheten nach Antiochia hinab. Einer von ihnen namens Agabus trat auf und weissagte durch den Geist, eine große Hungersnot werde über die ganze Erde kommen. Sie brach dann unter Klaudius aus. Man beschloss, jeder von den Jüngern solle nach seinem Vermögen den Brüdern in Judäa etwas zur Unterstützung senden. Das taten sie auch und schickten ihre Gaben

•••

[1] B. Kollmann, Joseph Barnabas. Leben und Wirkungsgeschichte (Stuttgarter Bibelstudien 175), Stuttgart 1998, 35.
[2] IgnEph 11,2; IgnRöm 3,2; IgnMagn 10,3; IgnPol 7,3.
[3] W. Kraus, Zwischen Jerusalem und Antiochia. Die „Hellenisten", Paulus und die Aufnahme der Heiden in das endzeitliche Gottesvolk (Stuttgarter Bibelstudien 179), Stuttgart 1999, 63.

durch Barnabas und Saulus an die Ältesten." (Apg 11,27-30).

Lukas datiert die Kollektenreise, bei der wieder Barnabas und dann erst Paulus genannt werden, in die Regierungszeit des Claudius (41-54 n. Chr.). Wenn auch kein Zweifel darüber besteht, dass aus der reichen antiochenischen Gemeinde materielle Unterstützungen nach Jerusalem geflossen sind, so ist doch über den Zeitpunkt der Übergabe bzw. der gemeinsamen Reise manches unstimmig.

Die einzige für Judäa bezeugte Hungersnot ist in der Zeit des Prokurators Tiberius Alexander (46-48 n. Chr.) überliefert (Josephus, Altertümer 20,51,101). Auch ist die gemeinsame Kollektenübergabe mit dem Zeugnis des Paulus nicht vereinbar, da Paulus zwischen seiner ersten Reise nach Jerusalem und der gemeinsamen Reise mit Barnabas zum Apostelkonzil nicht mehr in Jerusalem gewesen sein will.

„Möglicherweise beruht die vermeintliche Kollektenüberbringung von Barnabas und Paulus darauf, dass Lukas eine Tradition von deren gemeinsamer Reise zum Apostelkonvent vordatierte und mit dem späteren Kollektenwerk der paulinischen Gemeinden für Jerusalem verknüpfte. Alternativ kommt in Betracht, dass die in Apg 11,29f verarbeitete Tradition ohne Erwähnung des Paulus und ohne Bezugnahme auf besagte spätere Hungersnot unter Claudius von einer Kollekte handelte, die Barnabas während der Regierungszeit von Agrippa (41-44 n.Chr.) in Antiochia in Gang setzte und alleine nach Jerusalem überbrachte. Träfe dies zu, so ‚hätte Barnabas mit dieser frühen antiochenischen Kollekte zugleich das Modell jener größeren Kollekte geschaffen, das dann auf dem Apostelkonzil der gesamten Heidenkirche verpflichtend auferlegt worden ist (Gal 2,10)".[4]

Beauftragung zur 1. Missionsreise

Die erste von Lukas dokumentierte Missionsreise des Paulus startet nicht in der Muttergemeinde Jerusalem, sondern im neuen Gemeindezentrum Antiochia in den frühen 40er Jahren. Auch wenn Paulus sie im Galaterbrief nicht erwähnt, so spielt er doch in seinen Korintherbriefen auf sie an (1 Kor 9,6; 2 Kor 11,25).

Die Gemeinde in Antiochia agiert in Fragen der Mission selbstständig und braucht keine eigenen Weisungen aus Jerusalem. So ist sie es, die die beiden Missionare Barnabas und Paulus auf den Weg schickt, weit über die Grenzen der Stadt-Gemeinden hinaus.

Welche Konflikte sich allerdings in Fragen der zu missionierenden Kreise (Heiden und Juden) auftun und wie sie zu lösen sind, darüber muss am Ende doch noch ein gemeinsamer Konsens in einem in Jerusalem einberufenen Apostelkonzil gefunden werden.

•••

[4] B. Kollmann, ebd., 37f.

Bislang behandelte Missionsgebiete des Paulus	Wirksamkeit	Zeittafel
Damaskus	3 Jahre	Berufung 32/33
Arabien		
Jerusalem (1. Aufenthalt)	14 Tage	35
Gebiet Syrien und		
Zilizien	1–2 Jahre	35/36
Tarsus	1–2 Jahre	35/36
Antiochia	min. 1 Jahr mit Barnabas	36/37–
Sog. 1. Missionsreise Zypern; Perge; Antiochia in Pisitien; Ikonium; Lystra; Derbe; gleicher Weg zurück	mit Barnabas u. Joh. Markus	37–48
Antiochia		bis 48
Jerusalem	Apostelkonzil Barnabas, Paulus, Titus	48/49
Antiochia	Petrus bei Paulus – Wirksamkeit des Paulus in Ant.	49 insgesamt 12 Jahre
Zweite Missionsreise	= erste selbstst. Missionsr.	49–50

TEIL 10
Ausblick: Antiochia in den ersten Jahrhunderten (III)

Antiochia nach Paulus

Die Provinzhauptstadt Antiochia war bei der frühen heidenchristlichen Mission ein wichtiger, vielleicht der wichtigste Ausgangspunkt für das weitere Missionsfeld. Natürlich muss es auch andernorts starke heidenchristliche Mission gegeben haben. Denn als Paulus nur wenige Jahre später nach Ephesus, der Provinzhauptstadt von Asia kommt, nach Korinth, der Hauptstadt der Provinz Achaia oder nach Rom, gibt es überall bereits christliche Gemeinden. Hier haben in der kurzen Zeit andere Missionare die christliche Saat gesät und die Gründung neuer Hausgemeinden veranlasst. Näheres wissen wir nicht, weil uns die literarischen Quellen für diese Zeit fehlen. Wir sind deshalb für die wenigen Notizen dankbar, die uns Paulus und Lukas hinterlassen haben, um wenigstens die paulinische Mission ein wenig aufhellen zu können. Wie es nach dem endgültigen Weggang des Paulus in den antiochenischen Gemeinden weitergegangen ist, können wir nur vermuten.

Aus der zweiten Hälfte des 1. Jh. sind

uns vermutlich noch weitere biblische Bücher aus Antiochia erhalten geblieben. Matthäus verfasst sein Evangelium im syrischen Raum, vielleicht schreibt er sogar in Antiochia.[1]

Auch der Jakobusbrief kann aus der Feder des antiochenischen Christentums stammen. Sicheren Boden betreten wir zu Beginn des 2. Jh. mit Ignatius, der inzwischen als Bischof der antiochenischen Gemeinde vorsteht.

Ignatius von Antiochien (gest. ca. 110)

Über seine Person erfahren wir viele Details, wie es in dieser Zeit in Antiochia mit der Kirche bestellt ist. Ignatius mit dem Beinamen Theoporos, Gottesträger, war Bischof der Metropole. Seine gemeindeleitenden Bemühungen haben ihm viele Verfolgungen eingebracht. Während der Regierungszeit Kaiser Trajans (110–118) wird er in Antiochia gefangen genommen, zum Tode verurteilt und nach Rom geschafft, wo er zwischen 100 und 110 n. Chr. das Martyrium erleidet.

Nach dem Zeugnis des Origenes (185-254) starb er durch wilde Tiere, denen er im Circus vorgeworfen wird. Doch bereits Bischof Polykarp (gest. 156) erwähnt erstmals seinen Märtyrertod.

Auf seiner Gefangenschaftsreise nach Rom schreibt er sieben Briefe an verschiedene Gemeinden, die er während der Reise aufgesucht hat bzw. mit denen er in Kontakt gestanden ist. Diese sind uns erhalten und geben Einblick einmal in den Reiseverlauf von Antiochia nach Rom, dann erfahren wir durch sie über sein eigenes Leben und das Christenleben in Antiochia.

Ignatius scheint von Seleukia, dem Hafen Antiochias, aus mit dem Schiff entlang der kilikischen und pamphylischen Küste gefahren und dann über den Landweg durch Kleinasien geführt worden zu sein.

In Philadelphia scheint er sich längere Zeit aufgehalten zu haben, ebenso in Smyrna. Sein Weg führte dann über Troas nach Makedonien. Neapolis, den Hafen von Philippi, erwähnt er, dann den Landweg durch Makedonien auf der Via Egnatia, einer römischen Hauptverkehrsstraße, die den östlichen Teil des Reiches mit dem Westen verband. An der Westküste besteigt er wieder ein Schiff, um nach Rom zu gelangen. Vier der Briefe hat Bischof Ignatius bei seinem längeren Aufenthalt im Hafen von Smyrna diktiert. Dort besucht ihn eine Delegation aus Ephesus, Magnesia und Trallien, denen er in Briefen gemeindebezogen antwortet. Der vierte Brief an die Römer geht auf das Bemühen der Römer ein, die Vollstreckung des Todesurteils zu verhindern. Ignatius war indessen bereit, sein Martyrium gottergeben zu tragen.

Die Briefe an die Philadelphier, Smyräner und an Bischof Polykarp schreibt er in der Hafenstadt Troas. Hier erfährt er von den Diakonen Rheus Agathopus aus Syrien und Philo aus Kilikien, dass die Christenverfolgung in Antiochia mit seiner

---

•••

[1] Vieles spricht für Antiochia, doch ist Gewissheit darüber mangels der spärlichen Quellenlage nicht mehr zu gewinnen. Zur Diskussion vgl. U. Luz, Das Evangelium nach Matthäus (EKK I/1), Neukirchen 3. Aufl. 1992, 73–75.

Verurteilung und seinem Weggang ein Ende gefunden hat. In den Briefen lesen wir erstmals von einem dreigestuften Priestertum (Diakon-Priester-Bischof) und von der Funktion des gemeindeleitenden Bischofs (monarchisches Episkopat). Früher noch als in Rom scheint sich in Antiochia diese Ämterteilung mit dem Bischof an der Spitze durchgesetzt zu haben. Denn Clemens von Rom unterscheidet 96 n. Chr. noch nicht zwischen dem Amt des Ältesten und dem des Bischofs. Im Brief an die Trallianer schreibt Ignatius: „Denn wenn ihr euch dem Bischof wie Jesus Christus unterordnet, scheint ihr mir nicht nach Menschenart zu leben, sondern nach Jesus Christus, der unseretwegen gestorben ist, damit ihr im Glauben an seinen Tod dem Sterben entrinnt. Darum ist es notwendig, wie ihr ja tut, dass ihr nichts ohne den Bischof unternehmt, vielmehr euch dem Presbyterium (= das Gremium der Priester) unterordnet wie den Aposteln Jesu Christi, unserer Hoffnung, in dem unser Wandel erfunden werden soll. Aber auch die, die Diakone der Geheimnisse Jesu Christi sind, müssen sich auf jede Weise allen gefällig machen. Denn sie sind nicht Diakone für Speisen und Getränke, sondern der Kirche Gottes Diener. Darum müssen sie sich vor den Anschuldigungen hüten wie vor Feuer. Desgleichen sollen alle die Diakone achten wie Jesus Christus, ebenso den Bischof als Abbild des Vaters, die Presbyter (= die Priester) aber wie eine Ratsversammlung Gottes und wie eine Vereinigung von Aposteln. Ohne diese ist von Kirche nicht die Rede." (IgnTrall 2,1-3,1). [2]

War es die Großstadt Antiochia, die inzwischen 500–600.000 Einwohner zählte und die eine zentralistische Kirchenverwaltung mit einem eindeutigen Oberhaupt erforderte? Häresien und Gemeindespaltungen waren verbreitet. Auch das zahlenmäßig überlegene Judentum war eine ständige Verführung und Bedrohung für die Identität des Christentums.

Im Brief an die Magnesier schreibt Ignatius: „Es ist darum geziemend, nicht nur Christen zu heißen, sondern es auch zu sein – wie es auch Leute gibt, die den Bischof zwar so nennen, aber alles ohne ihn tun. Solche scheinen mir jedoch kein reines Gewissen zu haben, weil sie sich nicht zuverlässig nach der Vorschrift versammeln ... Wie nun der Herr ohne den Vater, mit dem er eins ist, nichts getan hat, weder in eigener Person, noch durch die Apostel, so sollt auch ihr ohne den Bischof und die Presbyter nichts unternehmen; versucht auch nicht, euch etwas als vernünftig erscheinen zu lassen, was ihr privat tun könntet, sondern in gemeinsamer Versammlung bekunde sich ein Gebet, ein Flehen, ein Sinn, eine Hoffnung in Liebe in der untadeligen Freude: das ist Jesus Christus, über den nichts geht. Strömt alle zusammen als zu einem Tempel Gottes, als zu einem Opferaltar, zu einem Jesus Christus, der von einem Vater ausging und bei dem Einen war und zu ihm zurückkehrte.

Lasst euch nicht täuschen durch die

•••

[2] Die Übersetzung der Ignatiusbriefe folgt nach J. H. Fischer, Die Apostolischen Väter. Griechisch und Deutsch, München 8. Aufl. 1981, 109-226.

abweichenden Lehren und die alten Fabeln, die nichts taugen! Wenn wir nämlich bis jetzt nach dem Judentum leben, bekennen wir, die Gnade nicht empfangen zu haben. Denn die Gott so nahestehenden Propheten haben nach Christus Jesus gelebt. Deshalb wurden sie auch verfolgt, angeweht von seiner Gnade, damit die Ungehorsamen vollkommen überzeugt würden, dass es einen Gott gibt, der sich geoffenbart hat durch seinen Sohn Jesus Christus ..." (Ign, Mag 4; 7,1; 8,1-2)

Bereits in diesen Briefen werden die beiden Hauptthemen deutlich, die der todgeweihte Bischof aus Antiochia in seinen Briefen anschlägt: Mahnung zur Eintracht, Warnung vor häretischen Lehren und Distanz zur jüdischen Religion. Die Hl. Schrift, das ist das Alte Testament, zitiert Ignatius auf Christus hin, die Propheten sieht er als Christuszeugen, ebenso das Gesetz, insofern es Vorschriften des christlichen Lebens beinhaltet.

Ein Neues Testament gibt es noch nicht. Ignatius argumentiert meist mit dem Matthäusevangelium. Markus und wohl auch Lukas kennt er nicht, die johannäischen Schriften einschließlich des Johannesevangeliums scheinen ihm auch nicht bekannt zu sein, die Apostelgeschichte klingt vielleicht manchmal an. Häufig benutzt er die paulinischen Schriften und begründet sich mit paulinischer Theologie. Die Katholischen Briefe (= Jakobusbrief, 1 und 2 Petrusbrief, 1,2,3 Johannesbrief, Judasbrief) scheinen ihm nicht bekannt zu sein.

Ignatius ist es, der erstmals den Begriff „Katholische Kirche" verwendet.

Die sieben Briefe des Bischof Ignatius von Antiochien an
die Epheser
die Magnesier
die Trallianer
die Römer
die Philadelphier
die Smyrnäer
Polykarp von Smyrna

Antiochenische Schule

Schulbildende Kraft erreicht die antiochenische Theologie in der Folgezeit in Auseinandersetzung mit der alexandrinischen Theologie. Die Auslegung der Hl. Schrift orientiert sich an der hebräischen Sprache des Alten Testaments, gekleidet in die zeitgenössische hellenistische Kultur. Es waren die Theologen aus Antiochia, die auf den Synoden und Konzilien federführend wirkten. Während die großen Lehrstreitigkeiten in und um Antiochia mehr die Historiker und Dogmengeschichtler interessierten, haben vor allem die großen Predigten des Johannes Chrysostomus (4. Jh.) das Leben der Stadt vermittelt. „Aus ihnen erfahren wir, dass die Christen die Hälfte der Gesamtbevölkerung ausmachten und im Durchschnitt reicher waren als ihre nichtchristlichen Mitbürger; vorherrschend war allerdings ein Lippenbekenntnis zum Christentum, das Laster und Aberglauben keineswegs ausschloss. Der Gottesdienst war gut besucht, wenn nicht gerade konkurrierende Attraktionen wie Pferderennen stattfanden. Die Predigten wurden aufmerksam verfolgt und gegebenenfalls mit lautem Beifall bedacht. Das Publikum verlangte nach Predigten über aktuelle Streitfragen, ... und ließ sich durch langatmige Bibelexegesen nicht aus der Geduld bringen. "³

Antiochenisches Mönchtum

Berühmt geworden ist das uns heute bizarr anmutende Mönchtum, von dem Theodoret in seinen Beschreibungen berichtet. „Sie mauerten sich ein, beluden sich mit Ketten, wohnten in Zisternen ... Im 5. Jh. nahmen die Selbstkasteiungen dieser heiligmäßigen Anachoreten äußerst extreme Formen an: ein gewisser Thalelaios saß mit angezogenen Knien in einer am Galgen hängenden Walze; andere ließen sich schutzlos auf Berggipfeln nieder. Der Berühmteste von allen war Symeon Stylites (ca. 390–459), der erste „Säulenheilige". Aus einer wohlhabenden Bauernfamilie an der kilikischen Grenze stammend, zog er 417 aus der Wüste in ein Bergdorf ca. 55 km östlich von Antiochien und lebte fortan auf einer Reihe von Felsen oder Säulen, deren letzte eine Höhe von 20 m erreichte. 30 Jahre lang stand er dort, betend mit unzähligen Verbeugungen, Verbrechern Asyl bietend, besucht von einem nicht abreißenden Strom von Pilgern (die wohl zumeist über Antiochien zu ihm gelangten), darunter kaiserliche und sogar militärische Würdenträger."⁴ Der große russische Dichter Nikolaj Leskow (1831–1895) hat in der Erzählung „Der Gaukler Pamphalon"⁵, „einem Kronjuwel der Dichtung aller Zeiten und Sprachen" (Johannes von Guenther) das Leben eines jener „Säulenheiligen" nacherzählt und so ein erloschenes Frömmigkeitsideal in Erinnerung gebracht.

Theologen aus und in Antiochia
Frühe Antiochenische Schule
  Theophilos (Bischof 169-188)
  Paulus von Samosata (Bischof 260-268)
  Lucian, Presbyter (gest. 312)
Spätere Antiochenische Schule
  Eustathius (Bischof 324-334)
  Marcell von Ancyra (gest. 374)
  Diodorus von Tarsus (gest. 394)
  Flavian von A. (gest. 404)
  Johannes Chrysostomus (gest. 407)
  Theodor von Mopsuestia (gest. 428)
  Nestorius (gest. 451)
  Johannes von A. (gest. 441)
  Theodoret von Kyros (gest. 458)

Die Literatur der Apostolischen Väter
Die zeitliche Nähe zu den Aposteln macht die Literatur der Apostolischen Väter (2. Jh.) besonders wertvoll. Zu ihnen gehören:
Clemens von Rom: Der Clemens-Brief
Ignatius von Antiochien:
Die sieben Ignatius-Briefe
Polykarp von Smyrna: Die beiden Polykarp-Briefe
Quadratus: Das Quadratus-Fragment
(?) Barnabasbrief
(?) Zwölfapostellehre
(?) Hirt des Hermas
(?) Brief des Diognet
Papias von Hierapolis: Erklärungen von Herrenworten
Irenäus von Lyon: Fragmente

•••
³Benjamin Drewery, Antiochien II, in: TRE Bd. 3, 1978, 111.
⁴Benjamin Drewery, ebd., 112.
⁵Nikolaj Leskow, Der Gaukler Pamphalon. Erzählung, Stuttgart 1983.

Die erste Missionsreise

TEIL 11
Nach Seleuzia hinab

Orte und Landschaften:
Antiochia – Seleuzia –
Zypern (Salamis – Paphos) –
Perge – Antiochia in Pisidien – Ikonion –
Lystra –Derbe – Gegenden von
Pisidien und Pamphylien – Attalia –
Antiochia

Das Reisetagebuch

Lukas verarbeitet in der Apostelchichte ein antiochenisches Reisetagebuch (Itinerar), das knapp und nüchtern die einzelnen Reisestationen des Paulus aufzählt. Andere vermuten, es sei Teil eines größeren Missionsberichts [1] gewesen. Er beginnt mit der Aussendung der Missionare und endet mit ihrer Rückkehr. Hier nun folgt gleichsam im Zeitraffer die Abfolge der Orte und Landschaften der Reise im Wortlaut. Angaben, die nicht sicher dem Reisetagebuch, sondern eher Lukas zugeordnet werden können, sind in Klammern gesetzt.

„In der Gemeinde von **Antiochia** gab es Propheten und Lehrer: Barnabas und Simeon, genannt Niger, Luzius von Zyrene, Manaën, ein Jugendgefährte des Tetrarchen Herodes, und Saulus. Als sie zu Ehren des Herrn Gottesdienst feierten und fasteten, sprach der Heilige Geist: Wählt mir Barnabas und Saulus zu dem Werk aus, zu dem ich sie mir berufen habe. Vom Heiligen Geist ausgesandt, zogen sie nach *Seleuzia* hinab und segelten von da nach *Zypern*. Als sie in *Salamis* angekommen waren, verkündeten sie das Wort Gottes in den Synagogen der Juden. (Johannes hatten sie als Helfer bei sich.) Sie durchzogen die ganze Insel bis *Paphos*. Von *Paphos* fuhr Paulus mit seinen Begleitern ab und kam nach *Perge* in Pamphylien. (Johannes aber trennte sich von ihnen und kehrte nach Jerusalem zurück.) Sie selbst wanderten von *Perge* weiter und kamen nach ***Antiochia in Pisidien***. Die Juden jedoch hetzten die vornehmen gottesfürchtigen Frauen und die Ersten der Stadt auf, veranlassten eine Verfolgung gegen Paulus und Barnabas

---

[1] Nach J. Roloff, Apostelgeschichte, 192, umfasst der ursprüngliche Missionsbericht die Abschnitte: Apg 13,1f.4f.13-14a.43-45a.49-52; 14,1f.4-7.12.22a.24-27. „Ein solcher Missionsbericht mag von einem der Beteiligten unmittelbar nach der Reise angefertigt und in Antiochia aufbewahrt worden sein."

und vertrieben sie aus ihrem Gebiet. Diese aber schüttelten gegen sie den Staub von ihren Füßen und zogen nach **Ikonion**. (In Ikonion gingen sie ebenfalls in die Synagoge der Juden und redeten in dieser Weise, und eine große Zahl von Juden und Griechen wurde gläubig. Die Juden aber, die sich widersetzten, erregten und erbitterten die Heiden gegen die Brüder.) Sie flohen in die Städte von **Lykaonien**, **Lystra** und **Derbe**, und in deren Umgebung. (Von Antiochia und Ikonion aber kamen Juden und überredeten die Volksmenge. Und sie steinigten den Paulus und schleiften ihn zur Stadt hinaus, in der Meinung, er sei tot.) Als aber die Jünger ihn umringten, stand er auf und ging in die Stadt.

Am anderen Tag zog er mit Barnabas nach **Derbe** weiter. Als sie dieser Stadt das Evangelium verkündet und viele Jünger gewonnen hatten, kehrten sie nach **Lystra**, **Ikonion** und **Antiochia** zurück. Nachdem sie durch **Pisidien** gezogen waren, kamen sie nach **Pamphylien**, verkündeten in **Perge** das Wort und gingen dann nach **Attalia** hinab. Von dort fuhren sie mit dem Schiff nach **Antiochia**, wo man sie für das Werk, das sie nun vollbracht hatten, der Gnade Gottes empfohlen hatte." (Apg 13,1-2.4-6.13-14.50-51; 14,1-2.6.19.20-21.24-26).

Reisegeschwindigkeit und Reisezeiten

Barnabas und Paulus sowie Johannes Markus brachen in Antiochia auf und zogen zum Meereshafen nach Seleuzia hinab. Wie die Fortbewegung hier und im folgenden vonstatten ging, wird uns nur ungenau überliefert. Und dennoch sind die Fragen der Fortbewegung und der Reisegeschwindigkeiten nicht unwichtig, denn an ihnen hängt die paulinische Chronologie und die Einschätzung der Länge der Aufenthalte des Apostels in den einzelnen Gemeinden.

In Fall des Paulus bot sich an, mit einem Binnenschiff auf dem Orontes bis zur Mündung zu fahren, um dort in ein meerestaugliches Hochseeschiff umzusteigen. Das wäre die bequemste und schnellste, wenn auch nicht die billigste Fortbewegungsart gewesen. Gewöhnlich ist Paulus mit seinen Reisebegleitern jedoch zu Fuß (per pedes apostolorum) unterwegs. 25 km beträgt die Entfernung von Antiochia bis Seleuzia, das bedeutet einen bequemen Tagesmarsch. Von der Marschgeschwindigkeit römischer Legionen wissen wir, dass sie täglich durchschnittlich 30 km zurücklegen konnten. Die Archäologie der römischen Straßen hat gezeigt, dass alle 30 bis 36 km Poststationen (mansiones) anzutreffen sind. Ein Eilkurier konnte mit Pferdewechsel an den jeweiligen Stationen täglich bis zu 125 km zurücklegen. Diese Spitzengeschwindigkeiten der offiziellen Post (cursus publicus) vermochte ein Privatmann natürlich nicht zu erreichen. Dem Bericht des Reisenden Theophanes zufolge, der zwischen 317 und 323 mit einem Reisewagen noch die Strecke von Antiochia am Orontes bis nach Pelusium (Port Said) in 18 Tagen zurücklegte, kann auf eine Fahrzeuggeschwindigkeit von 25 bis 30 Meilen pro Tag, das sind ca. 38 bis 45 km, rückgeschlossen werden. Bei gerichtlichen Auseinandersetzungen, die einen Zeugen aus der Ferne benötigten, wurde für einen Anreisetag eine Frist von 20 Meilen (ca. 30 km) eingeräumt.[2] „Im archäologischen Experiment zeigt sich, dass bei mehrwöchigen Märschen selbst für gut Durchtrainierte die Obergrenze für die tägliche Marschleistung bei 30 km liegt."[3]

Für das Hl. Land werden von Josephus und den Rabbinen tägliche Marschleistungen von 40 km angenommen.[4] Jedoch erreicht man hier alle Reiseziele in drei bis vier Tagen. „Es dürfte deshalb realistisch sein, wenn man mit älteren Forschern und modernen Experten für längere Reisen bei einigermaßen normalem Gelände mit einer durchschnittlichen Fußwanderleistung von 15 bis 20 Meilen oder 20 bis 30 km rechnet."[5]

Was für die Fortbewegung zu Lande zutrifft, gilt natürlich auch für die Schifffahrt. Bei ungünstigen Windverhältnissen konnte eine Reise zwei- bis dreimal solange dauern. Bei optimalen Witterungsbedingungen legte ein Alexandriner (Apg 27,6), das normale Handelsschiff, 180 bis 270 km pro Tag zurück. Für Handelsschiffe, die Getreide, Öl, Wein und nebenbei Personen beförderten, gab es dank einschlägiger Erfahrungswerte, die seit Generationen gesammelt wurden, Reise- und Routenpläne mit genauen Reisezeiten.

Nach Strabo (1. Jh.) segelt man von Kreta nach Ägypten in 3-4 Tagen[6], nach Achilleus Tatios (2. Jh.) von Alexandria nach Ephesus in 5 Tagen[7], nach Plinius dem Älteren (1. Jh.) von Askalon (südlich von Haifa) nach Thessaloniki in 12 Tagen.[8] Die beliebteste Reiseroute von Rom nach Alexandria durchsegelte man in 10 bis 13 Tagen, Plinius der Ältere weiß sogar von einer Rekordzeit von nur neun Tagen.[9]

Die Meeresweg von Seleuzia nach Salamis auf Zypern dürfte Paulus somit in einer knappen Tagesreise bewältigt haben.

Wenn uns bei den Reiseangaben der Apostelgeschichte meist keine Reisejahreszeiten angegeben werden, so kann man dennoch den Herbst und Winter für große Reisen ausschließen.

Nach dem Militärschriftsteller Vegetius (4. Jh.) war die Schifffahrt zwischen dem 11. November und dem 10. März eingestellt, in der Zeit vom 10. März bis 27. Mai und vom 14. September bis 11. November galt sie als gefährlich.[10] Ähnliches schreibt Plinius der Ältere für das 1. Jh.[11] In der Regel hielt man sich an solche Empfehlungen. Nur bei Kriegszügen und unaufschiebbaren Regierungsgeschäften wagte man Ausnahmen.

Für Juden galt die Vorgabe der Rabbinen, wonach Schiffsreisen nur zwischen Pfingst- und Laubhüttenfest, also von

•••

[2] Gaius, Dig II 11,1.
[3] R. Riesner, Die Frühzeit des Apostels Paulus (WUNT 71), Tübingen 1994, 277.
[4] Josephus, Vita 269f; mTaan 1,3; bPes 93b.
[5] R. Riesner, ebd., 277.
[6] Strabo, Geogr. X, 475.
[7] Achill, Tat V,15,1; 17,1.
[8] PlinÄ, MarcD; VitPorph 27.
[9] PlinÄ, NH XIX,3.
[10] Veg, De re milit. IV, 39.
[11] PlinÄ, NH II,47.

Mai bis Oktober ratsam schienen.**¹²** Winterstürme, wolkenbehangene Himmel und lange Nächte machten die Navigation ohne Kompass schwierig. Wenn möglich segelte man deshalb in Sichtweite der Küste. Flussschifffahrten (z.B. auf dem Orontes) waren durch Hochwasser gehandikapt und verschneite Gebirge wie die des Troodos auf Zypern oder des Tauros in der Türkei machten die Wege und Pässe meist unpassierbar.

Zum sichernden Gebetsschatz des Barnabas und Paulus gehörte sicherlich Psalm 107, der einen Einblick in die antike Schifffahrt gibt: „Sie, die mit Schiffen das Meer befuhren und Handel trieben auf den großen Wassern, die dort die Werke des Herrn bestaunten, seine Wunder in der Tiefe des Meeres – Gott gebot und ließ den Sturmwind aufstehn, der hoch die Wogen türmte –, die zum Himmel emporstiegen und hinabfuhren in die tiefste Tiefe, sodass ihre Seele in der Not verzagte, die wie Trunkene wankten und schwankten, am Ende waren mit all ihrer Weisheit, die dann in ihrer Bedrängnis schrien zum Herrn, die er ihren Ängsten entriss – er machte aus dem Sturm ein Säuseln, sodass die Wogen des Meeres schwiegen –, die sich freuten, dass die Wogen sich legten und er sie zum ersehnten Hafen führte: sie alle sollen dem Herrn danken für seine Huld, für sein wunderbares Tun an den Menschen. Sie sollen ihn in der Gemeinde des Volkes rühmen, ihn loben im Kreis der Alten." (Ps 107,23-32). Für einen Reisenden, der zu Fuß unterwegs war, gibt Psalm 126 Sicherheit und Rückhalt oder der Ps 23:

„Der Herr ist mein Hirte, nichts wird mir fehlen. Er lässt mich lagern auf grünen Auen und führt mich zum Ruheplatz am Wasser. Er stillt mein Verlangen; er leitet mich auf rechten Pfaden, treu seinem Namen. Muss ich auch wandern in finsterer Schlucht, ich fürchte kein Unheil; denn du bist bei mir, dein Stock und dein Stab geben mir Zuversicht." (Ps 23,1-4).

Paulus verbrachte in den Wintermonaten seine Zeit in den Gemeinden (1 Kor 16,6**¹³**; Tit 3,12**¹⁴**) und reiste in den oben genannten Zeiten zwischen Mai und Oktober.

Wege und Straßen

Wanderwege waren für Ortskundige mitunter die kürzesten Wegverbindungen, zudem waren jedoch örtliche Führer nötig. Galten sie meist als nicht sicher vor Wegelagerern und Plünderer. Das römische Straßennetz ist dagegen zur Zeit des Paulus bereits gut ausgebaut und regelmäßig frequentiert. Es bietet Rast- und Übernachtungsstationen (mansiones), die das Reisen erleichtern. Seit Kaiser Augustus herrscht die pax romana, der Friede im römischen Imperium zur Zeit des Kaisers (1.–3. Jh.), der die Wege sicherer gemacht und die Provinzen durch ein Wegenetz gut miteinander verbunden hat.

•••

[12] GenR 6<12a>; jSchab 5b.
[13] 1 Kor 16,6: „Ich werde zu euch kommen, wenn ich durch Mazedonien gereist bin. In Mazedonien will ich nämlich nicht bleiben, aber, wenn es möglich ist, bei euch, vielleicht sogar den ganzen Winter."
[14] Tit 3,12: „Sobald ich Artemas oder Tychikus zu dir schicke, komm rasch zu mir nach Nikopolis; denn ich habe mich entschlossen, dort den Winter zu verbringen."

Die Pioniere der römischen Legionen erleichterten durch den fleißigen Bau von Straßen und Wasserleitungen das Vorwärtskommen. Am Ende des 1. Jh. waren es bereits 70.000 Straßenkilometer, die den Reisenden zur Verfügung standen. „Eine durch gut besiedeltes Land führende *via strata*, eine gepflasterte Straße, war durchschnittlich mindestens 3,90 m breit, sodass sich zwei Wagen ausweichen konnten. Beiderseits lief ein 2–3 m breiter Streifen, der zum Ausweichen genutzt werden konnte, zum Beispiel für Fußgänger, wenn Truppen oder Postreiter auf der Fahrbahn unterwegs waren. Dann kam der Abzugsgraben … Dann wurde der Untergrund durch Sand oder gestampften Lehm geebnet und mit Material in bis zu vier Schichten aufgefüllt. Die Bettung erfolgte durch Grobschichtung von Steinen, erst größere Brocken, dann kleinere, Schotter, auf die als Feinschüttung Kies und Kalkmörtel kamen … Erst auf diese Schichtung kam dann die Pflasterung mit Steinplatten, die im Steinbruch schon in der zueinander passenden Form gebrochen worden waren. Die Fahrbahn war gewölbt, sodass das Regenwasser ablaufen konnte. Bei Straßen mit weniger Verkehr und in regenarmen Ländern verzichtete man vielfach auf die Steinplatten und begnügte sich mit einer festen Kiesdecke, einer Piste."[15]

Zur römischen Straße z. Z. des Paulus gehörten die Meilensteine, die als sichtbare Säulen einen Wegabschnitt markierten. Seit der Kaiserzeit trug ein Meilenstein in einer Inschrift den Namen des Herrschers und seine Titulatur. Die Entfernungen wurden in römischen Meilen angegeben: milia passum (1 mp = 1481 m), im griechischen Sprachraum in Stadien (1 mp = 8 Stadien). Man zählt von einem Hauptort aus, in Italien von Rom aus, in den Provinzen von einer Großstadt (caput viae) oder von der Provinzhauptstadt aus. „Die Meilensteine sind also keine Wegweiser im heutigen Sinne, sondern eher Ordnungsmarken. Den Reisenden informierten sie über seinen Standort und den Wegeverlauf".[16] In keiner Zeit der Antike war das Reisen so bequem und sicher wie in den ersten Jahrhunderten nach Christus.

Dass eine Reise in dieser Zeit dennoch beschwerlich gewesen sein muss, beschreibt Paulus selbst in seiner so genannten Narrenrede an die Korinther: „Ich war oft auf Reisen, gefährdet durch Flüsse, gefährdet durch Räuber, gefährdet durch das eigene Volk, gefährdet durch Heiden, gefährdet in der Stadt, gefährdet in der Wüste, gefährdet auf dem Meer, gefährdet durch falsche Brüder. Ich erduldete Mühsal und Plage, durchwachte viele Nächte, ertrug Hunger und Durst, häufiges Fasten, Kälte und Blöße." (2 Kor 11,26-27).

Die Entfernungstabelle (s. Kasten) zeigt, wie viele Kilometer Paulus bereits auf seiner ersten Missionsreise zurücklegen musste. Heute fahren wir in einem klimatisierten Reisebus, damals durfte Paulus froh sein, wenn er vielleicht auf ei-

•••

[15] M. Giebel, Reisen in der Antike, Düsseldorf 1999, 134f.
[16] M. Giebel, ebd., 139.

nem Ochsenkarren sitzend oder auf einem Maulesel reitend seine Füße schonen konnte. Vergessen wir also nicht die ungeheuren Strapazen, die einen antiken Reisenden erwarteten.

Der Hafen Seleuzia

Die antike Hafenstadt Seleuzia Pieria war mehr als nur eine größere Hafenanlage, die die Provinzhauptstadt Antiochia zu versorgen hatte. In römischer Zeit diente der Hafen als Flottenstützpunkt der römischen Ostarmada, die schon bis zu 1600 Marinekriegsschiffe zählen konnte.

Eine 12,5 km lange Stadtmauer sicherte die Anlage und die in ihr wohnenden Menschen vor äußeren Feinden. Der eigentliche Feind des Hafens war freilich der Fluss, der gerade in den Wintermonaten erhebliche Schuttmassen der Gebirgsbäche transportierte, vor der Küste ansammelte und so den Hafen zu verlanden drohte. Die ständige Instandhaltung des Hafens stellte für Seleuzia, Antiochia und den orientalischen Welthandel eine Überlebensfrage dar. Pausanius (2. Jh.)[17] berichtet, ein Kaiser, er nennt den Namen nicht, habe den Orontes von Seleuzia bis hinauf nach Antiochia wieder schiffbar gemacht.

Ein Vorhafen und eine innere Hafenanlage, untereinander durch einen 800 m langen Kanal mit Schleusen verbunden, sicherten einen geregelten Wasserstand.

Die Sensation der Antike schufen in Seleuzia freilich die Baumeister unter Vespasian und Titus, also wenige Jahre nach Paulus. Sie zähmten den westlichen Gießbach, der in den inneren Hafen mündete, indem sie 1 km oberhalb seiner Mündung eine Mauer in das Flussbett trieben und mittels eines Felstunnels von 1300 m Länge das Wasser ableiteten. Der Kanal, teils offen, teils ins felsige Gebirge geschnitten mit Tunnels von bis zu 130 m Länge und 6–7 m Breite, fasziniert sogar moderne Architekten.[18]

Entfernungstabelle
(ca.-Angaben)

Antiochia – Seleuzia	25 km
Seleuzia – Salamis	180 km
	(per Schiff)
Salamis – Paphos	120 km
Paphos – Perge	280 km
	(per Schiff)
Attalia – Perge	20 km
Perge – Antiochia in P.	160 km
Antiochia – Ikonion	140 km
Ikonion – Lystra	40 km
Lystra – Derbe	40 km
Derbe – Lystra – Ikonion – Antiochia	
Gegenden von Pisidien (um Antiochia) und Pamphylien (um Perge)	
Perge – Attalia	20 km
Attalia – Seleuzia	2–3 Tage
	(per Schiff)
Seleuzia – Antiochia	25 km

•••

[17] Pausanius 8,29,3.
[18] K. Greve, Licht am Ende des Tunnels. Planung und Trassierung im antiken Tunnelbau, Mainz 1998, 166–118.

TEIL 12
Von Seleuzia bis Perge

Orte und Landschaften:
Antiochia – **Seleuzia – Zypern (Salamis – Paphos) – Perge** – *Antiochia in Pisidien – Ikonion – Lystra – Derbe – Gegenden von Pisidien und Pamphylien – Attalia – Antiochia*

In den Barnabasakten erzählt Johannes Markus über den Fortgang der Missionsreise des Barnabas und Paulus. Sie hätten sich drei Tage in Seleuzia aufgehalten, ehe sie nach Zypern gesegelt seien. Warum laufen sie gerade Salamis auf Zypern an? Barnabas stammt aus Zypern (Apg 4,36), in den Barnabasakten heißt es: „Barnabas aber ersuchte Paulus, zuerst nach Zypern zu gehen und die Seinen in seinem Dorf zu besuchen."

Wenn wir in der Geschichte Zyperns zurückblicken, so lässt sich über Barnabas die jüdische Gemeinde auf Zypern und damit die frühchristliche Mission aufhellen.

Zypern wurde spätestens 22 v. Chr. in den Rang einer selbstständigen senatorischen Provinz Roms erhoben. Zuvor war sie Teil der Provinz Zilizien. Vor der römischen Zeit unterstand die Insel dem ptolemäischen Reich. Ptolemaios I., einer der Generäle Alexander des Großen, erhielt Ägypten, das Westjordanland und Zypern zu seiner Verwaltung. Von daher wird der stetige ägyptische Einfluss auf Zypern verständlich. Als die Römer unter Führung von M. Porcius Cato 58 v. Chr. die Insel für ihr Reich annektierten, hatte dies wirtschaftliche und politische Gründe: wirtschaftliche, weil die Insel durch die reiche Kupfergewinnung und die Holzverarbeitung der üppigen Wälder des Troodos-Gebirges hohe Tributleistungen erwarten ließen, politische, weil die Eroberung der Insel der letzte Schritt der Einverleibung des ptolemäischen Ägyptens bedeutete.

Der griechische Geograph Strabo (63 v. Chr. bis 19 n. Chr.) schreibt über die Insel:

„An Güte des Bodens steht Zypern keiner anderen der Inseln nach. Denn es ist reich an Wein und Öl, und hat hinlänglich Getreide. Auch finden sich reiche Kupferminen bei Tamassos, in denen Kupfersulfat gefunden wird und auch Grünspan, der zu Heilzwecken nützlich ist. Eratosthenes sagt, es sei in alter Zeit soviel Wald vorhanden gewesen, dass man vor lauter Holz kein Feld bebauen konnte. Einige Minderung hätten diesbezüglich die Bergwerke bewirkt, da man zum Schmelzen des Kupfers und Silbers Bäume fällen musste. Dazu kam auch die Ausrüstung der Flotten, da sie bereits furchtlos und mit Kraft das Meer befuhren. Als sie aber auch damit nicht ausreichten, so erlaubten sie jedem, der wollte, zu fällen, so viel er konnte, und den dadurch gewonnenen Boden steuerfrei als Eigentum für sich zu behalten." [1]

Nachdem unter Cäsar (47 v. Chr.) und Marcus Antonius (36 v. Chr.) die Insel zwischenzeitlich als Hochzeitsgabe an

Ägypten fiel, – Cäsar und dann Marcus Antonius hatten sich angeblich unsterblich in die berühmte Kleopatra verliebt, sie war ja ein Abkömmling der ptolemäischen Könige und das Interesse der beiden Römer an der schönen Kleopatra weniger eine innige Liebesbeziehung als ein machtpolitisches Kalkül –, eroberte der Römer Octavian (= Augustus) nach der Schlacht bei Actium (31 v. Chr.) das ehemals mächtige Ägypten für Rom zurück.

Bereits seit der ptolemäischen Zeit siedelten auf Zypern jüdische Bewohner, die meist aus dem nahen ägyptischen Alexandria oder der westlich gelegenen Kyreneica stammten. Die jüdischen Kontingente auf der Insel müssen im 1. Jh. n. Chr. beträchtlich gewesen sein. Josephus und Philo von Alexandrien berichten von starken jüdischen Kolonien,[2] so dass die Notiz der Apostelgeschichte, Barnabas und Paulus hätten „in den Synagogen der Juden" das Wort verkündet, die Präsenz der Synagogen auf Salamis bestätigen. Hier siedelten auch die aus Jerusalem vertriebenen Hellenisten, ehe sie nach Antiochia kamen (Apg 11,20). Während des Diasporaaufstandes der Juden gegen die Römer (115–117 n. Chr.), der ausgehend von der Kyrenaica und Alexandria die Revolte nach Zypern trug, wurden viele Juden getötet. Die römische Propaganda spricht von 240.000 Toten allein auf Zypern.[3] Im Gegenzug wurde der blühenden jüdischen Gemeinde in Salamis ein Ende bereitet, die wenigen überlebenden Juden wurden des Landes verwiesen oder in die Sklaverei verkauft.

Salamis

Wenn man heute die Größe einer antiken Stadt rekonstruiert, so sucht man zuerst nach dem Theater, denn es gibt Auskunft über die Einwohnerzahl der Stadt. Das römische Theater ist der zentrale Versammlungsplatz der Stadtbewohner, hier werden nicht nur Spiele abgehalten, sondern auch Beschlüsse verkündet und diskutiert, die das Volk betreffen. In Salamis war des Theater 20 m hoch, hatte 50 Sitzreihen und konnte 17.000 Zuschauer fassen.

Z. Z. des Kaisers Augustus wurde das Theater in einer Bauform errichtet, die einem typisch römischen Provinztheater entsprach, etwa dem Theater in Aspendos in Pamphylien.

Zur zweiten wichtigen Einrichtung der Stadt gehörte das Gymnasium mit seinen Thermen und Palästra. Es wurde durch ein Erdbeben 76/77 n. Chr. zerstört und erst im 2. Jh. wieder aufgebaut.

Salamis zählte z. Z. des Paulus die meisten Einwohner auf Zypern, wenn auch Paphos das Verwaltungszentrum und die Residenzstadt des Prokonsuls war.

Ob die Verkündigung des Wortes Gottes in der Synagoge der Juden erfolgreich war, erfahren wir merkwürdigerweise nicht. Vielmehr ziehen die Missionare weiter.

An der Süd- und Nordseite der Insel hatten die Römer eine Straße errichtet.

•••

[1] Strabo XIV 6,5, Übersetzung: B. Kollmann, Joseph Barnabas. Leben und Wirkungsgeschichte (SBS 175), Stuttgart 1998, 15.
[2] Josephus, Ant XIII, 284–287; Philo, Leg 282.
[3] Dio Cassius LXVIII, 32,1-3.

Barnabas und Paulus müssen sich auf der Südseite bewegt haben, wenn es heißt: „Sie durchzogen die ganze Insel bis Paphos". Denn über das Troodos-Gebirge führte kein Weg und die Nordstraße wäre ein beträchtlicher Umweg gewesen. Die gesamte Wegstrecke von Salamis bis nach Paphos beträgt ca. 160 km, das bedeutet eine Reisezeit zu Fuß von ca. 6 Tagen.

Paphos

In Paphos treffen die Missionare auf den römischen Prokonsul Sergius Paulus und in dessen Gefolge auf den jüdischen Zauberer Barjesus. Lukas entwickelt anhand einer wundersamen Paulus-Legende (Apg 13,6-12), später nochmals in Apg 14,29f; 19,14-17; 20,7-12, die grundsätzlichen Fragen der frühchristlichen Missionstätigkeit.

„Paulus erscheint in ihnen vorwiegend als der große Missionar, dessen Wirken Normen setzte und der bestimmte, für die missionarische Praxis der Frühzeit typische Situationen in vorbildlicher Weise bewältigte... In der Erzählung von Paulus und dem Zauberer Barjesus wird uns eine Konstellation vor Augen gestellt, die für die Mission im 1. Jahrhundert typische Bedeutung hatte: Es geht um die Auseinandersetzung mit dem jüdisch-heidnischen Synkretismus (= Vermischung der Religionen). Die christlichen Missionare mussten sich, sobald sie die unmittelbaren Grenzen des Judentums verließen, einem unerbittlichen religiösen Konkurrenzkampf stellen. Überall stießen sie auf wandernde Gottesmänner, Gaukler, Philosophen und Propagandisten, die mit ihnen um die Gunst der Massen konkurrierten. Dabei waren – das zu erkennen ist besonders wichtig – für Außenstehende die Frontlinien oft keineswegs klar sichtbar." [4]

Der Münchner Neutestamentler Hans-Josef Klauck resümiert ähnlich: „Das Wunder erregt zwar Aufsehen, aber entscheidend ist letztlich die Botschaft, entscheidend ist das Evangelium, das Wort Gottes (V. 7), das sich im Wettstreit der Sinnangebote als überlegen erweist. Dass der Prokonsul sich tatsächlich auch taufen ließ und Christ wurde, wird man unter historischem Aspekt bezweifeln müssen." [5]

Lukas trägt in die erste Missionsreise des Heidenapostels noch zwei weitere wichtige Notizen ein. Er nennt „Saulus, der auch Paulus heißt", ab sofort nur noch Paulus. Anlass könnte die Namensgleichheit des römischen Prokonsuls Sergius Paulus gewesen sein. Mit Beginn der Heidenmission lässt Lukas das jüdische Element des Paulus, den jüdischen Namen Saulus, den Paulus auch weiterhin noch verwendete, zurücktreten. Dann setzt ein Umschwung innerhalb der Wertigkeit der beiden Missionare ein. Paulus wird ohne Barnabas aktiv und auf dem Missionsfeld immer führender.

Auseinandersetzung mit dem Christentum

In Paphos muss man heute zwischen Alt- und Neupaphos unterscheiden, fanden

•••

[4] J. Roloff, Die Apostelgeschichte (NTD 5), Göttingen 1981, 196.
[5] H.-J. Klauck, Magie und Heidentum in der Apostelgeschichte des Lukas (SBS 167), Stuttgart 1996, 67.

sich wie in einer Verwaltungsstadt üblich zahlreiche Tempel und Beamtenhäuser.

Ein stark beachtetes Bodenmosaik entdeckten Archäologen 1983 im Haus des Aion in Neapaphos gleich gegenüber dem Eingang des Statthalterpalastes. Es wird ins 4. Jh. datiert, also in eine Zeit, in der das Christentum auf Zypern bereits eine unübersehbare Größe darstellte.

Es liegt gegenüber dem Eingang des Statthalterpalastes. In einem 9 m x 7,6 m großen Saal finden sich verschiedene Mosaikfelder. Wir wenden uns dem Motiv des zweiten Feldes zu: „Dionysos als Kind auf dem Schoß von Hermes" (s. Abbildung). Ein flüchtiger Blick lässt die Hl. Familie vermuten. Doch die ikonographischen Details, die uns auch aus der christlichen Kunst bekannt sind, stammen aus einem heidnischen Haushalt.

Hier „sitzt Dionysos gar mit Heiligenschein (!) würdevoll auf dem Schoß des Hermes. Der hat seine Hände verhüllt, um Dionysos nicht direkt anzufassen. Die Verhüllung der Hände, manuum velatio, ist eine alte orientalische Tradition, die höchste Verehrung bedeutet. Setzen wir für Hermes Maria und für Dionysos Jesus, so haben wir Maria mit dem Christuskind, wie sie umgeben von den Heiligen auch auf byzantinischen Mosaiken vorkommen. Die Nymphen als Ammen, Tropheus, der Erzieher, die Personifikation Nektar und Ambrosia, die Unsterblichkeit verleihen, endlich die Versinnbildlichung der Göttergeburt, Theogonia, sie alle wenden sich erwartungsvoll Dionysos-Christus zu. Dionysos, der Erlöser, ist erschienen. Welch ein Gegensatz zu den früheren, weltlich-sinnlichen Darstellungen im Haus des Dionysos!... Große Teile der römischen Aristokratie, aus deren Kreisen die Auftraggeber der Mosaike stammen, waren nicht zum Christentum übergetreten. Das Bildprogramm des Mosaiks ist ein Versuch, mit der bewährten Aussagekraft der traditionellen Mythologie der neuen christlichen Ideologie ein gleichwertiges Konzept entgegenzusetzen."[6]

Das Bodenmosaik stammt aus einer Zeit, als das Christentum im römischen Reich zwar toleriert wurde, sich aber noch nicht als einzige Religion durchgesetzt hatte. Dies geschah erst mit dem Dekret des Theodosius im Jahr 380 n. Chr. Im Jahr 391 wurden dann alle heidnischen Kulte offiziell verboten. Auffälligerweise gibt es seit der Apostelgeschichte des Lukas bis ins 4. Jh. keine christlichen Zeugnisse aus Zypern. Was allerdings nicht bedeutet, dass das Christentum nach Paulus und Barnabas nicht vertreten gewesen wäre, es ist vielmehr im 4. Jh. zu einer echten Konkurrenz für die heidnischen Kulte geworden, ohne diese jedoch verdrängen zu können.

Als Paulus und Barnabas sich zu Beginn der 2. Missionsreise trennten, missionierte Barnabas mit Johannes Markus in ihrer zyprischen Heimat. Nach den Barnabasakten wurde der bislang weit unterschätzte Apostel Barnabas wegen seines Christuszeugnisses von aufgebrachten Juden gesteinigt und verbrannt: „Als wir aber nach Salamis hineinkamen, stießen

•••
[6] A. Schneider, Zypern (DuMont Kunst-Reiseführer), Köln 4. Aufl. 1994, 267.

wir auf die Synagoge nahe der sogenannten Biblia. Nachdem wir diese betreten hatten, schlug Barnabas das Evangelium auf, welches er von dem Mitarbeiter Matthäus erhalten hatte, und begann, die Juden zu lehren. Nach zwei Tagen, als er nicht wenigen Juden Belehrung erteilt hatte, kam aber Barjesus an. Er war erzürnt und versammelte die gesamte Judenschaft. Sie ergriffen Barnabas und wollten ihn dem obersten Beamten von Salamis ausliefern, und sie fesselten ihn, um ihn zu dem Beamten zu führen. Als aber die Juden erfuhren, dass ein frommer Jebusäer, ein Verwandter des Nero, auf Zypern eingetroffen war, nahmen sie Barnabas des nachts, banden ihm einen Strick um den Hals und schleiften ihn von der Synagoge zum Hippodrom, und als sie außerhalb des Stadttores gelangten, stellten sie sich um ihn herum und verbrannten ihn im Feuer, so dass auch seine Knochen zu Asche wurden."[7]

Auf dem Weg von Salamis nach Enkomi befindet sich heute das Kloster des Hl. Barnabas, das die Gebeine des Apostels Barnabas bewahren soll. Die Gründungslegende der Kirche beruht auf einem Traum des Bischofs Anthemios, der an diesem Ort die Gebeine des Barnabas gesehen haben will.

Wenn man sich in Fragen nach dem Verbleib der sterblichen Überreste des Hl. Barnabas entscheiden muss und zwischen dieser Kirchengründungslegende (10. Jh.) und den doch relativ jungen Barnabasakten (5. Jh.) entscheiden will, so hat der ungewöhnliche Tod, der anschließende Verbrennung des Leichnams voraussetzt, die historische Wahrscheinlichkeit auf seiner Seite.

Perge oder Attalia

Das Reisetagebuch der Apostelgeschichte verzeichnet nur kurz: „Von Paphos fuhr Paulus mit seinen Begleitern ab und kam nach Perge in Pamphylien." (Apg 13,13).

Wer Perge auf der Landkarte sucht oder schon einmal Attalia, das heutige Antalya, bereist hat und mit dem Auto in das ca. 18 km entfernte Perge gefahren ist, wird sich fragen, ob Lukas hier nicht einer fehlerhaften Notiz aufgesessen ist. Nicht wenige Kommentare korrigieren die Apostelgeschichte dahingegen, dass sie wie Rudolf Pesch schreiben: Die Abreise der Missionare führt „über See nach Perge in Pamphylien, das aber 15 km landeinwärts liegt, so dass die Landung in der Hafenstadt Attalia (vgl. 14,25) erfolgt sein wird."[8]

Doch wie so oft sollte man vor einer Korrektur des biblischen Textes möglichst lange um den überlieferten Text ringen. Es macht Sinn, was Lukas schreibt. Das nahe bei Perge gelegene Attalia war zwar damals wie heute eine Hafenstadt, doch auch Perge hatte einen heute verlandeten Hafen für Seeschiffe. Der durch Perge fließende und ins Meer mündende Fluss Kestros war wie in der

•••

[7] Barnabasakten, 22f, Übersetzung: B. Kollmann, Joseph Barnabas. Leben und Wirkungsgeschichte (SBS 175), Stuttgart 1998, 81f.
[8] R. Pesch, Die Apostelgeschichte (EKK V/2), Zürich u.a.1986, 32.

vergleichbar nahe gelegenen Stadt Aspendos soweit ausgebaut und damit schiffbar, dass Schiffe direkt von der Mündung des Flusses bis zur Stadt hinauffahren konnten. Auch Strabo (XIV 4,2) und Mela (1,79) kennen diesen Meereszugang für die Stadt Perge. Archäologische Zeugnisse des Hafens am Stadtrand und am Mündungsgebiet des Kestros bestätigen die Richtigkeit der biblischen Auskunft. Eine Schifffahrt von Paphos nach Perge ist möglich und bedarf nicht des Umwegs über die Hafenstadt Attalia. Diese wird Paulus erst aufsuchen, wenn er von Antiochia in Pisidien kommend in Attalia ein Schiff betritt, um nach Seleuzia, dem Hafen von Antiochia am Orontes zu segeln.

Über den weiteren Wegverlauf von Perge nach Antiochia in Pisidien wird uns nichts überliefert. Dennoch braucht man über die Wegführung nicht zu spekulieren. Das gesamte Taurusgebirge kennt von der Ägäis bis nach Ostanatolien nur fünf Passstraßen, die vom Meer in die anatolische Hochebene führen. Eine dieser Passstraßen führt an Termessos vorbei, der am höchsten gelegenen antiken Stadt. Sie kontrolliert bis weit in die pamphylische Ebene hinein den Personen- und Handelsverkehr. Eine Zollkontrollstelle aus römischer Zeit ist heute noch auffindbar. Ob Paulus Termessos aufgesucht hat, ist ungewiss. Eine jüdische Gemeinde hätte es in ihr gegeben, wie die Namen der acht jüdischen Bürger belegen, die in den Sitzreihen des Theaters von Termessos eingemeiselt sind.

Apg 13,6-12: Paulus vor Sergius Paulus
Sie durchzogen die ganze Insel bis Paphos. Dort trafen sie einen Mann namens Barjesus, einen Zauberer und falschen Propheten, der Jude war und zum Gefolge des Prokonsuls Sergius Paulus, eines verständigen Mannes, gehörte. Dieser ließ Barnabas und Saulus rufen und wünschte, von ihnen das Wort Gottes zu hören. Aber Elymas, der Zauberer – so wird nämlich der Name Elymas übersetzt –, trat gegen sie auf und wollte den Prokonsul vom Glauben abhalten. Saulus, der auch Paulus heißt, blickte ihn, vom Heiligen Geist erfüllt, an und sagte: Du elender und gerissener Betrüger, du Sohn des Teufels, du Feind aller Gerechtigkeit, willst du nicht endlich aufhören, die geraden Wege des Herrn zu durchkreuzen? Jetzt kommt die Hand des Herrn über dich. Du wirst blind sein und eine Zeitlang die Sonne nicht mehr sehen. Im selben Augenblick fiel Finsternis und Dunkel auf ihn, er tappte umher und suchte jemand, der ihn an der Hand führte. Als der Prokonsul das alles sah, wurde er gläubig, denn er war betroffen von der Lehre des Herrn.

TEIL 13
Antiochia, Ikonien Lystra, Derbe

Orte und Landschaften:
*Antiochia - Seleuzia – Zypern (Salamis – Paphos) – Perge – **Antiochia in Pisidien – Ikonion – Lystra – Derbe** – Gegenden von Pisidien und Pamphylien – Perge – Attalia*

Zielstrebig bewegen sich die beiden Missionare Paulus und Barnabas nach Antiochia in Pisidien. Es muss Sommer gewesen sein, denn im

Die erste Missionsreise

Winter waren die Passstraßen durch Schneeverwehungen nicht zu benutzen. Das feucht heiße Klima der Küstenebene Pamphyliens mag die Reise hinauf zur pisidischen Hochebene beschleunigt haben. Damals war das pisidische Antiochia Hauptstadt der römischen Provinz Galatien, interessant für Militärs, Wirtschaftsleute, Künstler und auch noch für Veteranen, die sich dort auf ihrem Altenteil niederließen.

Wahrzeichen der Stadt bildete der mächtige Zeustempel, der nicht nur dem griechischen Zeus, sondern auch dem vergöttlichten Augustus die Ehre gab. Er war noch im Bau, als Paulus und Barnabas die Stadt betraten. Ein Statthalter namens Publius Sulpicius Quirinius hatte hier unter der Jugend für Unruhe gesorgt, weil er zu massiv römische Gebräuche einführen wollte. Das pisidische Hochland hatte erst „Frieden", als er in die Provinz Syria versetzt wurde. Im Zusammenhang mit einer Volkszählung erscheint sein Name in der Geburtsgeschichte Jesu (Lk 2,2).

Die jüdische Gemeinde am Ort scheint nicht klein gewesen zu sein[1], folgt man Lukas, so ist die auslegende Rede (Apg 13,16-41) der sabbatlichen Schriftlesung eindeutig Höhepunkt der ersten Missionsreise. In einer langen Predigt erschließt Paulus schriftgelehrt die biblische Botschaft. J. Bowker hat mit guten Argumenten herausgefunden, dass es sich um die Auslegung des Torawochenabschnitts Dtn 4,25-46 und der Prophetenlesung 2 Sam 7,6-16 gehandelt hat.[2]

Die vorlukanische Predigt des Paulus, überliefert in Antiochia am Orontes, hat noch vieles gemein mit der Schriftgelehrsamkeit des Paulus, wie sie sich auch in seinen Briefen findet.

Im ersten Teil (13,16-25) schaut Paulus auf wichtige Etappen der Heilsgeschichte Israels zurück, dann folgt im zweiten Teil eine christologische Ausdeutung (13,26-37) und im dritten Teil ein Bußruf mit der Rechtfertigung der Glaubenden (13,38-41).

Lukas rundet die eindrückliche Paulusrede mit den Worten ab: „Als die Heiden das hörten, freuten sie sich und priesen das Wort des Herrn" (Apg 13,48). Die Freude am Wort ist nichts anderes als die Unterweisung in der Hl. Schrift. Und da muss nicht mehr unterschieden werden zwischen Gottesfürchtigen und Heiden.

Konkurrenz kommt aus den Reihen der Juden, die ebenfalls das Wort des Herrn ausdeuten, es jedoch nicht auf Christus beziehen wollen.

Als die Missionare wegziehen müssen, folgen sie der gut ausgebauten Römerstraße (Via Sebaste) nach Ikonion. Der Magistrat Kornutus Aquila hatte sie 6 v. Chr. gebaut und dem Augustus gewidmet. So konnte Paulus bequem in die nächstgrößere Stadt reisen.

---

[1] Archäologisch bezeugt bislang nur ein Epitaph aus dem 2. Jh. die Anwesenheit einer vornehmen Jüdin namens Debora, Bürgerin von Antiochia, die mit einem Mann aus Sillyam in Pamphylien verheiratet war.
[2] J. Bowker, Speeches in Acts. A Study in Poem and Yelammedenu Form, NTS 14 (1967/68) 96-111.101-104: Der Anfang der Predigt Apg 13,17-22 basiert auf der Prophetenlesung 2 Sam 7,6-16 und der Schriftbeweis Apg 13,32-41 auf der Toralesung Dtn 4,25-46.

Der Kult der Großen Mutter

Im Umkreis Ikonions, der heutigen Konya-Ebene, damals Lykaonien, befindet sich eine der menschheitsgeschichtlich ältesten Ansiedlungen, die sowohl eine stadtähnliche Gemeinschaft als auch eine starke religiöse Verehrung nachweisen kann: Catal Hüyük, 50 km südöstlich von Ikonion und 20 km östlich von Lystra.

1963 vom Britischen Archäologischen Institut von Ankara unter Leitung von James Mellaart ausgegraben, stellte sich heraus, dass die Siedlung aus dem 6. Jahrtausend v. Chr. stammt, also mit der alten Stadt Jericho konkurrieren kann. „Catal Hüyük ist bemerkenswert sowohl durch seine Wandmalereien und Gipsreliefs, seine Steinskulptur und Tonplastik als auch wegen seiner fortgeschrittenen Technik in den Handwerken der Weberei sowie der Holz- Metall- und Obsidianbearbeitung. Seine zahlreichen Heiligtümer legen Zeugnis ab für eine entwickelte
Religion mit Symbolik und Mythologie, seine Gebäude für die Geburt von Architektur und bewusster Planung, seine Wirtschaft für fortgeschrittene landwirtschaftliche Verfahren bei Ackerbau und Viehzucht und die zahlreichen Importe für einen blühenden Handel mit Rohmaterialien … Der Reichtum des in Catal Hüyük zutage geförderten Materials hat seinesgleichen an keiner anderen neolithischen Fundstätte. Mehr noch: Da Catal Hüyük kein Dorf, sondern eine stadtähnliche Ansiedlung oder gar eine wirkliche Stadt war, besitzt, was zutage tritt, entschieden städtisches Gepräge."[3]

An 225 Grabungstagen konnte Mellaart ca. 1/30 der Ansiedlung ausgraben. Was er fand, waren u.a. Wohnräume mit Wandmalereien und Altären. Waren es Kultbezirke der Stadt oder könnte man in jedem Haus solche Kulträume antreffen?

Man fand etwa 50 Idole, Statuetten weiblicher Gottheiten. Nur eine einzige männliche Gottheit konnte gefunden werden. Und immer wieder die üppigen Frauengöttinen. War sie die Herrin des Lebens, Schöpferin, Große Mutter? Schrift und Literatur hatte diese Gemeinschaft noch nicht entwickelt. Die Interpretation der Figuren bleibt deshalb häufig nicht eindeutig. Ist die Statuette die Votivgabe einer schwangeren Frau, die sich selbst stellvertretend abgebildet hat, ist sie eine Göttin? Nicht selten wird der menschliche Wunsch nach Leben, Zeugung, Gebären verdichtet in überzeichneten Darstellungsweisen (übergroße Brüste, gebärfreudiges Becken u. a.).

„Charakteristisch für Catal Hüyük ist die Darstellung von Göttern in menschlicher Gestalt, wenn es sich um Kultstatuetten handelt, während in Gipsplastik und Wandmalerei nur die Göttin auf diese Weise porträtiert ist. Es kann wenig Zweifel daran bestehen, dass die Jungsteinzeitleute von Catal Hüyük sich ihre Götter in Menschengestalt vorstellten, mit übernatürlicher Kraft über Attribute und Sinnbilder ausgestattet, die man einer vertrauten Tierwelt entnahm. Als Sinnbild männlicher Fruchtbarkeit nahm

•••
[3] Ein ausführlicher Grabungsbericht liegt vor: J. Mellaart, Catal Hüyük. Stadt aus der Steinzeit, 1967, 17.30

Die erste Missionsreise

sich ein Auerochs oder ein großer Widder eindrucksvoller aus als ein Mann selbst, und die Macht der Wildnis und des Todes kam treffend zum Ausdruck im Leoparden, dem größten und grausamsten wilden Tier des Landes, in der zerstörerischen Wildheit des Keilers oder in dem bedrückenden Schauspiel ganzer Schwärme von Gänsegeiern. Nichts legt die Vermutung nahe, daß die betreffenden Tiere selbst als Götter angesehen wurden ... Die Häufigkeit, mit der die Göttin in Begleitung wilder Tiere dargestellt wird, spiegelt wahrscheinlich deren frühere Rolle als Schützerin des Wildes für eine Jägerbevölkerung, und als Herrin der Jagd fand sich allein sie im Jagdheiligtum der Schicht III durch ihre Statuetten vertreten. Tierfigurinen, die man ersatzweise für echte Tiere während eines Jagdzaubers ‚verwendet' oder ‚gezähmt' hatte, fanden sich in Gruben bei den Kultstätten ..., die beide Gipsreliefs oder Statuetten von Göttinnen enthielten ..."[4]

•

Als Paulus an Ikonion vorbei zog, kam er auch an dieser alten Kulturstadt vorbei, sie war jedoch längst untergegangen, verschüttet und damit nicht mehr auffindbar. Erst die Archäologie des 20. Jhs. hat wieder den materiellen Nachweis führen können, wie die Menschen vor achttausend Jahren religiös und damit auch gesellschaftlich zusammenlebten – wenn auch noch mit vielen Interpretationslücken. Ist die Wohn- und Verehrungsstätte auch untergegangen, der Glaube der Menschen hat sich über viele Kulturwechsel nur leicht verändert erhalten.[5]

Weitere Zeugnisse einer Großen Mutter liefert viertausend Jahre später im 2. Jt. das Hetiterreich mit seiner Hauptstadt Hattuscha, südöstlich der türkischen Hauptstadt Ankara. Hier gibt es neben den weiblichen Gottheiten nun auch zahlreiche männliche Götter. Doch ist auch hier eine thronende Muttergöttin mit Panthern bekannt. Da nun bereits ein Alphabet entwickelt wurde, kennen wir ihren Namen. In den Keilschrifttexten und in Inschriften wird sie Hepatu oder Kubaba genannt.

Als die Phrygier im 12. Jh. v. Chr. aus dem thrakischen Balkan in das westliche Zentralanatolien einwanderten (Hauptstadt Gordion, nordöstlich von Pessinus) und das hethitische Großreich zerstörten, verschafften sie der örtlichen Göttin von Messinus, Kubaba, den Rang einer „Nationalgöttin", nun mit phrygischer Ausprägung. Als Kubaba/Kybele wird sie in ganz Phrygien verehrt als Göttin der befestigten Siedlungen und in Statuetten als „Mutter mit der Mauerkrone" abgebildet. Im 12. bis 6. Jh. v. Chr. erhält sie einen ekstatisch-orgiastischen Charakter, welche der hethitischen Kubaba fehlte. Neu ist nun auch die kultische Kastration, die Kybelepriester an sich vollziehen. Die Herkunft dieses Brauchs ist ungeklärt.

•••

[4] J. Mellaart, ebd., 215f.233.
[5] Zur grundsätzlichen menschheitsgeschichtlich bedeutsamen Beobachtung der Verehrung einer weiblichen Gottheit, die sich in vielen Kulturen unabhängig voneinander ausgebildet hat vgl. E. Neumann, Die Große Mutter. Eine Phänomenologie der weiblichen Gestaltungen des Unbewußten, 2. Aufl. 1974 .

„Die Frage ist um so wichtiger, als während der hellenistischen und römischen Epoche das rituelle Eunuchentum seine religiöse Glaubwürdigkeit auf der pessinuntischen Version des Mythos von Attis, dem entmannten Begleiter und Geliebten der Kybele, gründete. Zwar begegnet die sakrale Entmannung im Kult mehrerer altorientalischer Fruchtbarkeitsgöttinnen, so dass es denkbar ist, dass sie für die phrygische Kybele aus dem syrosemitischen Raum eingeführt wurde, ohne dass dorther jedoch gleichzeitig die sakrale Prostitution mit übernommen wurde. Kommt doch die religiöse Kastration bei den euopäischen Thrakern nicht vor; sie fehlt sogar in der lydischen Version des Attis-Mythos."[6]

Der hellenistische Kybele-Kult lebt im hellenistisch-römischen Artemiskult fort, nun allerdings stark gezähmt. Eine besondere Ausprägung erfährt er in der Großen Artemis von Ephesus.[7] Doch gilt den Römern die vorrömische Phase der Kybele, inzwischen auch Mater Magna genannt, nicht als phrygische, klassisch-griechische oder hellenistische Variante, sondern als trojanische und damit als römisches Erbe (vgl. Vergil, Äneis). Denn das Nationalepos, das Vergil (60–19 v. Chr.) überliefert, lässt Äneas, den trojanischen Helden und Gründer Roms, am Ida-Berg in Troja geboren und aufgewachsen sein, eben dort, wo die „Große Göttermutter des Berges Ida" (Mater Deum Magna Idaea) wohnt.

Die Römer werden nichts wichtigeres zu tun haben, als die trojanisch-römische nationale Muttergöttin am 4. April 204 v. Chr. von Pessinus oder doch eher von Pergamon, dessen Königreich auch das Gebiet Troja umfasst, nach Rom zu überführen. Kaiser Octavianus Augustus wird den Kybele-Tempel erneut aufbauen und seine private Residenz auf dem Palatin, dem urrömischen Hügel, neben dem Heiligtum der Kybele errichten. Die Bedeutsamkeit der Großen Mutter in Rom schlägt sich im liturgischen Kalender nieder, der eine eigene Festwoche (4.–10. April) für sie einrichtet. Varianten dieser Göttin finden sich im Diana-Kult, der römischen Bezeichnung für Artemis.

Paulus, der drei Jahre in Ephesus gelebt hat, musste den zentralen Kultbetrieb dieser Göttin erleben, er war ein Zentrum der religiösen Verehrung. Es ist kein Zufall, dass das Konzil von Ephesus im Jahr 321 Maria als „Gottesgebärerin" definiert. Hier liegt eine nachweisbare Auseinandersetzung und Abgrenzung zum örtlichen Artemiskult vor, der im 4. Jh., als das Christentum etabliert war, immer noch anhält. Die nachprüfbaren Wurzeln dieser weiblich-mütterlichen Gottheiten reichen zurück bis nach Catal Hüyük, eine Gegend, die Paulus bei seiner 1. Missionsreise besucht hat. Die Verehrungsstätte der Großen Mutter war untergegangen, doch im Glauben und im emotionalen Empfinden war sie noch lebendig.

---

[6] G. Sanders, Kybele und Attis, in: M.J. Vermaseren, Die orientalische Religionen im Römerreich (Etudes preliminaires aux religions orientales dans l'empire romain, 1981, 264-297. 265.

[7] R. Fleischer, Artemis Ephesia und Aphrodite von Aphrodisias, in: M.J. Vermaseren, ebd., 298-315.

Kehren wir mit Paulus zunächst wieder nach Ikonion zurück. Als römische Kolonie hatte Claudius die Ansiedlung Claudi-Conium eingerichtet und ihr ein römisches Gepräge gegeben. Die Stadt selber blickt auf eine längere Geschichte zurück.

Lukas hat allerdings nur wenige konkrete Auskünfte über die Tätigkeit der beiden Missionare zur Verfügung. Was er zu sagen hat, könnte sich an jedem anderen Ort auch zugetragen haben (Apg 14,1-5). Erst in Lystra finden wir wieder eine anekdotenhafte Begebenheit, die uns schmunzeln lässt, religionsgeschichtlich aber sehr tiefe Wurzeln hat.

Paulus heilt einen Fußkranken: „Als die Menge sah, was Paulus getan hatte, fing sie an zu schreien und rief auf lykaonisch: Die Götter sind in Menschengestalt zu uns herabgestiegen. Und sie nannten den Barnabas Zeus, den Paulus aber Hermes, weil er der Wortführer war. Der Priester des «Zeus vor der Stadt» brachte Stiere und Kränze an die Tore und wollte zusammen mit der Volksmenge ein Opfer darbringen." (Apg 14,11-13). Dass Götter Menschengestalt annehmen konnten, war im griechischen Mythos der Normalfall.[8]

In Homers Odyssee, der Bibel der Griechen, kehrt Odysseus nach langer Irrfahrt als Bettler verkleidet nach Ithaka zurück. Als einer der Freier die Penelope, die Frau des Odysseus, gewinnen will, einen Schemel nach den Bettler wirft, heißt es weiter: „Nein, Antinoos, dies war nicht schön von dir, dieser Wurf auf den armen Bettler. Verwünschter du! Götter gehen ja doch auch durch die Städte. In manchen Gestalten kommen sie, sehen dann aus, als wären sie Fremde vom Ausland. Sie spüren indessen der Menschen Stolz und ihr rechtliches Wesen." (Odyssee 17,483-487)[9].

Eine zweite Episode hat Lukas in dieser Überlieferung mitbedacht, die unweit von Lystra handelt. Ovid, der nur wenige Jahrzehnte vor Paulus geboren wurde, hat diese Sage in seinen Metamorphosen (8,626-724) bewahrt. Zwei Lokalgötter, im Lateinischen Jupiter und Merkur genannt, wandern durch die lykaonische Gegend. Keiner möchte sie aufnehmen mit Ausnahme des gastfreundlichen Ehepaars Philemon und Baucis. Sie teilen ihre Habseligkeiten mit den unerkannten Göttern und werden dafür reichlich belohnt, am Ende sogar in hl. Bäume verwandelt und von den Bewohnern verehrt. All jene, die keine Gastfreundschaft gewährten, erfahren ein Strafgericht.

Die Lykaonier wollten, so Lukas, den gleichen Fehler nicht noch einmal machen und verehrten vorsorglich Barnabas und Paulus als Götter in Menschengestalt. Göttern muss geopfert werden, deshalb initiert der Priester des „Zeus vor der Stadt" eine Opferprozession. Jetzt erst, so Lukas, erkennen Barnabas und Paulus, was hier geschieht: „Männer, was tut ihr? Auch wir sind nur Menschen, von gleicher Art wie ihr; wir bringen euch das Evangelium, damit ihr euch von diesen

---

[8] C. Breytenbach, Zeus und der lebendige Gott. Anmerkungen zur Apostelgeschichte 14,11-17, in: NTS 39 (1993) 396-413.
[9] Übersetzung: H.-J. Klauck, Magie und Heidentum in der Apostelgeschichte des Lukas (SBS 167), 1996, 72.

nichtigen Götzen zu dem lebendigen Gott bekehrt, der den Himmel, die Erde und das Meer geschaffen hat und alles, was dazugehört. Er ließ in den vergangenen Zeiten alle Völker ihre Wege gehen. Und doch hat er sich nicht unbezeugt gelassen: Er tat Gutes, gab euch vom Himmel her Regen und fruchtbare Zeiten; mit Nahrung und mit Freude erfüllte er euer Herz. Doch selbst mit diesen Worten konnten sie die Volksmenge kaum davon abbringen, ihnen zu opfern." (Apg 14,15-18).

Kaum stimmig ist die nachfolgende Episode des Lukas, die Juden von Antiochia und Ikonien herabkommen lässt, um das Volk zur Beseitigung des Paulus zu überreden. Ist doch gerade in dieser heidnischen Geschichte die Übereinstimmung zwischen Judentum und paulinischer Lehre im Gottesbild greifbar.

Paulus überlebt eine Steinigung und zieht mit Barnabas weiter nach Derbe. Über den grundsätzlichen Missionserfolg hinaus, „sie hatten viele Jünger gewonnen", erfahren wir keine weiteren Details aus der Stadt. Bis zum heutigen Tag ist die Stadt unbekannt geblieben. Erst ein Inschriftenfund vor einigen Jahrzehnten hat den Kulturhügel von Derbe entdeckt und damit eine präzise Lokalisierung der Stadt ermöglicht.

Unklar ist, weshalb Paulus und Barnabas auf ihrer Reise den gleichen Weg wieder zurück gehen. Ist es nachsorgende Missionspraxis, die nachsieht, ob und wie die Gemeinden gedeihen? Lukas weiß noch von einer Bestellung von Ältesten in den jeweiligen Gemeinden. Sie können die geistliche und organisatorische Führung in den Gemeinden übernommen haben, nachdem die Missionare schon längst abgereist waren.

„Nachdem sie durch Pisidien gezogen waren, kamen sie nach Pamphylien, verkündeten in Perge das Wort und gingen dann nach Attalia hinab." (Apg 14,24).

TEIL 14
Perge

Orte und Landschaften:
Antiochia – Seleuzia – Zypern (Salamis – Paphos) – Perge – Antiochia in Pisidien – Ikonion – Lystra – Derbe – Gegenden von Pisidien und Pamphylien –
Perge – Attalia – Antiochia

Viele Studienreisende beginnen heute ihre Paulusreisen durch die Türkei in Antalya, dem antiken Attalia. Im Zeitalter des Flugzeugs ist die Stadt vom Flughafen München/Freising aus in wenigen Stunden zu erreichen. Die türkische Riviera, wie das Badeziel in Antalya samt Umgebung genannt wird, lassen sie links liegen. Die Sonne des Südens lässt die Gemüter der Reisenden aufleuchten. Der Strand, die alt-neue Hafenanlage mit ihren farbenfrohen Booten und die antiken Mauern verheißen eine vielversprechende Reise.

Um schneller noch als in Attalia in die Zeit des Paulus zurück versetzt zu werden, reist man zunächst nach Perge. Zwei antike Toranlagen der Stadt erwarten die Besucher. Das äußere römische Stadttor hat Paulus noch nicht gesehen,

Die erste Missionsreise

es stammt aus dem Ende des 3. Jh. n. Chr. Die hellenistische Stadttoranlage, von der noch Reste stehen, muss Paulus durchschritten haben, denn sie wurde bereits im 2. Jh. v. Chr. errichtet. Wer diese Anlage betritt, befindet sich auf den Spuren des Apostels. Hier hat er von Zypern kommend seine 1. Missionsreise in Kleinasien gestartet und hier ging sie zu Ende. „Nachdem sie durch Pisidien gezogen waren, kamen sie nach Pamphylien, verkündeten in Perge das Wort und gingen dann nach Attalia hinab." (Apg 14,24f). Mehr sagt uns die Bibel nicht. Doch die Steine vor Ort beginnen zu sprechen.

Vielleicht wussten die apokryphen Barnabasakten mehr, wenn sie berichten, Paulus und Barnabas hätten sich drei Wochen in Perge aufgehalten. Doch Vorsicht ist geboten, wenn man gerne hinter jedem Stein die Gegenwart des Paulus vermutet. Eher noch als ihn selber findet man die „Umwelt", mit der er sich auseinander setzen wollte oder musste.

Vieles, was man heute in Perge oder im Museum in Antalya sieht, stammt aus dem 2. Jh. n. Chr. Der Reichtum dieser Blütezeit schlägt sich in vielen Baumaßnahmen nieder.

Der kulturbeflissene, viel gereiste Kaiser Hadrian (117–138) hat auch in Perge wie in den meisten antiken Städten seine Spuren hinterlassen und empfängt den Besucher gleich.

Die hellenistischen Hofmauern mit zahlreichen Statuennischen hat Hadrian vorgefunden. Zweisprachige lateinisch-griechische Inschriften halfen damals den Besuchern, entlang einer der beiden Sprachen die Bedeutung der darüber befindlichen Gestalt zu erschließen.

Türen und Tore

Auch heute noch prägt der Eingangsbereich, die Toranlage das Stadtbild von Perge. Von Robert Musil stammt die bezeichnende Geschichte, „Türen und Tore": „Die Tür hat früher als Teil für das Ganze das Haus vertreten, so sowie das Haus, das man besaß und das Haus, das man machte, die Stellung des Besitzers zeigen sollte. Die Tür war ein geeignetes Symbol für eine Gesellschaft von Bevorzugten, die sich dem Ankömmling, je nachdem, wer er war, öffnete oder verschloss, was gewöhnlich sein Schicksal entschied. Eben so gut eignete sie sich aber auch für den kleinen Mann, der außen nicht viel zu bestellen hatte, jedoch hinter seiner Tür sofort den Gottvaterbart umhängte. Sie war darum allgemein beliebt. Die vornehmen Leute öffneten oder verschlossen bloß die Türen, aber der Bürger konnte mit ihnen außerdem ins Haus fallen. Er konnte dies offen einrennen. Er konnte zwischen Tür und Angel seine Geschäfte erledigen. Konnte vor seiner oder einer fremden Tür kehren. Er konnte jemand die Tür vor der Nase zuschlagen, konnte ihm die Tür weisen, ja er konnte ihn sogar bei der Tür hinauswerfen: das war eine Fülle von Beziehungen zum Leben..."[1] Die Toranlage von Perge öffnet auch ein neues Verständnis des Jesuswortes: „Ich bin die Tür; wer durch mich hineingeht, wird gerettet werden" (Joh 10,9) oder assoziiert

•••

[1] J. Roloff, Die Apostelgeschichte, 222.

an Apg 14,27, wo es heißt, Paulus habe den Heiden das Tor zum Glauben geöffnet. Der Schatten der Toranlage lädt zum Verweilen ein, doch die Stadt drängt sich geradezu auf, will noch mehr von sich zeigen.

Die vielsprechende Agora (= Versammlungsplatz), die heute die Besucher neben der Säulenstraße als Blickfang empfängt, stammt erst aus dem 2. Jh. n. Chr. Das prosperierende Wirtschaftssystem in der Pax Romana und das damit einhergehende Präsentationsgebaren hat das Stadtbild der damaligen Zeit geprägt. Paulus ist durch eine ältere Agora gewandelt, die im Stadtzentrum, am Kreuzungspunkt der beiden Hauptstraßen lag. Perge hat drei Blütezeiten erlebt: In der hellenistischen Zeit im 3./2. Jh. v. Chr., in der römischen Zeit im 2./3. Jh. n. Chr. und in byzantinischer Zeit im 5./6. Jh., als der Ort Metropolitensitz wurde. Besonders in diesen Jahrhunderten hat die Stadt durch intensive Baumaßnahmen größere Veränderungen erfahren.

Der Name der Stadt Perge ist wie ihr besiedelter Ort alt. Seine Wortbedeutung entzieht sich unserer Kenntnis, ist altanatolischen Ursprungs und hat keine Beziehung zur griechischen Sprache.

Älteste Besiedlungsspuren lassen sich noch im 3. Jt. nachweisen. Bis in diese Zeit reichen letztlich die Anfänge der Verehrung der bedeutendsten Göttin der Stadt zurück: die Artemis von Perge. Sie hat ihre Wurzeln in der Großen Mutter Anatoliens. Als WANESSA PREIIAS – „Königin von Perge" ist sie in pamphylischer Sprache in griechischen Lettern bezeugt. Die Götterverehrung z.Z. des Paulus ist in der Stadt vielfältig. Aufgrund antiker literarischer Quellen, Münzen und Statuen lassen sich in Perge belegen die Göttinnen und Götter Aphrodite, Apollon, Asklepios, Athena, Chariten, Dionysos, Dioskuren, Hermes, Isis, Kestros, Kybele, Nemesis, Nike, Pan, Seraphis, Selene, Themis, Tyche und Zeus. Doch Artemis überragt alle.

Auf der Akropolis der Stadt befand sich einst ihr Tempel. Große Spenden und Votivgaben verschafften der Tempelverwaltung ungeahnten Reichtum und sind indirekt Ausdruck der großen Verehrung. Ein Skandal ungeahnten Ausmaßes hatte in frührömischer Zeit die Menschen bewegt. Der Tempel wurde samt seiner Kultstatue vom damaligen Legaten Gaius Verres beraubt.

Es waren nicht so sehr finanzielle Schwierigkeiten, in die Gaius Verres geraten war, er war vielmehr ein Kunstliebhaber und wollte beliebte Statuen und deren Ritualien sein Eigen nennen. Auf Anraten des pergischen Arztes Artemidoros plünderte er den Tempel der Artemis und raubte die goldene Kleidung der berühmten Artemisstatue.

Weil Verres dies aber nicht nur in Perge tat, sondern überall, wo er längere Zeit verweilte, sammelte er auf seinen Gütern größte Schätze an. Cicero wird ihm deshalb später in Rom den Prozess machen. In den berühmten Prozess-"Reden gegen Verres" spricht Cicero auch den Raub in Perge an: „In Perge gibt es, wie wir wissen, einen uralten und hochheiligen Tempel der Diana (= Artemis). Auch den, stelle ich fest, hast du ausgeplündert und beraubt, und von dem Bildwerk der Diana selbst hast du das Gold, das daran war, entfernt und weggenommen. Was ist das, zum Teufel, für eine ungeheure Frechheit und für ein Wahnsinn! Denn wenn du in die Städte unserer Bundesgenossen und Freunde, die du mit dem Recht und dem Titel eines Legaten aufsuchtest, gewaltsam mit einem Heere und als Oberbefehlshaber eingedrungen wärest, so hättest du wohl trotzdem, meine ich, die Statuen und Kunstwerke, die du aus diesen Städten mitgenommen hättest, nicht in dein Haus noch in die Landhäuser deiner Freunde, sondern nach Rom auf einen öffentlichen Platz bringen lassen dürfen." (Cicero, Verres, II, 20,54).

Ähnlich deutlich spricht Cicero über den Raub des Verres im nahe gelegenen Aspendos: „Aspendos ist, wie ihr wisst, eine alte und berühmte Stadt in Pamphylien, übervoll der vorzüglichsten Statuen. Ich will nicht behaupten, von dort sei diese oder jene Statue abhanden gekommen; ich behaupte vielmehr: du hast keine Statue in Aspendos zurückgelassen, Verres; sie sind alle ganz offen und vor aller Augen aus den Heiligtümern und von den öffentlichen Plätzen auf Wagen abgefahren und fortgeschafft worden. Und er hat sogar jenen aspendischen Zitherspieler, von dem ihr oft das bei den Griechen übliche Sprichwort gehört habt (er spiele alles nach innen, sagten sie), mitgenommen und im innersten Teil seines Hauses aufgestellt, sodass er sogar ihn mit seiner Kunst übertroffen zu haben scheint." (Cicero, Verres, II, 20,53).[2]

Paulus in Perge

Paulus verkündete in Perge das Wort. Ist es aufgrund von anderen und vielfältigen, heidnisch-religiösen Angeboten auch angenommen worden? Wir wissen es nicht. So imposant und geschäftstüchtig die Stadt auch war, das große hellenistisch-römische Theater mit 12-15.000 Sitzplätzen und das großzügig angelegte Stadion (Länge 234m x Breite 34m) mit 1200 Sitzplätzen belegen das pulsierende Leben. Von einer christlichen Gemeindegründung erfahren wir nichts.

Auch die Hafenstadt Antalya, einst Gründung des pergamenischen Königs Attalos, z.Z. des Apostels immerhin mit 6-8.000 Einwohnern einen Missionsauftrag wert, hat Paulus nur als Schiffshafen für die Weiterreise nach Antiochia am Orontes gedient.

Zumindest erfahren wir nichts über eine Predigttätigkeit. Die Bilanz der ersten Missionsreise fasst Lukas zusammen: „Als sie dort (= in Antiochia) angekommen waren, riefen sie die Gemeinde zusammen und berichteten alles, was Gott mit ihnen zusammen getan und dass er den Heiden die Tür zum Glauben geöffnet hatte." (Apg 14,27). Neu war das Ergebnis, dass Gott „den Heiden die Tür zum Glauben geöffnet hatte."

Es war eine Missionsstrategie des Paulus und Barnabas gewesen, nun auch die Heiden zum christlichen Glauben zu führen. Wie wenig selbstverständlich

•••
[2] Übersetzung: G. Krüger, in: M. Tullius Cicero. Reden gegen Verres II. Zweite Rede gegen C. Verres. Erstes Buch. Lateinisch/Deutsch (reclam 4014), Stuttgart 1986, 49f.

dies damals noch war, belegt das Ausscheiden des Johannes Markus während der Reise. In Perge angekommen, trennte er sich von Paulus und Barnabas und kehrte nach Jerusalem zurück (Apg 13,13). Paulus hat dies schmerzlich berührt. Als Paulus Barnabas zur zweiten Missionsreise auffordert und dieser Johannes Markus mitnehmen möchte, kommt es gar zum Bruch zwischen beiden, die doch so viel miteinander erlebt haben. Lukas lässt den Konflikt noch erkennen: „Barnabas wollte auch den Johannes, genannt Markus, mitnehmen; doch Paulus bestand darauf, ihn nicht mitzunehmen, weil er sie in Pamphylien im Stich gelassen hatte, nicht mit ihnen gezogen war und an ihrer Arbeit nicht mehr teilgenommen hatte. Es kam zu einer heftigen Auseinandersetzung, sodass sie sich voneinander trennten; Barnabas nahm Markus mit und segelte nach Zypern." (Apg 15,37-40).

Hat Paulus emotional überreagiert oder zeigt sich hier nicht vielmehr die noch immer ungelöste Frage der Heidenmission. Paulus und Barnabas müssen auf ihrer ersten Reise größere Missionserfolge unter den Heiden gehabt haben. Denn in der Großstadt Antiochia, wo sie „noch längere Zeit blieben", führten sie die Heidenmission fort, die vor „einigen Leuten von Judäa" ruchbar wurde. „Es kamen einige Leute von Judäa herab und lehrten die Brüder: Wenn ihr euch nicht nach dem Brauch des Mose beschneiden lasst, könnt ihr nicht gerettet werden. Nach großer Aufregung und heftigen Auseinandersetzungen zwischen ihnen und Paulus und Barnabas beschloss man,

Paulus und Barnabas und einige andere von ihnen sollten wegen dieser Streitfrage zu den Aposteln und den Ältesten nach Jerusalem hinaufgehen." (Apg 15,1-2).

Das Geschrei muss in Antiochia groß gewesen sein. Was ist weiterhin zu tun, wer hat das Sagen? Im Streit um die Heidenmission sind die Apostel und Ältesten in Jerusalem noch die Autorität, die Weichenstellungen für die Zukunft vornehmen kann.

TEIL 15
Das Apostelkonzil in Jerusalem

Ergebnis der ersten Missionsreise ist die erfolgreiche Verkündigung unter den Heiden. Doch Paulus und Barnabas haben nicht unumstritten gehandelt. Es kommt in Antiochia zu heftigen Auseinandersetzungen, weil man sich über die neuen Möglichkeiten der Heidenmission nicht einigen kann.

Eine Delegation der antiochenischen Gemeinde unter Leitung des bewährten Missionsteams Paulus und Barnabas reist mit „einigen anderen" und nach Auskunft des Paulus mit dem Griechen Titus, einem Heidenchristen, nach Jerusalem, um dort über den Fortgang der Kirche zu beraten.

In Jerusalem versammelt sich ein hochrangiges Gremium der frühen Kirche. Man spricht heute gerne von einem Apostelkonzil, andere von einem Apostelkonvent. Streng genommen ist die Zusammenkunft freilich kein Konzil, wie wir in unseren Tagen kirchliche Konzilien verstehen, denn es sind nicht alle Apostel versammelt, auch ist nicht die gesamte Kirche durch bevollmächtigte Delegierte vertreten. Näherhin handelt es sich nur um eine Vereinbarung zweier Gemeinden: der Muttergemeinde in Jerusalem und der damals wichtigsten und inzwischen vielfach größeren Gemeinde in Antiochia.

Doch was in Jerusalem ausgehandelt wird, hat weichenstellende und für die Gesamtkirche entscheidende Bedeutung. Es ist „das wichtigste Ereignis in der Geschichte der Urkirche." (J. Roloff).

Der Anlass

Die Fragen, die damals verhandelt wurden, sollen in dialogischer Form, fiktiv zwar, aber sachlich zutreffend dargestellt werden. Textgrundlage ist Apg 15 und Gal 2.

PAULUS: Barnabas, wir müssen nach Jerusalem hinauf und die Sache klären. Ich will mir sicher sein, dass ich nicht vergeblich laufe oder gelaufen bin. Es geht um viel, wenn nicht um alles. Unsere bisherige Heidenmission stand unter einem guten Stern. Nicht nur die Römer, viele Menschen der einheimischen Bevölkerung haben ein offenes Ohr und viel mehr noch ein offenes Herz für unsere Botschaft von Jesus Christus. Wir konnten in Kleinasien zahlreiche heidenchristliche Gemeinden gründen. Nun müssen wir den Jerusalemern klar machen, dass unsere gesetzesfreie Verkündigung des Evangeliums ein Evangelium Jesu Christi im Vollsinn ist. Es kann nicht sein, dass vor allem die Judenchristen aus Judäa unseren Auftrag untergraben.

BARNABAS: Paulus, du hast Recht, auch einige der Jerusalemer drängen zu immer stärkerer Rückbindung der Judenchristen an das Judentum. Von Heidenchristen wollen sie gleich gar nichts hören.

PAULUS: Barnabas, wir werden Titus, unseren getreuen Reisegefährten mitnehmen, so können sie erkennen, mit welcher Freude ein Unbeschnittener das Evangelium lebt. Titus machen wir zum Testfall.

•

In Jerusalem angekommen, werden die Brüder aus Antiochia von Petrus, Jakobus und Johannes, ja von der ganzen Gemeinde freudig begrüßt. Es sind nur „einige Leute von Judäa" da und solche, aus dem Kreis der Pharisäer, die diesem Besuch skeptisch gegenüber stehen.

Das Konzilium wird im inzwischen traditionsreichen Obergemach, in dem bereits Jesus sein letztes Mahl feierte, einberufen. Man kommt rasch zum springenden Punkt. Mindestens drei Fraktionen lassen sich ausmachen. Paulus, Barnabas und Titus als Befürworter des Heidenchristentums, dann Jakobus, Kephas und Johannes als die Vertreter der Judenchristen und die „falschen Brüder", wie Paulus sie nennt, als die dritte Fraktion; ihnen dürften besonders gesetzestreue Judenchristen angehört haben.

Die Verhandlung

BARNABAS: Brüder, waren bislang die Beschneidung und mit ihr das Einhalten des Gesetzes des Mose Bedingung, um getauft und dann Christ werden zu können, so mag dies für Christen, die aus dem Judentum kommen, angehen. Für Heiden, die zu Jesus Christus gefunden haben, ist dieser Weg nicht notwendig. Ja, er macht das Evangelium nach unserem Verständnis geradezu leer. Wir haben in unserer zurückliegenden Mission gerade unter den Heiden viele Menschen zu Jesus Christus führen können, weil wir ihnen deutlich machen konnten, der Glaube allein, wirklich, der Glaube an Jesus Christus allein führe sie zum Heil.

EIN PHARISÄER: Das ist undenkbar. Israel ist das erwählte Volk. Gott hat sich Israel auserwählt und sonst kein Volk unter den Völkern. Einst hat Gott zu Abraham gesprochen: wer zu meinem Volk gehören will, soll sich beschneiden lassen und umgekehrt, wer sich nicht mehr beschneiden lassen will, soll ausgerottet werden unter meinem Volk. So steht es im Gesetz (Gen 17). Die Beschneidung wurde zum Bundes- und Bekenntniszeichen zwischen Gott und seinem Volk. Ja, sie war gleichsam der Ausweis der Zugehörigkeit zum Volk Israel. So soll es auch bleiben, für uns alle, die wir aus dem Judentum kommen, ist die bleibende Zugehörigkeit zu Israel selbstverständlich. Hat doch Jesus Christus selbst mit seinem Kommen, die endzeitliche Sammlung ganz Israels eingeleitet. Heiden, die zum Christusglauben gefunden haben, können nur zum endzeitlichen Israel gehören, wenn sie in den Glaubens- und Lebensverband Israels eintreten und dies ist eben nur möglich, wenn sie sich beschneiden lassen und die Gebote des Gesetzes halten.

PETRUS: „Brüder, wie ihr wisst, hat Gott schon längst hier bei euch die Entscheidung getroffen, dass die Heiden durch meinen Mund das Wort des Evangeliums hören und zum Glauben gelangen sollen. Und Gott, der die Herzen kennt, bestätigte dies, indem er ihnen ebenso wie uns den Heiligen Geist gab. Er machte keinerlei Unterschied zwischen uns und ihnen; denn er hat ihre Herzen durch den Glauben gereinigt. Warum stellt ihr also jetzt Gott auf die Probe und legt den Jüngern ein Joch auf den Nacken, das weder unsere Väter noch wir tragen konnten? Wir glauben im Gegenteil, durch die Gnade Jesu, des Herrn, gerettet zu werden, auf die gleiche Weise wie jene." (Apg 15,7-11)

PAULUS: Das ist ein klares Plädoyer für die Heidenmission. Ich danke dir, Petrus. Du erinnerst uns mit deinen Worten an die Bekehrung des gottesfürchtigen heidnischen Hauptmanns Kornelius, den Du mit seinem Haus hast taufen lassen. Nach einer Vision war dir klar geworden, dass auch Heiden zum wahren Gott finden müssen. Du hattest damals gesagt, so wurde mir zugetragen: „Wahrhaftig, jetzt begreife ich, dass Gott nicht auf die Person sieht, sondern dass ihm in jedem Volk willkommen ist, wer ihn fürchtet und tut, was recht ist." (Apg 10,34-35).

Und dann hattest du noch hinzugefügt: „Kann jemand denen das Wasser zur Taufe verweigern, die ebenso wie wir den Heiligen Geist empfangen haben?" (Apg 10,47).

JOHANNES: Ihr wisst, die ihr hier versammelt seid, diese Tat des Petrus war damals in Jerusalem nicht unumstritten gewesen. Du musstest dich, verehrter Petrus, vor uns rechtfertigen.

PETRUS: Ich hatte aber damals schon gesagt: Wenn nun Gott Kornelius und seinem Haus, „nachdem sie zum Glauben an Jesus Christus, den Herrn, gekommen sind, die gleiche Gabe verliehen hat wie uns: wer bin ich, dass ich Gott hindern könnte?" (Apg 11,17).

JAKOBUS: „Simon hat berichtet, dass Gott selbst zuerst eingegriffen hat, um aus den Heiden ein Volk für seinen Namen zu gewinnen. Damit stimmen die Worte der Propheten überein, die geschrieben haben: Danach werde ich mich umwenden und die zerfallene Hütte Davids wieder aufrichten; ich werde sie aus ihren Trümmern wieder aufrichten und werde sie wiederherstellen, damit die übrigen Menschen den Herrn suchen, auch alle Völker, über denen mein Name ausgerufen ist - spricht der Herr, der das ausführt, was ihm seit Ewigkeit bekannt ist." (Apg 15,14-18).

EIN PHARISÄER: Ich stimme mit Jakobus überein, denn er bestätigt ja nur mit den Worten der Propheten, dass das jüdische Volk erwählt ist und Heiden Rettung erhoffen können, wenn sie den Herrn suchen und zum jüdischen Volk finden. Wir Christen sind ja gleichsam das wahre Israel innerhalb Israels.

Außerhalb der Synagoge und damit außerhalb des göttlichen Gesetzes kann es kein Christentum geben. Der Glaube an Jesus Christus ist ein jüdischer und kann, weil Gott nur sein Volk Israel erwählt hat, nur innerhalb der Zugehörigkeit des Volkes Gottes gelebt werden.

PAULUS: Ich bin wie du ein pharisäisch geprägter Mensch, deine Gedanken kenne ich wohl, doch dank einer göttlichen Offenbarung wurde mir zweifelsfrei klar: Der Glaube an Jesus Christus allein genügt. Gott ist einen neuen Weg gegangen. Unsere gesetzesfreie Verkündigung ist im vollen Sinn Evangelium Jesu Christi.

EIN PHARISÄER: Wer das Gesetz, die Weisung des Herrn, preisgibt, fällt aus der Kontinuität des Gottesvolkes heraus. Diese neue christliche Gemeinschaft ist uns Judenchristen fremd, weil sie sich nicht mehr von der Lebensform, wie sie das Gesetz vorsieht, führen lässt.

Von daher finde ich es eine Zumutung, ja eine Provokation, dass du Titus, den unbeschnittenen Heidenchristen, mitgebracht hast.

PAULUS: Nein, Titus ist das lebendige Zeichen für die von Gott geschenkte neue Freiheit in Christus. Wenn Gott ja sagt, können wir dann den Völkern, die nach der Offenbarung Gottes hungern, Jesus Christus vorenthalten? Können wir nicht zwei Wege gehen, einen heidenchristlichen, der die Freiheit vom Gesetz beinhaltet und einen judenchristlichen, der Rücksicht nimmt auf die jüdischen Prägungen, die in uns allen stecken? Mein Motto lautet: „Wenn ich mit Juden zu tun habe, lebe ich wie ein Jude, um sie zu gewinnen. Ich selbst bin nicht mehr an das Gesetz Moses gebunden; aber wenn ich unter Menschen bin, die nicht daran gebunden sind, lebe ich wie sie nach dem Gesetz, um sie für Christus zu gewinnen. Wenn ich dagegen Menschen gewinnen möchte, die nicht nach dem

Gesetz leben, beachte auch ich es nicht. Das bedeutet nicht, dass ich das Gesetz Gottes verwerfe, aber ich bin an das Gesetz Christi gebunden!" (1 Kor 9,20-21, GN)

Können wir, wenn wir keine einigende Linie finden, uns doch dahingehend verständigen, dass wir zwei Wege nebeneinander gehen? Ein synagogenorientiertes Christentum da und ein gesetzesfreies Heidenchristentum dort.

Gab es nicht auch bei euch in Jerusalem schon getrennte Hauskirchen, die nicht nur aus sprachlichen Gründen nebeneinander lebten? So die griechisch sprechenden Judenchristen um Stephanus und die aramäisch sprechenden Judenchristen um Petrus und Jakobus. Ist nicht die Mission des Philippus unter den Samaritanern auch schon ein Sonderweg, der die Heidenmission vorbereitet? Als wir von Antiochia kommend durch Phönizien und Samarien zogen, wurden wir dort „mit großer Freude" begrüßt, als wir von den Bekehrungen der Heiden gesprochen hatten (Apg 15,3).

•

Die „Säulen" Petrus, Jakobus und Johannes, das wohl wichtigste Beratungsgremium in Jerusalem, zog sich zur Entscheidung zurück.

Paulus weiß nichts von einer Gemeindebeteiligung. Anders als Lukas, der die „Apostel und Ältesten" und die „ganze Gemeinde" zur Beschlussfassung heranzieht, ist bei ihm nur das Säulengremium für die Entscheidung zuständig. Bei der undemokratischen Entscheidung, wie Paulus sie darstellt, dürfte das römische Recht präsent gewesen sein.

Paulus schreibt den Galatern, sie hätten dem Beschluss per Handschlag zugestimmt und die Missionspraxis geregelt: „Deshalb gaben Jakobus, Kephas und Johannes, die als die «Säulen» Ansehen genießen, mir und Barnabas die Hand zum Zeichen der Gemeinschaft: Wir sollten zu den Heiden gehen, sie zu den Beschnittenen. Nur sollten wir an ihre Armen denken; und das zu tun, habe ich mich eifrig bemüht." (Gal 2,9-10).

Paulus scheint mit diesem Beschluss einverstanden gewesen zu sein. Denn er hat nie seine Solidarität mit der verarmten Jerusalemer Gemeinde aufgegeben und öfters eine Armenkollekte für Jerusalem organisiert.

Paulus kann die einschränkende Jakobusklausel, die Lukas am Ende der Jakobusrede anfügt, noch nicht gekannt haben: „Darum halte ich es für richtig, den Heiden, die sich zu Gott bekehren, keine Lasten aufzubürden; man weise sie nur an, Verunreinigung durch Götzen(opferfleisch) und Unzucht zu meiden und weder Ersticktes noch Blut zu essen." (Apg 15,19-20).

Dieses „nur" legt den Heidenchristen doch wieder eine gesetzliche Last auf (Lev 17-18). Und Paulus betont, dass ihm keine Auflagen zugemutet wurden, nicht einmal von den „Angesehenen" (Gal 2,6).

Auswirkungen

Das Ergebnis des Apostelkonzils hat bald nicht nur in Antiochia Früchte getragen: Die römische Gemeinde wird ohne paulinische Hilfe heidenchristlich. In Korinth missioniert Apollos aus Alexandria, ein

Die erste Missionsreise

heidenchristlicher Missionar. Auch Petrus, der in der vorwiegend heidenchristlichen Gemeinde Korinths missioniert und nach seinen Tod im heidenchristlichen Rom als Märtyrer verehrt wird, bestätigt, es scheint eine juden- und heidenchristliche Regelung gegeben zu haben, die beide christlichen Gruppen miteinander hat leben lassen.

„Es gibt hinreichend Indizien, dass Gemeinden und Missionare außerhalb Palästinas bald den Konvent als Signal benutzten, den Weg Antiochias auch zu gehen. Man ist versucht zu sagen, manche warteten geradezu darauf, durch den Konvent gedeckt, nun den Weg des Heidenchristentums zu gehen. Mag Paulus der konsequenteste und erfolgreichste Vertreter des Heidenchristentums geworden sein, eine reine Solopartie hat er bei der Entfaltung des Heidenchristentums nicht gespielt. Der Konventsbeschluss kam auch anderen gelegen und zugute." (J. Becker).

Das Apostelkonzil:
Apg 15,6-21.22-29; Gal 2,1-10

Apg 15,6-21.22-29
Die Apostel und die Ältesten traten zusammen, um die Frage zu prüfen. Als ein heftiger Streit entstand, erhob sich Petrus und sagte zu ihnen: Brüder, wie ihr wisst, hat Gott schon längst hier bei euch die Entscheidung getroffen, dass die Heiden durch meinen Mund das Wort des Evangeliums hören und zum Glauben gelangen sollen. Und Gott, der die Herzen kennt, bestätigte dies, indem er ihnen ebenso wie uns den Heiligen Geist gab. Er machte keinerlei Unterschied zwischen uns und ihnen; denn er hat ihre Herzen durch den Glauben gereinigt. Warum stellt ihr also jetzt Gott auf die Probe und legt den Jüngern ein Joch auf den Nacken, das weder unsere Väter noch wir tragen konnten? Wir glauben im Gegenteil, durch die Gnade Jesu, des Herrn, gerettet zu werden, auf die gleiche Weise wie jene. Da schwieg die ganze Versammlung. Und sie hörten Barnabas und Paulus zu, wie sie erzählten, welch große Zeichen und Wunder Gott durch sie unter den Heiden getan hatte.

Als sie geendet hatten, nahm Jakobus das Wort und sagte: Brüder, hört mich an! Simon hat berichtet, dass Gott selbst zuerst eingegriffen hat, um aus den Heiden ein Volk für seinen Namen zu gewinnen. Damit stimmen die Worte der Propheten überein, die geschrieben haben: Danach werde ich mich umwenden und die zerfallene Hütte Davids wieder aufrichten; ich werde sie aus ihren Trümmern wieder aufrichten und werde sie wiederherstellen, damit die übrigen Menschen den Herrn suchen, auch alle Völker, über denen mein Name ausgerufen ist - spricht der Herr, der das ausführt, was ihm seit Ewigkeit bekannt ist.

Darum halte ich es für richtig, den Heiden, die sich zu Gott bekehren, keine Lasten aufzubürden; man weise sie nur an, Verunreinigung durch Götzen(opferfleisch) und Unzucht zu meiden und weder Ersticktes noch Blut zu essen. Denn Mose hat seit ältesten Zeiten in jeder Stadt seine Verkündiger, da er in den Synagogen an jedem Sabbat verlesen wird.

Da beschlossen die Apostel und die Ältesten zusammen mit der ganzen Gemeinde, Männer aus ihrer Mitte auszuwählen und sie zusammen mit Paulus und Barnabas nach Antiochia zu senden, nämlich Judas, genannt Barsabbas, und Silas, führende Männer unter den Brüdern. Sie gaben ihnen folgendes Schreiben mit: Die Apostel und die Ältesten, eure Brüder, grüßen die Brüder aus dem Heidentum in Antiochia, in Syrien und

Zilizien. Wir haben gehört, dass einige von uns, denen wir keinen Auftrag erteilt haben, euch mit ihren Reden beunruhigt und eure Gemüter erregt haben. Deshalb haben wir uns geeinigt und beschlossen, Männer auszuwählen und zusammen mit unseren lieben Brüdern Barnabas und Paulus zu euch zu schicken, die beide für den Namen Jesu Christi, unseres Herrn, ihr Leben eingesetzt haben. Wir haben Judas und Silas abgesandt, die euch das Gleiche auch mündlich mitteilen sollen. Denn der Heilige Geist und wir haben beschlossen, euch keine weitere Last aufzuerlegen als diese notwendigen Dinge: Götzenopferfleisch, Blut, Ersticktes und Unzucht zu meiden. Wenn ihr euch davor hütet, handelt ihr richtig. Lebt wohl!

Gal 2,1-10
Vierzehn Jahre später ging ich wieder nach Jerusalem hinauf, zusammen mit Barnabas; ich nahm auch Titus mit. Ich ging hinauf aufgrund einer Offenbarung, legte der Gemeinde und im besonderen den «Angesehenen» das Evangelium vor, das ich unter den Heiden verkündige; ich wollte sicher sein, dass ich nicht vergeblich laufe oder gelaufen bin. Doch nicht einmal mein Begleiter Titus, der Grieche ist, wurde gezwungen, sich beschneiden zu lassen. Denn was die falschen Brüder betrifft, jene Eindringlinge, die sich eingeschlichen hatten, um die Freiheit, die wir in Christus Jesus haben, argwöhnisch zu beobachten und uns zu Sklaven zu machen, so haben wir uns keinen Augenblick unterworfen; wir haben ihnen nicht nachgegeben, damit euch die Wahrheit des Evangeliums erhalten bleibe. Aber auch von denen, die Ansehen genießen – was sie früher waren, kümmert mich nicht, Gott schaut nicht auf die Person –, auch von den «Angesehenen» wurde mir nichts auferlegt. Im Gegenteil, sie sahen, dass mir das Evangelium für die Unbeschnittenen anvertraut ist wie dem Petrus für die Beschnittenen – denn Gott, der Petrus die Kraft zum Apostoldienst unter den Beschnittenen gegeben hat, gab sie mir zum Dienst unter den Heiden –, und sie erkannten die Gnade, die mir verliehen ist. Deshalb gaben Jakobus, Kephas und Johannes, die als die «Säulen» Ansehen genießen, mir und Barnabas die Hand zum Zeichen der Gemeinschaft: Wir sollten zu den Heiden gehen, sie zu den Beschnittenen. Nur sollten wir an ihre Armen denken; und das zu tun, habe ich mich eifrig bemüht.

TEIL 16
Der Konflikt zwischen Paulus und Petrus

Nachdem die antiochenische Delegation aus Jerusalem abgereist und in ihre Heimat zurückgekehrt war, dürften die antiochenischen Christen mit dem Konzilsergebnis vollauf zufrieden gewesen sein. Denn die Delegierten und vor allem Paulus hatten mehr erreicht, als sie erhofft hatten.

Paulus wollte Klarheit über seinen Missionsauftrag und er hatte sie bekommen. Nun hatte er jerusalemer Rückendeckung für seine Heidenmission. Die judenchristliche Mission konnte er zwar eher beiläufig auch betreiben, doch wollte er sich auf die Heidenmission beschränken.

Für die konkreten antiochenischen Verhältnisse sah dies wie folgt aus: In der großen Provinzhauptstadt gab es zahlreiche Juden und noch mehr Heiden. Die Judenchristen blieben unter sich, bildeten Hauskreise, Hauskirchen und konnten dort dem Gesetz verpflichtet dem Glauben an Jesus Christus treu bleiben.

Vom Gesetz, der Tora, herkommend, mussten sie, um sich nicht kultisch zu verunreinigen, den Umgang mit den Heiden aber auch die Heidenchristen meiden. So gab es zahlreiche juden- und heidenchristliche Hauskirchen, die nebeneinander und unabhängig von einander bestanden.

An eine beide Gruppen verbindende Mahlgemeinschaft und damit an eine Einheit der Kirche war nicht zu denken. Das Urchisma der Kirche, die Trennung zwischen Juden- und Heidenchristen war eingetreten.

Als Petrus nicht allzu lange nach dem Apostelkonzil nach Antiochia reist, verhält er sich liberal. Er möchte als Judenchrist auch zu den Heidenchristen gehen, ohne damit ein kultisches Problem zu haben. Er verunreinigt sich als Judenchrist zwar, doch ist ihm die Einheit der Kirche in Christus wichtiger. Es hätte kaum ein größeres Problem in Antiochia gegeben, wenn nicht kurze Zeit später Jakobusanhänger nachgereist wären und dort Petrus wegen seiner liberalen jüdischen Art zur Rede gestellt hätten. Und was noch schlimmer gewesen sein dürfte, Petrus war vor den Jakobusleuten umgefallen. Er hatte seine liberale Art aufgegeben und lebte nun wieder gesetzeskonform mit den Judenchristen zusammen. Ja noch mehr, er scheint sogar die Heidenchristen gezwungen zu haben, wie Judenchristen zu leben.

•

War Jakobus auf dem Apostelkonzil gegenüber den Heidenchristen noch relativ offen aufgetreten, so scheinen die Leute des Jakobus, die nach Antiochia nachgereist waren, radikal jüdische Gesinnung gehabt zu haben. Denn sie fordern von allen Judenchristen, vor allem von Petrus, dem laut Konzilsbeschluss „die Kraft zum Aposteldienst unter den Beschnittenen gegeben" wurde (Gal 2,8), synagogenkonform und gesetzestreu zu leben.

Wenn man annehmen darf, dass hinter den Jakobusleuten der Herrenbruder Jakobus steht, so scheint sich dieser, der während des Konzils noch eine relativ offene Position vertreten hatte, nun wieder rückwärts gewandt, zugunsten des Judentums verengt zu haben. Am Beispiel der Jakobusleute kann man gut erkennen, wie sich das Christentum noch ganz als innerjüdische, reformorientierte Gruppierung mit elitärem Anspruch verstand. Sie erkennen sich, weil von Gott erwählt, als bessere Christen. Das Heilsvolk aus den Heiden mochte man gerade noch dulden, es sollte jedenfalls Ausnahme bleiben. Sie, die Heidenchristen, hätten aus gesetzlichen Gründen Rücksicht auf die Judenchristen zu nehmen und nicht umgekehrt.

Dies muss Paulus als Diskriminierung der noch kleinen Schar von Heidenchristen verstanden haben. In seinem späteren Brief an die Galater attackiert er diese Mentalität und vor allem auch Petrus: „Als Kephas aber nach Antiochia gekommen war, bin ich ihm offen entgegengetreten, weil er sich ins Unrecht gesetzt hatte. Bevor nämlich Leute aus dem Kreis um Jakobus eintrafen, pflegte er zusammen mit den Heiden zu essen. Nach ihrer Ankunft aber zog er sich von den Heiden zurück und trennte sich von ihnen, weil er die Beschnittenen fürchtete. Ebenso unaufrichtig wie er verhielten sich die anderen Juden, so dass auch Barnabas durch ihre Heuchelei verführt wurde. Als ich aber sah, dass sie von der Wahrheit des Evangeliums abwichen, sagte ich zu Kephas in Gegenwart aller: Wenn du als Jude nach Art der Heiden und nicht nach Art der Juden lebst, wie kannst du dann die Heiden zwingen, wie Juden zu leben?" (Gal 2,11-14)

Hier ging es um die erreichten Ergebnisse des Apostelkonzils. Sollte wieder alles so sein, wie vor dem Konzil oder konnten die gemeinsamen Beschlüsse durchgehalten werden?

Paulus formuliert hart und kompromisslos, weil ihm einmal die Einheit der Kirche und dann der rettende Glaube an Christus auf dem Spiel stand. Paulus führt gegenüber den Galatern weiter aus: „Es stimmt, wir sind von Geburt Juden und nicht Angehörige der Völker, die das Gesetz Gottes nicht kennen. Aber wir wissen, dass niemand vor Gott bestehen kann mit dem, was er tut. Nur der findet bei Gott Anerkennung, der Gottes Gnadenangebot annimmt und auf Jesus Christus vertraut. Deshalb haben auch wir unser Vertrauen auf Jesus Christus gesetzt, damit wir aufgrund dieses Vertrauens die Anerkennung Gottes finden und nicht aufgrund der Erfüllung des Gesetzes; denn durch die Befolgung des Gesetzes kann kein Mensch vor Gott bestehen." (Gal 2,15-16, GN)

Bei der ganzen Argumentation des Paulus darf man nicht übersehen, dass der Apostel sich erst Jahre nach dem Vorfall in Antiochia gegenüber den Galatern äußert. Hatten sich doch in Galatien solche Judenchristen wieder breit gemacht, die eine Spaltung der Gemeinde in Juden- und Heidenchristen vorantrieben.

Am Beispiel des Essens und der Mahlgemeinschaft erläutert Paulus das einigende Band, das das Herrenmahl für die Gemeinde herstellt.

Wenn wir als Juden- und Heidenchristen nicht einmal mehr gemeinsam Herrenmahl feiern können, dann haben wir das Christentum verspielt.

Der frühere Regensburger Neutestamentler Mussner bringt diesen Gedanken des Paulus auf den Punkt, wenn er seinen Galaterkommentar abschließt mit dem Satz: „Das Wesen des Christentums ist synesiein" (= gemeinsames Essen).

Franz Mussner schreibt weiter: „Die Kirche ist keine Gemeinschaft von Abgesonderten (wie die Qumranessener), sondern eine Gemeinschaft, die ‚zusammenisst' mit aller Welt, soweit sie guten Willens ist, darin dem Beispiel ihres Herrn folgend, der ‚zusammen mit Zöllnern und Sündern' gegessen hat (Mk 2,15f Par., Lk 15,1f). Als Paulus für das ‚Zusammenessen' mit den Heidenchristen kämpfte, machte er den universalen Heilswillen Gottes sichtbar; denn Gott will mit allen Menschen zusammen Mahl halten (vgl. Jes 25,6; Lk 14,21). Die Kirche der Zukunft wird diesen Heilswillen Gottes mehr denn je sichtbar machen müssen, wenn sie ihren Herrn nicht verraten will."[1]

•••

[1] F. Mußner, Der Galaterbrief (HThKNT IX), Freiburg 3. Aufl. 1977, 423.

Die Folgen

Die Charakterschwäche des Petrus hatte damals fatale Auswirkungen. Judenchristen, die in liberaler Weise noch an gemeinsamen Veranstaltungen mit Heidenchristen teilgenommen hatten, verließen nun die Gemeinschaft. Selbst Barnabas, der so lange mit Paulus gemeinsam unterwegs war und auf dem Apostelkonzil mit Paulus die „Freiheit in Christus" erkämpft hatte, gibt auf und lässt sich von der „Heuchelei verführen". Wollte er doch nur so lange heidenchristlich agieren, wie er von Petrus Rückendeckung erhielt. Als Petrus wieder synagogenorientiert zum Judenchristentum einschwenkt, gibt Barnabas auf. Nun stand Paulus mit seinem heidenchristlichen Konzept isoliert und alleine da.

Auf der Gemeindeversammlung bietet Paulus Kephas „in Gegenwart aller" Paroli. Dabei wird in Antiochia die herausragende Position des Petrus erkennbar. Was Petrus entscheidet, hat kirchliche Gültigkeit. Die schwächliche Position des Petrus vor den Jakobusleuten bringt jedoch seine Führungsposition ins Wanken. Paulus zieht nach und fordert Klarheit in der Sache.

Die Ergebnisse der Unterredung teilt uns Paulus nicht mit. Zum einen, weil der Abschnitt, an die Situation der Galater gewandt, ihm nicht ergiebig schien, zum anderen, weil er in seiner Position wohl unterlegen war.

Die zweite Missionsreise tritt Paulus ohne Barnabas an, das Verhältnis zu Petrus dürfte kälter geworden sein. Als neuen Reisegefährten holt sich Paulus Silvanus, nach Lukas Silas genannt. Ansonsten geht man getrennte Wege. Damit wird zumindest klar, wie es künftig weitergehen soll: „Ich habe darauf geachtet, das Evangelium nicht dort zu verkünden, wo der Name Christi schon bekannt gemacht war, um nicht auf einem fremden Fundament zu bauen." (Röm 15,20).

Das Aposteldekret

Ein Ergebnis der von Paulus angesprochenen Versammlung in Antiochia dokumentiert das Aposteldekret, die Jakobusklausel, die Lukas fälschlicherweise als Ergebnis des Konzils festhält: „Denn der Heilige Geist und wir haben beschlossen, euch keine weitere Last aufzuerlegen als diese notwendigen Dinge: Götzenopferfleisch, Blut, Ersticktes und Unzucht zu meiden. Wenn ihr euch davor hütet, handelt ihr richtig." (Apg 15,28-29).

•

Jürgen Becker notiert in seinem Paulusbuch, „weil das sog. Aposteldekret in den Sachzusammenhang mit dem Apostelkonvent gehörte und es um dieselben Gemeinden ging, konnte Lukas das Dekret mit dem Konvent zusammensehen. So mag die jetzige Gesamtsicht des Lukas in Apg 15 entstanden sein."[2]

Weil das Judenchristentum noch stark genug war, mussten die Heidenchristen ein wenig nachgeben. Sie mussten dafür nicht beschnitten und nicht unter das Gesetz gestellt werden. Dafür nahmen sie in Kauf, kein Götzenopferfleisch zu essen, kein Blut zu verspeisen und keine „Unzucht" zu treiben.

•••

[2] J. Becker, Paulus. Der Apostel der Völker, Tübingen 1989, 103.

Götzenopferfleisch war jenes Fleisch, das anlässlich eines Opfers für die Götter von den Kultteilnehmern verzehrt wurde. Das Verbot sieht vor, weder dieses Fleisch zu essen noch an solchen kultischen Mahlfeiern teilzunehmen. Blutgenuss war im Judentum generell verboten, da man im Blut von alters her das gottgeschenkte Leben vermutete.³ Unter „Unzucht" ist hier nichts anderes gemeint als das Verbot der Heirat unter nahen Verwandtschaftsgraden wie z.B. unter Geschwistern (Lev 18,6-18).

Eine Zustimmung zur Einhaltung der genannten Verbote bringt die Einhaltung des Gesetzes wieder durch die Hintertür herein. „Für Paulus sind diese levitischen Verbote nicht einfach ein Liebesdienst der Heidenchristen gegenüber den Judenchristen, sondern Indiz für den Vorrang des Judenchristentums und damit des Gesetzes. Der Kompromiss beruht nicht auf Gegenseitigkeit und Gleichrangigkeit... Damit waren für Paulus Freiheit und Wahrheit des Evangeliums letztlich doch verraten, musste sich doch dieses nun nach dem Gesetz richten, nicht das Gesetz nach diesem."⁴

So sicher es ist, dass es in dieser grundsätzlichen Frage der Geltung des Gesetzes ein Bruch zwischen Paulus und Petrus gegeben hat, so sicher ist doch auch ein Ausgleich und die Suche nach einem Konsens oder gar eine Versöhnung zwischen beiden.

Nachdem Paulus aus Antiochia weggegangen war, wird auch Petrus die Gemeinde bald verlassen haben. Für Korinth erwähnt Paulus eine Kephas-Partei (1 Kor 1,12; 3,22), doch scheinen die scharfen Töne, die in Antiochia herrschten, inzwischen verschwunden. Verlässliche Spuren scheint es über die genannten Textbelege hinaus nicht zu geben. Doch hat in geradezu beängstigender Weise Klaus Berger in seinen Arbeiten auf die Frühdatierung des 1. Petrusbriefes (= 1 Petr) hingewiesen. Beängstigend deshalb, weil damit, sollte er mit seiner Frühdatierung recht behalten, einige andere Datierungen auch zur Disposition stünden.

„Mit Paulus und dem Hebr (= Hebräerbrief) gehört der 1 Petr zu den drei Säulen der frühen antiochenischen Brieftheologie."⁵ Klaus Berger datiert in seiner beachtenswerten Sammlung frühchristlicher Schriften der ersten beiden Jahr-

•••

³ Lev 17,10.12-14: (10) Jeder Mann aus dem Haus Israel oder jeder Fremde in eurer Mitte, der irgendwie Blut genießt, gegen einen solchen werde ich mein Angesicht wenden und ihn aus der Mitte seines Volkes ausmerzen. (12) Deshalb habe ich zu den Israeliten gesagt: Niemand unter euch darf Blut genießen, auch der Fremde, der in eurer Mitte lebt, darf kein Blut genießen. (13) Jeder unter den Israeliten oder der Fremde in eurer Mitte, der Wild oder für den Genuss erlaubte Vögel erlegt, muss das Blut ausfließen lassen und es mit Erde bedecken. (14) Denn das Leben aller Wesen aus Fleisch ist das Blut, das darin ist. Ich habe zu den Israeliten gesagt: Das Blut irgendeines Wesens aus Fleisch dürft ihr nicht genießen; denn das Leben aller Wesen aus Fleisch ist ihr Blut. Jeder, der es genießt, soll ausgemerzt werden.

•••

⁴ J. Becker, ebd., 103.104.
⁵ Das Neue Testament und frühchristliche Schriften. Übersetzt und kommentiert von Klaus Berger und Christiane Nord, Frankfurt/Leipzig 1999, 54.

hunderte den 1 Petr in die Jahre 50–55 n. Chr. und damit zeitlich vor den meisten Paulusbriefen (Ausnahme 1 + 2 Thess). Ob dieser Brief nun auf Petrus selbst oder seinen „Sekretär" Silvanus zurückzuführen ist, kann nicht mehr entschieden werden. Gegen Petrus spricht das gehobene Griechisch, das mitunter stilistisch noch besser ist als das des Paulus. Petrus, der Fischer aus Galiläa, dürfte nicht die griechische Bildung genossen haben, die Paulus in Tarsus mitbekommen hat. Für den Schreiber Silvanus, der noch selbstständige Sekretärsfunktionen wahrgenommen haben kann, ist ein solch gehobenes Griechisch eher möglich. Da Silvanus auch bei Paulus in die Schule gegangen ist, könnte sich damit die theologische Nähe des Petrusbriefes zu Paulus erklären lassen. So könnte der erste Petrusbrief die Auseinandersetzung und den Fortgang der petrinischen Theologie mit der paulinischen Theologie beschreiben. „Der Verfasser teilt viele Überzeugungen mit Paulus, manchmal bis in den Wortlaut hinein. Oft ist die Gestalt, in der er mit Paulus Gemeinsames bietet, sichtlich älter als die paulinische Fassung."[6]

Im neuesten Petrusporträt von Christfried Böttrich („Petrus. Fischer, Fels und Funktionär, Reihe: Biblische Gestalten, Leipzig 2001) beobachtet der Verfasser, ohne der Frühdatierung Klaus Bergers zu folgen: „Aus der Apostelgeschichte oder den Paulusbriefen wird man von einer Theologie des Petrus kaum etwas entnehmen können. Aber müsste nicht gerade dieser Brief wenigstens einige markante Kernpunkte petrinischer Lehrüberlieferung enthalten – so wie sich ja auch in den ‚deutero-paulinischen' (= nachpaulinischen) Briefen Kernsätze paulinischer Theologie wieder finden? Die Antwort ist eher verblüffend: Alles, was im 1 Petr geschrieben steht, könnte problemlos auch in einem Brief der Paulusschule stehen. So groß sind die Übereinstimmungen, dass man gelegentlich sogar die Absenderangabe ‚Petrus' als einen schlichten Schreibfehler betrachten wollte. Erst bei einer sorgfältigen Analyse zeigt sich, dass auch der 1 Petr seine ganz eigenen Schwerpunkte setzt und nicht leichthin unter die Weiterführung paulinischer Theologie verrechnet werden kann. Aber eines bleibt doch bemerkenswert: Der Autor, der unter der Autorität des Petrus schrieb, sah sich offenbar zu keiner plakativen Abgrenzung gegenüber Paulus veranlasst."[7]

Wie die gemeinsame theologische Linie Paulus-Petrus letztlich auch ausgesehen haben mag, am Ende vereint beide das gleiche Schicksal in Rom. Wenn auch Petrus erst nach Paulus nach Rom gekommen zu sein scheint, so erleiden doch beide für ihr Christusbekenntnis den Märtyrertod.

•••

[6] K. Berger, Ebd., 53.
[7] Chr. Böttrich, Petrus. Fischer, Fels und Funktionär (Biblische Gestalten 2), Leipzig 2001, 249.

Die zweite Missionsreise

TEIL 17
Die neuen Mitarbeiterinnen und Mitarbeiter

Orte und Landschaften:
Antiochia – Derbe – Lystra – Ikonion – Antiochia in Pisidien – *Alexandria Troas – Neapolis – Philippi – Thessalonich – Beröea – Athen – Korinth – Ephesus – Caesarea – Antiochia*

Bald nach dem Zwischenfall in Antiochia, Paulus war Petrus „offen entgegengetreten", weil Petrus „sich ins Unrecht gesetzt hatte", verließ der Heidenapostel die Provinzhauptstadt und begann seine zweite, nun selbstständige Missionsreise. Nachdem sich das ursprüngliche Missionsteam aufgelöst hatte, erübrigte sich der Zypernbesuch, denn Barnabas und Johannes Markus missionierten nun auf der Insel. Zu Fuß reiste Paulus zunächst „durch Syrien und Zilizien". Dieses Missionsgebiet kannte er bereits seit seiner ersten Missionsreise, hatte er doch nach dem Jerusalembesuch bei Petrus dort das Evangelium verkündet (Gal 1,21). In Zilizien lag zudem seine Heimatstadt Tarsus und damit wurde die erste Etappe der neuen Reise ein Heimatbesuch.

Durch die nahe gelegene kilikische Pforte, eine Passstraße, durchquerte er anschließend das Taurusgebirge um in die Hochebene von Lykaonien zu gelangen. Die nächsten Orte, die Lukas namentlich nennt, sind Derbe und Lystra. Derbe war die südöstliche Endstation der ersten Missionsreise gewesen. Über den Wegverlauf Derbe – Lystra und den nächst genannten Ort Ikonion ist zu schließen, dass Paulus seine vormalige Gemeindegründung tatsächlich wieder aufgesucht und Christinnen und Christen in einer Art missionarischer Nachsorge erneut das Evangelium verkündet, Kontakte gepflegt und lieb gewonnene Menschen noch mehr ins Herz geschlossen hat.

Dass hinter diesem Wegverlauf eine Missionsstrategie zu vermuten ist, belegt die dritte Missionsreise, denn sie knüpft ebenfalls an die zurückliegenden Gemeindegründungen an. Derbe, Lystra, Ikonion und Antiochia besucht er dann zum dritten Mal. Lukas benennt dieses pastorale Vorgehen mit den Worten: „Wir wollen wieder aufbrechen und sehen, wie es den Brüdern in all den Städten geht, in denen wir das Wort des Herrn verkündet haben... So wurden die Gemeinden im Glauben gestärkt und wuchsen von Tag zu Tag. Weil ihnen aber vom Heiligen Geist verwehrt wurde, das Wort in der Provinz Asien zu verkünden, reisten sie durch Phrygien und das galatische Land." (Apg 15,36; 16,5-6).

Damit hätte die zweite Missionsreise beendet sein können, doch der Hl. Geist, so Lukas, hatte anderes mit Paulus im Sinn. „Weil ihnen aber vom Heiligen Geist verwehrt wurde, das Wort in der Provinz Asien zu verkünden, reisten sie durch Phrygien und das galatische Land. Sie zogen an Mysien entlang und versuchten, Bithynien zu erreichen; doch auch das erlaubte ihnen der Geist Jesu nicht. So durchwanderten sie Mysien und kamen nach Troas hinab. Dort hatte Paulus in der Nacht eine Vision. Ein Mazedonier stand da und bat ihn: Komm herüber nach Mazedonien, und hilf uns! Auf diese Vision hin wollten wir sofort nach Mazedonien abfahren; denn wir waren überzeugt, dass uns Gott dazu berufen hatte, dort das Evangelium zu verkünden." (Apg 16,6-10).

Bevor wir nun mit Paulus nach Europa übersetzen, wollen wir uns zunächst den neuen Mitarbeiterinnen und Mitarbeitern des Apostels der zweiten Reise zuwenden, denn ihr Profil gibt Aufschluss über das weitere Missionsvorhaben.

Silas

Da ist zunächst einmal Silas (aramäisch Sche'ila, „der Erbetene"), in lateinischer Schreibweise auch Silvanus genannt.[1] Da Silvanus der Name eines römischen Wald- und Feldgottes war, dürfte die Namensgebung zumindest auf die römerfreundliche Gesinnung der Eltern des Silas hinweisen. Lukas spricht immer von Silas, Paulus nennt ihn immer Silvanus. Er gehörte der jerusalemer Delegation an, die die Beschlüsse des Apostelkonzils von Jerusalem nach Antiochia übermitteln sollte. Lukas nennt „Judas, genannt Barsabas und Silas, führende Männer unter den Brüdern." (Apg 15,22). Wenig später bezeichnet er sie als „Propheten". Neben dem Schreiben, das sie mitführen, ist ihre Person wichtig, da „sie das Gleiche auch mündlich mitteilen sollen." (Apg 15,27). Die Angelegenheit scheint so wichtig und delikat zu sein, dass der mündlichen Information oder besser dem mündlichen Bekenntnis mehr Gewicht beigemessen wird als dem „Schreiben".

Sie sollen demnach nicht nur als jerusalemer Autoritätspersonen auftreten, sondern auch in prophetischer Weise Zuspruch erteilen: „Wer prophetisch redet, redet zu Menschen: Er baut auf, ermutigt, spendet Trost" (1 Kor 14,3). Nach Lukas sprachen die beiden jerusalemer Männer den Christen in Antiochia „mit vielen Worten Mut zu und stärkten sie". Etwas verwirrend ist die anschließende Bemerkung der Apostelgeschichte. „Nach einiger Zeit wurden sie von den Brüdern in Frieden wieder zu denen entlassen, die sie abgesandt hatten." (Apg 15,33).

Silas wäre demnach wieder nach Jeru-

•••

[1] L. Goppelt, Der Erste Petrusbrief (MeyerK XII/1) Göttingn 1978, 347-349; W.-H. Ollrog, Paulus und seine Mitarbeiter, Neukirchen 1979, 17-20.

salem zurückgekehrt. Wenig später aber beruft ihn Paulus in Antiochia zu seinem Mitarbeiter. Wie viel Zeit zwischen dem Weggehen und Wiederkommen des Silas in Antiochia auch anzunehmen ist, es zeigt doch, dass die judenchristlichen Kontakte mit Jerusalem trotz des Konflikts zwischen Paulus einerseits, Petrus, Barnabas und Jakobus andererseits weiterhin bestanden.

Wenn wir in den 1. Petrusbrief schauen, so finden wir Silvanus in Begleitung des Petrus und Johannes Markus. Für Petrus ist er „Sekretär" und Briefschreiber: „Durch den Bruder Silvanus, den ich treu halte, habe ich euch kurz geschrieben" (1 Petr 5,12).[2]

Da Silas mit Johannes Markus später gemeinsam unterwegs gewesen zu sein scheint, dürften beide ein ähnliches Missionsverständnis gehabt haben. Paulus hat ihn auf seiner zweiten Missionsreise gegenüber Markus aus charakterlichen Gründen vorgezogen.

Timotheus

Im lykaonischen Land trägt sich in Lystra eine interessante Episode zu: „Dort war ein Jünger namens Timotheus, der Sohn einer gläubig gewordenen Jüdin und eines Griechen. Er war Paulus von den Brüdern in Lystra und Ikonion empfohlen worden. Paulus wollte ihn als Begleiter mitnehmen und ließ ihn mit Rücksicht auf die Juden, die in jenen Gegenden wohnten, beschneiden; denn alle wussten, dass sein Vater ein Grieche war." (Apg 16,1b-3).

Wer ist diese neue Gestalt, die für Paulus zum wichtigsten Mitarbeiter werden und ihn auch noch auf der dritten Missionsreise begleiten sollte?

Timotheus hat eine jüdische Mutter namens Eunike (2 Tim 1,5), einen heidnischen Vater und stammt damit aus einer jüdisch-heidnischen Mischehe. Nach jüdischem Recht gilt er als Jude. Denn Jude ist, wer eine jüdische Mutter hat. Nur weil der Vater, der bezeichnenderweise nicht genannt wird, ihn nicht als Jude gelten lassen wollte und ihn nicht beschneiden ließ, ist Timotheus nicht als praktizierender Jude von seiner jüdischen Umwelt verstanden worden.

Da Timotheus inzwischen Christ geworden war, könnte man nun meinen, dass seine Beschneidung aufgrund des Apostelkonzils inzwischen hinfällig geworden wäre. Paulus, der sich vehement gegen die Beschneidung ausgesprochen hatte, lässt nun seinen neuen Mitarbeiter „mit Rücksicht auf die Juden" beschneiden. Ist nun Paulus wie zuvor Petrus umgefallen und kehrt zu den jüdischen Bräuchen zurück?

Die Judenchristen von Judäa hatten in Antiochia behauptet: Wenn ihr euch nicht nach dem Brauch des Mose beschneiden lasst, könnt ihr nicht gerettet werden." (Apg 15,1). Beschneidung als

---

[2] Anders der Münchner Neutestamentler H.-J. Klauck, Die antike Briefliteratur und das Neue Testament (UTB 2022), Paderborn 1998, 256: „Wenn es dort von Silvanus heißt, Petrus habe den Brief ‚durch' ihn geschrieben, bedeutet das nach antiker Konvention, dass Silvanus den Brief als Bote übermittelt, nicht aber, dass er ihn als Schreiber zu Papier brachte oder als Sekretär selbständig verfasste."

heilsnotwendiger Akt, ohne den keine Rettung möglich ist, das ist für Paulus passé. Doch gehört es zur Missionsstrategie des Völkerapostels, den Menschen entgegen zu kommen. „Mit Rücksicht auf die Juden, die in jenen Gegenden wohnten", lässt er seinen judenchristlichen Mitarbeiter beschneiden, jedoch nicht aus heilsnotwendigen Gründen. Da für gläubige Juden die Beschneidung eine religiöse Grundbedingung ist (vgl. Gen 17), ohne die der jüdische Glaube nicht ausgeübt werden kann, will Paulus den ortsansässigen Juden entgegen kommen.

Gegenüber den Korinthern wird Paulus später erklären, wie er in solchen Fällen vorgeht: „Den Juden bin ich ein Jude geworden, um Juden zu gewinnen; denen, die unter dem Gesetz stehen, bin ich, obgleich ich nicht unter dem Gesetz stehe, einer unter dem Gesetz geworden, um die zu gewinnen, die unter dem Gesetz stehen." (1 Kor 9,20).

Paulus nimmt sich gegenüber dem Gesetz soviel Freiheit, dass er nicht auch auf das religiöse Empfinden eines Juden Rücksicht nehmen könnte. „Es hieße die Freiheit des Paulus wiederum gesetzlich verstehen, wollte man ihm die freie, echte, nicht opportunistische Möglichkeit, für Juden ein Jude zu werden, absprechen. Gerade die Relativierung der Beschneidung, wie sie Paulus später in Röm 2,28f formulierte, erlaubte ihm, Timotheus zu beschneiden."[2] Denn dort heißt es: „Jude ist nicht, wer es nach außen hin ist, und Beschneidung ist nicht, was sichtbar am Fleisch geschieht, sondern Jude ist, wer es im Verborgenen ist, und Beschneidung ist, was am Herzen durch den Geist, nicht durch den Buchstaben geschieht. Der Ruhm eines solchen Juden kommt nicht von Menschen, sondern von Gott." (Röm 2,28-29).

So gesehen kann Paulus, um seinen Missionserfolg zu erhöhen, den Juden ein Zugeständnis machen. Heilsbedeutsam für seinen neuen Mitarbeiter Timotheus ist die Beschneidung nicht.

Die Mitarbeiterinnen

Paulus hatte auf seinen Missionsreisen zahlreiche Mitarbeiter dabei.[4] Fragen wir zunächst nach ihrer grundsätzlichen Bedeutung im Missionsteam. Da ist einmal 1 Kor 9,5 zu nennen. Paulus stellt den Korinthern die Frage: „Haben wir nicht das Recht, eine gläubige Frau mitzunehmen, wie die übrigen Apostel und die Brüder des Herrn und wie Kephas?" Die Einheitsübersetzung übersetzt auffälligerweise unscharf. Wörtlich heißt es: „Ha-

•••

[3] R. Pesch, Die Apostelgeschichte (Apg 13 – 28), EKK V/2, Neukirchen u.a. 1986, 99.
[4] Insgesamt nennt Paulus 40 Personen, darunter zehn Frauen. Nimmt man die Apostelgeschichte hinzu, so erscheinen dort weitere acht Namen, darunter eine Frau. Die Pastoralbriefe kennen zusätzlich noch zehn Namen, darunter eine Frau. Demnach wären 12 Frauen im Umkreis des Paulus als Mitarbeiterinnen zu erwähnen. Jedoch wird man hier unterscheiden müssen zwischen solchen, die unterwegs dabei waren und solchen, die eine Hausgemeinde leiteten und Paulus bei seiner Ankunft oder den städtischen Aufenthalten unterstützten. Vgl. W.-H. Ollrog, Paulus und seine Mitarbeiter. Untersuchungen zu Theorie und Praxis der paulinischen Mission (WMANT 50), Neukirchen 1979, 1.

ben wir nicht das Recht, eine Schwester als Frau mitzunehmen..." Die Wendung „als Frau" macht zumindest deutlich, dass eine Frau an der Seite des Missionars manch einseitige Sicht- und Deutungsweise der „männlichen" Perspektive korrigieren kann.

Da die Menschen als „Mann und Frau" geschaffen sich gegenseitig brauchen und ergänzen, ist die Welt des Mannes defizitär, wenn die Frau an seiner Seite fehlt und umgekehrt. Oder nach Paulus: „Im Herrn gibt es weder die Frau ohne den Mann noch den Mann ohne die Frau." (1 Kor 11,11).

Haben die übrigen Apostel, die Brüder des Herrn und Kephas ihre Ehefrauen auf ihren Missionsreisen dabei und decken damit eine erotische Funktion ab, so darf zumindest das geschlechtlich frauliche Moment auch an der Seite des Paulus nicht fehlen. Wie das Verhältnis zwischen Paulus und der „gläubigen Schwester" als Frau zu bestimmen ist, wird aus dieser Textstelle nicht deutlich. Ist sie nur „Kofferträgerin" oder hat sie eine selbstständige theologische Funktion. Denken wir an den Galaterbrief, so ist letztere Sicht geradezu zwingend: „Denn ihr alle, die ihr auf Christus getauft seid, habt Christus (als Gewand) angelegt. Es gibt nicht mehr Juden und Griechen, nicht Sklaven und Freie, nicht Mann und Frau; denn ihr alle seid «einer» in Christus Jesus." (Gal 3,27-28).

Als Christen sind Frauen und Männer notwendigerweise emanzipiert und haben selbstständige missionarische Funktion. Das heißt nun wieder nicht, dass sie als Männer oder als Frauen alleine unterwegs sein müssten. Gerade wenn in der Antike das gemischtgeschlechtliche Team nicht die Regel war, so will Paulus auf die neue Möglichkeit der Teamarbeit aufmerksam machen.

Am Ende seiner Briefe grüßt er meist befreundete (Ehe-)Paare oder die Paare lassen grüßen: „Aquila und Priska und ihre Hausgemeinde senden euch viele Grüße im Herrn" (1 Kor 16,19).

Paulus selbst grüßt am Ende seines Römerbriefes „Priska und Aquila", „Andronikus und Junia", „Philologus und Julia", „Nereus und seine Schwester", „Tryphäna und Tryphosa" und „Persis". Auch wenn drei Frauen im zweiten Glied genannt werden, dem Hauswesen stehen sie, wie in der römischen Antike üblich, als Domina vor. Von dem römischen Paar „Priska und Aquila" wissen wir, dass sie auch missionarisch in Korinth und Ephesus unterwegs waren. Da Priska in der Paarnennung auch andernorts meist in erster Position genannt wird, dürfte sie in der Missionsarbeit die wichtigere gewesen sein, ihr Mann Aquila hingegen war mehr für das Zelthandwerk zuständig. Kaum zutreffend ist die Einschätzung von Ulrich Wilckens, der beide als „Missionsgehilfen des Paulus"[5] einstuft. Eher wird es umgekehrt gewesen sein. In Korinth treffen Paulus sowie Priska und Aquila erstmals aufeinander. Unter Kaiser Klaudius aus Rom vertrieben betreiben sie nun in Korinth neben ihrer Missionsarbeit ihr berufliches Handwerk. Von Pau-

•••
[5] U. Wilckens, Der Brief an die Römer (Röm 12-16), EKK VI/3, Neukirchen u.a. 2. Aufl. 1989, 134.

Die zweite Missionsreise

lus heißt es: „Diesen beiden schloss er sich an, und da sie das gleiche Handwerk betrieben, blieb er bei ihnen und arbeitete dort. Sie waren Zeltmacher von Beruf." (Apg 18,2-3). In Ephesus haben sie eine feste Bleibe, so dass sie Paulus zu sich einladen können. Dem Judenchristen Apollos, einem „redekundigen und in der Schrift bewanderten" Mann aus Alexandria, „legen sie den Weg Gottes noch genauer dar." (Apg 18,26).

Missionarinnen hat es gegeben, auch den Titel „Apostel", der auf eine Frau angewandt wird. So grüßt Paulus „Andronikus und Junia, die zu meinem Volk gehören und mit mir zusammen im Gefängnis waren; sie sind angesehene Apostel und haben sich schon vor mir zu Christus bekannt." (Röm 16,7).

Unsere 1980 entstandene Einheitsübersetzung meint noch aus der Frau „Junia" einen Mann „Junias" machen zu müssen, wohl weil ihr der Titel Apostel für eine Frau zu unglaublich erschien.

Dass in der Grußliste des Apostels mit „Andronikus und Junia" ein Ehepar angesprochen ist, wird heute nicht mehr bezweifelt, zumal die Handschriftenbefunde eindeutig sind. „Dass ein Ehepaar, ein Mann und eine Frau, beide „Apostel" sind, ist erst seit dem Mittelalter als so unglaublich erschienen, dass man statt der Frau Junia einen Mann mit dem Namen Junias meinte lesen zu sollen. In der ganzen Alten Kirche hat mit Recht niemand daran Anstoß genommen. Im Urchristentum war dies kein Einzelfall."[6]

•••

[6] U. Wilckens, ebd., 135f.

Thekla – Apostolin

In den apokryphen Paulusakten (Mitte des 2. Jh.) gibt es auch eine alte Theklaakte, die Paulus mit Thekla in Ikonion und Antiochia unterwegs sein lässt. „Sie unterrichtete im Wort Gottes" und zeigt unabhängige apostolische Aktivitäten. Dann wieder ist sie Mitarbeiterin des Paulus, beauftragt zur Verkündigung: „Gehe hin und lehre das Wort Gottes".

Als Erzmärtyrerin, als erste weibliche Märtyrerin also, und Apostelgleiche behält sie bis heute in der Ostkirche einen Ehrenplatz.

Doch wohl nur aus einer missverstandenen überlieferungsgeschichtlichen Beurteilung der Theklaakten hat man sie aus dem Messbuch und dem Martyrologium der Kath. Kirche seit der Liturgiereform entfernt.

TEIL 18
Thekla – eine Reisebegleiterin des Paulus?

Orte und Landschaften:
Antiochia – Derbe – Lystra – **Ikonion –**
Antiochia in Pisidien *– Alexandria*
Troas – Neapolis – Philippi – Thessalonich – Beröea – Athen – Korinth –
Ephesus – Caesarea – Antiochia

Aus der Mitte des 2. Jh. wird uns innerhalb der apokryphen Paulusakten auch ein Abschnitt überliefert, der von Thekla, einer Missionarin und Apostolin, handelt, die in Ikonion und Antiochia in Pisidien mit Paulus zusammenarbeitet.

Es scheint eine ursprünglich selbstständige Theklaakte gegeben zu haben, die älter ist als die apokryphen Paulusakten. Lassen Sie uns zunächst jedoch die fremden Begriffe „apokryph" und „Akte" klären.

Im frühen Christentum gab es zahlreiche Literaturen, nicht alle wurden in den Rang Hl. Schriften erhoben. Was zu den Hl. Schriften gehört und was nicht, wurde erst langsam im 2. bis 4. Jh. definiert. In manchen Teilkirchen waren die Paulusbriefe umstritten, in anderen die Offenbarung des Johannes, in wieder anderen das Evangelium des Johannes. Als die Textmenge des Neuen Testaments festgelegt wurde, fielen wichtige und in der Kirche auch beliebte Texte aus der neuen Sammlung heraus: z. B. das Thomasevangelium oder manche Apostelgeschichte, die nicht Lukas, sondern z. B. Paulus oder Jakobus verfasst hatten.

„Apokryph" meint zunächst „nicht öffentlich", d.h. ein Text, der nicht öffentlich in der Liturgie verlesen wurde. In anderen Zusammenhängen war er noch bekannt, doch wurde er durch diesen Ausschluss aus der Liturgie immer „verborgener", was die zweite Bedeutung von „apokryph" meint. Eine apokryphe Schrift ist demnach keine geheime, gar mysteriöse oder okkulte Schrift, sie wird nur nicht in der Liturgie verwendet, weil sie nicht die Merkmale erfüllt, die eine Hl. Schrift haben müsste. Näheres darüber werden wir in einer späteren Folge noch ausführen.

Was meint „Akte"? Unsere vertraute Apostelgeschichte heißt im Lateinischen „Acta Apostolorum", „Apostelakte". Apostelgeschichte ist nichts anders als die Eindeutschung des lateinischen Begriffs.

Im Griechischen bedeutet das lateinische „acta" praxeis, wörtlich „Taten". Die griechische Überschrift unserer Apostelgeschichte lautet „praxeis apostolon", „Taten der Apostel". Es soll sich also um die „Taten" der Apostel handeln. Dieser Begriff, der den alten Handschriften der Apostelgeschichte als Überschrift vorgeschaltet wurde, ist nicht ursprünglich, sondern eine Art Einordnungs- bzw. Registraturvermerk späterer Herausgeber. Ob er den Inhalt der Schrift zutreffend beschreibt, ist eine andere Frage. Handelt die Apostelgeschichte in ihrer zweiten Hälfte doch nur ausschließlich von Paulus und nicht von anderen Aposteln.

Wer die „Apostelakten" unserer Apostelgeschichte und die apokryphen Paulusakten vergleicht, wird nur einen geringen Unterschied feststellen. Letztere ist auf den ersten Eindruck hin sogar „frömmer". Warum die Apostelgeschichte im Neuen Testament steht und warum die Paulusakten oder Theklaakten nicht, dass ist schwierig zu beantworten, weshalb wir in einer späteren Folge nochmals darauf zurückkommen werden.

Die Theklaakten

Hier nun geht es um Thekla. Die Paulusakten, die die „Taten des Paulus" auf seinen Reisen verhandeln, wurden um 150 n. Chr. von einem sogenannten kleinasiatischen Presbyter schriftlich festgehalten. Die Inhalte, die z.T. mündlich überliefert wurden, sind älter – vergleichbar unserer Apostelgeschichte.

Eine ursprünglich selbstständige Schrift, die die „Taten der Thekla" beschreibt und in der Heimat Theklas im Großraum Antiochia und Ikonion überliefert wurde, hat in den Paulusakten Eingang gefunden, weil sie im Zusammenhang mit den Reisen und „Taten" des Paulus wichtig schienen.

Vielleicht geschah dies aber auch, weil Paulus inzwischen schon so prominent geworden war, dass er selbst die „Taten der Thekla" in ihrer Heimat zu verdrängen begann, oder weil die innerkirchliche Männerwelt die Überlieferungen ihrer großen Frauen bereits zurücknahm und die Theklaakte nur noch eine „Überlebenschance" hatte im Verbund mit den berühmten Paulusakten. Ursprünglich aber und in der ältesten Überlieferungsstufe wurden die „Taten der Thekla" unabhängig und vermutlich sogar ohne Paulusbezug überliefert. Weil es lange Zeit unglaublich schien, dass es eine Apostolin und eine selbstständige Verkündigung des Wortes Gottes durch eine Frau in der frühen Kirche gegeben haben sollte und weil der Überlieferung legendarische Züge anhafteten, wurde Thekla als unhistorisch beurteilt und sogar aus der Liturgie der kath. Kirche ausgegrenzt.

Anne Jensen hat 1999 in einer beachtenswerten Arbeit die Theklaakte neu untersucht und mit guten Argumenten die Historie von der Legende scheiden können. Wie an andere alte Märtyrerakten auch (z.B. Perpetua und Felicitas) haften an der Theklaakte wundersame, legendarische und romanhafte Züge. Dies hat mit dem Sitz im Leben und dem Ort der Überlieferung des Textes zu tun. Die ganze Theklaakte und die Frauengestalt Thekla deshalb als unhistorisch abzutun, heißt, das Kind mit dem Bade auszuschütten. Die historische Forschung steht in der Frage der Rekonstruktion dieser großen Frauengestalt der Frühzeit fast wieder am Anfang, doch nun unter anderen Vorzeichen.

Lassen Sie uns einige schlaglichtartige Beobachtungen aus der Endgestalt des Textes der Theklaakte herausgreifen. Sie können immer noch das Bemühen aufzeigen, welche Bedeutung man einer Frau im frühen Christentum zusprach.

Selbstbewusstsein und Selbstständigkeit

Thekla sagt von sich selbst, sie sei „die erste" von Ikonion. Da ihr Verlobter Thamyris der Bürgermeister der Stadt war, gehört sie zu den „ersten der Stadt". Damit hätte sie also ein durchaus angenehmes bequemes Leben führen können. Doch entscheidet sie sich für eine andere Art zu leben, nutzt aber die Vorteile, die sie durch ihre bisherige Stellung in Anspruch nehmen kann.

Als Tochter aus gutem Hause hatte sie auch während ihrer Missionsreisen Diener und Dienerinnen. Es heißt: „ Thekla aber verlangte es sehr nach Paulus, und sie schickte überall herum, um ihn zu suchen. Da nahm sie Knechte und Mägde, gürtete sich und nähte ihr Kleid zu einem Obergewand nach Männerart und begab sich nach Myra."

Wir können davon ausgehen, dass die

historische Thekla es nicht nötig hatte, ihr Selbstbewusstsein als Frau durch Männerkleidung zu erhöhen. Thekla wollte nicht im Schatten des Apostels wirken, sondern trat selbstständig auf. Sie wartete nicht darauf, geschickt zu werden, sondern entschied selbst: „Ich gehe!".

Nachdem sie die Predigt des Paulus gehört hatte, weigerte sie sich, ihren Verlobten zu heiraten.

In einem anderen Erzählstrang wehrt sie sich gegen einen mächtigen Syrer namens Alexander, der sie auf offener Straße umarmt, um sie für sich zu gewinnen. Mit eindeutigen Gesten weist sie ihn jedoch zurück. So zerreißt sie ihm das Obergewand, reißt ihm den Kranz vom Kopf und macht ihn zum Gespött der Leute. Sie muss wissen, dass dieses Verhalten nicht ungestraft bleiben kann. Alexander klagt sie vor dem Gericht an und denunziert sie. Thekla wird zum Tode verurteilt und den Tieren ausgeliefert. Doch gleich nach ihrer Verurteilung bittet sie den römischen Statthalter bis zum Tierkampf keusch bleiben zu dürfen. Hintergrund des Wunsches ist das römische Recht, dass Personen, die zum Tierkampf verurteilt waren, automatisch Sklaven gleichgestellt und damit rechtlos wurden. Frauen verloren auch das Recht auf sexuelle Selbstbestimmung und konnten daher vor der Hinrichtung in ein Bordell geschickt oder im Gefängnis von Soldaten oder Mitgefangenen vergewaltigt werden. Die couragierte Thekla ließ sich weder verkuppeln, noch vergewaltigen.

Um Paulus, der sich ebenfalls im Gefängnis aufhielt, besuchen zu können, besticht sie die Beamten mit materiellen Gütern.

Verkünderin des Wortes

Es wird aus dem Text nicht ersichtlich, ob Thekla durch Paulus oder schon vorher Christin wurde. Die Überlieferung sagt, sie war begeistert von der neuen Religion und wohl auch von Paulus. Es heißt, dass sie sich danach sehnte, Paulus selbst einmal gegenüber stehen zu dürfen und ihn die Botschaft von Jesus Christus verkündigen zu hören, denn sie habe Paulus noch nie von Angesicht gesehen, wohl aber seine Botschaft gehört. Während nun Paulus in der Hausgemeinschaft ihres Nachbarn Onesiphoros lehrte, saß sie drei Tage und drei Nächte am Fenster und lauschte, aß und trank nichts, um kein Wort zu versäumen. Nachdem Paulus verhaftet worden war, schmuggelte sie sich heimlich ins Gefängnis, damit der Apostel ihr dort von den Großtaten Gottes berichten konnte. Weil Paulus sich vor nichts fürchtete und in seinem Verhalten den Freimut Gottes zeigte, wuchs auch ihr Glaube. Dank ihres Selbstbewusstseins hatte sie keine Angst vor neuen Prüfungen und wurde deshalb innerhalb kürzester Zeit zu einer Verkünderin, die durch ihre engagierte Predigt andere für das Christentum gewinnen konnte. Bevor sie nach Seleukia aufbrach, ging sie in das Haus zurück, in dem sie durch Paulus das Wort Gottes näher kennen lernen durfte. Hier im Haus des Onesiphoros sprach sie ihr Credo: „O mein Gott und Gott dieses Hauses, in dem mir das Licht aufstrahlte; Christus Jesus, du Sohn Gottes, du warst mein Helfer im Gefängnis, mein Helfer im Feuer, mein Helfer unter den Tieren: Du bist Gott, und dir sei die Ehre in Ewigkeit. Amen."

In den Hausgemeinschaften der frühen Kirche waren Frauen als aktive Christinnen durchaus keine Besonderheit. Die Gottesdienste wurden von Männern und Frauen gemeinsam gestaltet und gefeiert. Die kirchliche Liturgie nahm auch später immer wieder Texte auf, die von Frauen verfasst wurden. Solche Texte waren jedoch keine spezielle Frauenliturgie, sondern Gemeingut der christlichen Kirche.

Frauensolidarität

In den schwierigen Situationen ihres gläubigen Lebens war Thekla ohne männlichen Schutz. Dennoch bestand sie ihre Prüfungen in souveräner Weise. Vielleicht beeindruckte sie damit das weibliche Geschlecht. Jedenfalls zeigten sich die Frauen solidarisch mit ihr. Nachdem sie von ihrer Mutter verlassen worden war, wurde sie von der reichen Königin Tryphaina in Obhut genommen.

Als sie zum Tierkampf geführt wurde, erhoben die Frauen ein lautes Wehgeschrei und sogar die weiblichen Tiere respektierten Thekla und beschützten sie, anstatt sie zu töten. Als Thekla das Stadion lebend verlassen konnte, nicht jeder Tierkampf endete tödlich, schrien alle Frauen laut auf und priesen Gott: „Es gibt nur einen Gott, und der hat Thekla gerettet."

Blutzeugin und Märtyrerin

Der letzte Satz der Theklaakte lautet: „Sie erleuchtete viele durch das Wort Gottes und entschlief dann eines sanften Todes." Trotzdem steht sie als Erzmärtyrerin in den Heiligenlegenden. Nicht nur in Seleukia, wo sie zuletzt wirkte, wurde sie verehrt, sondern an vielen morgen- und abendländischen Orten weihte man auf ihren Namen Kirchen. „Das Ansehen, das Martyrer beiderlei Geschlechts, die dem Tod entgangen waren, in den Gemeinden genossen, war teilweise größer als das der Bischöfe, denn sie waren in einem ganz anderen Sinn als die Nachfolger der Apostel ‚Zeugen der Auferstehung', da sie wie Christus selbst das Todesschicksal auf sich genommen hatten und so gleichsam für die Realität der Auferstehung, an die sie glaubten, den Beweis erbracht hatten. Nicht der Tod definierte das Maryrium (das ‚Zeugnis'), sondern das Bekenntnis vor Gericht trotz der Todesgefahr."[1]

Sie trat mutig und entschlossen für ihren Glauben ein. So wurde sie zweimal zum Tode verurteilt, zweimal wurde das Urteil vollstreckt und zweimal überlebte sie das Martyrium.

Das erste Urteil wurde gefällt, weil sie sich weigerte zu heiraten. Sogar ihre Mutter forderte den Scheiterhaufen für ihre Tochter. In der Akte heißt es, als Thekla nackt hereingeführt wurde, fing der Statthalter an zu weinen. Er bewunderte die Kraft, die in ihr war. Sie breitete die Arme aus, um so das Zeichen des Kreuzes abzubilden und stieg auf das Holz. Die Henkersknechte zündeten unten das

---

[1] A. Jensen, Thekla – Die Apostolin. Ein apokrypher Text neu entdeckt (Kaiser Taschenbücher), 1999, 81f.

Feuer an. Doch obwohl das Feuer mächtig aufflammte, berührte es sie nicht. Denn Gott in seinem Erbarmen ließ ein unterirdisches Grollen hörbar werden und von oben her überschattete eine Wolke voll Wasser und Hagel das Theater. Die ganze Flut ergoss sich auf sie, viele gerieten in Not und kamen um. So wurde das Feuer gelöscht, und Thekla gerettet.

Mögen in dieser Szene legendarische, wundersame und romanhafte Züge stecken, es lässt sich ein historischer Kern festmachen.

Zur zweiten Verurteilung kam es, weil Thekla den Syrer Alexander gedemütigt hatte und dieser sich rächen wollte bzw. musste. Die Anklage lautete auf „Tempelräuberin" (wörtlich übersetzt: „Auflöserin des Heiligen"). Die neue Religion, das Christentum, wurde im römischen Reich seit der Neronischen Verfolgung als staatsgefährdend eingestuft. Das Bekenntnis zu ihr galt als ein Kapitalverbrechen, das wie Hochverrat geahndet wurde. Thekla war eine Frau, die sich als Vertreterin und Predigerin öffentlich zur neuen Religion bekannte. Sie weist die Zudringlichkeiten des Alexanders zurück mit den Worten: „Vergewaltige nicht eine Fremde, vergewaltige nicht die Dienerin Gottes". Damit weist sie den Angreifer auf ihre Rechte hin: sie fordert die Heiligkeit des Gastrechts und ihre Würde als Repräsentantin eines fremden Kults.

Beim Tierkampf solidarisierten sich sogar die weiblichen Tiere mit Thekla, keine der Bestien berührte sie. Ist dies nun Historie oder Legende? Anne Jensen konnte gute Gründe für die Historizität der Szene nennen. So wird auch auf Perpetua und Felicitas ein weibliches Tier, eine wilde Kuh, losgelassen und sie überleben den Angriff.

Auf die Frage des Statthalters, warum denn keines der Tiere sie berührt habe, legte Thekla ein sinngebendes Glaubenszeugnis ab: „Ich bin Sklavin des lebendigen Gottes. Ich habe an Gottes Sohn, der ihm gefallen hat, geglaubt. Deswegen hat keines der wilden Tiere mich berührt. Denn er allein ist der Weg zur Rettung und die Grundlage für das Leben ohne Tod. Er ist die Zuflucht der Bedrängten, die Erquickung für alle, die in Not sind, der Schutz für alle Verzweifelten. Kurzum: Wer an ihn nicht glaubt, der kann nicht leben, sondern wird für immer Tod sein."

•

In der frühen Kirche begann ein Christenleben mit dem bekennenden Glauben. Das Martyrium als „Bluttaufe" hatte einen wesentlich höheren Stellenwert als die Wassertaufe und machte diese sogar überflüssig. Thekla taufte sich im Stadion vor dem Tierkampf selbst. Sie stürzte sich in ein Wasserbecken und sprach: „Im Namen Jesu Christi taufe ich mich, denn dies ist mein letzter Tag."

•

Was bleibt? Dargestellt wird Thekla in vielen Abbildungen in römischer Jungfrauentracht mit Löwen, Bär und Flammen.[2] Mit solch entrückten Heiligenfiguren haben wir heute oft Probleme – doch mit einer Frau, die weiß, was sie will, die den Glaubensweg, den sie gewählt hat, konsequent geht, mit solch einer Frau kann man/frau sich auch noch nach fast

Die zweite Missionsreise

2000 Jahren identifizieren. Ob sich nun tatsächlich Theklas und Paulus Wege kreuzten oder die Überlieferung nur eine gelungene Begegnungsgeschichte zugunsten des inzwischen Hl. Paulus und der in den Schatten der Vergessenheit geratenden Hl. Thekla weitergibt, ist weniger entscheidend. Wichtig bleibt, es hat in der Frühzeit der Kirche Antiochias und Ikonions eine couragierte Frau namens Thekla gegeben, die mit dem Einsatz ihres Lebens für das Wort Gottes und für ihren Herrn Jesus Christus eintrat. Dass sie das als selbstständige Frau tat, war zur Zeit des Paulus noch nicht außergewöhnlich. Im zweiten Jahrhundert bereits mussten Frauen zumindest in Teilkirchen für ihre Selbstständigkeit innerhalb der Kirche kämpfen. Die apostolischen Väter Ignatius von Antiochien oder Polykarp von Smyrna belegen für das 2. Jh. die Rücknahme des Frauenengagements in den Ortskirchen, und da nicht nur als Missionarinnen.[3] Um so bedeutender bleiben deshalb Zeugnisse wie die Theklaakten, die das engagierte Auftreten von Frauen in der Kirche bezeugen.

Über die Illustration des damaligen Frömmigkeitsideals kann man geteilter Meinung sein – von den Formen der Wirksamkeit wie Verkündigung der Hl. Schrift oder katechetische Unterweisung können wir heute nur lernen.

TEIL 19
Galater auf Schritt und Tritt

Orte und Landschaften:
Antiochia – Derbe – Lystra – Ikonion – Antiochia in Pisidien –
Phrygien – galatisches Land – Mysien – Troas –
Samothrake - Neapolis – Philippi – Amphipolis – Apollonia - Thessalonich – Beröa – Athen – Korinth – Ephesus – Caesarea – Antiochia

Die Absicht der zweiten Missionsreise stand fest: „Wir wollen wieder aufbrechen und sehen, wie es den Brüdern in all den Städten geht, in denen wir das Wort des Herrn verkündet haben." (Apg 15,36).

Paulus brach in Antiochia auf, nun mit Silas, seinem neuen Gefährten, „nachdem die Brüder ihn der Gnade des Herrn empfohlen hatten." (Apg 15,40).

In Lystra gesellte sich ein weiterer Reisebegleiter hinzu: Timotheus, ein Christ der ersten Missionsreise. Er sollte für die weitere Zukunft die wichtigste Stütze des Apostels werden.

Paulus mit seinen beiden Gefährten konnte nun argumentativ gestärkt auftreten, denn, was er den Geschwistern der neuen Gemeinden verkünden würde, hatte den Rückhalt der ältesten Auto-

• • •

[2] C. Nauerth/R. Warns, Thekla. Ihre Bilder in der frühchristlichen Kunst (Göttinger Orient-Forschungen II,3), Wiesbaden 1981, C. Nauerth, Nachlese von Thekla-Darstellungen, ebd. (II,6), 1982, 14-18, R. Warns, Weitere Darstellungen der heiligen Thekla, ebd. (II,8), 1986, 75-137.
[3] G. Dautzenberg, Zur Stellung der Frauen in den paulinischen Gemeinden (QD 95), Freiburg 1983, 182-224.196.

ritäten der Jerusalemer Muttergemeinde. Lukas schreibt: „Als die Brüder ihn der Gnade des Herrn empfohlen hatten... überbrachten sie ihnen die von den Aposteln und den Ältesten in Jerusalem gefassten Beschlüsse und trugen ihnen auf, sich daran zu halten. So wurden die Gemeinden im Glauben gestärkt und wuchsen von Tag zu Tag." (Apg 15,40; 16,4-5).

Damit hätte Paulus wieder nach Antiochia zurückkehren können. Doch Lukas sagt, der Hl. Geist hätte anderes mit ihnen vorgehabt. Als Paulus, Silas und Timotheus weiter gen Westen aufbrechen wollen, dürfen sie nicht das Wort in der Asia verkünden. Wohl ist hier an die großen küstennahen Städte Pergamon, Smyrna und Ephesus gedacht.

Der Hl. Geist lässt sie vielmehr „durch Phrygien und das galatische Land" ziehen. Weil das weitere Tun durch den Hl. Geist gesegnet ist, erweist es sich für die Missionare als besonders erfolgreich. Paulus erinnert in seinem Brief an die Galater, wie es ihm erging, als er zum ersten Mal bei den Galatern war: „Ihr habt mir nichts zuleide getan. Ihr wisst, dass ich krank und schwach war, als ich euch zum ersten Mal das Evangelium verkündigte; ihr aber habt auf meine Schwäche, die für euch eine Versuchung war, nicht mit Verachtung und Abscheu geantwortet, sondern mich wie einen Engel Gottes aufgenommen, wie Christus Jesus." (Gal 4,12b-14) Die Begeisterung der Galater für Paulus verlief geradezu überschwänglich. „Wäre es möglich gewesen, ihr hättet euch die Augen ausgerissen, um sie mir zu geben." (Gal 4,15b)

Die Galater

Wer sind diese Galater und „die Gemeinden in Galatien", an die Paulus einige Jahre später von Philippi oder Thessalonich aus seinen uns heute noch erhaltenen Brief schreibt? Die Galater sind nichts anderes als keltische Stämme, die ihre Heimat zwischen Donau und Adria aufgaben und in einer Art Völkerwanderung im 3. Jh. v. Chr. nach Mazedonien und Griechenland eindrangen. Nach Livius (Livius 38,16,2.9) überschritten 20.000 Menschen, darunter 10.000 Bewaffnete den Bosporos.

Ihre keltische Sprache behielten sie sehr lange bei, so dass Hieronymus im 4. Jh. noch feststellen kann, dass man im galatischen Land keltisch spricht. Pausanius und Plutarch gebrauchten die Bezeichnung „Galater" und „Kelten" nebeneinander.

Zunächst im Dienst des bithynischen Königs Nikodemes wurden sie bald zu einer „gefürchteten Landplage für ganz Kleinasien, zumal sie sich stark vermehrten" (Livius). Als erster war es Attalos I. von Pergamon, der ihnen 240-230 v. Chr. den Tribut verweigerte und sie in mehreren Kriegen zähmte.

Als „soter", als „Retter", wurde er deshalb in zahlreichen Inschriften verehrt.

Aufgrund von Überbevölkerung und Hungersnöten kommt es abermals zu Aufständen, so dass 189 v. Chr. der römische Konsul von Ephesus aus eine Strafexpedition durchführt und 40.000 Galater gefangen setzt. 183 bis 166 v. Chr. wird die Landschaft Galatien eine Provinz des pergamenischen Reiches. Als es wieder zu Aufständen gegen Pergamon kommt, besiegt König Eumenes II. von Pergamon im Jahr 166 v. Chr. die kriegerischen Galater in Phrygien so nachhaltig, dass ihr Besiedlungsgebiet ab dieser Zeit auf Zentralanatolien mit Pessinius im Westen, Ankyra in der Mitte und dem Fluss Halys im Osten beschränkt bleibt und von ihnen keinerlei gewaltsame Aktionen mehr zu erwarten sind. Als Denkmal für diesen epochalen Sieg schuf Eumenes II. den berühmten Pergamonaltar zu Ehren des Zeus mit einem mächtigen Fries, der den mythischen Kampf der olympischen Götter mit den Giganten darstellt. König Eumenes sah sich in dieser Illustration als die überlegene olympisch griechische Macht, die sich in einem entscheidenden Kampf gegen die galatischen Barbaren, hier die mythischen Giganten, durchsetzen konnte.

Ein römischer Senatsbeschluss erklärte die Galater jedoch für autonom, insofern sie sich künftig ruhig verhalten wollten. Da sie den Römern die Treue hielten, teilte 63 v. Chr. Pompeius Galatien unter drei galatische Stammesfürsten auf. Die Römer errichteten, nachdem es immer wieder zu stammesinterne Rivalitäten im Kernland kam, 25 v. Chr. eine römische Provinz mit dem Namen „Galatia". Ihr Statthalter residierte in Ankyra, dem heutigen Ankara.

Pergamonaltar

Wie epochal der Sieg König Eumenes II. und die künstlerische Ausgestaltung des Pergamonalters später noch empfunden wurde, zeigt deren Wirkungsgeschichte.

Als in Berlin das Deutsche Reich ausgerufen wurde, suchte man nach einem großen historischen Vorbild. „1871 war es durch die vorangegangenen militärischen Erfolge Preußens zur Gründung des Deutschen Reiches gekommen. Die neue Reichshauptstadt Berlin brauchte eine neue kulturelle Legitimation auf allen Gebieten. Wissenschaft und Museen waren aufgefordert, diesen Anspruch einzulösen."[1]

Jahre zuvor hatte der Eisenbahningenieur Carl Humann, der den Bau der osmanischen Eisenbahnlinie Istanbul – Bagdad betreute, auf der Akropolis von Bergama Skulpturen und Reliefplatten entdeckt, die er für Friesteile eines Minerva-Tempels mit Schlachtmotiven hielt. Dank der guten preußischen Beziehungen mit Ankara konnten die wertvollen Teile nach Berlin geschafft werden. Andernfalls wären sie damals in den Kalkofen gewandert.

Der Direktor der Skulpturensammlung der Königlichen Museen in Berlin, der Archäologe Alexander Conze, verglich die von Carl Humann entdeckten und inzwischen im Berliner Museum untergebrachten Skulpturen und Reliefplatten mit dem antiken Text des Lucius Ampelius (2. Jh. n. Chr.). Dort heißt es: „In Pergamon ist ein großer marmorner Altar, vierzig Fuß hoch, mit ansehnlichsten Skulpuren – er hält auch eine Gigantomachie (= Kampf der Giganten) eingeschlossen." (Liber memorialis, „Merkbuch", 8,14). Alexander Conzes bleibender Verdienst ist es, die ursprüngliche

•••
[1] M. Kunze, Der Pergamonalter. Seine Geschichte, Entdeckung und Rekonstruktion, Mainz 1992, 6.

Bedeutung der Altarfragmente erkannt zu haben.

Damit war nicht nur der erfolgreiche Fund der eher zufälligen Grabung Carl Humanns legitimiert, auch das kulturelle Image des neuen Deutschen Reiches ließ sich nun absichern. Denn dank dieser Funde konnte man ähnlich den großen Museen in London und Paris auch bedeutende griechisch-hellenistische Originale vorweisen. Das Kultus- und Außenministerium finanzierte großzügig die nun folgenden systematischen Grabungsarbeiten, weil inzwischen allen klar geworden war, was hier zu tage kommen müsste.

1878 begannen unter Leitung von Carl Humann die Grabungen auf dem antiken Pergamonhügel. Zutage kamen nach wenigen Tagen 23 Platten mit dem Motiv des Kampfes der Giganten, die später eine Frieslänge von 120 Meter ergaben und damit neben den Friesen des Parthenon in London das längste Reliefwerk der griechischen Kunst darstellt. Als man bald noch Reliefplatten des Zeus und der Athena fand, wurde klar, der einstige Zeusaltar war entdeckt.

Als Humann seinen ersten Grabungsbericht nach Berlin schrieb, hielt er begeistert fest: „... Je mehr ich die Funde betrachtete, desto erregter wurde ich. Wir haben eine ganze Kunstepoche gefunden, das größte aus dem Altertum übrig gebliebene Werk haben wir unter den Händen."[2]

Die Ausgräber schafften auf Wunsch des Preußischen Königs und aufgrund der guten Beziehungen zum Osmanischen Reich den kompletten einstigen Zeusaltar, nun Pergamonaltar genannt, nach Berlin. Seit dieser Zeit ist er auf der Museumsinsel neben anderen griechischen, ägyptischen und orientalischen Funden im nach ihm benannten Pergamonmuseum zu bewundern.

Nun konnte man den Preußischen Kaiser vergleichen mit Eumenos II., konnte vergleichen den siegreichen Kampf der griech. Götter mit den unterlegenen Giganten, bzw. den Triumph der Pergamesen über die besiegten Galater, konnte erahnen die Schlacht der Preußen mit den unterlegenen Franzosen im Jahre 1870/71. Dem neuen Deutschen Reich diente der griechisch-hellenistische Klassizismus dem eigenen Ruhm.[3] Doch damit nicht genug.

Das Dritte Reich berief sich in seinen pseudoreligiösen Anklängen u. a. auf den Pergamonalter. So gestaltete die Naziarchitektur Albert Speers auf dem früheren Zeppelinfeld in Nürnberg eine Aufmarschbühne, die als Nachbildung des Pergamonaltars bewusste Bezüge herstellen wollte. In einer vielfach größeren Ausgestaltung des Pergamonaltars inszenierte man in kolossalen Aufmärschen vor dem „Balkon des Führers" den einstigen Sieg der Pergamesen gegen die Ga-

•••
[2] C. Humann in: M. Kunze, Der Pergamonalter, ebd., 14.
[3] Propagantistisch wurde der alte Mythos auch in Perge und andernorts genutzt, vgl. H.S. Alanyali, Der Kentauromachie- und der Gigantomachie-Fries des Theaters von Perge, Zeitschrift f. Klass. Archäologie 3/V/1997 oder http://farch.n3.net/.

later, der nun für ein 1000-jähriges Reich Geltung besitzen sollte. 70.000 Besucher fanden auf der Tribünenanlage Platz, 250.000 Menschen konnten während der Appelle antreten.

Selbst dann, wenn das Dritte Reich einmal untergegangen sein mochte, so die Ideologie der Naziarchitekten, sollten die Reste dieser Monumentalbauten noch an die Größe des Dritten Reiches und seinen „Führer" erinnern. „Von Speer ließ Hitler sich Zeichnungen anfertigen, wie die Bauten nach 500, 1000 oder 2000 Jahren aussehen würden. Er wollte keine Zweckbauten, sondern Kultstätten mit Ewigkeitsanspruch, Weltwunder wie die Pyramiden am Nil." [4] Wir wissen, wie tragisch das Ganze ausgegangen ist.

Am 4. November eröffnet der Bundespräsident in Nürnberg ein Dokumentationszentrum, das als „Tätergedenkstätte" zwar nicht unumstritten, aber anhand der monumentalen Reste der übertreibungssüchtigen Architektur die menschenverachtende Ideologie der Nazizeit aufzeigen kann.

Am Ende sind es jene Galater gewesen, mit denen Paulus zu tun hatte und die auf Umwege bei uns in Berlin oder Nürnberg ihre Spuren hinterlassen haben.

Christen in Galatien

Als Paulus in Galatien missionierte, waren die Galater freilich schon seit über 100 Jahren gezähmt. Kleine Teile des kriegerischen Volkes hatten in den Städten Ankyra, Pessinus, Nakolea und Dorylaion zum Glauben an Jesus Christus gefunden. Nach vorsichtigen Schätzungen zählt die junge heidenchristliche Gemeinde in Galatien „vielleicht ein paar Hundert" Seelen [5]

Verwirrend und bis heute letztlich unklar bleibt die paulinische Bezeichnung „Galatien" (Gal 1,2; 3,1), weil damit sowohl die Landschaft Galatien als auch die römische Provinz „Galatia" gemeint sein kann. Zur letzteren hätten allerdings auch die südlich der galatischen Landschaft angesiedelten Städte Antiochia, Ikonion, Lystra und Derbe gehört.

Lange hatte man vermutet, die Mission des Paulus hätte im galatischen Kernland kaum Früchte getragen. Doch bei Ausgrabungen in Bogkazkale, der einstigen hettitischen Haupstadt Hattuscha östlich von Ankara, fand man auch alte christliche Grabsteine, die für die frühe Kirche schon ein reges Christentum bezeugen.

Der weitere Reiseverlauf

Lukas lässt Paulus durch „Phrygien und das galatische Land" reisen. Wer die Landkarte genau studiert, wird über die falsche Angabe der Reiseabfolge hinwegsehen, da der Apostel zunächst vom südgalatischen Land kommend in Richtung Westen weiterzieht und dann erst Phrygien erreicht. Die richtige Abfolge der Reiseroute erwähnt wieder Apg 18,23, wo zu Beginn der dritten Missionsreise gesagt wird: Paulus zog „weiter,

•••
[4] U. Rasche, Nürnberg stellt sich. Auf Hitlers Reichstagsgelände entsteht ein Dokumentationszentrum, in: FAZ 16.07.2001, 3.
[5] F. Mußner, Der Galaterbrief, ebd., 5. „Die Adressaten des Briefes sind eindeutig ehemalige Heiden (vgl. 4,8; 5,2f; 6,12f)", so F. Mußner, ebd., 8.

durchwanderte zuerst das galatische Land, dann Phrygien, und stärkte alle Jünger." Hier erfahren wir sogar, dass die vorausliegende Gemeindegründung aus der zweiten Missionsreise erfolgreich war und nun die Jünger gestärkt werden müssen, was den Besuch der gleichen Orte voraussetzt.

Lukas bzw. das Reisetagebuch hatten örtliche Gegebenheiten verwechselt, das ist nicht ungewöhnlich. Wir tun uns heute noch schwer, obgleich wir im Gegensatz zu früher eine Landkarte haben, Galatien, Phrygien, Mysien und Bithynien auseinander zu halten. So ist die Frage, wo denn genau das genannte Mysien liegt, das als nächste Landschaft ansteht, nicht ohne weiteres festzumachen. Bereits der griechische Geograph Strabo (1. Jh.) klagt über die möglichen Verwirrungen: „Es ist schwer, die Grenzen zwischen Bithynern, Mysern und Phrygern festzulegen. Natürlich sind diese Völkerschaften voneinander zu scheiden. Existiert doch sogar über Phryger und Myser ein Sprichwort: „Verschieden sind die Grenzmarken der Myser und Phryger", aber es ist schwer, sie gegeneinander abzugrenzen." (Strabo 12,564).

Paulus und seine Gefährten bewegen sich vom galatischen Land herkommend nach Phrygien und „zogen an Mysien entlang und versuchten, Bithynien zu erreichen; doch auch das erlaubte ihnen der Geist Jesu nicht. So durchwanderten sie Mysien und kamen nach Troas hinab." (Apg 16,7-8).

Die mysische Landschaft liegt, grob gesprochen, an der Nordwestecke Kleinasiens und südlich des Marmarameeres.[6] Bithynien, die Landschaft, welche die Missionare nicht aufsuchen sollen, liegt nördlich von Phrygien an der Südwestecke des Schwarzen Meeres. „Sie liegt im <Nordwesten> Kleinasiens und ist von Europa nur durch die ‚Kuh-Furt', den Bosporos, geschieden, der seinen Namen in Erinnerung an die in eine Kuh verwandelte unglückliche Königstochter Io erhalten haben soll, die hier ihren Weg von Europa nach Asien sucht."[7]

Da im Reisetagebuch der Apostelgeschichte bislang nur Landschaftsangaben gemacht wurden, dürfte auch Troas, das so wohl Städte- als auch Landschaftsbezeichnung bedeuten kann, hier die Landschaft meinen und den Großraum um die sagenumwogene Stadt Troia umschreiben, von der sie auch ihren Namen erhalten hat. Streng genommen ist die Troas der westliche Teil von Mysien.

Die in der Apostelgeschichte nachfolgende Schilderung des Nachtgesichts erwähnt bezeichnenderweise keine Ortsangabe, sondern mit Mazedonien auch wieder eine Landschaftsbezeichnung:

•••
[6] F.K. Dörner, Mysia, in: Der Kleine Pauly, Bd. 3, 1528, gibt eine etwas präzisere Umschreibung: „Die Abgrenzung von M. lässt sich in hist. Z. folgendermaßen charakterisieren: Im N. grenzt M. an die Propontis und den Hellespont; im O. bildet der Rhyndakos mit dem mys.-bithyn. Olymp eine natürliche Schranke gegen Bithynien im Gegensatz zu den mehr oder weniger fließenden Grenzen mit den weiter s. folgenden ö. Gebieten von Phrygien und dem lyd. Bereich im S. Die w. Grenze bildet dann das Ägäische Meer unter Einbeziehung der großen Insel Lesbos."
[7] F.K. Dörner, Bithynia, in: Kl. Pauly, Bd.1, 908.

„Dort (= in der Troas) hatte Paulus in der Nacht eine Vision. Ein Mazedonier stand da und bat ihn: Komm herüber nach Mazedonien, und hilf uns! Auf diese Vision hin wollten wir sofort nach Mazedonien abfahren; denn wir waren überzeugt, dass uns Gott dazu berufen hatte, dort das Evangelium zu verkünden." (Apg 16,9-10).

Die Troas wird auch auf der dritten Missionsreise des Paulus wieder bedeutsam. Er fährt dann nicht wie seine Gefährten mit dem Schiff von Alexandria Troas in den ruhigen Hafen von Assos, an der Südküste der Troas, sondern geht den ca. 35 km langen Weg alleine zu Fuß.

TEIL 20
Eine Landschaft erzählt

Orte und Landschaften:
Antiochia – Derbe – Lystra – Ikonion –
Antiochia in Pisidien – Prygien –
galatisches Land – Mysien –
Troas – Samothrake – Neapolis –
Philippi – Amphipolis – Apollonia –
Thessalonich – Beröa – Athen – Korinth –
Ephesus – Caesarea – Jerusalem –
Antiochia

In einer nächtlichen Vision irgendwo in der Landschaft Troas wird Paulus eingeladen, hinüber nach Mazedonien und damit nach Europa zu kommen. Was Lukas hier über alle Historie hinweg sagen möchte: Gott selbst gibt nunmehr seine Heilsgeschichte vor, in der es nicht mehr um eine ereignisreiche in der Landschaft Troas vielsprechende Religionsgeschichte geht, die im bisherigen Missionsfeld zu berücksichtigen wäre, sondern Gott schreibt mit Paulus eine neue Geschichte, in der Asien verlassen und mit Europa ein neues Kapitel der christlichen Mission aufgeschlagen wird.

Troas, Troia, Alexandria Troas

Wer über das Ägäische Meer nach Europa fahren wollte, suchte im Landschaftsabschnitt der Troas die Hafenstadt Alexandria Troas auf. Bereits Antigonos Monophtalmos, der Einäugige, ein Nachfolger Alexander des Großen, der Phrygien und Pamphylien als Erbe erhielt, gründete 310 v. Chr. die Hafenstadt mit dem Namen Antigoneia. Doch sein Kontrahent Lysimachos konnte 301 v. Chr. bei der Schlacht von Ipsos in Phrygien viele kleinasiatische Besitzungen des Antigonos für sich gewinnen. Dieser Lysimachos nannte die Stadt nach dem Namen Alexander des Großen Alexandreia und nach der Landschaftbezeichnung Troas nun Alexandreia Troas. Bis ins 19. Jh. verwechselten viele Reisende dieses Troas mit dem ca. 35km nördlich gelegenen sagenumwogenen Troia.

Auch wenn die nachfolgenden Ausführungen ein wenig von unserer paulinischen Reiseroute abführen, lassen Sie uns dennoch kurz streifen, was Lukas für die Troas religionsgeschichtlich vergessen machen möchte.

Die Bibel der Griechen

Als Bibel der Griechen kann Homers Ilias und Odyssee bezeichnet werden. Jedes Kind kannte sie. Ging es in Homers Ilias

(Ilion = Troia) um die Belagerung und Eroberung der Stadt Troia durch die Griechen, so erzählte die Odyssee die Irrfahrt des listenreichen Odysseus von Troia in seine Heimat nach Ithaka. Homer stammte aus Smyrna (heute Izmir) und kannte die Landschaft der Troas aus nächster Nähe. Seine Helden- und Göttergeschichten waren gut verortet und überzeugend dargestellt. Bereits im 6. Jh. v. Chr. gedachte man alljährlich der homerschen Überlieferungen in einem athenischen Staatsfest, den Großen Panathenäen. In den Schulen las man Homer, auch wenn Platon im 4. Jh. v. Chr. dagegen protestierte, weil die Inhalte sich nicht für die Jugend eignen würden. Alexander d. Große (356–323), von Aristoteles erzogen, pflegte mit der Ilias unter dem Kopfkissen zu schlafen. Als sich im 3. Jh. v. Chr. die Philologen im ägyptischen Alexandria Homers bemächtigten, stand die Ilias und die Odyssee längst im Zentrum der griechischen Sprach- und Kulturbetrachtung. Mit dem Aufkommen des Christentums ist aber Homer keinesfalls passé. Nichtchristliche Autoren versuchen Homer zu einer christlichen Gegen-Bibel zu stilisieren und umgekehrt beweisen Homerkommentare eines Bischofs Eustathios von Thessalonich im 12. Jh. noch, dass man von seiten der Kirchenväter die Homerschen Werke in den christlichen Kulturkanon übernehmen wollte, wenn auch ohne dessen Theologie.

Wie sehr literaturgeschichtlich Homer seine Folgezeit prägte, ja sogar kein weiteres größeres griechisches Epos neben sich zuließ, beweist nicht nur Apollonius Rhodos (3. Jh. v. Chr.), der mit seiner Argonautensage erstmals wieder ein eigenständiges Großepos versuchte, seine Arbeit lässt erkennen, dass sie ohne das Vorbild Homers nicht denkbar ist. Auch die gesamte griechische Tragödie holt sich ihre Ideen thematisch, in ihrer Rhetorik und in ihrer dramatischen Ausgestaltung von Homers Ilias (z.B. Aischylos, Orestie; Sophokles, Aias; Euripides, Troerinnen, Hekabe sowie Helena).[1]

Es gibt eine Kontinuität in der Homerrezeption bis in die Moderne. Sie nachzuzeichnen ist in unserem Rahmen jedoch nicht möglich. Die wesentliche Wurzel des Neuhumanismus im 19. Jh. geht auf die Pflege der klassischen Philologie zurück. Sie hat zu tun mit der humboldtschen Reform des preußischen Bildungswesens (ca. 1810), die an den humanistischen Gymnasien ein besonderes Homerinteresse zeigte. Das Bildungsbürgertum lernte nach Kräften Griechisch, las und zitierte die Ilias wie eine zweite Bibel. Noch heute sind die älteren Abgänger eines humanistischen Gymnasiums stolz, zumindest die Eingangsgesänge der Ilias oder der Odyssee auswendig rezitieren zu können. Diese Begeisterung für die griechische Sprache war es im 19. Jh. gewesen, die einen Millionär Heinrich Schliemann dazu gebracht hatte, das homersche Troia auf seine (!) Kosten auszugraben. Eine historische Bildungsreise war dem ersten Spatenstich 1871 vor-

•••
[1] W. Bernhard, Homers Ilias. Die Bibel der Griechen, in: Troia. Traum und Wirklichkeit (Hrsg. Archäologisches Landesmuseum Baden-Württemberg u.a.) 2001, 98–102.

ausgegangen, ein Jugendtraum Wirklichkeit geworden.

Als James Joyce 1922 seinen Roman „Ulysses" schreibt, empfiehlt er seiner Tante Josephine, die den Roman für unverständlich hielt, „ich rate dir, zuerst die Odyssee zu lesen". Im heutigen Englischunterricht unserer Gymnasien hat der Ulysses keinen Platz, weil er zu schwer scheint. Wo liest man die Odyssee im Grundtext oder in der Übersetzung? Das 21. Jahrhundert scheint neue Wege zu gehen.

Die Bibel der Römer

Die Bibel der Griechen war Homers Ilias und Odyssee. Die Bibel der Römer war Vergils, Aeneis. Hier ging es um die Eroberung Troias, die Flucht aus der Stadt, die gefahrvolle Fahrt nach Karthago, die Landung in Italien und die Gründung Roms. Natürlich hatte auch hier Homer Pate gestanden (die Bücher 1-6 entsprechen der Odyssee, die Bücher 7-12 der Ilias), nicht zu vergessen Apollonius Rhodos und einige attische Tragödien. War in der Odyssee der griechische Odysseus der Held der Handlung, so ist es hier in der Aeneis, Aeneas, einer der troianischen Führer, der die Erzählung zusammenhält. Warum erzählt ein Römer diese Geschichte und weshalb konnte sie für die Römer eine Art Bibel werden? Wenn die Römer an die Ursprungsstätten des griechischen und römischen Mythos zurückkehren wollten, so mussten sie die Landschaft der Troas aufsuchen.

Der dritte Gesang der Aeneis setzt ein mit den Worten:

„Seit es den Göttern gefiel, zu vernichten Asiens Mächte samt dem schuldlosen Priamusvolk, gesunken das stolze Ilion (= Troia) war, in Asche verraucht das neptunische Troia, trieben uns die Verbannung, in ferne, verödete Länder Götterbefehle. Wir bauten am Fuße des phrygischen Ida, hart an der Stadt Antandros, die Flotte, nicht wissend und ahnend, wohin das Schicksal uns führe und wo es uns Ruhe vergönne. Doch wir sammeln die Männer. Kaum hatte der Sommer begonnen und Anchises geboten, dem Schicksal die Segel zu hissen, da verlass ich mit Tränen die Küste der Heimat, den Hafen und das Gebiet, wo Ilion stand; schon fahr ich, vertrieben, mit den Genossen, dem Sohn (= Ilos), den Penaten (= Familiengötter) und mächtigen Göttern." (Ilias, 3. Gesang, Übersetzung: L. Neuffers/W. Plankl)

Anchises, der Vater des Aeneas, stammte aus Troia. Nach dem Untergang Troias zog Aeneas nach langen Irrfahrten nach Italien, wo er eine trojanische Siedlung im italischen Latium gründete und eine italische Braut namens Lavinia ehelichte. Aus dieser Ehe stammt Julus, der Stammvater des julischen Geschlechtes.

Der berühmte Julius Cäsar, der die Geschicke Roms von 60–44 v. Chr. lenkte, führte sich auf das Patriziergeschlecht der Julier zurück, das sich in seiner Abstammung seit dem 2. Jh. v. Chr. auf Ilos bzw. Julus, einer der Söhne des Aeneas berief. Nicht von ungefähr kam das Gerücht, Cäsar wollte die römische Hauptstadt nach Troia zurückverlegen, was durch seine Ermordung durch Brutus vereitelt worden sei. Als sein Adoptivsohn Oktavian, der spätere Augustus (30 v. –14. n. Chr.), mit ähnlichen Ambitionen nach Troia zurückkehren möchte, warnt ihn der Dichter Horaz (65–8. v. Chr.): „Nur solange das Meer zwischen Rom und Ilion wallt, wird die römische Herrschaft dauern." Wie wir wissen hatte dann Konstantin d. Große mit dem Ausbau einer neuen römischen Hauptstadt an den Dardanellen begonnen, zunächst mit Troia, dann jedoch aus strategischen Gründen am Bosporus: Konstantinopel.

Als Paulus die Troas durchreist, profitiert auch er von der römischen Hochschätzung der Landschaft.

Die römischen Pilger, die an die Ursprungsstätten ihrer Götter reisen wollten, landeten im Hafen von Alexandria Troas und trafen dort eine blühende Infrastruktur an. Auch das historische Troia 35km nördlich war seit Cäsar wieder nach mehreren Erdbeben ansehnlich restauriert.

Paulus in Alexandria Troas

Die Stadt Troas hatte jedoch wie die Landschaftsbezeichnung Troas ihren Namen vom älteren Troia, das bereits Homer im 8. Jh. v. Chr. erwähnt, erhalten. Erst als Schliemann 1871–73 das echte Troia ausgrub, war klar geworden, dass man zwischen den Städten Troia und Troas zu unterscheiden hatte.

Wegen des sicheren Hafens wurde Alexandria Troas auch in römischer Zeit gerne von Schiffen angefahren. Reste einer Stadtmauer, eines Theaters und einer größeren Thermenanlage bezeugen noch heute die römische Vergangenheit.

Aufgrund des kurzen Hinweises in der Apostelgeschichte könnte man meinen, Paulus hätte dort nur kurz verweilt und sei dann rasch weitergereist. Die Dringlichkeit seiner Mission und die nächtliche Vision, die ihn nach Mazedonien in Europa dirigierte, legt dies nahe. Möglicherweise hat diese Eile auch der Schreiber des Timotheusbriefes empfunden, der Paulus zu Timotheus sagen lässt: „Wenn du kommst, bring den Mantel mit, den ich in Troas bei Karpus gelassen habe, auch die Bücher, vor allem die Pergamente." (2 Tim 4,13).

Doch auf der dritten Missionsreise kehrte Paulus wieder in Alexandria Troas ein, nun für eine Woche und da erfahren wir dann, dass es eine Gemeindegründung bereits während der zweiten Missionsreise gegeben haben muss (Apg 20,6-12; 2 Kor 2,12f). Mehr darüber soll später ausgeführt werden.

Günstige Winde vorausgesetzt, segelte Paulus mit seinen Gefährten zunächst ab: „So brachen wir von Troas auf und fuhren auf dem kürzesten Weg nach Samothrake und am folgenden Tag nach Neapolis." (Apg 16,11).

Die Insel Samothrake

Gut 100 km fuhr man mit dem Schiff von Alexandria Troas aus bis zur Insel Samothrake, weniger als eine Tagesfahrt. Die Insel vor der thrakischen Küste ermöglichte eine nächtliche Segelpause. Da die Navigation besonders bei Nacht in der Antike schwierig war, suchte man gerne mit Einbruch der Dämmerung einen sicheren Hafen auf. Das Reisetagebuch schien Paulus nicht viel Zeit auf der Insel gelassen zu haben. Doch Samaothrake hatte nicht nur einen Hafen am Westende der Nordküste, sondern auch eine berühmte Gebirgskette mit einem 1611m hohen Berg, auf dem nach Homer schon einst Poseidon den Kampf um Troia beobachtete (Ilias 13, 10-19). Die heutige Hafenstadt Palaiopolis birgt ein bedeutendes antikes Kabirenheiligtum. Kabiren meint nichts anderes als die Großmächtigen (Götter). In ihrem Heiligtum feierte man alljährlich im Sommer ein großes Fest. Dazu kamen Gesandtschaften aus ganz Griechenland, auch Sklaven und Kinder konnten zu den Feierlichkeiten zugelassen werden und mit rituellen Weihen in die Mysterienreligion eingeführt werden.[2] Die Thraker hatte im 2.Jt. die Insel neu besiedelt und die Kabiren mitgebracht. Bei ihrem Kult sprach man noch im 1. Jh. v. Chr. thrakisch. Wie beliebt er gewesen sein muss, beweist seine Existenz bis in 4. Jh. n. Chr. So lange sind die eine Woche währenden Feierlichkeiten belegt. Über den Mysterienkult selbst drang wenig an die Öffentlichkeit, da er für viele auch damals geheim blieb. Bekannt ist nur eine Einweihung in die Mysterien in zwei Graden, die besonderen Schutz gegen Seenot versprachen.

Bei Grabungsarbeiten fanden 1863 französische Archäologen im Kabirenheiligtum einen sehr imposanten Fund, die berühmte Nike von Samothrake, die heute im Louvre in Paris ausgestellt ist.

Als Paulus auf Samothrake landete, kann er die bedeutende Kultstätte mit ihren Feierlichkeiten erlebt haben. Nur wenig ergiebiger ist die Apostelgeschichte bzgl. der Mitarbeiter des Paulus, die auf der anschließenden Rückreise vom Hafen Neapolis, dem zur Stadt Philipi zugehörigen Hafen, fünf Tage bis nach Traos brauchen (Apg 20,6). Bei einer Entfernung, die man leicht in einer Zweitagesreise zurücklegen konnte, dürfte ein längerer Zwischenstop der Mitarbeiter auf Samothrake möglich gewesen sein. Die Insel hätte von ihrer kulturellen Bedeutung einen längeren Aufenthalt gerechtfertigt. Doch wo die Quellen schweigen, ist der Phantasie keine Grenze gesetzt.

Neapolis, der Hafen von Philippi

Mit Neapolis betreten Paulus und seine Begleiter nicht nur den Hafen von Philippi, sie gehen jetzt auch in einer neuen römischen Provinz an Land: Mazedonien. Paulus hatte schon zuvor mehrmals römische Provinzen in Kleinasien und Syrien durchschritten, doch nun erreichte er Europa und ließ den Orient hinter sich. Was er antraf, war zunächst nicht griechisch-makedonisches Missionsfeld, sondern römisches. Der Hafen Neapolis hatte natürlich auch sein Geschichte. Gut 100 Jahre zuvor waren 42 v. Chr. die Cäsarmörder Brutus und Cassius mit ihrer Flotte hier eingelaufen, um an der berühmten Schlacht bei Philippi gegen Marcus Antonius und Octavian mit 19 Legionen (80.000 Mann) teilzunehmen.

Doch die langfristig bedeutendste Geschichte des Hafens schufen die Römer

•••

[2] Zu den Mysterien von Samothrake vgl. M. Giebel, Das Geheimnis der Mysterien. Antike Kulte in Griechenland, Rom und Ägypten, München 1990, 89-114.
[3] Cicero, prov. Cons. 4.

mit dem Bau der Via Egnatia, der römischen Straße, die die Adria mit der Ägäis im kürzesten Straßensystem verband. 535 Meilen waren es, ca. 750 km, von Apollonia (im heutigen Albanien) über Thessalonich bis zu ihren Endpunkt in Byzanz. Die 14 km vom Hafen bis hinauf nach Philippi konnte Paulus bequem auf der Römerstraße zurücklegen, sorgten die röm. Kaiser doch immer wieder für ein intaktes Straßensystem, um so militärische Unternehmungen auch reibungslos durchführen zu können. Cicero nannte sie daher die via militaris („Militärstraße").[3]

„Von Neapolis gingen wir nach Philippi, in eine Stadt im ersten Bezirk von Mazedonien, eine Kolonie." (Apg 16,12). Dort erwarteten Paulus neue Aufgaben und ein neues Missionsfeld. Seit der großen Schlacht hatte Philippi ein eindeutig römisches Gepräge.

TEIL 21
Philippi

Orte und Landschaften:
Antiochia – Derbe – Lystra – Ikonion –
Antiochia in Pisidien – Prygien –
galatisches Land – Mysien – Troas –
Samothrake – Neapolis – **Philippi** *–*
Amphipolis – Apollonia – Thessalonich –
Beröa – Athen – Korinth – Ephesus –
Caesarea – Antiochia

Philippi war eine Stadtgründung des Makedonenkönigs Philippus II., des Vaters Alexanders des Großen (356 v. Chr). Goldschätze im nahen Pangaion-Gebirge veranlassten die Gründung in einem noch nicht urbar gemachten Sumpfgebiet. Der Ort blieb dennoch lange recht unbedeutend. Denn als der König Aemilius Paullus nach der Schlacht von Pydna 168 v. Chr. Makedonien teilte, wurde nicht Philippi, sondern Amphipolis Hauptstadt des ersten makedonischen Bezirks. Strabo spricht noch im 1. Jh. v. Chr. von einer „kleinen Siedlung" im Zusammenhang mit der großen Schlacht im Jahr 42 v. Chr. zwischen Antonius und Octavian auf der einen Seite sowie den Cäsarmördern Brutus und Cassius auf der anderen Seite.

Die große Schlacht fand nur 3 Kilometer westlich der Siedlung statt, doch in der Folge sollte sie zu einer römischen Kolonie aufrücken.

Antonius nannte sie Colonia Victrix Philippensium, siedelte zahlreiche entlassene Legionssoldaten an, stattete die Veteranen mit wirtschaftlichen Mitteln aus und versorgte sie, wie in einer typischen römischen Kolonie üblich, mit zahlreichen kulturellen Einrichtungen und wirtschaftlichen Privilegien. Als 31 v. Chr. Antonius und Kleopatra in einer großen Seeschlacht bei Actium gegen den einstigen Bundesgenossen Octavian, den späteren Kaiser Augustus, verloren, deportierte er die alten antoniusfreundlichen Bundesgenossen aus Italien nach Philippi und siedelte weitere Kriegsveteranen an. Augustus gründete die Kolonie nochmals neu und nannte sie nun nach seinem julischen Familiengeschlecht Colonia Iulia Philippensis. Philippi wurde zu einer typischen römischen Militärkolonie, die jedoch nicht nur von Veteranen, sondern

Die zweite Missionsreise

auch von zahlreichen Zivilbürgern bevölkert wurde.

Als Paulus 49/50 n. Chr. in Philippi eintraf, fand er eine blühende Stadt vor, die wesentlich von ihren römischen Bürgern, weniger von griechisch-makedonisch-thrakischen Bevölkerungsanteilen geprägt wurde.

Nichtchristliche Kulte

Die in Philippi verehrten Gottheiten sind dank zahlreicher Inschriften, Reliefs und Kultbauten gut bezeugt. Da sind einmal die von den Römern mitgebrachten offiziellen Staatsgötter Jupiter, Juno, Minerva, Mercur und Mars zu nennen, dann die dem ländlichen Charakter der Stadt entsprechenden Land- und Fruchtbarkeitsgötter Liber (= Dionysos), Hercules, Vetumnus und besonders Silvanus, eine Wald- und Feldgottheit.

Den vergöttlichten Kaiser Augustus mit seinem Kult belegen Inschriften wie „Divus Iulius Augustus". Während die offiziellen Götter in Marktplatznähe und in der Unterstadt verehrt wurden, bezeugen Inschriften am Fuße des Akropolishügels die mehr privaten Gottheiten. Gehört Dionysos zu den ältesten verehrten Gottheiten in Philippi und ist griechischen Ursprungs, so sind noch die thrakische Göttin Bendis, von den Griechen und Römern als Artemis bezeichnet, und der Thrakische Reiter als männliche Gottheit zu nennen. Im Akropolishügel sind nicht weniger als 70 Reliefs belegt, die die Göttin Bendis/Artemis verehren. Immer geht es in der thrakischen Religion um das Thema des Weiterlebens nach dem Tod. Nicht selten sind die Kulte in einer Verschmelzung mit der griechisch-römischen Religion anzutreffen. So kann die Göttin Bendis als Göttin der Jagd (Artemis) auftreten oder als Göttin der Unterwelt. Je nach Funktion ist sie mit verschiedenen Attributen ausgezeichnet. Als Jagdgöttin trägt sie Pfeil und Bogen, als Unterweltgöttin einen Zweig. Er ist Symbol der Unsterblichkeit oder Abwehrzauber gegen Todesmächte.

Auf der Akropolis der Stadt konnte auch ein Heiligtum mit ägyptischen Göttern nicht fehlen. Isis und Serapis bezeugen Leben spendende und vollendende Eigenschaften. Manche Übereinstimmungen mit christlichen Vorstellungen über ein Leben des Menschen nach dem Tod haben hier verblüffende Parallelen. So mag es nicht wundern, wenn Gottesfürchtige ein offenes Ohr für die paulinische Botschaft hatten.

Die römischen Bevölkerungsteile der Stadt und die makedonisch-thrakische Landbevölkerung haben über die Jahrhunderte hin ein Religionsgemisch hervorgebracht, das allein durch die Namen der Inschriften und zahlreichen Reliefs auf einen blühenden Synkretismus (= Religionsverschmelzung) hinweist, mit dem Paulus sich in der Stadt auseinander zu setzen hatte.

Inwieweit sich eine namhafte jüdische Bevölkerungsgruppe unter den Bewohnern der Stadt befand, konnte archäologisch bislang nicht nachgewiesen werden. Doch scheint Lukas gut informiert zu sein, wenn er von einer jüdischen Gebetsstätte außerhalb der Stadt am Fluss (Gangites) weiß.

Lydia, die erste Christin Europas

„Wir gingen nach Philippi, in eine Stadt im ersten Bezirk von Makedonien, eine Kolonie. In dieser Stadt hielten wir uns einige Tage auf. Am Sabbat gingen wir durch das Stadttor hinaus an den Fluss, wo wir eine Gebetsstätte vermuteten." (Apg 16,12-13).

Gebetsstätten lagen häufig am Fluss, da die rituellen Reinigungen so einfacher vorgenommen werden konnten. Aber warum mussten Paulus und seine Begleiter eine Gebetsstätte suchen, nachdem sie schon einige Tage in der Stadt waren? Hatten sie niemanden gefunden, den sie fragen konnten? Gab es keine Synagoge in der Stadt? Wollten sie alleine sein? Die Apostelgeschichte macht darüber keine Aussage.

„Wir setzten uns und sprachen zu den Frauen, die sich eingefunden hatten." (Apg 16,13b).

Der Ort der Glaubensunterweisung vor der Stadt war wohl keine Synagoge, denn um einen regulären jüdischen Sabbatgottesdienst feiern zu können, müssten mindestens 10 Männer anwesend sein. Es ist aber nur von Frauen die Rede. Das griechische Wort proseuché (= das Gebet) kann zwar die Synagoge bezeichnen, aber hier wird es für eine jüdische Gebetsstätte unter offenem Himmel[1] stehen, wo sich am Sabbat einige Frauen aus dem Kreis der Gottesfürchtigen zum Gebet und anschließenden Picknick trafen.

„Eine Frau namens Lydia, eine Purpurhändlerin aus der Stadt Thyatira, hörte zu; sie war eine Gottesfürchtige und der Herr öffnete ihr Herz, sodass sie den Worten des Paulus aufmerksam lauschte." (Apg 16,14).

Lydia ist eine Purpurhändlerin[2], nicht die Frau eines Purpurhändlers, ein Single, wie wir heute sagen, – sie scheint eine ungewöhnliche Frau zu sein, die als die erste Christin Europas gilt.

Das antike **Purpur** *wurde aus Purpurschnecken, Meeresschnecken, hergestellt und zwar aus Schneckenschleim, nicht aus den ganzen Schnecken. Man sammelte die Schnecken in Kesseln, ließ sie anfaulen, setzte Salz zu und ließ sie 10 Tage köcheln, bis die Menge sich auf ein Zwanzigstel reduziert hatte. Dieser Extrakt war noch gelblich trübe, auch die damit gefärbte Wolle; erst durch die Bestrahlung mit Sonnenlicht entwickelte sich die violette Farbe, die Farbe der Extravaganz, die antike Herrscherfarbe. Das Färben eines Kilogramms Purpurwolle kostete trotz preisgünstiger Purpurschnecken und billiger Arbeitskräfte umgerechnet 6000 bis 7000 DM.*

Eine allein stehende Geschäftsfrau, wohlhabend und einflussreich, sie passt eigentlich gar nicht in das Bild, das wir von den Frauen um das Jahr 50 n. Chr. haben.

Unsere Purpurhändlerin, eine Modedesignerin, ist Ansprechpartnerin für viele Fragen und pflegt ähnlich wie heute

•••

[1] Anders M. Hengel, Proseuche und Synagoge, in: Tradition und Glaube (FS f. K.G. Kuhn), Göttingen 1971, 157-184, 175, der unter proseuché "ein wirkliches Gebäude" versteht.
[2] I. Richter Reimer, Frauen in der Apostelgeschichte des Lukas. Eine feministisch-theologische Exegese, Gütersloh 1992, 91-161.

Die zweite Missionsreise

Frisörinnen oder Kosmetikerinnen neben ihrem eigentlichen Beruf häufig auch die Funktion einer Beichtmutter. Und weil Purpurstoffe ein sehr teures Produkt sind, kommen als Kunden und Kundinnen nur begüterte und einflussreiche Menschen zu ihr. Vielleicht weiß Lydia von ihnen, wahrscheinlich hat sie es aber auch selber gespürt, dass Geld, Besitz und Einfluss alleine nicht den Sinn des Lebens, den Lebensinhalt ausmachen können. Geld und Reichtum für sich machen nicht glücklich. Aber was kann es sein? Lydia war schon auf dem richtigen Weg, denn für eine Frau in ihrer Position war es nicht selbstverständlich, den Laden einen Tag zu schließen und mit Freundinnen und ihrem Personal an den Fluss zu gehen, um Gottesdienst zu feiern.

Es wäre aufschlussreich zu hören, worüber Paulus spricht, wovon eine Frau wie Lydia angesprochen wird, so angesprochen wird, dass sie sich und ihr Haus sogleich taufen lässt.

„Als sie und alle, die zu ihrem Haus gehörten, getauft waren, bat sie: Wenn ihr überzeugt seid, dass ich fest an den Herrn glaube, kommt in mein Haus und bleibt da. Und sie drängte uns." (Apg 16,15).

Paulus lässt sich von Lydia überreden. Sie drängt ihn, wenn du von meinem Glauben überzeugt bist, dann komm in mein Haus. Lydia wollte als Kind Gottes mit den Augen Gottes angeschaut werden, mit den Augen der Liebe, der Agape, die um den Aufbau und das Wachstum der Kirche in den Gemeinden besorgt sind. Glauben kann man gut in der Gemeinschaft, Lydia weiß das und sie öffnet ihr Haus. Sie möchte es sogar erzwingen. Als reiche Frau hat sie die Möglichkeit, ihr Haus und ihr Vermögen zur Verfügung zu stellen für die Sache Gottes. Als Paulus und Silas das Gefängnis in Philippi verlassen, wenden sie sich wieder an das offene Haus der Lydia, es ist inzwischen zu einem Treffpunkt der Gemeinde geworden.

„Vom Gefängnis aus gingen die beiden zu Lydia. Dort fanden sie die Brüder, sprachen ihnen Mut zu und zogen weiter." (Apg 16,40).

Lydia, die reiche Purpurhändlerin, hat uns vorgemacht, wie Kirche ausschauen kann. Die Kirche braucht heute, vielleicht gerade heute wieder „Gasthäuser", in denen Menschen getröstet werden, in denen zugehört und in denen der Hunger gestillt wird. Unsere Gesellschaft braucht offene Menschen in offenen Häusern. Nicht in der Art von „big brother", sondern offene Häuser, in denen Gastfreundschaft herrscht. Jesus hat die Gastfreundschaft oft verwendet als ein Symbol für das Reich Gottes. Lydia hat es erkannt: Gott möchte erst unser Herz und dann unser Haus öffnen für andere Menschen.

Im Haus der Lydia beginnt die Gemeinschaft, die Tischgemeinschaft, die Hauskirche, die Kirche in Europa. Dies war ein stiller, kein triumphaler Beginn, aber es war der Beginn einer unaufhaltsamen, überzeugenden Glaubensgemeinschaft.

Offen muss bleiben, wie es mit dieser sympathischen Hausgemeinde um Lydia weiterging.

Die Sklavin und der Gefängniswärter

Ebenso offen bleibt der Fortgang jener Sklavin, die mit einem Wahrsagegeist für ihren Herrn „großen Gewinn einbrachte". Als Paulus den Geist austrieb, konnte sie zwar „den Weg des Heils" gehen, doch ist nicht überliefert, ob sie sich Lydia oder Paulus anschloss.

Die Überlieferung hat viel eher im Sinn, was aus jenen Herren wurde, die nun ohne die Einnahmequelle der Wahrsagerei dastanden.

„Als aber ihre Herren sahen, dass sie keinen Gewinn mehr erwarten konnten, ergriffen sie Paulus und Silas, schleppten sie auf den Markt vor die Stadtbehörden, führten sie den obersten Beamten vor und sagten: Diese Männer bringen Unruhe in unsere Stadt. Es sind Juden; sie verkünden Sitten und Bräuche, die wir als Römer weder annehmen können noch ausüben dürfen." (Apg 16,19-21).

Der Text macht deutlich, dass Paulus und Silas in Philippi nicht als Christen wahrgenommen wurden, sondern als Juden. Der Exorzismus, den Paulus an der Sklavin durchführte, wurde von der Außenwelt als eine jüdische Angelegenheit eingeschätzt. Das ist nicht weiter verwunderlich, hatten die Heiden doch erst vor einiger Zeit in Antiochia am Orontes für die Jesusanhänger den Namen „Christen" (Apg 11,26) geschaffen, der sie von den Juden unterschied. Deutlich wird auch, dass der jüdische Sonderweg, den Rom der jüdischen Religion zugebilligt hatte (religio licita), unter der Bevölkerung nicht unumstritten war. „Die Sitten und Bräuche", auf die unser Text anspielt, sind Eigentümlichkeiten des Judentums wie Beschneidung, Sabbatgebot, Sondergerichtsbarkeit, Speisevorschriften und vieles mehr. Mit ihnen möchte ein römischer Bürger nichts zu tun haben. Eine Proselytenwerbung, so wurde dieser Fall wohl gesehen, wollte man nicht billigen. Hinzu kommt, dass die Diasporarömer, so wollen wir sie einmal nennen, also jene Kolonierömer, die fernab der römischen Heimat lebten, eine besondere Verbindung zu den guten alten Sitten und Gebräuchen Roms pflegten. Diese konnten sie, um der eigenen Identität willen, nicht über Bord werfen.

Auf dem Forum (Markt) werden Paulus und Silas angeprangert. Es scheint nun aber eher zur Dramaturgie des Lukas zu gehören, dass Paulus nicht gleich an sein römisches Bürgerrecht erinnerte, sondern sich erst züchtigen und inhaftieren ließ.

„Da erhob sich das Volk gegen sie, und die obersten Beamten ließen ihnen die Kleider vom Leib reißen und befahlen, sie mit Ruten zu schlagen. Sie ließen ihnen viele Schläge geben und sie ins Gefängnis bringen; dem Gefängniswärter befahlen sie, sie in sicherem Gewahrsam zu halten. Auf diesen Befehl hin warf er sie in das innere Gefängnis und schloss zur Sicherheit ihre Füße in den Block." (Apg 16,22-24).

Aus dem gleichen dramaturgischen Gestaltungswillen erklärt sich das sonderbare Verhalten der inhaftierten Missionare.

„Um Mitternacht beteten Paulus und Silas und sangen Loblieder; und die Gefangenen hörten ihnen zu. Plötzlich begann ein gewaltiges Erdbeben, sodass die Grundmauern des Gefängnisses wankten. Mit einem Schlag sprangen die Türen auf und allen fielen die Fesseln ab." (Apg 16,25-26).

Vermutlich hat Lukas hier die wunderbare Errettung Inhaftierter vor Augen gehabt, wie sie für den ägyptischen Josef, aber auch für den inhaftierten Sokrates überliefert ist.

„Josef lobte den Herrn im Haus der Finsternis und pries mit heiterer Stimme freudig Gott ..., sodass man seine Stimme beim Gebet hören" konnte, wie es im Testament des Josef heißt." (Test Jos 8,5; 9,4).

Auch von Sokrates weiß Epiktet (Diss II, 6, 26), dass er im Gefängnis Loblieder schrieb.

Die wunderbare Errettung der eingekerkerten Missionare durch ein Erdbeben als Antwort auf den Lobpreis und die Lösung der Fesseln ist ein Motiv, wie es in Befreiungswunderüberlieferungen gängig ist. Auch der Gefängniswärter verhält sich, wie in Wundergeschichten mehrfach bezeugt.

Da ist nicht sonderlich Wert gelegt auf die Stimmigkeit der Erzählabfolge, wenn es heißt:

„Als der Gefängniswärter aufwachte und alle Türen des Gefängnisses offen sah, zog er sein Schwert, um sich zu töten; denn er meinte, die Gefangenen seien entflohen. Da rief Paulus laut: Tu dir nichts an! Wir sind alle noch da. Jener rief nach Licht, stürzte hinein und fiel Paulus und Silas zitternd zu Füßen." (Apg 16,27-29).

Woher weiß Paulus, der sich noch im finsteren Kerkerloch befindet, dass der Wärter sich mit dem Schwert umbringen will, und umgekehrt, woher weiß der Wärter, trotz Finsternis, dass sich noch alle Gefangenen im Gefängnis befinden?

Lukas steigert die Dramatik der Erzählung, um die Rettung umso größer erscheinen zu lassen. Auffällig ähnlich ist auch die Bekehrung des Gefängniswärters mit der Überlieferung der Bekehrung der Lydia geschildert: „Er führte sie hinaus und sagte: Ihr Herren, was muss ich tun, um gerettet zu werden? Sie antworteten: Glaube an Jesus, den Herrn, und du wirst gerettet werden, du und dein Haus. Und sie verkündeten ihm und allen in seinem Haus das Wort Gottes. Er nahm sie in jener Nachtstunde bei sich auf, wusch ihre Striemen und ließ sich sogleich mit allen seinen Angehörigen taufen. Dann führte er sie in seine Wohnung hinauf, ließ ihnen den Tisch decken und war mit seinem ganzen Haus voll Freude, weil er zum Glauben an Gott gekommen war." (Apg 16,30-34).

Neben Lydia leitet nun der Gefängniswärter eine weitere christliche Hausgemeinschaft, die offen ist für das junge Christentum in Philippi.

Verwundern mag uns bei dieser eindrücklichen Bekehrungsgeschichte, weshalb Paulus die beiden Gestalten Lydia und den namenlosen Gefängniswärter nicht in seinen Briefen erwähnt.

Der Apostel kennt in seinem Philipperbrief zwar eine Evodia und Syntyche oder einen Syzygos und Klemens und „andere Mitarbeiter" (Phil 4,2f), doch gerade diese beiden, die nach Lukas als erste Christen Hausgemeinschaften in der römischen Kolonie Philippi und damit in Europa leiten, erwähnt er nicht.

Damit stehen wir vor einer dunklen Stelle, die sich zwischen der Überlieferung der Apostelgeschichte und den Paulusbriefen nicht aufhellen lässt. Dunkel ist sie deshalb, weil Paulus die Christen in Philippi besonders ins Herz geschlossen hatte und die Gemeinde dort für ihn die Lieblingsgemeinde geblieben ist.

TEIL 22
Philippi – die Lieblingsgemeinde

Orte und Landschaften:
Antiochia – Derbe – Lystra – Ikonion –
Antiochia in Pisidien – Prygien –
galatisches Land – Mysien – Troas –
Samothrake – Neapolis – Philippi –
Amphipolis – Apollonia –
Thessalonich – Beröa *– Athen –*
Korinth – Ephesus – Caesarea –
Jerusalem – Antiochia

In Philippi war vieles anders. Dort hatten die Schwestern und Brüder den Apostel ins Herz geschlossen. Umgekehrt reagierte Paulus in überschäumender Freude. Ja, das Stichwort Freude scheint im Brief an die Philipper das wichtigste Wort, der Schlüssel zum rechten Verständnis zu sein. Es zieht sich durch bis zu seinem Ende und lässt manch mahnendes Wort in ein milderes Licht rücken.

Schon im Briefeingang, wir werden das antike Briefformular mit seinem Aufbau später noch näher beleuchten, begrüßt er seine Gemeinde mit den Worten: „Ich danke meinem Gott jedes Mal, wenn ich an euch denke; immer wenn ich für euch alle bete, tue ich es mit Freude und danke Gott dafür, dass ihr euch gemeinsam für das Evangelium eingesetzt habt vom ersten Tag an bis jetzt. Ich vertraue darauf, dass er, der bei euch das gute Werk begonnen hat, es auch vollenden wird bis zum Tag Christi Jesu. Es ist nur recht, dass ich so über euch alle denke, weil ich euch ins Herz geschlossen habe. Denn ihr alle habt Anteil an der Gnade, die mir durch meine Gefangenschaft und die Verteidigung und Bekräftigung des Evangeliums gewährt ist. Gott ist mein Zeuge, wie ich mich nach euch allen sehne mit der herzlichen Liebe, die Christus Jesus zu euch hat. Und ich bete darum, dass eure Liebe immer noch reicher an Einsicht und Verständnis wird, damit ihr beurteilen könnt, worauf es ankommt. Dann werdet ihr rein und ohne Tadel sein für den Tag Christi, reich an der Frucht der Gerechtigkeit, die Jesus Christus gibt, zur Ehre und zum Lob Gottes. Ihr sollt wissen, Brüder, dass alles, was mir zugestoßen ist, die Verbreitung des Evangeliums gefördert hat." (Phil 1,3-11).

Paulus ist glücklich, wenn er an seine Philipper denkt. Er betet mit Freude, weil er sie lieb gewonnen hat, und sehnt sich mit herzlicher Liebe nach ihnen. Wir dürfen nicht vergessen, Paulus sitzt, während er seinen Brief schreibt, (vermutlich) in Ephesus im Kerker und es geht ihm schlecht, ja, er ist im Gefängnis dem Tode nahe.

Die zweite Missionsreise

Den Philippern vertraut er an: „Darauf warte und hoffe ich, dass ich in keiner Hinsicht beschämt werde, dass vielmehr Christus in aller Öffentlichkeit – wie immer, so auch jetzt – durch meinen Leib verherrlicht wird, ob ich lebe oder sterbe. Denn für mich ist Christus das Leben, und Sterben Gewinn. Wenn ich aber weiterleben soll, bedeutet das für mich fruchtbare Arbeit. Was soll ich wählen? Ich weiß es nicht. Es zieht mich nach beiden Seiten: Ich sehne mich danach, aufzubrechen und bei Christus zu sein – um wie viel besser wäre das! Aber euretwegen ist es notwendiger, dass ich am Leben bleibe." (Phil 1,20-24).

Dieses Aufbrechen, um bei Christus zu sein, ist nichts anderes als eine beschönigende Sprache für das Martyrium. Paulus weiß aus der damals gängigen Märtyrertheologie, dass er dann, wenn er den Märtyrertod erleiden muss, „bei Christus" ist. Da gibt es kein Warten, keinen Verzug, kein Gericht mehr, der Märtyrer ist beim Herrn.

Aus dieser Not wächst die besondere Liebe und Sehnsucht nach den Christen in Philippi. Die positive Gemütsbewegung kann Paulus herstellen, nicht nur durch seine leibliche Gegenwart allein, sondern auch durch die ideellen Gedanken, die er in seinem Brief anklingen lässt. So empfiehlt er seinen Freunden: „Vor allem: Lebt als Gemeinde so, wie es dem Evangelium Christi entspricht. Ob ich komme und euch sehe oder ob ich fern bin, ich möchte hören, dass ihr in dem einen Geist fest steht, einmütig für den Glauben an das Evangelium kämpft und euch in keinem Fall von euren Gegnern einschüchtern lasst ... Wenn es also Ermahnung in Christus gibt, Zuspruch aus Liebe, eine Gemeinschaft des Geistes, herzliche Zuneigung und Erbarmen, dann macht meine Freude dadurch vollkommen, dass ihr eines Sinnes seid, einander in Liebe verbunden, einmütig und einträchtig, dass ihr nichts aus Ehrgeiz und nichts aus Prahlerei tut. Sondern in Demut schätze einer den andern höher ein als sich selbst. Jeder achte nicht nur auf das eigene Wohl, sondern auch auf das der anderen. Seid untereinander so gesinnt, wie es dem Leben in Christus Jesus entspricht." (Phil 1,27-28a; 2,1-4).

Paulus unterbricht die Empfehlungen in seinem Brief durch das Beispiel Christi, das er seinen Freunden mit Hilfe eines alten Christusliedes verdeutlicht. Es ist der älteste Hymnus auf Christus, der uns in der neutestamentlichen Literatur erhalten geblieben ist. Es geht darin um den Weg Christi, der vor aller Zeit beginnt, sich in seiner menschlichen Existenz fortsetzt, im grausamen Tod am Kreuz nicht zu Ende kommt, sondern dank göttlicher Initiative ein neues Ziel findet. Christus wird aus dem Tod in die göttliche Wirklichkeit gesetzt und zum Herrscher über die ganze Welt bestellt. Diese beispiellose Existenz macht Christus für alle Kreaturen zum Kyrios, zum Herrn, der Anbetung erfahren darf neben dem einzigen Gott.

Das älteste Christuslied

„Er war Gott gleich, hielt aber nicht daran fest, wie Gott zu sein, sondern er entäußerte sich und wurde wie ein Sklave und den Menschen gleich. Sein Leben war das eines Menschen; er erniedrigte sich und war gehorsam bis zum Tod, bis zum Tod am Kreuz.

Darum hat ihn Gott über alle erhöht und ihm den Namen verliehen, der größer ist als alle Namen, damit alle im Himmel, auf der Erde und unter der Erde ihre Knie beugen vor dem Namen Jesu und jeder Mund bekennt: ‚Jesus Christus ist der Herr' – zur Ehre Gottes, des Vaters" (Phil 2,6-11).

•

Die Sprache, die der Hymnus anschlägt, ist eine andere als die des Paulus. So kann seit E. Lohmeyer (Kyrios Jesus 1929) ein vorpaulinisches Christuslied angenommen werden, das der Apostel in seinen Brief einbaut. Anlass für dieses Zitat dürfte der in der Liturgie inzwischen vertraute Gesang gewesen sein, der den Gehorsam Jesu als Vorbild für ein gegenseitiges Dienen in der Gemeinde herausstellt.

Freude – Freude – Freude

Eine erste Zwischenbilanz des Briefes schließt Paulus mit dem Hinweis auf seine schwere Bedrängnis ab, die aber aufgehoben ist in seiner überschäumenden Freude: „Wenn auch mein Leben dargebracht wird zusammen mit dem Opfer und Gottesdienst eures Glaubens, freue ich mich dennoch, und ich freue mich mit euch allen. Ebenso sollt auch ihr euch freuen; freut euch mit mir!" (Phil 2,17-18). Nach einem Hinweis auf seine Mitarbeiter Timotheus und Epaphroditus, die durch ihre Botendienste eine Brücke zwischen Philippi und Ephesus herstellen (Phil 2,19-3), setzt Paulus zu einem zweiten Teil seines Briefes an. Bereits die Eröffnung macht wieder auf die innige Verbindung zwischen ihm und seiner Gemeinde aufmerksam: „Vor allem, meine Brüder, freut euch im Herrn! Euch immer das Gleiche zu schreiben wird mir nicht lästig, euch aber macht es sicher." (Phil 3,1).

Wer in einer glücklichen Verbindung lebt, der weiß, dass die schönen, wohl wollenden Dinge nicht oft genug gesagt werden können. Es ist nicht der pastorale Ton, der hier durchscheint, sondern die emotionale Nähe, die Paulus mit den Philippern verbindet. Nun haben wir es zwar mit einem Gemeindebrief und nicht mit einem Brief an einen Einzelnen zu tun, doch trägt er so eindeutig emotionale Züge, wie sie normalerweise nur in Briefen an Einzelpersonen vorkommen. Gerade die letztgenannte Passage liest sich wie ein Brief eines Freundes, der immer und immer wieder betont, wie groß seine Freude und Liebe gegenüber seines/r Geliebten ist. Vergleichen wir einmal antike und moderne Freundschafts- und Liebesbriefe, die eine ähnlich bekennende Ebene anschlagen.

So formuliert Cicero an seinen Freund Atticus (65 v. Chr.) über die intensive Beziehung, die sich herstellt durch das stetige Schreiben: „Höchstwahrscheinlich ärgerst du dich über meine täglichen Briefe, zumal ich dir nichts Neues zu berichten weiß und bald schon keinen Gedanken mehr finde, den ich zu Papier bringen könnte." (Att 8, 14,1). „Zwar weiß ich nichts zu schreiben; trotzdem schreibe ich dir, weil ich dabei mit dir zu plaudern meine" (Att 12, 53,1).

Hier wird deutlich, welch wichtige

Die zweite Missionsreise

emotionale Beziehung durch Briefeschreiben hergestellt werden kann. Auch der apokryphe Briefwechsel zwischen Seneca und Paulus (4. Jh.) lässt erkennen, was ein Brief bewirken und welche Nähe er herstellen soll: „Sooft ich deine Briefe lese, denke ich, du seist da, und stelle mir nichts anderes vor, als dass du allezeit bei uns bist."[1]

In diesem Sinne noch einmal Cicero an Atticus: „‚Muss ich denn Tag für Tag einen Brief von dir haben?' sagst du. Ja. Wenn ich eine Beförderungsmöglichkeit finde, Tag für Tag." (Att 7, 9,1).

Briefeschreiben schafft eine besondere vertraute Nähe, das hat sich über die Zeiten auch nicht geändert. Eine vertraute Stimmung kann man auch herauslesen zum Beispiel aus den Briefen Franz Kafkas an seine Verlobte Felice: „Zwei Briefe! Zwei Briefe! Wo ist der Sonntag, der in der Folge einer solchen Einleitung entsprechen könnte."[2] Einige Wochen später schreibt er: „Wenn du doch hier wärest! Ich rechne oft zum Spiel, in wie viel Stunden könnte ich schnellstens bei günstigsten Umständen bei dir sein, in wie viel Stunden du bei mir. Es ist immer zu lang, viel zu lang, so verzweifelt lang, dass man, selbst wenn nicht andere Hindernisse wären, schon angesichts dieser Zeitdauer sich zu dem Versuch nicht entschließen könnte ..."[3]

Über die Leidenschaft des Briefeschreibens und die sich daran ergebende innige Verbindung schreibt Franz Kafka in seinem Brief an Milena: „Was meinen Sie? Kann ich noch bis Sonntag einen Brief bekommen? Möglich wäre es schon. Aber es ist unsinnig, diese Lust an Briefen. Genügt nicht ein einziger, genügt nicht ein Wissen? Gewiss genügt es, aber trotzdem lehnt man sich weit zurück und trinkt die Briefe und weiß nichts, als dass man nicht aufhören will zu trinken. Erklären Sie das, Milena, Lehrerin!"[4]

Kehren wir wieder zum Gemeindebrief nach Philippi zurück, er atmet eine ebensolche vertraute Nähe und Liebenswürdigkeit.

„Darum, meine geliebten Brüder, nach denen ich mich sehne, meine Freude und mein Ehrenkranz, steht fest in der Gemeinschaft mit dem Herrn, liebe Brüder. Ich ermahne Evodia, und ich ermahne Syntyche, einmütig zu sein im Herrn. Ja, ich bitte auch dich, treuer Syzygos, nimm dich ihrer an! Sie haben mit mir für das Evangelium gekämpft, zusammen mit Klemens und meinen anderen Mitarbeitern. Ihre Namen stehen im Buch des Lebens. Freut euch im Herrn zu jeder Zeit! Noch einmal sage ich: Freut euch! Eure Güte werde allen Menschen bekannt. Der Herr ist nahe." (Phil 4,1-5).

Vermutlich erklärt sich der paulinische Überschwang auch aus der unmittelbaren Naherwartung des Herrn, eine Vorstellung, die das ganze Christentum der

---

•••

[1] Übersetzung: W. Schneemelcher, Neutestamentliche Apokryphen. II. Apostolisches – Apokalypsen und Verwandtes, Tübingen 5. Aufl. 1989, 46.
[2] F. Kafka, Briefe an Felice und andere Korrespondenz aus der Verlobungszeit. Hg. von E. Heller und J. Born, Frankfurt 1982, 118.
[3] Ebd., 234.
[4] F. Kafka. Briefe an Milena. Hg. von J. Born und M. Müller, Frankfurt 1986, 23.

ersten Generation mit Paulus teilt. Die Wiederkunft Christi wird in Bälde erwartet, nicht erst in Jahren oder Jahrzehnten. Damit kann Paulus seine Belastungen tragen und mit den Glaubensgeschwistern auch deren Leiden teilen: „Denn euch wurde die Gnade zuteil, für Christus da zu sein, also nicht nur an ihn zu glauben, sondern auch seinetwegen zu leiden. Denn ihr habt den gleichen Kampf zu bestehen, den ihr früher an mir gesehen habt und von dem ihr auch jetzt hört." (Phil 1,29-30).

Am Ende seines Briefes erwähnt Paulus noch eine ganz besondere Verbindung, die ihn mit den Philippern verbindet. Sie waren es, die ihm über alle Maßen nicht nur ihre Liebe, sondern auch ihr materielles Entgegenkommen gezeigt haben. Er hat sich, wie er im 2. Korintherbrief sagt, von ihnen „aushalten" lassen, um vielen weiteren Christen zu helfen: „Andere Gemeinden habe ich ausgeplündert und Geld von ihnen genommen, um euch dienen zu können." (2 Kor 11,8).

Mit einem Bild aus der Sprache von Geschäftsleuten argumentiert Paulus gegenüber den Philippern: „Ihr wisst selbst, ihr Philipper, dass ich beim Beginn der Verkündigung des Evangeliums, als ich aus Mazedonien aufbrach, mit keiner Gemeinde durch Geben und Nehmen verbunden war, außer mit euch, und dass ihr mir in Thessalonich und auch sonst das eine und andere Mal etwas geschickt habt, um mir zu helfen. Es geht mir nicht um die Gabe, es geht mir um den Gewinn, der euch mit Zinsen gutgeschrieben wird. Ich habe alles empfangen und habe jetzt mehr als genug. Mir fehlt nichts mehr, seit ich von Epaphroditus eure Gaben erhielt, ein schönes Opfer, eine angenehme Opfergabe, die Gott gefällt." (Phil 4,15-18). Im ähnlichen Bild einer Gewinn- und Verlustrechnung hatte Paulus zuvor schon gesagt, was seine Lebensmitte ausmacht: „Was mir früher ein Gewinn war, das habe ich um Christi willen als Verlust erkannt. Ja, noch mehr: Ich sehe alles als Verlust an, weil die Erkenntnis Christi Jesu, meines Herrn, alles übertrifft. Seinetwegen habe ich alles aufgegeben und halte es für Unrat, um Christus zu gewinnen." (Phil 3,7-8).

Der Philipperbrief

Paulus hat den eben in Ausschnitten zitierten Philipperbrief im Jahr 54 oder 55 n. Chr., also ca. 5 Jahre nach seiner Gemeindegründung, verfasst.

Seit dieser Zeit sind die Kontakte nicht abgebrochen. Zweimal ist er seither nochmals in Philippi gewesen. Gesandtschaften aus Philippi haben ihn erreicht. Nach W.-H. Ollrog muss man mit wenigstens vier Reisen von Philippi nach Ephesus oder umgekehrt rechnen.[5] Zwar haben sich in der Zwischenzeit auch Irrlehrer eingeschlichen (Phil 3,2-21), doch die Gemeinde ist ihrem Erstverkünder treu geblieben.

Da der Brief nach modernen Maßstäben nicht einheitlich strukturiert ist, haben viele Forscher aus dem uns heute vorliegenden Brief zwei machen wollen.

•••
[5] W.-H. Ollrog, Paulus und seine Mitarbeiter. Untersuchungen zu Theorie und Praxis der paulinischen Mission (WMANT 50), Neikirchen 1979, 60.

Die zweite Missionsreise

Vor allem der weniger freudige Ton, den Paulus mit Blick auf judaisierende Gegner in Phil 3,2-21 anschlägt, hat dazu geführt, einen eigenständigen späteren „Kampfbrief" herauszutrennen, der dann noch etwas später in den älteren freundlichen Brief integriert wurde. Doch sind die Argumente nicht zwingend, weshalb hier die Einheitlichkeit des Briefes vertreten wird.

Polykarp von Smyrna

Als Polykarp von Smyrna zwei Generationen später (130 n. Chr.) seine Briefe an die Philipper schreibt, kann er feststellen, dass die Gemeinde fest und typisch paulinisch verankert ist: „Weder ich noch sonst jemand wie ich kann an die Weisheit des berühmten seligen Paulus heranreichen. Er war damals persönlich bei euch und hat euch die Wahrheit geschrieben und gründlich gelehrt. Aus der Ferne hat er euch Briefe geschrieben. Wenn ihr sie beherzigt, könnt ihr gefestigt werden in dem Glauben, der euch geschenkt worden ist." (PolyPhil 3,2, Übers. K. Berger).

Zwar spricht Polykarp auch von „Briefen", die Paulus geschrieben hat, doch ist dies noch kein Argument gegen die Einheitlichkeit des paulinischen Philipperbriefes. Denn Polykarp kann unter „Euch immer das Gleiche zu schreiben" (Phil 3,1) mehrere Paulusbriefe verstanden haben. Oder er kann die drei Briefe (Phil, 1.+2. Thess) meinen, die Paulus nach Mazedonien sandte. Für Polykarp ist entscheidend, dass Paulus nachhaltigen Eindruck in Philippi hinterlassen hat.

TEIL 23
Thessalonich – Die Missionsstrategie

Orte und Landschaften:
Antiochia – Derbe – Lystra – Ikonion –
Antiochia in Pisidien – Prygien –
galatisches Land – Mysien – Troas –
Samothrake – Neapolis – Philippi –
Amphipolis – Apollonia –
Thessalonich – Beröa –
Athen – Korinth – Ephesus – Caesarea –
Jerusalem – Antiochia

Nachdem Paulus, Silas und Timotheus aufgrund einer Ausweisung Philippi vorzeitig verlassen hatten, zogen sie entlang der Militärstraße, der Via Egnatia, weiter westwärts: „Auf dem Weg über Amphipolis und Apollonia kamen sie nach Thessalonich. Dort hatten die Juden eine Synagoge." (Apg 17,1).

Die Entfernung von Philippi nach Amphipolis (60 km), dann nach Apollonia (40 km) und schließlich nach Thessalonich (50 km) konnte die Reisegesellschaft zu Fuß in ca. einer Woche zurücklegen.

Amphipolis war damals eine einflussreiche Metropole. Als Hauptstadt des ersten makedonischen Bezirks hatte der auf einem Bergrücken und am Unterlauf des Strymonaflusses gelegene Ort eindeutig mehr Einfluss als Philippi. Und doch kam es hier wie auch in Apollonia nicht zu einer Gemeindegründung des Paulus. Der Grund für den raschen Durchzug der Missionare dürfte in der fehlenden Präsenz einer jüdischen Gemeinde liegen.

Das Reisetagebuch der Apostelgeschichte erwähnt erst für Thessalonich wieder Juden und eine Synagoge. Trotz spärlicher Angaben, die auch für die makedonische Hauptstadt Thessalonich skizzenhaft bleiben, kann in der Zusammenschau mit anderen Orten ein grundsätzliches Missionskonzept des Apostels ermittelt werden.

Die Missionsstrategie

Wie sieht eine Erstmissionierung des Apostels aus? Lukas schildert in der Apostelgeschichte ein Missionierungsschema, das der Apostel der Heiden grundsätzlich so auch vertreten haben dürfte:[1]

Paulus kommt mit seinen Mitarbeitern in eine fremde Stadt und trifft dort, gemäß dem jüdischen Weltbild, auf Juden und Nichtjuden (hebräisch: Gojim). Gibt es am Ort keine Juden, so ziehen sie

•••

[1] E.P. Sanders, Paulus. Eine Einführung, Stuttgart 1995, 29f, vertritt die Ansicht, der missionarische Erstkontakt in den Synagogen sei lukanisches Konzept, Paulus habe Heidenmission betrieben (Gal 2,7f), weshalb das jüdische Volk als Thema nur in Röm 9-11 thematisiert werde. Dagegen stehen die vorlukanischen Überlieferungen, die eine jüdische Missionierung kennen (z.B. Jason in Thessalonich, Apg 17,5-9). Auch steht dagegen die Missionierung der "Gottesfürchtigen", die gerade in den Synagogen anzutreffen waren (z.B. Lydia, Apg 16,3-5). Wenn sich Paulus über das Schicksal des jüdischen Volkes ausführlich nur in Röm 9-11 äußert, so ist die Erwählung und die bleibende Heilsrelevanz der Juden immer wieder Thema in seinen Briefen. Es bleibt dabei, Paulus hat schwerpunktmäßig Heidenmission betrieben, zunächst aber bei seinen Glaubensbrüdern Erstkontakte geknüpft.

weiter, findet sich eine jüdische Gemeinde, so sind die älteren Glaubensgeschwister ein erster Anlaufpunkt. Manche uns heute interessierende Fragen wie Übernachtungsmöglichkeiten, Gastfreundschaft und Alltagsgespräche bleiben unerwähnt. Lukas überliefert nur theologisch verwertbare Daten. So gehen die Missionare zunächst in die Synagoge oder einen anderen Versammlungsort und verkünden anhand eines Textes der Hl. Schrift ihren Messiasglauben (vgl. Apg 9,20; 13,5.14; 14,1; 17,1-2.10.17; 18,4; 19,8). Die Juden sind darüber begeistert oder entrüstet, sie nehmen den Missionar und seine Mitarbeiter herzlich auf oder verweisen sie aus der Stadt. Zuvor kann es je nach Einfluss der jüdischen Bevölkerung zu einer Anklage vor dem Magistrat der Stadt, zu einer Züchtigung, Kerkerhaft und Ausweisung kommen.

Lukas hat für Thessalonich nicht mehr Informationen als die uns überlieferten skizzenhaften, stark schematischen Ausführungen: „Nach seiner Gewohnheit ging Paulus zu ihnen und redete an drei Sabbaten zu ihnen, wobei er von den Schriften ausging. Er legte sie ihnen aus und erklärte, dass der Messias leiden und von den Toten auferstehen musste. Und er sagte: Jesus, den ich euch verkünde, ist dieser Messias. Einige von ihnen ließen sich überzeugen und schlossen sich Paulus und Silas an, außerdem eine große Schar gottesfürchtiger Griechen, darunter nicht wenige Frauen aus vornehmen Kreisen.

Die Juden wurden eifersüchtig, holten sich einige nichtsnutzige Männer, die sich auf dem Markt herumtrieben, wiegelten mit ihrer Hilfe das Volk auf und brachten die Stadt in Aufruhr. Sie zogen zum Haus des Jason und wollten die beiden vor das Volk führen. Sie fanden sie aber nicht. Daher schleppten sie den Jason und einige Brüder vor die Stadtpräfekten und schrien: Diese Leute, die die ganze Welt in Aufruhr gebracht haben, sind jetzt auch hier und Jason hat sie aufgenommen. Sie alle verstoßen gegen die Gesetze des Kaisers; denn sie behaupten, ein anderer sei König, nämlich Jesus.

So brachten sie die Menge und die Stadtpräfekten, die das hörten, in Erregung. Diese nahmen von Jason und den anderen eine Bürgschaft und ließen sie frei.

Die Brüder schickten noch in der Nacht Paulus und Silas weiter nach Beröa. Nach ihrer Ankunft gingen sie in die Synagoge der Juden." (Apg 17,2-9.10).

Die zweite Szene führt den jüdischen Quartiergeber Jason ein. Da bereits „einige Brüder" im Haus des Jason vorausgesetzt werden, scheint dieser Abschnitt nicht auf den unmittelbaren Beginn der Mission in Thessalonich hinzuweisen, sondern auf eine spätere Phase des Aufenthalts. Jason ist bereits Christ und sein Haus ist Versammlungsort für die entstehende Christengemeinde geworden, vergleichbar den Häusern der Lydia und des Gefängnisaufsehers in Philippi. In der nachbiblischen Überlieferung wird dieser Jason zum ersten Bischof der Metropole.

Mit Paulus darf angenommen werden, dass das Missionsteam auch in Thessalonich zusätzlich von Philippi aus materiell unterstützt wurde. Denn fünf Jahre später erinnert Paulus die Philipper noch an eine großzügige Geste: „Ihr wisst selbst, ihr Philipper, dass ich beim Beginn der Verkündigung des Evangeliums, als ich aus Makedonien aufbrach, mit keiner Gemeinde durch Geben und Nehmen verbunden war, außer mit euch, und dass ihr mir in Thessalonich und auch sonst das eine und andere Mal etwas geschickt habt, um mir zu helfen." (Phil 4, 15-16).

•

Kommen wir wieder zur grundsätzlichen Missionsstrategie zurück. Neben den Juden besteht der größere Rest der religiösen Menschheit aus Nichtjuden, den Heiden. Hier ragen die Gottesfürchtigen heraus, denn sie sind von der jüdischen Religion fasziniert, gehen deshalb am Sabbat in die Synagoge, um vom Gott der Juden mehr zu hören. Weil sie gegenüber religiösen Reformen offener zu sein scheinen, hören sie auch bereitwilliger auf das paulinische Wort. So hören sie in den Auslegungen der Schrift die Freiheit des Evangeliums von Jesus Christus heraus, ist es doch eine Freiheit ohne nennenswerte Verpflichtungen. Allein der Glaube soll das alltägliche Leben frei machen von seinen Zwängen und Sinn stiften über den Tag hinaus. Das ist mehr als das, was Gottesfürchtige bislang bei den Juden gehört hatten. Entsprechend höher ist die Bereitschaft dieser religiös suchenden Menschen, die paulinische Botschaft anzunehmen.

Aber auch die anderen Heiden der Antike sind keine primitiven Götzendiener, wie der Ägyptologe Jan Assmann sie einmal zu Recht verteidigt hat. Auch sie sind vielerorts religiös suchende Menschen und haben häufig ein offenes Ohr für die paulinische Botschaft. Wie sonst wäre die heidenchristliche Mission des Apostels möglich und am Ende so erfolgreich gewesen.

Wer sind die Heiden, die meist undifferenziert genannt werden? Da der Begriff „Heide" eine Aussage bezüglich der Religion und nicht der Volkszugehörigkeit macht, kann die städtische Bevölkerung schlecht nach ihrer Volkszugehörigkeit und ihrem Status (Bürger, Sklaven, Fremde) differenziert werden. Weil die Städte und gerade die Hafenstädte weltweit frequentiert werden, muss mit allerlei Heiden-Menschen, Religionen und Religionsausübungen gerechnet werden.

Am Beispiel einiger Herren der Stadt Philippi, die mit dem Wahrsagegeist einer Magd Geschäfte machen, lässt sich noch aufzeigen, wie die paulinische Botschaft bei Heiden aufgenommen wurde: Sie erkennen in Paulus und seinen Mitarbeitern nicht die originär christliche Botschaft, sondern die jüdische. Vor dem Magistrat der Stadt beklagen sie ihren Imageverlust, den angeblich Juden verursacht haben: „Diese Männer bringen Unruhe in unsere Stadt. Es sind Juden; sie verkünden Sitten und Bräuche, die wir als Römer weder annehmen können noch ausüben dürfen." (Apg 16,20-21).

Zutreffend dürfte beschrieben sein, mit welch drakonischen Strafen der Magistrat der Stadt gegen „Unruhestifter" vorging. „Die obersten Beamten ließen ihnen die Kleider vom Leib reißen und befahlen, sie mit Ruten zu schlagen. Sie ließen ihnen viele Schläge geben und sie ins Gefängnis bringen; dem Gefängniswärter befahlen sie, sie in sicherem Gewahrsam zu halten." (Apg 16,22f) Paulus selbst nimmt in seinem Brief an die Thessalonicher auf diese Tortur Bezug: „Wir hatten in Philippi viel zu leiden und wurden misshandelt." (1 Thess 2,1).

Wie lange bleibt Paulus in einer Gemeinde, bevor er weiterzieht?

Meist sind es einige Wochen oder Monate. Freiwillig oder wegen der Witterungsverhältnisse im Winter gezwungenermaßen auch länger.

Die Angaben der Apostelgeschichte und der Paulusbriefe sind spärlich oder ungenau. Für Philippi fehlen die Zeitangaben. Im Thessalonicherbrief redet Paulus an drei Sabbaten in der Synagoge (Apg 17,2). Daraus schließen zu wollen, er habe sich nur drei Wochen dort aufgehalten, ist freilich gewagt.

In Korinth verweilt Paulus „ein Jahr und sechs Monate" (Apg 18,11), in Ephesus drei Jahre (Apg 20,341). In solch langer Zeit lässt sich eine Gemeinde begleiten und aufbauen.

Korinth und Ephesus sind Stützpunkte auch für eine andere Art von Missionsstrategie. Hier schreibt Paulus seine Briefe: In Korinth den Thessalonicherbrief und Römerbrief, in Ephesus den Galater, Philipper-, Philemon- und große Teile der beiden Korintherbriefe, die wiederum aus mehreren Briefen zusammengesetzt sind.

Briefe ersetzen gemäß der antiken Brieftheorie Paulus' persönliche Anwesenheit. Sie sind eine angemessene, manchmal sogar die bessere Form der Kommunikation mit starker Wirkkraft.

Die zweite Missionsreise

Als Paulus seinen Galaterbrief schreibt, ist er sichtlich erregt. Alle Briefkonvention lässt er hinter sich, nämlich ein Schreiben erst mit einem Dank und nicht gleich mit einer Schelte zu beginnen (Gal 1,4-9). Auch das Schlusswort zeugt noch von sichtlicher Aufregung: „In Zukunft soll mir niemand mehr solche Schwierigkeiten bereiten. Denn ich trage die Zeichen Jesu an meinem Leib." (Gal 6,17).

In solchem Fall mag ein Brief hilfreicher sein als ein persönlicher Besuch. Doch paradoxerweise sagt Paulus gerade im Galaterbrief: „Ich wollte, ich könnte jetzt bei euch sein und in anderer Weise mit euch reden; denn euer Verhalten macht mich ratlos." (Gal 4,20).

Das persönliche Gegenüber scheint allen anderen Kommunikationsformen überlegen zu sein. Und doch sagt Paulus im Falle der Gemeinde in Korinth von sich selbst: „Ich rufe Gott zum Zeugen an und schwöre bei meinem Leben, dass ich nur, um euch zu schonen, nicht mehr nach Korinth gekommen bin ... Ich entschloss mich also, nicht noch einmal zu euch zu kommen und euch zu betrüben." (2 Kor 1,23; 2,1).

Grundsätzlich lässt sich vieles schriftlich besser erklären als mündlich sagen. „Und so schrieb ich, statt selber zu kommen, einen Brief, um nicht von denen betrübt zu werden, die mich erfreuen sollten; und ich bin sicher, dass meine Freude auch die Freude von euch allen ist. Ich schrieb euch aus großer Bedrängnis und Herzensnot, unter vielen Tränen, nicht um euch zu betrüben, nein, um euch meine übergroße Liebe spüren zu lassen." (2 Kor 2,3-4).

Die Gegner in Korinth werfen Paulus vor, Schwächen im persönlichen Auftreten und Stärken im Briefeverfassen zu haben. Daraufhin schreibt der Apostel nach Korinth: „Ja, die Briefe, wird gesagt, die sind wuchtig und voll Kraft, aber sein persönliches Auftreten ist matt und seine Worte sind armselig. Wer so redet, der soll sich merken: Wie wir durch das geschriebene Wort aus der Ferne wirken, so können wir auch in eurer Gegenwart tatkräftig auftreten." (2 Kor 10,10f). Der Apostel will deshalb den Korinthern nicht verschweigen: „Ich, Paulus, der ja im persönlichen Umgang mit euch so unterwürfig, aus der Ferne aber so unerschrocken sein soll, ich ermahne euch angesichts der Freundlichkeit und Güte Christi und bitte euch: Zwingt mich nicht, bei meinem Kommen so unerschrocken und fest aufzutreten, wie ich es gegen gewisse Leute zu tun gedenke, die meinen, wir verhalten uns wie Menschen dieser Welt." (2 Kor 10,1-2). Wenig später rechtfertigt sich Paulus allerdings noch einmal: „Im Reden mag ich ein Stümper sein, aber nicht in der Erkenntnis; wir haben sie euch in keiner Weise und in keinem Fall vorenthalten." (2 Kor 11,6).

Es bleibt dabei: Briefeschreiben hat durchaus seine Vorteile. Es bewahrt Distanz dort, wo sich junge Gemeinden selbst entwickeln müssen, ohne dass sie ganz auf Zuspruch und Rat zu verzichten brauchen. Delikate Konflikte lassen sich aus der Distanz abwarten und doch beeinflussen. Und der Apostel selbst kann sich schonen: „Deswegen schreibe ich das alles aus der Ferne, um nicht, wenn ich zu euch komme, Strenge gebrauchen zu müssen kraft der Vollmacht, die der Herr mir zum Aufbauen, nicht zum Niederreißen gegeben hat." (2 Kor 13,10).

Zur Missionsstrategie gehören auch die **Mitarbeiter**. Paulus setzt sie in seiner Mission bewusst als Mittler ein. Sie können trösten und aufbauen, wo der Apostel persönlich verhindert ist und wo ein Brief zu wenig Nähe vermitteln würde. Diese Boten sind nicht nur verlässliche, vertrauenswürdige und schnelle Mitarbeiter, sie können eine Briefbotschaft durch ihre Anwesenheit zusätzlich bekräftigen.

Am Beispiel der Übermittlung der Beschlüsse des Apostelkonvents von Jerusalem nach Antiochia konnten wir sehen, wir die Kommunikation funktionierte (Apg 15,22-27): Die Apostel und Ältesten schickten Judas und Silas mit einem Schreiben ab. „Wir haben Judas und Silas abgesandt, die euch das Gleiche auch mündlich mitteilen sollen."

Die paulinischen Boten sind meist autorisiert, über bloße Botendienste hinaus auch weiter reichende Seelsorge zu betreiben. Als engere Mitarbeiter agieren Timotheus und Silas auf der zweiten Missionsreise selbständig, kehren dann wieder zu Paulus zurück und gehen eigene Wege. Für den Apostel haben sie entlastende und auch beruhigende Funktion. Im Falle Philippi schreibt Paulus: „Ich hoffe aber im Vertrauen auf Jesus, den Herrn, dass ich Timotheus bald zu euch schicken kann, damit auch ich ermutigt werde, wenn ich erfahre, wie es um euch steht." (Phil 2,19). Mitarbeiter Titus scheint Spezialist für das Kollektenwesen zu sein. Vor allem dann, wenn die Gaben übermittelt werden, tritt er allein oder neben Paulus in Erscheinung (1 Kor 8,6.17).

Auch die örtlichen Gemeindegründungen stehen in einer mehr oder weniger ständigen Verbindung mit dem Apostel. Sie schreiben Briefe, wie für Korinth belegt: „Nun zu den Anfragen eueres Briefes!" (1 Kor 7,1). Oder sie senden, wie im Falle Philippi, den Boten Epaphroditus mit materiellen Gütern zu Paulus, um ihn und sein Kollektenwerk zu unterstützen. „Ich habe alles empfangen und habe jetzt mehr als genug. Mir fehlt nichts mehr, seit ich von Epaphroditus eure Gaben erhielt, ein schönes Opfer, eine angenehme Opfergabe, die Gott gefällt." (Phil 4,18). Als Epaphroditus bei Paulus erkrankt, ist die Gemeinde besorgt um ihren Mitarbeiter, weshalb Paulus ihn zurückschickt. „Ich hielt es aber für notwendig, Epaphroditus, meinen Bruder, Mitarbeiter und Mitstreiter, euren Abgesandten und Helfer in meiner Not, zu euch zu schicken. Er sehnte sich danach, euch alle wieder zu sehen, und war beunruhigt, weil ihr gehört hattet, dass er krank geworden war. Er war tatsächlich so krank, dass er dem Tod nahe war. Aber Gott hatte Erbarmen mit ihm, und nicht nur mit ihm, sondern auch mit mir, damit ich nicht vom Kummer überwältigt würde. Umso mehr beeile ich mich, ihn zu schicken, damit ihr euch wieder freut, wenn ihr ihn seht, und auch ich weniger Kummer habe. Nehmt ihn also im Herrn mit aller Freude auf und haltet Menschen wie ihn in Ehren, denn wegen seiner Arbeit für Christus kam er dem Tod nahe. Er hat sein Leben aufs Spiel gesetzt, um zu vollenden, was an eurem Dienst für mich noch gefehlt hat." (Phil 2,25-30).

Lydia und der Gefängniswärter in Philippi mögen, in die Selbstständigkeit entlassen, unabhängig von Paulus agiert haben. Die Lydierin Lydia kann als Handelsreisende weit über ihr Haus hinaus auch unterwegs segensreich gewirkt haben.

Aus dem Philipperbrief erfahren wir von weiteren Mitarbeiterinnen und Mitarbeitern, die Paulus während seines Philipperaufenthalts unterstützt haben. Zwei Frauen werden für ihr tatkräftiges Engagement namentlich belobigt, auch wenn sie inzwischen in Streit geraten sind und ein weiterer Mitarbeiter den Konflikt vor Ort und ohne Paulus besänftigen soll: „Ich ermahne Evodia und ich ermahne Syntyche, einmütig zu sein im Herrn. Ja, ich bitte auch dich, treuer Syzygos, nimm dich ihrer an! Sie haben mit mir für das Evangelium gekämpft, zusammen mit Klemens und meinen anderen Mitarbeitern. Ihre Namen stehen im Buch des Lebens." (Phil 4,2f).

Welche Bevölkerungsschichten Paulus in seiner Mission anspricht, erfahren wir in Athen und mehr noch in Korinth. Darüber später mehr.

TEIL 24
Thessalonich – Vom Briefeschreiben (I)

Es war ein überstürzter Aufbruch, als Paulus Thessalonich verließ. „Die Brüder schickten noch in der Nacht Paulus und Silas weiter nach Beröa." (Apg 17,2). Einige in Thessalonich hatten genug von der Predigt des Missionars. „Als aber die Juden von Thessalonich erfuhren, dass Paulus auch in Beröa das Wort Gottes verkündete, kamen sie dorthin, um das Volk aufzuwiegeln und aufzuhetzen." (Apg 17,13). Nicht alle Juden waren gegen Paulus eingestellt, in Beröa konnte der Apostel ungehindert in der Synagoge lehren. Doch der Einfluss der Thessalonicher Synagoge war selbst in Beröa noch so groß, dass Paulus wieder fluchtartig weichen musste. „Da schickten die Brüder Paulus sogleich weg zum Meer hinunter. Silas und Timotheus aber blieben zurück. Die Begleiter des Paulus brachten ihn nach Athen. Mit dem Auftrag an Silas und Timotheus, Paulus möglichst rasch nachzukommen, kehrten sie zurück." (Apg 17,14-15).

Nach den Quellen des Lukas erreichte der Völkerapostel Athen ohne seine beiden Missionsgefährten. Anders Paulus selbst. Er kam zumindest mit Timotheus in Athen an und war von der Sorge um seine Gemeinde in Thessalonich so bewegt, dass er Timotheus als Boten bald zurück nach Thessalonich schickte, um die Geschwister im Glauben zu trösten, aufzurichten und dabei selbst Genaueres über ihr Wohlergehen zu erfahren. Waren sie seinem Evangelium treu geblieben oder bereits gestrauchelt? Die junge Pflanzung brauchte noch reichlich Pflege. Paulus durfte die Stadt wegen der dortigen Vorkommnisse nicht so schnell wieder betreten. In diesem Fall konnte Mitarbeiter Timotheus aushelfen. Nach kurzem Aufenthalt in Thessalonich kehrte der Bote wieder zurück. Paulus war, vielleicht wegen des geringen Missionserfolgs in Athen, inzwischen weitergereist in die Provinzhauptstadt der Achaia, nach Korinth. Dort erfuhr Paulus aus erster Hand von Timotheus, wie gut es den Glaubensgeschwistern in Thessalonich ging. Sofort reagierte Paulus und antwortete von Korinth aus in einem Brief. Der Briefkopf mit Absenderangabe bestätigt uns neben der Apostelgeschichte (Apg 18,5)[1], dass inzwischen auch Silas (Silvanus) in Korinth eingetroffen war: „Paulus, Silvanus und Timotheus an die Gemeinde von Thessalonich, die in Gott, dem Vater, und in Jesus Christus, dem Herrn, ist: Gnade sei mit euch und Friede." (1 Thess 1,1).

In diesem Brief reagierte Paulus auf die Kunde, die er von Timotheus aus Thessalonich erhalten hatte.

„Für kurze Zeit, Brüder, sind wir verwaist, weil ihr uns fern seid, den Augen fern, nicht dem Herzen; deshalb haben wir uns in größter Sehnsucht umso eifriger bemüht, euch wieder zu sehen. Ja, wir hatten uns fest vorgenommen, zu euch zu kommen, und das wollte ich, Paulus, schon einige Male; aber der Satan hat uns daran gehindert. Denn wer ist unsere Hoffnung, unsere Freude, der Kranz unseres Ruhmes vor Jesus, unserem Herrn, wenn er kommen wird? Nicht etwa auch ihr? Ja, ihr seid unsere Ehre und Freude.

•••

[1] Apg 18,5: „Als aber Silas und Timotheus aus Makedonien eingetroffen waren, widmete sich Paulus ganz der Verkündigung und bezeugte den Juden, dass Jesus der Messias sei."

Darum hielten wir es nicht länger aus; wir beschlossen, allein in Athen zurückzubleiben, und schickten Timotheus, unseren Bruder und Gottes Mitarbeiter am Evangelium Christi, um euch zu stärken und in eurem Glauben aufzurichten, damit keiner wankt in diesen Bedrängnissen. Ihr wisst selbst: Für sie sind wir bestimmt. Denn als wir noch bei euch waren, haben wir euch vorausgesagt, dass wir in Bedrängnis geraten werden; und so ist es, wie ihr wisst, auch eingetroffen. Darum ertrug ich es auch nicht länger; ich schickte Timotheus, um über euren Glauben Gewissheit zu erhalten und zu erfahren, ob nicht der Versucher euch in Versuchung geführt hat und unsere Mühe vergeblich war.

Inzwischen ist aber Timotheus von euch zu uns zurückgekommen und hat uns gute Nachricht von eurem Glauben und eurer Liebe gebracht; er hat uns auch berichtet, dass ihr uns stets in guter Erinnerung bewahrt und euch danach sehnt, uns zu sehen, wie auch wir euch sehen möchten. Darum, Brüder, wurden wir beim Gedanken an euch in all unserer Not und Bedrängnis durch euren Glauben getröstet; jetzt leben wir auf, weil ihr fest in der Gemeinschaft mit dem Herrn steht. Wie können wir Gott euretwegen genug danken für all die Freude, die uns um euretwillen vor unserem Gott erfüllt? Bei Tag und Nacht bitten wir inständig darum, euch wieder zu sehen und an eurem Glauben zu ergänzen, was ihm noch fehlt. Gott, unser Vater, und Jesus, unser Herr, mögen unsere Schritte zu euch lenken." (1 Thess 2,17-3,10).

Der Wunsch des Apostels wird lange

nicht in Erfüllung gehen. Zunächst hält er sich „ein Jahr und sechs Monate" in Korinth auf (Apg 18,11), um dann per Schiff nach Ephesus zu fahren, von dort weiter nach Cäsarea zu segeln, dann nach Jerusalem hinaufzuziehen, und abschließend für „einige Zeit" in Antiochia zu bleiben. Erst auf der dritten Missionsreise wird Paulus nach langem Zwischenstopp von „drei Jahren" in Ephesus (Apg 20, 31) wieder Thessalonich aufsuchen und seiner Gemeinde begegnen.

Spätestens hier fragt sich, welche Missionsziele Paulus auf seinen Reisen hatte. Wer drei Jahre in einer Stadt verweilt und zudem die nahe Wiederkunft Christi erwartet, hat der noch weiter reichende Reisepläne? Wo möchte Paulus eigentlich hin und wie sieht seine pastorale Nachbetreuung aus? Waren Athen und Korinth überhaupt seine anvisierten Missionsziele gewesen, nachdem er aus Thessalonich und Beröa fliehen musste? Wir werden später noch darauf zurückkommen.

Für die Rekonstruktion der paulinischen Mission und der Christengemeinde in Thessalonich sind wir in der glücklichen Lage, neben der Apostelgeschichte nicht nur einen authentischen Paulusbrief zu besitzen. Wie die bereits zitierten Angaben erkennen lassen, ist der Brief nur wenige Monate nach dem fluchtartigen Aufbruch des Apostels und seiner beiden Begleiter verfasst worden. Die ersten Missionserfolge in der Achaia (= Griechenland) liegen bereits vor (1 Thess 1,7-8), ohne jedoch Korinth namentlich zu erwähnen, was besagt, dass der Brief wohl ganz zu Beginn der Korinthmission entstanden sein muss. Da sich diese genau datieren lässt, darf das Jahr 50 n. Chr als Abfassungszeit des Thessalonicherbriefes gelten. Somit gibt der Brief unmittelbare Auskünfte über die Anfänge dieser makedonischen Christengemeinde.

Zudem ist der 1. Thessalonicherbrief nicht nur der älteste, den wir von Paulus besitzen, er ist auch die älteste uns erhaltene Schrift des Urchristentums und damit besonders kostbar. Die Originalhandschrift (Autograph) ist wie die anderen Schriften des Neuen Testament leider nicht mehr erhalten. Aufgrund alter und ältester Handschriftenvergleiche lässt sich der Originaltext dennoch sehr genau rekonstruieren.

Lassen Sie uns diesen Brief und die Paulusbriefe etwas ausführlicher würdigen und zuvor das Briefeschreiben als grundsätzliches Instrument der Missionsarbeit näher beleuchten.

Der antike Brief

Das Schreibmaterial. Zur Zeit des Paulus schrieben die schreibkundigen Menschen ihre Mitteilungen auf Holztäfelchen, auf Palmblätter, auf Tonscherben (Ostraka), auf abgeschabte Tierhäute, auf Leder und vor allem auf Papyrus, eine besondere Art Papier.

Sogar unser deutsches Wort Papier geht auf das Wort Papyrus zurück, wenn es auch aus einem anderen Material besteht, ebenso die griechischen Begriffe des auf eine Rolle aufgezogenen Papyrus: „Karte" oder „Biblos".

Für das Briefeschreiben verwandte man nahezu konkurrenzlos Papyrus. Dieser Beschreibstoff wurde aus der Papyrusstaude gewonnen, einer Sumpfpflanze, die besonders im feuchten ägyptischen Nildelta gedieh. Für die Papierherstellung eignete sich nur das Mark des Papyrusstengels. Den Stengel selber konnte man essen, die Fasern ließen sich zu Stricken, Segeln oder Kleidungsstücken weiterverarbeiten. Aus den Blüten produzierte man Girlanden und selbst die Asche wurde noch für Arznei verwendet.

Plinius der Ältere (23-78 n. Chr.) hat in seiner Naturgeschichte, einer Art Enzyklopädie des damaligen Wissens, anschaulich beschrieben, wie in der Antike Papier hergestellt wurde: „(71) Die Papyrusstaude wächst an sumpfigen Stellen Ägyptens oder in stehenden Gewässern des Nils, ... der Stengel ist dreieckig und wächst nicht höher als zehn Ellen zu einer dünnen Spitze ... (74) Man stellt daraus das Papier her, indem man (das Innere des Stengels) mit einem spitzen Instrument in sehr dünne, aber möglichst breite Streifen zerlegt. Die beste Beschaffenheit weist die mittlere Lage auf, dann die anderen in der Reihenfolge der Abtrennung ... (77) Alles Papier wird auf einer mit Nilwasser befeuchteten Tafel bereitet: Die trübe Flüssigkeit hat die Wirkung eines Leimes. Zuerst klebt man die Streifen auf der Rückseite in der ganzen Länge der Pflanze, soweit möglich, in gerader Richtung auf die Tafel, nachdem man auf beiden Seiten die überstehenden Enden entfernt hat. Dann vollendet man durch quer gelegte Seiten die Schichtfolge. Nun kommt alles unter die Presse und man trocknet die Bogen an der Sonne und verbindet sie miteinander, indem man immer mit den besten beginnt und mit den schlechtesten aufhört. Niemals enthält eine Rolle mehr als zwanzig Bogen. (78) In der Breite besteht ein großer Unterschied ... (81) Die rauen Stellen des Papiers glättet man mit einem Zahn oder einer Muschel ... (82) Der gewöhnliche Kleister wird aus allerfeinstem Mehl in siedendem Wasser bereitet, dem man sehr wenig Essig zusetzt ... Die Geschmeidigkeit des Papiers überragt dann selbst die von Leinen. Jeder Kleister soll aber weder älter sein als einen Tag noch jünger. Danach wird das Papier mit dem Hammer dünn geschlagen und mit Kleister überstrichen und wiederum, da es sich zusammenzieht, von den Runzeln befreit und mit dem Hammer gedehnt. (83) Durch diese Bearbeitung erhalten die Schriftdenkmäler lange Dauer ..." (13,71-83, Übersetzung: R. König/G. Winkler).

Papyrus florierte als kostengünstiges Schreibrohmaterial über Jahrhunderte hin. Erst als im kleinasiatischen Raum die Papyrusbeschaffung zu aufwendig wurde, produzierte man in Pergamon aus abgeschabten Ziegenhäuten neues Schreibmaterial und dieses bald als Massenware. Der Produktionsort Pergamon (Bergama) lieferte nun auch den Namen für das neue Material: Pergament („Pergaminae Chartae"). Hintergrund für den hohen Papierbedarf der Attaliten, der Könige von Pergamon, war die seit der Bibliotheksgründung unter Eumenes II. stetig wachsende Bibliothek, die im 1. Jh. v. Chr. 200.000 Pergamentrollen verwahrte und seit der eigenen Pergamentproduktion die Rohstofflieferanten aus

Ägypten überflüssig machte. Nebenbei bemerkt, die große Bibliothek im ägyptischen Alexandria fasste beim großen Brand im Jahre 48 v. Chr., den Julius Caesar irrtümlich verursachte, als er die ägyptische Flotte im Hafen in Brand steckte, 500.000 Papyrusrollen. 40.000 Rollen gingen in den Flammen unter. Nachdem Markus Antonius 41 v. Chr. die Bibliothek von Pergamon als Geschenk an Kleopatra nach Alexandria verlegt hatte, war das gesamte Wissen der Antike, waren „die Bücher aller Völker dieser Welt" in der ägyptischen Hauptstadt vereint.

Wenn man auch im 2. Timotheusbrief Paulus den Wunsch äußern lässt: „Wenn du kommst, bring den Mantel mit, den ich in Troas bei Karpus gelassen habe, auch die Bücher, vor allem die Pergamente" (2 Tim 4,13), so darf dennoch angenommen werden, dass Paulus seine Briefe auf Papyrus und nicht auf Pergament schrieb. Denn Pergament löste erst im 2. Jh. den Papyrus als Schreibmaterial ab und dann erst für literarische Werke, nicht für Briefe. Urkunden und Briefe wurden bis in 10. Jh. mehrheitlich auf Papyrus geschrieben, ehe das altbewährte Material vom Papier abgelöst wurde.

Eine Papyrusrolle bestand aus bis zu 20 Einzelblättern, die aneinander geklebt waren. Einzelblätter hatten eine Breite zwischen 11 und 24 cm. Demnach konnte eine Rolle zwei bis fünf Meter, manchmal sogar zehn Meter lang sein. Ihre Höhe betrug meist zwanzig Zentimeter, die von Spezialanfertigungen bis zu vierzig Zentimeter.

Für Briefe schnitt man die entsprechende Breite von der Rolle ab, musste dann aber auch mit dem vorhandenen Platz auskommen. Die Rückseite wurde nicht beschrieben. Sie diente vielmehr, nachdem das Blatt zusammengerollt und mit einer Schnur zusammengebunden wurde, für Absenderangaben. Als Schriftfläche diente die horizontal verlaufende Längsrichtung der Papyrusstreifen (im Papier- und Bibliothekswesen auch als recto bezeichnet), auf ihr wurden die Kolumnen angebracht. Die vertikal verklebten Papyrusstreifen machten die Rückseite aus (verso genannt), sie wurden, wie gesagt, für den normalen Text nicht beschrieben. Während die originalen Paulusbriefe im Rollenformat geschrieben gewesen sein dürften, bewahren die ältesten Handschriften, P46 (um 200), die Briefe im Buchformat (Codex) auf.

Die tintenähnliche Schreibflüssigkeit bestand aus Ruß oder Holzkohle mit einem gummiähnlichen Pflanzenharz, das mit Wasser abgebunden wurde. Geräumige Tintenfässer aus Ton und Metall kennen wir aus Chirbet Qumran. Als Schreibstift hatte sich die Schreibfeder, ein gespitztes Schreibrohr aus Schilf (kalamos), durchgesetzt.

Geschrieben wurden literarische Texte in Großbuchstaben ohne Leerstellen, also Buchstabe an Buchstabe, ohne Wortgrenzen und ohne Ober- und Unterlängen. Im 1. Jh. setzte sich für private, geschäftliche und amtliche Schreiben eine Kursivschrift durch, die wir auch für die paulinischen Briefe annehmen dürfen.

Da die Briefe Ciceros an seinen Bruder Quintus häufig recht unleserlich waren, verspricht er seinem Bruder: „Diesmal werde ich gutes Schreibrohr, gut gemischte Tinte und auch geglättetes Papier benutzen; denn, wie du schreibst, hast du meinen letzten Brief kaum lesen können." (Ad Quint fratr II 15,1).

Das Briefdiktat. Nicht jeder Lese- und Schreibkundige hat seine Briefe selbst geschrieben, auch wenn, wie im eben geschilderten Fall des Cicero, Verfasser und Schreiber identisch zu sein scheinen. Häufig haben schreibkundige Freunde oder professionelle Schreiber Briefe geschrieben und zum Teil auch verfasst.

Im Fall des Römerbriefes meldet sich der Stenograph des Apostels namentlich zu Wort: „Ich, Tertius, der Schreiber dieses Briefes, grüße euch im Namen des Herrn." (Röm 16,22).

Es gab in der Antike Schnellschreiber, Stenographen (viva voce) und solche, denen man Buchstabe für Buchstabe in die Feder diktieren musste. Im Brief an Atticus erfahren wir von den Schreibern Ciceros: „Deshalb habe ich den Brief auch nicht Tiro in die Feder diktiert, der ganze Sätze in einem Zuge niederschreibt, sondern Spintharos Wort für Wort." (Att. XIII 25,3).

Die Schnellschreiber der lateinischen Sprache hatten ein eigenes Kürzelsystem entwickelt, um so ein Diktat in normaler Sprechgeschwindigkeit mitschreiben zu können. Angeblich hat Ciceros Sekretär Tiro die Kurzschrift anlässlich der Niederschrift von Reden erfunden, weshalb man die Kürzel die „Tironischen Noten" nennt.

Das Kürzelsystem der griechischen Schnellschrift (Tachygraphie) ist noch nicht eindeutig geklärt, manche meinen, es sei erst im 2. Jh. n. Chr. aus dem Lateinischen übernommen worden, andere vermuteten es schon in paulinischer Zeit.[2]

Ein Vertrag über die Ausbildung eines Schreibersklaven aus dem Jahre 155. n. Chr. ist in dieser Hinsicht aufschlussreich: „Panechotes, der auch Panares heißt, einer von den ehemaligen Kosmeten von Oxyrhynchos, durch seinen Freund Gemellus an Apollonios, den Kurzschriftschreiber, Gruß. Ich habe dir meinen Sklaven Chairammon zur Erlernung der Zeichen zur Verfügung gestellt, die dein Sohn Dionysios beherrscht, für die Dauer von zwei Jahren ... für den zwischen uns vereinbarten Lohn von 120 Silberdrachmen, ohne Festtagsgeschenke ... Die restlichen 40 Drachmen wirst du am Ende der Zeit erhalten, wenn der Knabe in jeder Hinsicht fließend schreiben und fehlerfrei lesen gelernt hat ... Im 18. Jahr des Imperators Titus Aelius Hadrianus Antoninus Augustus, am 5. Phamenoth." (Poxy 724; Übersetzung: H.-J. Klauck)[3]

•••

[2] Poxy 724; Übersetzung: H.-J. Klauck, Die antike Briefliteratur und das Neue Testament, Paderborn 1998, 64.
[3] H. Boge, Tachygraphie und Tironische Noten. Ein Handbuch der antiken und mittelalterlichen Schnellschrift, Berlin 1973. Für eine griechische Kurzschrift in paulinischer Zeit plädiert R.R. Richards, The Secretary in the Letters of Paul (WUNT 2/42), Tübingen 1991, 26-43. A.R. Millard, Pergament und Papyrus, Tafeln und Ton. Lesen und Schreiben zur Zeit Jesu, Gießen 2000, 177f.

TEIL 25
Thessalonich – Vom Briefeschreiben (II)

Der antike Brief

Das Briefdiktat

Paulus hat seine Briefe nicht eigenhändig geschrieben, sondern diktiert. Im Fall des Römerbriefes meldet sich der Stenograph des Apostels sogar namentlich zu Wort: „Ich, Tertius, der Schreiber dieses Briefes, grüße euch im Namen des Herrn." (Röm 16,22). Am Ende des 1. Korintherbriefes sagt der Apostel von sich: „Den Gruß schreibe ich, Paulus, eigenhändig." (1 Kor 16,21). Ebenso heißt es im Galaterbrief: „Seht, ich schreibe euch jetzt mit eigener Hand; das ist meine Schrift." (Gal 6,11). Allein für den kurzen Philemonbrief nimmt man an, der Apostel habe ihn eigenhändig geschrieben: „Ich, Paulus, schreibe mit eigener Hand." (Phlm 1,19).

Selbst die eindeutig nachpaulinischen Briefe imitieren diesen Schreibgestus. In 2 Thess 3,17 heißt es: „Den Gruß schreibe ich, Paulus, eigenhändig. Das ist mein Zeichen in jedem Brief; so schreibe ich." (ebenso Kol 4,18). Dass solche Sätze noch kein Beweis für die Authentizität eines Briefes sind, werden wir später zeigen.

Den Diktatcharakter der Paulusbriefe erkennt man auch an anderen Merkmalen. So finden sich in den Paulusbriefen unvollständige Sätze (Anakoluthe). Paulus diktiert seinem Schreiber einen Gedanken, bricht ihn ab und setzt wieder neu an. Der Schreiber übernimmt den Fehler, ohne ihn zu korrigieren. Leider hat die Einheitsübersetzung dieses Phänomen geglättet, sodass es nicht mehr erkennbar ist. In der wörtlichen Übersetzung des Münchener Neuen Testaments kann man diesen Satzbruch noch studieren: „Deshalb, wie durch einen Menschen die Sünde in die Welt hineinkam und durch die Sünde der Tod und so zu allen Menschen der Tod gelangte, daraufhin, dass alle sündigten; (13) denn bis zum Gesetz war Sünde in (der) Welt …"(Röm 5,12-13). Ein weiteres Beispiel aus dem Galaterbrief: „… wegen der daneben eingedrungenen Flaschbrüder aber, welche daneben hereinkamen, zu belauern unsere Freiheit, die wir haben in Christos Jesus, damit sie uns versklaven, (5) denen gaben wir auch nicht für eine Stunde nach durch die Unterordnung …" (Gal 2,4-5).

Ein anderes Phänomen ist der korrigierte Gedankengang. Paulus hat einen Gedanken diktiert und korrigiert ihn gleich wieder: „(14) Ich danke Gott, dass ich niemand von euch getauft habe, außer Krispus und Gaius, (15) sodass keiner sagen kann, ihr seiet auf meinen Namen getauft worden. (16) Ich habe allerdings auch die Familie des Stephanas getauft. Ob ich sonst noch jemand getauft habe, weiß ich nicht mehr." (1 Kor 1,14-16). In Vers 16 trägt Paulus nochmals korrigierend nach, was er vorher schon gesagt hatte.

Auch so genannte „rhetorische" Elemente lassen das Diktat der Paulusbriefe erkennen und manche Ausführungen erst verstehen. So lässt sich der dialogische Charakter vieler Abschnitte, in denen Paulus sich einen Gegner denkt oder mit seinem gedachten Gesprächspartner in Fragen und Antworten redet, erklären. Ein Beispiel: „Darum bist du unentschuldbar – wer du auch bist, Mensch –, wenn du richtest. Denn worin du den andern richtest, darin verurteilst du dich selber, da du, der Richtende, dasselbe tust." (Röm 2,1).

Klangwirkungen, die in mündlicher Rede hervortreten, allerdings meist nur in der griechischen Grundsprache erkennbar sind, wie Wortspiele, Endreime bei Aufzählungen oder auch Wechsel von Präpositionen bei gleichem Sinn oder sprachliche Figuren wie Gleichklang der Satzglieder, Antithese, Überkreuzstellungen der Satzglieder oder andere Redefiguren, sind Indizien, die auf ein Diktat der Briefe hinweisen.

Wenn nun Paulus seine Briefe schreiben lässt, so ist die berechtigte Frage zu stellen, welche Funktion der Schreiber innerhalb des Schreibgeschehens einnimmt. Ist er nur Schreiber, der das Diktat nach bestem Können niederschreibt? Oder ist er eine Art Herausgeber? Der Briefautor redet und der Schreibersekretär macht sich Notizen, die er in einem Rohentwurf fasst und später zu einem Brief genauer ausformuliert. Oder ist der Schreibersekretär Mitautor, der die Stichpunkte und Hauptlinien und Argumentationen des Autors aufnimmt und den Brief selber zu Ende bringt? Oder ist der Schreibersekretär gar Autor, der von seinem Herrn den Auftrag zu schreiben erhalten hat?

Da die Schreiber in der Antike meist hochgebildete Menschen (häufig Sklaven) waren, sind alle eben genannten Möglichkeiten in der Literatur auch tatsächlich anzutreffen.[1]

Wenn Paulus in seinen Briefen Mitabsender nennt: „Paulus, Silvanus und Timotheus an die Gemeinde von Thessalonich" (1 Thess 1,1, ähnlich Phil 1,1), so ist die Mitverfasserschaft zunächst nicht auszuschließen. Heute ist man sich in der Paulusforschung jedoch einig, dass die Mitabsender Silvanus und Timotheus nicht als Mitverfasser des Briefes zu gelten haben, sondern von Paulus bereits im Briefeingang als Mitverantwortliche der gemeinsamen Mission gewürdigt werden sollen.

Für die echten Paulusbriefe wird, von einigen redaktionellen Bemerkungen abgesehen, die ausschließliche Verfasserschaft des Paulus angenommen. Für die nachpaulinischen Briefe, die unter dem Namen des Apostels Paulus gesammelt werden, gelten andere Gesetze.

Textsorte: Antiker Brief. Die Paulusbriefe sind Teil einer antiken Briefkultur und müssen von daher verstanden werden. Wie ein Brief aufgebaut ist, kann man an den gleich bleibenden, manchmal auch variierten oder doppelt vorkommenden Elementen erkennen. Jedenfalls lässt sich ein Literaturmuster erkennen, das den vorliegenden Text als Brief zu beschreiben erlaubt.

H.-J. Klauck hat in seiner Arbeit „Die antike Briefliteratur und das Neue Testa-

•••
[1] Zur Diskussion der genannten Möglichkeiten vgl. H.-J. Klauck, ebd., 64f.

ment" (UTB 2022, 1998) Literatur verglichen und ein eindeutiges antikes Briefmuster zusammengestellt. Wer auf das Typische und gerade auf die Abweichungen der Textsorte Brief achtet, wird das besondere individuelle Interesse der Autoren erkennen.

Betrachten wir vier antike Briefe und vergleichen anhand des Briefmusters die Aufbauelemente. Die beiden ersten Briefe stammen aus dem ägyptischen Faijum am unteren Nil und werden ins 2. Jh. datiert. Sie stammen vom gleichen Absender, der sich im zweiten Brief jedoch mit seinem römischen Namen nennt. Vater und Nichte scheinen zum Zeitpunkt der Abfassung des zweiten Briefes bereits gestorben zu sein, weil sie nicht mehr erwähnt werden. Als Hauptzweck der Briefe darf die Freude der Kontaktnahme gelten, die mit diesen Schreiben gesucht wird, um die gute Beziehung aufrechtzuerhalten. Eine weitere Absicht haben beide Briefe nicht.

Der dritte Brief stammt ebenfalls aus dem 2. Jh. und wurde in Oxyrhynchos, einem Ort in Oberägypten gefunden. Hier stehen die Ermahnungen eines besorgten Vaters über seinen in Alexandria studierenden Sohn im Vordergrund des Schreibens. Die ausführliche Darlegung der richtigen Kleidung macht die vornehme Herkunft der Familie deutlich.

(Papyri werden gewöhnlich mit „P" für Papyrus, dem Fundort „Oxy" für Oxyrhynchos und der Dokumentnummer „351" zitiert, also: POxy 351, wie im Fall unseres dritten ägyptischen Briefes. Andere Ausgaben zitieren nach der Erstedition.) Der Schrägstrich gibt jeweils eine neue Zeile im Original an. (Übersetzung Brief 1 u. 2: H.-J. Klauck; Brief 3: J. Hengstl).

1. Brief (BGU 423)

Apion dem Epimachos, seinem Vater und / Herrn, vielmals zum Gruß.
Vor allem wünsche ich, dass Du gesund bist und (Dich) stets, / indem es Dir gut geht, wohl befindest mitsamt meiner Schwester / und ihre Tochter und meinem Bruder./ Ich danke dem Herrn Sarapis, / dass er, als ich in Seenot war, / (mich) sofort errettet hat. Als ich nach Mi-/senum kam, erhielt ich als Marschgeld vom Kaiser / drei Goldstücke, und es geht mir gut.
Ich bitte Dich nun, mein Herr Vater, /schreibe mir ein Briefchen, erstens / über Dein Wohlbefinden, zweitens über das meiner Geschwister, / drittens, damit ich Verehrung erweise Deiner / Hand(schrift), weil du mich wohl erzogen hast / und ich aus dem (Grund) hoffe, rasch zu avancie/ren, so die Götter wollen.
Grüße / Kapiton vielmals und meine Geschwister (Brüder?), / auch Serenilla und meine Freunde. / Ich habe Dir geschickt mein Bildchen durch Eukte-/mon. Es ist mein Name Antonius Ma-/ximus.
Dass es Dir wohlergehe, (das) wünsche ich. / Zenturie Athenonike.
Auf dem linken Rad, quer dazu:
Es grüßt Dich Serenos, der (Sohn) des Agathon Daimon, und ... der (Sohn) des / ...ros, und Turbon, der (Sohn) des Gallonios, und D...nas, der (Sohn) des ...sen .../...

Auf der Rückseite:
Nach Philadelphia, dem Epimachos von (seinem) Sohn Apion.

2. Brief (BGU 632)
Antonius Maximus, der Sabina, / seiner Schwester, vielmals zum Gruß. / Vor allem wünsche ich, / dass Du gesund bist, bin ich doch auch selbst / gesund. Während ich Deiner gedach-/te vor den hiesigen Göttern, / erhielt ich ein Briefchen / von Antonius, unserem Mit-/bürger. Und als ich erfuhr, / dass es Dir wohlergeht, freute ich mich sehr. / Und ich, bei jeglichem Anlaß / versäume ich nicht, Dir zu schreiben über / mein Wohlergehen und (das) der / Meinen. Grüße Maximus / vielmals und Kopres, meinen Herrn. / Es grüßt Dich meine Lebens-/gefährtin Aufidia und Maximus, / mein Sohn, dessen Geburtstag ist / der dreißigste Epeip(h) nach grie-/chischem (Kalender), und Elpis und Fortu-/nata. Grüße den Herrn ... (sechs Zeilen unleserlich)
Dass es Dir wohlergeht, (das) wünsche ich.
Auf der Rückseite:
An Sabina, (seine) Schwester, von (ihrem) Bruder Antonius Maximus.

3. Brief (POxy 531)
Cornelius dem Hierax, dem liebsten Sohne, Gruß. Herzlich grüßen wir alle zu Hause Dich und alle, die bei Dir sind. An den Menschen, von dem Du mir oft schreibst, mache Dich bloß nicht heran, bis ich in guter Absicht zu Dir komme mit Vestinus und mit den Eseln. Denn wenn die Götter wollen, werde ich bald zu Dir kommen, nach dem Monat Mecheir, denn ich habe dringende Geschäfte in Händen. Sieh zu, dass Du Dich mit niemandem von den Leuten im Haus anlegst, vielmehr wende Dich nur Deinen Büchern im Studium zu, und Du wirst von ihnen Nutzen haben. Empfange durch Onnophras die weißen Kleider, die zu den Purpurmänteln getragen werden können, die anderen wirst du zu den myrrhenfarbigen tragen. Durch Anubas werde ich Dir Geld, Verpflegung für einen Monat und das andere Paar der scharlachfarbenen Kleider schicken. Mit den Salzfischen hast Du uns eine Freude gemacht; für sie werde ich Dir auch den Preis durch Anubas schicken. Indessen, bis Anubas zu Dir kommt, bezahle von Deinem Kleingeld Deine Nahrung und die der Deinen, bis ich es schicke. Du bekommst für den Monat Tybi, was Du willst, Phronimos 16 Drachmen, Abaskantos und die Seinen und Myron 9 Drachmen, Secundus 12 Drachmen. Schicke Phronimos zu Asklepiades in meinem Namen, und er soll von ihm eine Antwort entgegennehmen auf den Brief, den ich ihm schreibe, und schicke sie mir. Teile mir mit, was Du Dir wünschest. Gehab Dich wohl, mein Kind. 16. Tybi.
Auf der Rückseite:
An seinen Sohn Hierax vom Vater Cornelius.[3]

•••

[3] Griechische Papyri aus Ägypten als Zeugnisse des öffentlichen und privaten Lebens, Hg. J. Hengstl, (Tusc) , Tübingen 1978, 212.

4. Brief (Philemonbrief)
Paulus, Gefangener Christi Jesu, und der Bruder Timotheus **an** unseren geliebten Mitarbeiter **Philemon**, an die Schwester Aphia, an Archippus, unseren Mitstreiter, **und an die Gemeinde** in deinem Haus: **Gnade sei mit euch und Friede** von Gott, unserem Vater, und dem Herrn Jesus Christus.
Ich danke meinem Gott jedes Mal, wenn ich in meinen Gebeten an dich denke. Denn ich höre von deinem Glauben an Jesus, den Herrn, und von deiner Liebe zu allen Heiligen. **Ich wünsche,** dass unser gemeinsamer Glaube in dir wirkt und du all das Gute in uns erkennst, das auf Christus gerichtet ist.
Es hat mir viel Freude und Trost bereitet, dass durch dich, Bruder, und durch deine Liebe die Heiligen ermutigt worden sind.
Obwohl ich durch Christus volle Freiheit habe, dir zu befehlen, was du tun sollst, **ziehe ich es um der Liebe willen vor, dich zu bitten. Ich, Paulus,** ein alter Mann, der jetzt für Christus Jesus im Kerker liegt, …1,10-20…
Ich schreibe dir im Vertrauen auf deinen Gehorsam und weiß, dass du noch mehr tun wirst, als ich gesagt habe. **Bereite zugleich eine Unterkunft für mich vor!** Denn ich hoffe, dass ich euch durch eure Gebete wiedergeschenkt werde. Es grüßen dich Epaphras, der mit mir um Christi Jesu willen im Gefängnis ist, sowie Markus, Aristarch, Demas und Lukas, meine Mitarbeiter. **Die Gnade Jesu Christi, des Herrn, sei mit eurem Geist!**"

Antikes Briefmuster (nach H.-J. Klauck)
I. Briefeingang
  A. Die Anschrift (Präskript)
    1. Absenderangabe (Nominativ)
    2. Adressenangabe (Dativ)
    3. Gruß (Infinitiv)
  B. Die Einleitung (Proömium)
    - Wohlergehens- bzw. Gesundheitswunsch
    - Danksagung
    - Gedenken, Fürbitte
    - Freudenäußerung
II. Der Hauptteil (Das Briefkorpus)
  A. Korpuseröffnung
    - Gedenken, Freudenäußerung u.ä.
    - Selbstempfehlung, Fremdempfehlung
  B. Korpusmitte
    - Information
    - Appell, Empfehlung
    - Bitte (verschieden plaziert)
    - diverse Klischees (stehende Wendungen)
  C. Korpusschluss
    - Evtl. Bitte, Mahnung
    - Besuchs- und Reisepläne
III. Der Briefschluss
  A. Epilog
    - Schlußmahnungen
    - Reflexion auf den Schreibakt
    - Besuchswunsch
  B. Postskript
    - Grüße: direkter Gruß (1. Pers.)
      Grußauftrag (2. Pers.)
      Grußübermittlung (3. Pers.)
    - Wünsche: „Lebe wohl" u.ä.
    - Eigenhändigkeitsvermerk
    - Datumsangabe

Die Briefeingänge in allen vier Fällen haben das gleiche Muster: Zunächst erfolgt die Anschrift (Präskript) mit Absenderangabe, Adressenangabe und Gruß. Dann folgt die Einleitung (Proömium) mit Wohlergehenswunsch, Dank und Bitte. Der eigentliche Hauptteil enthält Mitteilungen, deretwegen der Brief eigentlich geschrieben wurde. Der Briefschluss besteht aus Grüßen und Grußaufträgen an und von Dritten und einem Segenswunsch. Der Hauptteil der Paulusbriefe sprengt bis auf den Philemonbrief das Längenmaß der antiken Briefe. Hier wird deutlich, wie ausführlich und zuweilen grundsätzlich Paulus seine Antworten an die meist konkreten Anfragen hält. Das bedeutet, Paulus hat wohl schon bei der Abfassung seiner Briefe damit gerechnet, dass sie weite Kreise ziehen und auch zwischen seinen Gemeindegründungen zirkulieren sollten. Auch wenn Paulus aufgrund seiner Naherwartung der baldigen Wiederkunft des Herrn nicht an uns gedacht hat.

TEIL 26
Thessalonich – Vom Briefeschreiben (III)

Die Eingänge der Paulusbriefe

Wie bereits an den Eingängen der Paulusbriefe zu erkennen ist, variiert der Apostel das antike Briefformular (s. Tabelle S. 147). Vor allem die Abweichungen lassen aufmerken und lenken die Gedanken auf die Besonderheit. So erweitert Paulus die Absenderangabe über den bloßen Namen hinaus meist mit „Apostel ...". Der nachfolgende Brief erhält damit besondere Autorität. Lukas, der Paulus nie „Apostel" nennt und Paulus auch nicht als „Apostel" beschreiben möchte, weil er nicht zum 12er-Kreis um Jesus gehörte, wusste wie die anderen Christen auch, dass jener Mann aus Tarsus kein Apostel der ersten Stunden gewesen ist. Paulus muss darunter gelitten haben, weshalb er sich mit diesem Einschub in vier seiner sieben Briefe gleich zu Anfang rechtfertigt. Paulus wurde „zum Apostel berufen, nicht von Menschen, sondern durch Jesus Christus und durch Gott" oder kürzer „durch Gottes Wille". Auch die Selbsteinschätzung als „Knecht Christi Jesu" oder „Gefangener Christi Jesu" müsste als erweiterte Absenderangabe am Briefeingang nicht stehen. Dass sie dennoch dort erscheint, weist auf das besondere Bedürfnis des Verfassers hin.

Die zweite Position, die Adressenangabe, zeigt an, dass Paulus immer an eine Gemeinde schreibt und nicht an eine Einzelperson. Selbst der kleine Philemonbrief, der sich zunächst an einen Einzelnen richtet, wendet sich in der zweiten Adressenangabe an eine Gemeinde. Das ist für den Brieftyp und auch für die angestrebte Botschaft besonders wichtig. Ein Brief an eine Gemeinde ist unbedingt öffentlich. So betont Paulus im Briefschluss in 1 Thess 5,27: „Ich beschwöre euch beim Herrn, diesen Brief allen Brüdern vorzulesen."

Ein Brief an eine Einzelperson könnte nichtöffentlich sein und damit eine private Botschaft enthalten. Die Eigenart der paulinischen Briefe besteht aber gerade darin, dass sie allesamt in der Gemeinde verlesen und an Nachbargemeinden ausgeliehen und auch dort öffentlich verlesen wurden.

Der Ort der Verlesung lässt sich häufig am Briefschluss erkennen, wo liturgische Formeln erscheinen. So ist der Paulusbrief im Gottesdienst oder zumindest in der Versammlung der Gemeinde im Haus laut vorgelesen worden. Ein leises, privates Lesen war in der Antike allgemein unüblich. Schon allein die Schreibweise, Buchstabe an Buchstabe, ohne Wort- und Satzgrenzen, zwang zu konzentriertem Lesen.

Die Sammlung der Paulusbriefe

Kein einziger Paulusbrief ist uns einzeln überliefert worden, immer treten die Briefe als Sammlung auf. Schon früh müssen sie von der Papyrusrolle abgeschrieben und auf Pergament in das handlichere Buchformat gebracht worden sein. Nur so erklärt sich die stetige und nach ihrer Länge geordnete Zusammenstellung der Briefe in den ältesten Kanonverzeichnissen, den verbindlichen Auflistungen der neutestamentlichen Schriften.[1]

Während in der Antike die Papyrusrolle für Briefe lange vorherrschend blieb, darf das frühe Christentum als die bahnbrechende Gemeinschaft gelten, die dem Buchformat, dem Codex, zum Durchbruch verhalf. Ein Grund dafür könnten die allzu langen Paulusbriefe gewesen sein, welche die Länge der in der Antike üblichen und auf Rollenformat gebrachten Briefe (ca. 250 Wörter) weit überschritten.

Gesammelt wurde zunächst alles, was sich im Briefeingang als Paulusbrief zu erkennen gab. Als Orte der Sammlungs- und Redaktionstätigkeit werden in der Forschung Korinth und Ephesus, manchmal auch Rom genannt. Es waren dies ja nicht nur wichtige Zentren des frühen Christentums, Paulus hatte in Korinth und Ephesus über Jahre hin gewirkt. Dass Rom mit ins Spiel gebracht wird, hängt mit dem Ort seines Martyriums zusammen. Genaueres ist für die Frühzeit des Sammlungsprozesses der Paulusbriefe allerdings schwer zu sagen.

Nachpaulinische Briefe

Die beiden **Timotheusbriefe** und der **Titusbrief**, die seit dem 18. Jahrhundert auch Pastoralbriefe genannt werden, weil sie Weisungen über das Hirtenamt und die Leitung der Kirche geben und damit eine fortgeschrittene kirchliche Verfassung zugrunde legen, können keine echten Paulusbriefe sein. Meist werden sie um das Jahr 100 n. Chr. datiert. Manche legen sie sogar in Auseinandersetzung mit Marcion ins Jahr 140 n. Chr. Das Briefformular mit der Absenderangabe des Paulus an erster Position hat sie für die Kirche bis ins 19. Jh. hinein als echte Paulusbriefe erscheinen lassen. Das Briefformular war es auch gewesen, das sogar den Hebräerbrief unter die Paulusbriefe eingeordnet hat, obgleich der Briefkopf mit Absenderangabe dort fehlt. Die Theologie und Spracheigentümlichkeiten des „Hebräers" führen jedoch trotz mancher Gemeinsamkeiten weit von der

•••

[1] B. Metzger, Der Kanon des Neuen Testaments. Entstehung, Entwicklung, Bedeutung, Düsseldorf 1993.

paulinischen Lehre weg, sodass bereits die frühen Briefsammlungen darin schwanken, ob sie diesen Brief unter die Paulinen zählen sollen.

Schwieriger ist bislang die Echtheitsfrage im Fall des **Kolosser- und Epheserbriefes** zu beantworten gewesen. Doch zahlreiche Untersuchungen in den letzten Jahrzehnten, die das Verhältnis der beiden Briefe untereinander und die Beziehung zu den echten Paulusbriefen zum Gegenstand hatten, konnten die Autorenschaft zumindest negativ klären: Vor allem das Kirchenbild und die Bedeutung Jesu Christi schließt die Handschrift des Apostels Paulus aus. Wer sich allerdings als unbekannter Verfasser hinter Paulus verbirgt, lässt sich nicht mehr klären. Der Autor kennt jedenfalls die paulinische Theologie und führt sie den Verhältnissen entsprechend fort.

Unter allen nachpaulinischen Briefen hat der **2. Thessalonicherbrief** in der Neuzeit der Kirche als Erster darüber Zweifel erweckt, ob sein Verfasser Paulus sein könne. Vor allem die Behandlung der Frage der Naherwartung und des Antichrist in 2 Thess 2,1-4 schließt sich mit dem gleichen Thema in 1 Thess 4,13-17 nahezu aus. Auch die Prüfung der weiteren Gemeinsamkeiten und Differenzen beider Thessalonicherbriefe haben zum Ergebnis geführt, dass wir hier einen nachpaulinischen Brief antreffen.

Am schnellsten sind die Argumente, ob paulinisch oder nachpaulinisch, für Leserinnen und Leser nachvollziehbar, wenn man zunächst die echten Paulusbriefe liest und dann die nachpaulinischen. Die veränderte Botschaft lässt sich nicht damit erklären, dass die nachpaulinischen Briefe von Paulus einige wenige Jahre später geschrieben wurden, wie manche Skeptiker meinten.

Für die nachpaulinischen Briefe hat man früher die Abhängigkeit des paulinischen Denkens betont. Heute rechnet man mehr mit unabhängigen Theologien, die neben Paulus existiert haben, die zwar teilweise mit Paulus konform gehen, jedoch nicht von ihm abhängig sind.

Der geborgte Name (Pseudepigraphie)

Seit man mit der literarischen Möglichkeit der zugewiesenen Autorenschaft (Pseudepigraphie) rechnet, können diese Briefe auch ohne die „Echtheit" weiterhin im Kanon des Neuen Testaments bestehen.

Es ist in der Antike ein häufig anzutreffendes Phänomen, sich einen berühmten Namen zu borgen und mit dessen Autorität zu schreiben. Man schreibt also nicht anonym, sondern unter falschem Namen. Die seit dem 19. Jh. eingeführte Bezeichnung Pseudepigraphie (wörtlich: „Lügenschrift") ist irreführend, abwertend und unsachgemäß. Bereits im Alten Testament gibt es in der apokalyptischen, weisheitlichen und prophetischen Literatur Schriften mit geborgten Namen ohne abwertende Tendenz, z.B. Das Buch Daniel, Das Hohelied Salomos, Die Weisheit Salomos. Auch ein zweiter Jesaja (Jes 44-55) und ein dritter Jesaja (Jes 55-66) haben kaum noch etwas mit dem ursprünglichen Jesaja (Jes 1-39) zu tun. Vom 1. Jh. v. bis zum 1. Jh. n. Chr. kommen im Judentum apokalyptische Schriften auf, die quasi kanonische Geltung in der frühen Kirche haben und Henoch oder Baruch zugeschrieben werden. Auch unter den Philosophenschulen der Antike war es üblich, unter dem Namen des Meisters zu schreiben. So mussten Euripides, Heraklit, Hippokrates, Isokrates, aber auch Platon, Sokrates oder Xenophon ihre Namen hergeben, um den neuen Schriften Autorität zu verschaffen. Meist waren es Schriften in Gestalt von Briefen, die die Pseudepigraphie förderten. Der Regensburger Kirchengeschichtler Norbert Brox hat bereits vor 25 Jahren maßgebliche Untersuchungen angestellt, welche das antike Schreiberphänomen beleuchten und positiv würdigen."[2]

Die Anwesenheit eines Abwesenden konnte man besonders gut durch das Briefeschreiben ausdrücken. „Der Gedanke liegt nahe, den geographischen Abstand in einen zeitlichen zu verwandeln; dann konnten Paulus und andere Autoritätsfiguren aus der ersten christlichen Generation auch nach ihrem Tod durch Briefe, am besten sogar durch Briefe früherer Mitarbeiter, gegenwärtig bleiben. Durch neu geschriebene Briefe konnte man sie Stellung nehmen lassen zu drängenden Problemen, die überhaupt erst nach ihrem Tod aufkamen. Dazu passt die zeitliche Streuung der neutestamentlichen Pseudepigraphie, die wir in den Jahren von ca. 70 bis 110 n. Chr. antreffen, wo es also darum ging, das Erbe der Gründerzeit nach dem Abtreten der Gründerpersönlichkeiten in eine neue Phase hinein zu retten."[3]

Bei der Abgrenzung der neutestamentlichen Schriften (Kanon) hatte nur ein Apostel oder ein Apostelschüler eine Chance, seine Schrift als autoritativ anerkannt zu bekommen. Denn nur Apostel und Apostelschüler hatten den Ausweis der ursprünglichen Nähe zu den Anfängen, was das überzeugendste Glaubwürdigkeitsmerkmal darstellte.

Wie gewichtig dieses Argument noch vom zweiten bis zum vierten Jahrhundert war, zeigen die vielen apokryphen Schriften, die sich mehrheitlich auf einen Apostel oder Apostelschüler berufen.

Die nachpaulinischen Briefe wollen alle mit Ausnahme des Hebräerbriefes in Kontinuität zum Apostel Paulus gebracht werden, wenn sie auch dessen Vorgaben für ihre spätere Zeit mit den veränderten Verhältnissen fortschreiben.

Dann sind die nachpaulinischen Briefe auch Zeugnisse paulinischer Gemeinden, für die Paulus als Gemeindegründer eine wichtige Autorität geblieben ist und die den Blutzeugen Paulus mittels eines ihm zugeschriebenen Briefes in Ehren halten wollten. Die späteren christlichen Jahrhunderte haben durch ihre vorkritische Beurteilung der Schriften nicht mehr zwischen „echt" und „zugeschrieben" unterscheiden können. Mit der Ka-

•••
[2] N. Brox, Falsche Verfasserangaben. Zur Erklärung der frühchristlichen Pseudepigraphie (SBS 79), Stuttgart 1975. – Ders. (Hrsg.), Pseudepigraphie in der heidnischen und jüdisch-christlichen Antike (WdF 484), Darmstadt 1977.
[3] H.-J. Klauck, Die antike Briefliteratur und das Neue Testament (UTB 2022), Paderborn 1998, 304.

nonisierung der nachpaulinischen Briefe als Hl. Schrift

haben diese Zeugnisse einen ebenso hohen Rang erhalten wie die anderen Schriften des Neuen Testaments. Im Gegensatz zu Martin Luther, der sagte: „Was Christus nicht lehrt, das ist nicht apostolisch, wenn's gleich Petrus oder Paulus lehrt; wiederum was Christus predigt, das ist apostolisch, wenn's gleich Judas, Hannas, Pilatus oder Herodes täte" (Vorrede zum Jakobusbrief, 1522), konnte sich die Katholische Kirche dieser Auffassung beim Tridentinischen Konzil (1546) nicht anschließen. Sie stellte fest, alle 27 Schriften des Neuen Testaments seien in gleicher Weise kanonisch und nicht unterschiedlich zu werten. In Fragen der Häresie und der Einheit der Kirche hat sich diese Beurteilung bewährt. Am Beispiel der nachpaulinischen Beurteilung der Stellung der Frau in der Kirche hatte diese Wertigkeit für die Frau allerdings katastrophale Folgen. Anhand der Haustafeln im Epheser- und Kolosserbrief, der Auskünfte über die Frau in den Pastoralbriefen und der Briefredaktion der Korintherbriefe soll dieses Phänomen später noch näher beleuchtet werden.

Der Canon Muratori

Das älteste Verzeichnis der neutestamentlichen Schriften am Ende des 2. Jahrhunderts ist in lateinischer Sprache verfasst. Über die Paulusbriefe handelt der nachfolgende Abschnitt:

Die Briefe aber des Paulus, welche (von Paulus) sind, von welchem Orte und aus welchem Anlass sie geschrieben / sind, erklären das denen, die es wissen wollen, selbst. / Zuerst von allen hat er an die Korinther, (denen) er die Häresie der Spaltung, / sodann an die Galater, (denen) er die Beschneidung untersagt, / sodann aber an die Römer, (denen) er darlegt, dass Christus die Regel der Schriften und ferner ihr Prinzip sei, / ausführlich geschrieben. Über sie müssen wir einzeln handeln, da der selige / Apostel Paulus selbst, der Regel seines Vorgängers / Johannes folgend, mit Namensnennung nur an sieben / Gemeinden schreibt in folgender Ordnung: an die Korinther / Der erste (Brief), an die Epheser der zweite, an die Philipper / Der dritte, an die Kolosser der vierte, an die Galater der / Fünfte, an die Thessalonicher der sechste, an die Römer / der siebente. Aber wenn auch an die Korinther und an die Thessalonicher zu ihrer Zurechtweisung noch einmal geschrieben wird, so ist doch deutlich erkennbar, dass seine Gemeinde über den ganzen Erdkreis / verstreut ist. Denn auch Johannes in der / Offenbarung schreibt zwar an sieben Gemeinden, / redet jedoch zu allen. Aber an Philemon einer / und an Titus einer und an Timotheus zwei, aus Zuneigung / und Liebe (geschrieben), sind doch zu Ehren der katholischen Kirche / zur Ordnung der kirchlichen / Zucht heilig gehalten. Es läuft auch (ein Brief) an / die Laodicener, ein anderer an die Alexandriner um, auf des Paulus / Namen gefälscht für die Sekte des Marcion, und anderes mehr, / was nicht in die katholische Kirche aufgenommen werden kann; denn, Galle mit Honig zu mischen, geht nicht an.
Übersetzung: Hennecke/Schneemelcher

Die zweite Missionsreise

Verzeichnis der im NT aufgeführten paulinischen Schriften nach dem Codex Claromontanus (6. Jh.) mit Zeilenangabe:

Eine Zeile (Stichos) in antiken Texten umfasste meist 16 Silben und ca. 36 Buchstaben. Neben der Brieflänge wurde hier auch nach Adressat (Gemeinde und Einzelperson) geordnet, Ausnahme Kolosserbrief, Hebräerbrief fehlt unter den Paulinen.

An die Römer 1040 Zeilen
Der erste an die Korinther 1060 Zeilen
Der zweite an die Korinther 70 (!) Zeilen
An die Galater 350 Zeilen
An die Epheser 365 Zeilen
Der erste an Timotheus 209 Zeilen
Der zweite an Timotheus 289 Zeilen
An Titus 140 Zeilen
An die Kolosser 251 Zeilen
An Philemon 50 Zeilen
Der erste an (!) Petrus 200 Zeilen
Der zweite an (1) Petrus 140 Zeilen

Widersprüche erklären die Echtheitsfrage

1 Thess 4,13-17
(Ein echter Paulusbrief)
Brüder, wir wollen euch über die Verstorbenen nicht in Unkenntnis lassen, damit ihr nicht trauert wie die anderen, die keine Hoffnung haben. (Wenn Jesus - und das ist unser Glaube – gestorben und auferstanden ist, dann wird Gott durch Jesus auch die Verstorbenen zusammen mit ihm zur Herrlichkeit führen. Denn dies sagen wir euch nach einem Wort des Herrn: Wir, die Lebenden, die noch übrig sind, wenn der Herr kommt, werden den Verstorbenen nichts vorausbaben. Denn der Herr selbst wird vom Himmel herabkommen, wenn der Befehl ergeht, der Erzengel ruft und die Posaune Gottes erschallt. Zuerst werden die in Christus Verstorbenen auferstehen; dann werden wir, die Lebenden, die noch übrig sind, zugleich mit ihnen auf den Wolken in die Luft entrückt, dem Herrn entgegen. Dann werden wir immer beim Herrn sein.

2 Thess 2,1-4
(Ein nachpaulinischer Brief)
*Brüder, wir schreiben euch über die Ankunft Jesu Christi, unseres Herrn, und unsere Vereinigung mit ihm und bitten euch: Lasst euch nicht so schnell aus der Fassung bringen und in Schrecken jagen, wenn in einem prophetischen Wort oder einer Rede oder in einem Brief, der angeblich von uns stammt, behauptet wird, der Tag des Herrn sei schon da. Lasst euch durch niemand und auf keine Weise täuschen! Denn zuerst muss der Abfall von Gott kommen und der Mensch der Gesetzwidrigkeit
erscheinen, der Sohn des Verderbens, der Widersacher, der sich über alles, was Gott oder Heiligtum heißt, so sehr erhebt, dass er sich sogar in den Tempel Gottes setzt und sich als Gott ausgibt.*

Teil 26a: Tabelle: Die paulinischen Briefeingänge (Präskript)

1 Thess	Gal	1 Kor	2 Kor	Röm	Phil	Phlm
Paulus,	**Paulus,** zum Apostel berufen, nicht vom Menschen oder durch einen Menschen, sondern duch Jesus Christus u. durch Gott, dem Vater, der ihn von den toten auferweckt hat, und alle Brücer, die bei mir sind	**Paulus,** durch Gottes Willen berufener Apostel	**Paulus,** durch Gottes Wille Apostel	**Paulus,** Knecht Christi Jesu berufen zum Apostel, auserwählt, … 1,2-6	**Paulus und Thimotheus,** Knechte Chisti Jesu,	**Paulus,** Gefangener Christi Jesu,
Silvanus und Thimo. an die Gemeinde	an die Gemeinden	und der Bruder Sosthenes an die Kirche Gottes	Christi Jesu		und Timotheus	und der Bruder Timotheus
von Thessalonich,	in Galatien:		und alle Bruder Thimotheus an die Kirche Gottes	an alle	an alle Heiligen in Christus Jesu	an unseren geliebten Mitarbeiter Philemon, an die Schwester Aphia, an Archippus, unseren Mitstreiter und an die Gemeinde in deinem Haus
die in Gott dem Vater, und in Jesus Christus, dem Herrn, ist.		die in Korinth ist, – an die Geheiligten in Chr., berufen als Heilige mit allen, die den Namen Jesu Christi, unseres Herrn, überall anrufen, bei ihnen und bei uns.	die in Korinth ist, und an alle Heiligen	in Rom, die von Gott geliebt sind, die berufenen Heiligen:	die in Philippi sind,	
			in ganz Achaia.		mit ihren Bischöfen und Diakonen.	
Gnade sei mit euch und Friede.	Gnade sei mit euch und Friede von Gott, unserem Vater, und dem Herrn Jesus Christus	Gnade sei mit euch und Friede von Gott, unserem Vater, und dem Herrn Jesus Christus	Gnade sei mit euch und Friede von Gott, unserem Vater, und dem Herrn Jesus Christus	Gnade sei mit euch und Friede von Gott, unserem Vater, und dem Herrn Jesus Christus	Gnade sei mit euch und Friede von Gott, unserem Vater, und dem Herrn Jesus Christus	Gnade sei mit euch und Friede von Gott, unserem Vater, und dem Herrn Jesus Christus

TEIL 27
Thessalonich – Die Thessalonicherbriefe

Orte und Landschaften:
Antiochia – Derbe – Lystra – Ikonion – Antiochia in Pisidien – Prygien – galatisches Land – Mysien – Troas – Samothrake - Neapolis – Philippi – Amphipolis – Apollonia – **Thessalonich** – Beröa – Athen – Korinth – Ephesus – Caesarea – Jerusalem – Antiochia

Der erste Thessalonicherbrief

Das Schreiben des Apostels war nötig geworden, einmal, weil er seine Gemeinde abrupt verlassen musste, und dann aufgrund der Nachrichten, die Timotheus mitgebracht hatte.

Der Aufbau des ersten Thessalonicherbriefes folgt dem antiken Briefschema, wie es in den letzten Beiträgen dargestellt wurde. Briefeingang mit Anschrift und Einleitung, Hauptteil und Briefschluss. Ungewöhnlich ist allerdings die lange Einleitung mit ausführlicher Danksagung (1,2-3,13), der Hauptteil mit mahnendem Zuspruch fällt dagegen kurz aus (4,1-5,24).

An dieser Briefentfaltung lassen sich die besonderen Themenschwerpunkte und Anliegen des Apostels erkennen. Da ist einmal die Erwählung und Berufung der Gemeinde. Wie ein argumentatives Geflecht durchziehen die ständig wiederkehrenden Stichworte „erwählen" und „berufen" den Einleitungsteil, der mehr als die Hälfte des Briefes ausmacht.

Die Gemeinde ist erwählt und herausgerufen aus ihrer Umwelt. Ausnahmslos ist Gott der Berufende, nie Christus. Dies hängt mit dem Ziel der berufenen Gemeinde zusammen, die das endzeitliche Heil erlangen soll. So sollen die Christen sich in ihrem Leben gegenseitig ermahnen, ermutigen und beschwören, „wie es Gottes würdig ist, der euch zu seinem Reich und zu seiner Herrlichkeit beruft." (1 Thess 2,12).

Da das Ende der Weltzeit nahe ist (4,17; 5,10), ereignet sich die Berufung durch Gott unmittelbar vor dem Ende der Geschichte. Es ist eine akute Naherwartung, die sich dieser Weltsicht aufdrängt. Den Anlass sich darüber zu äußern, scheint Timotheus aus Thessalonich mitgebracht zu haben. Ein Gemeindeglied war gestorben und niemand wusste so recht, wie es dem Verstorbenen nun bei der Wiederkunft Christi ergehen würde. Paulus antwortet also auf ein konkretes Ereignis, das sich in Thessalonich zugetragen hat.

Zuvor jedoch muss er sich noch gegen Verleumdungen rechtfertigen, die ihm durch Timotheus zugetragen wurden. Die abrupte Abreise und das erste Wirken des Apostels hatte manch ungutes Wort aufkommen lassen: „Wir predigen nicht, um euch irrezuführen, in schmutziger Weise auszunutzen oder zu betrügen, sondern wir tun es, weil Gott uns geprüft und uns das Evangelium anvertraut hat, nicht also, um den Menschen, sondern um Gott zu gefallen, der unsere Herzen prüft. Nie haben wir mit unseren Worten zu schmeicheln versucht, das wisst ihr, und nie haben wir aus versteckter Habgier gehandelt, dafür ist Gott Zeuge. Wir haben auch keine Ehre bei den Menschen gesucht, weder bei euch noch bei anderen, obwohl wir als Apostel Christi unser Ansehen hätten geltend machen können. Im Gegenteil, wir sind euch freundlich begegnet: Wie eine Mutter für ihre Kinder sorgt, so waren wir euch zugetan und wollten euch nicht nur am Evangelium Gottes teilhaben lassen, sondern auch an unserem eigenen Leben; denn ihr wart uns sehr lieb geworden." (1 Thess 2,3-8).

Die Wiederkunft des Herrn

Die ausführliche Einleitung mit ihren Erwählungsgedanken korrespondiert mit dem Hauptteil, wo Paulus auf eine Anfrage der Thessalonicher zu sprechen kommt, die das Schicksal der Verstorbenen bei der Wiederkunft des Herrn anspricht: „Brüder, wir wollen euch über die Verstorbenen nicht in Unkenntnis lassen, damit ihr nicht trauert wie die anderen, die keine Hoffnung haben. Wenn Jesus – und das ist unser Glaube – gestorben und auferstanden ist, dann wird Gott durch Jesus auch die Verstorbenen zusammen mit ihm zur Herrlichkeit führen. Denn dies sagen wir euch nach einem Wort des Herrn: Wir, die Lebenden, die noch übrig sind, wenn der Herr kommt, werden den Verstorbenen nichts vorausbaben. Denn der Herr selbst wird vom Himmel herabkommen, wenn der Befehl ergeht, der Erzengel ruft und die Posaune Gottes erschallt. Zuerst werden die in Christus Verstorbenen auferstehen; dann werden wir, die Lebenden, die noch übrig sind, zugleich mit ihnen auf den Wolken in die Luft entrückt, dem Herrn entgegen. Dann werden wir immer beim Herrn sein." (1 Thess 4,13-17).

In der kurzen Zeitspanne bis zur Ankunft des Herrn muss sich die Gemeinde bewähren. Der die Christen berufende Gott hält treu zu seiner Gemeinde: „Der Gott des Friedens heilige euch ganz und gar und bewahre euren Geist, eure Seele und euren Leib unversehrt, damit ihr ohne Tadel seid, wenn Jesus Christus, unser Herr, kommt. Gott, der euch beruft, ist treu; er wird es tun." (1 Thess 5,23f). Paulus beruft sich in seiner Beweisführung auf ein „Wort des Herrn", ohne dass es in den späteren Evangelien für uns überprüfbar wäre. Auch im Gal 3,17 und 1 Kor 7,6 bemüht er zur Festigung seiner Argumentation ein Wort des Herrn, was sonst selten geschieht.

Die apokalyptische Sprache, so später auch in Mk 13, zeigt an, dass Paulus sich auf ein apokalyptisches Überlieferungsstück beruft, das vermutlich aus dem Judentum stammt. In der frühjüdischen Apokalypse 3 Esra heißt es: „Und jeder, der aus den vorher genannten Plagen gerettet wurde, wird meine Wunder schauen. Denn mein Sohn, der Messias, wird sich mit denen offenbaren, die bei ihm sind, und wird die Übriggebliebenen glücklich machen, 400 Jahre lang." (7,27f).

Der alttestamentliche Gedanke vom „Hl. Rest" wird in der frühjüdischen Apokalyptik entfaltet und findet sich dort mehrmals als Umschreibung für die wenigen Geretteten wieder.

Damit die Gemeinde in Thessalonich an der endzeitlichen Bestimmung teilhat, bedarf es der göttlichen Erwählung. Gott ist es, der, wie er in Christi Tod und Auferstehung (4,14) gehandelt hat, auch an lebenden und verstorbenen Thessalonichern handeln wird.

Wann genau das endzeitliche Handeln Gottes freilich erfolgt, darauf will sich Paulus nicht festlegen lassen: „Über Zeit und Stunde, Brüder, brauche ich euch nicht zu schreiben. Ihr selbst wisst genau, dass der Tag des Herrn kommt wie ein Dieb in der Nacht." (1 Thess 5,1-2).

Der Begriff „Nacht" liefert Paulus vielmehr ein Stichwort, das über die Qualität der christlichen Existenz in der Endzeit Auskunft gibt: „Während die Menschen sagen: Friede und Sicherheit!, kommt plötzlich Verderben über sie wie die Wehen über eine schwangere Frau, und es gibt kein Entrinnen. Ihr aber, Brüder, lebt nicht im Finstern, sodass euch der Tag nicht wie ein Dieb überraschen kann. Ihr alle seid Söhne des Lichts und Söhne des Tages. Wir gehören nicht der Nacht und nicht der Finsternis. Darum wollen wir nicht schlafen wie die anderen, sondern wach und nüchtern sein. Denn wer schläft, schläft bei Nacht, und wer sich betrinkt, betrinkt sich bei Nacht." (1 Thess 5,3-7).

Die Welt ist wie in anderen endzeitlich bewegten frühjüdischen Gruppierungen dualistisch in „Söhne des Lichts" und „Söhne der Finsternis", „Tag" und „Nacht", „Licht" und „Finsternis" aufgeteilt.

Die Gemeinderegel in Qumran teilt ebenfalls ein solches dualistisches Weltbild mit ähnlichen Begrifflichkeiten. Deshalb eine gegenseitige Abhängigkeit zu vermuten (Paulus von Qumran oder Qumran von Paulus), wird heute abgelehnt. Es ist vielmehr eine strukturgleiches, unabhängiges jüdisches Denken bzgl. der Endzeitvorstellung anzunehmen.

Heiligung des Lebens

Als Auseinandersetzung mit dem heidnischen Umfeld wird man hingegen die Anweisungen verstehen dürfen, die auf nächtliche Trinkgelage anspielen. Ebenso die Hinweise auf die Heiligung des Lebens, die Paulus kurz zuvor bezüglich der eigenen Frau anspricht: „Das ist es, was Gott will: eure Heiligung. Das bedeutet, dass ihr die Unzucht meidet, dass jeder von euch lernt, mit seiner Frau in heiliger und achtungsvoller Weise zu verkehren, nicht in leidenschaftlicher Begierde wie die Heiden, die Gott nicht kennen." (1 Thess 4,3-5). Hier ist keine Sexualfeindlichkeit oder Prüderie gemeint, sondern eine bewusste Abgrenzung zur heidnischen Umwelt angesprochen. In orgiastischen Feiern am Dionysosheiligtum in Thessalonich erlebten die zum Christentum Konvertierten unübersehund unüberhörbar äußere Lebenskraft. Nächtliche Trinkgelage mit sexueller Beliebigkeit, dionysischer Besessenheit samt ihrer grässlichen Folgen, ließen die menschliche Würde vergessen. „Charakteristisch für den Dionysos-Kult ist die Maske, Symbol der Aufgabe des Selbst und zugleich ein Mittel zu seiner Verwandlung."**¹** Vermutlich spricht Paulus die auch von antiken Autoren beschriebenen Laster und den damit einhergehenden Sittenverfall an. Andererseits blieben gerade für die neu Bekehrten die Dionysos-Kulte eine stete Gefahr für die rechte Lebensführung. „Der Dionysos-Kult hatte nicht nur durch sein Versprechen eines freudevollen Jenseits werbende Wirkung, er vermochte auch im diesseitigen Leben etwas zu bieten."**²**

Da das Bestehen in dieser Welt wie ein militärischer Kampf gegen die Mächte dieser Welt zu denken ist, formuliert Paulus in Kategorien der geistlichen Waffenrüstung. „Wir aber, die dem Tag gehören, wollen nüchtern sein und uns rüsten mit dem Panzer des Glaubens und der Liebe und mit dem Helm der Hoffnung auf das Heil." (1 Thess 5,8). Auch der nachpaulinische Epheserbrief nimmt das Bild der Waffenrüstung auf und entfaltet es: „Seid also standhaft: Gürtet euch mit Wahrheit, zieht als Panzer die Gerechtigkeit an und als Schuhe die Bereitschaft, für das Evangelium vom Frieden zu kämpfen. Vor allem greift zum Schild des Glaubens! Mit ihm könnt ihr alle feurigen Geschosse des Bösen auslöschen. Nehmt den Helm des Heils und das Schwert des Geistes, das ist das Wort Gottes." (Eph 6,14-17). Wenn wir heute auch Zweifel haben über solch „militante" Bildsprache, so dürfen wir nicht übersehen, dass damals solche alttestamentlichen und frühjüdischen Bilder (Jer 59,17; Weish 5,18f) gängig waren und gerade in der Übertragung Widerstand und Kampf anschaulich vergegenwärtigen konnten.

Der zweite Thessalonicherbrief

Der um einiges kürzere zweite Thessalonicherbrief wurde in der Überlieferung aufgrund seines Briefformulars, das einen echten Paulusbrief imitiert, direkt hinter dem ersten Thessalonicherbrief in der Sammlung der Paulusbriefe eingeordnet. Da er aufgrund seines fundamentalen sachlichen Widerspruchs zu Aussagen der Endzeit gegenüber 1 Thess 4,13-18; 5,1-11 und auch 1 Kor 15,20-28 argumentiert, wo gerade von der Plötzlichkeit und Unerwartetheit des „Tages des Herrn" gesprochen wird, betont der zweite Thessalonicherbrief in einer Aufzählung von bestimmten Vorzeichen, wie dieser Tag auszusehen hat und wie er von den Christen erwartet werden kann. Wenn dieser Brief nun kein Paulusbrief ist, was ist er dann? „Der 2. Thessalonicherbrief will offensichtlich als Kommentar zum 1. Thessalonicherbrief verstanden werden, der diesen vor möglichen Missverständnissen schützt. Er will eine Leseanweisung in eine bestimmte Richtung geben. Dies setzt eine Situation voraus, in der der 1. Thessalonicherbrief bereits weithin bekannt war und in bestimmten Kreisen eine Auslegung erfuhr, die in den Augen anderer als bedenklich und korrekturbedürftig erscheinen konnte ... Der Brief hat nur ein einziges theologisches Anliegen, das in 2,1-12 zum Ausdruck kommt: die Aufrechterhaltung

---

¹ M.C. Howatson, Dionysos, in: Reclams Lexikon der Antike, 1996, 183.
² R. Riesner, Die Frühzeit des Apostels Paulus (WUNT 71), Tübingen 1994, 331.

der Hoffnung auf den „Tag des Herrn", die Parusie (= Naherwartung) Jesu, bei gleichzeitiger Widerlegung überhitzter Naherwartungsspekulationen."[3] In lebenspraktischen Anweisungen werden Mahnungen erteilt, die einer übersteigerten Naherwartung entgegenwirken möchten. So solle man durch Arbeit einem geregelten Lebensunterhalt nachgehen und nicht den Müßiggang pflegen (2 Thess 3,6-12).

Wenn nun Paulus nicht der Verfasser des zweiten Thessalonicherbriefes ist, aus welcher Hand stammt der Brief dann? „Schwerlich aus dem Kreis der Paulusschule. Denn nirgends zeigt sich darin eine kreative Aufnahme und Weiterführung paulinischer Gedanken. Erst recht ausgeschlossen ist eine Entstehung in der Gemeinde von Thessalonich."[4] Nahe liegt Kleinasien, ohne dass man eine nähere Ortsangabe machen könnte.[5]

TEIL 28
Beröa – Athen

Orte und Landschaften
Antiochia – Derbe – Lystra – Ikonion – Antiochia in Pisidien – Prygien – galatisches Land – Mysien – Troas –

•••
[3] J. Roloff, Einführung in das Neue Testament, Stuttgart 1995, 213-215.
[4] Ebd., 213.
[5] W. Trilling, Der zweite Brief an die Thessalonicher (EKK XIV), Neukirchen 1980, 28.

Samothrake – Neapolis – Philippi – Amphipolis – Apollonia - Thessalonich – **Beröa – Athen** *– Korinth – Ephesus – Caesarea – Jerusalem – Antiochia*

Nach der Flucht aus der makedonischen Hauptstadt Thessalonich verließen Paulus und seine Begleiter die Via Egnatia und zogen in einem Zweitagesmarsch ca. 75 km südwärts. Die kleine makedonische Provinzstadt Beröa ermöglichte den nächsten Halt. Dank seines Hafens Pydna besaß der Ort bis in römische Zeit einen ungewöhnlich großen militärischen Einfluss. Im Gegensatz zu Korinth überlebte Beröa, als die Römer das Land befriedeten, nicht zuletzt, weil sich die Hafenstadt rechtzeitig ergab und keine antirömische Koalition einging.

Die makedonische Provinz

Lassen Sie uns kurz die politischen und kulturellen Hintergründe Makedoniens etwas näher beleuchten. Makedonien ist nicht Griechenland und die Makedonen sind keine Griechen. Dessen sollte man sich immer bewusst bleiben. Das Kerngebiet der Makedonen befand sich im nördlichen Teil des heutigen Griechenlands (s. Karte). Für die Weltgeschichte bedeutsam wurde Makedonien seit Philipp II., dem Vater Alexanders des Großen. Er erweiterte seinen Einfluss durch die Eroberung weiter Teile des griechischen Festlandes (Schlacht von Chaironeia 338 v. Chr.), das bislang in Stadtstaatenbündnissen auftrat. Von der Residenzstadt Pella gingen alle wichtigen makedonischen Veränderungen aus. Als

Alexander der Große sogar das Weltreich der Perser erobern konnte, war es an der Zeit, zumindest das makedonische Königshaus in seiner Abstammung auf die Griechen zurückzuführen. Isokrates (436–338 v. Chr., 5,108) bezeichnete die Makedonen – mit Ausnahme Alexanders, dessen griechische Genealogie man nun aus durchsichtigen Gründen anerkennen wollte – als Barbaren.

Umgekehrt ließen sich die Makedonen gerne von der großen griechischen Kultur beerben. So wurde der bedeutende Philosoph Aristoteles der Erzieher Alexanders des Großen. Der erste Makedone ließ sich kulturell gleichsam griechisch überformen.

Von nun an spricht man vom Hellenismus, wenn man die griechisch-makedonische Kultur meint. Freilich ist auch dies nur ein Sammelbegriff, der sich erst im 19. Jahrhundert durchsetzte.

Als Alexander in einem beispiellosen Kriegszug in nur wenigen Jahren Griechenland, Anatolien, den gesamten Alten Orient und die mittelöstlichen Gebiete bis nach Indien eroberte, war das hellenistische Gedankengut in der ganzen Welt, die römisch-westliche Welt ausgenommen, verbreitet. Die römische Welt war zuvor durch die griechischen Kolonien längst mit der griechischen Kultur versorgt. Es setzte nun eine Mischform zwischen hellenistischer und lokaler Kultur ein. Umgekehrt wirkten die orientalischen Kulturen auf das griechisch-makedonische Kulturgut ein. Einige Beispiele aus den religiösen Beeinflussungen seien angeführt. Der Isiskult, ursprünglich in Ägypten beheimatet, wurde nach Anatolien und Griechenland importiert. Meist verschmolz er mit den einheimischen Kulten der Frauen- und Muttergottheiten.

Aus dem orientalisch-persischen Bereich wirkte die baktrische Religion Zarathustras auf den westlichen Glauben ein. Die jüdische und dann christliche Religion hat viele Vorstellungselemente aus dieser Religion übernommen, so z. B. den Glauben an die Auferweckung der Toten, Satan/Teufel, Dualismus Licht/Finsternis, das Gute/das Böse, um nur einige Beispiele zu nennen.

Als nach dem frühen Tod Alexanders dessen Imperium an drei Nachfolger (Diadochen) vererbt wurde, zerfiel das Reich in drei kulturelle Großterritorien. In Ägypten und Palästina/Israel saßen Ptolemaios und seine Nachfolger (Ptolemäer), in Syrien bis Indien herrschten Seleukos und seine Nachfolger (Seleukiden). In Griechenland und Anatolien verwalteten Antigonos und seine Nachfolger (Antigoniten) das Land, verloren jedoch bald auch Anatolien an die Könige von Pergamon und die Seleukiden. Es verblieb ihnen nur der Großraum Griechenland-Makedonien. Dieser geriet bald unter den Einfluss der westlich-römischen Macht. Philipp V., ein Nachfahre des Antigonos, musste sich mit den nach Süden drängenden Römern auseinandersetzen. Eine unkluge Bündnispolitik mit Hannibal (2. Punischer Krieg) führte zum endgültigen Zerwürfnis mit Rom.

Als Konsul Aemilius Paullus den Oberbefehl über die gesamte Region übernahm, erlitt Perseus, der Nachfolger Philipp V., in der Nähe der Hafenstadt Pydna (168 v. Chr.) eine vernichtende Niederlage. Damit war das Ende der Unabhängigkeit Makedoniens besiegelt.

Das einstige Makedonien wurde in vier Bezirke mit den Hauptstädten Amphipolis, Thessalonich, Pella und Pelagonia aufgeteilt. Eindeutiges Ziel der Aufteilung war die Zerschlagung des Landes, um so ein Wiedererstarken alter Koalitionen zu verhindern.

Kommunale Freiheiten für einzelne Städte gab es dennoch, so auch für Beröa und Pydna, doch politisch war Makedonien nun eine abhängige römische Provinz. In der Folgezeit hatte die neue „Provinz Macedonia" unter den Bürgerkriegen Roms zu leiden. Seit dem Regierungsantritt des Kaisers Augustus und der mit ihm folgenden Friedenspolitik erstarkte die Region wirtschaftlich und damit auch kulturell. Inschriften belegen den lebhaften Zustrom von Handwerkern und Händlern aus dem südlichen Griechenland, Italien und Kleinasien in die neu strukturierte Provinz.

So lebten zur Zeit des Paulus in Beröa neben römischen Geschäftsleuten „vornehme griechische Frauen und Männer" und auch eine größere jüdische Gemeinde, wie Lukas glaubwürdig notiert.

Als Paulus in der Synagoge anhand der Hl. Schrift, und das sind die alttestamentlichen Schriften, Christus verkündete, erntete er einen unerwarteten Missionserfolg: „Diese waren freundlicher als die in Thessalonich; mit großer Bereitschaft nahmen sie das Wort auf und forschten Tag für Tag in den Schriften nach, ob sich dies wirklich so verhielte. Viele von ihnen wurden gläubig, und ebenso nicht wenige der vornehmen griechischen Frauen und Männer." (Apg 17,11-12).

Studium der Hl. Schrift

Die anwesenden Juden und Gottesfürchtigen waren kritisch genug, um die Predigt des Apostels anhand des eigenen Schriftstudiums zu überprüfen.

Vorausgesetzt ist hier die tägliche Beschäftigung mit der Hl. Schrift, die sich nicht auf die kurze Zeit während der Schabbatfeier beschränkte. Nur so wurde den Hörerinnen und Hörern selbst klar, inwieweit die Anspielungen in der Bibel, die Jesus als Messias bezeugten, auch tatsächlich zutrafen.

Zudem erfahren wir, wie der tägliche Umgang mit der Schrift aussah. Hatte man das erschlossene Wort gehört und „mit großer Bereitschaft aufgenommen", so wurde nun in den (heiligen) Schriften „geforscht". Das Münchener Neue Testament übersetzt den griechischen Begriff „anakrinein" mit: „befragend (die Schriften)" und Rudolf Pesch mit „untersuchen". Es fand also eine intellektuelle Auseinandersetzung mit der Hl. Schrift statt. Dann erst wog man ab, ob die Verkündigung des Apostels glaubhaft sei. Neben vielen Juden wurden ebenso vornehme gottesfürchtige Heiden christusgläubig. Dass auch „vornehme Frauen" darunter waren, ist für Lukas erwähnenswert, weil für die damalige Zeit ungewöhnlich genug, und dürfte bereits im Reisetagebuch gestanden haben.

Als wieder Juden aus Thessalonich in Beröa ihren negativen Einfluss geltend machten, brachten die Brüder Paulus kurzerhand zum nahen Stadthafen Pydna ans Meer hinunter.

Aufschlussreich ist die Bemerkung: „Da schickten die Brüder Paulus sogleich weg zum Meer hinunter. Silas und Timotheus aber blieben zurück. Die Begleiter des Paulus brachten ihn nach Athen. Mit dem Auftrag an Silas und Timotheus, Paulus möglichst rasch nachzukommen, kehrten sie zurück." (Apg 17,14-15). Es schien eine Missionsstrategie gewesen zu sein, dass die ungefährdeten Mitarbeiter zum weiteren Gemeindeaufbau zurückblieben und die Geschwister im Glauben stärkten. Zumindest Silas scheint die missionarische Stellung gehalten zu haben. Denn Paulus erwähnt später im 1. Thessalonicherbrief, dass er Timotheus von Athen aus nach Thessalonich zurückgeschickt hat: „Darum hielten wir es nicht länger aus; wir beschlossen, allein in Athen zurückzubleiben, und schickten Timotheus ..., um euch zu stärken." (1 Thess 3,1-2).

Ob Paulus per Schiff oder auf dem Landweg nach Athen gelangte - es waren auf dem Landweg immerhin ca. 300 km - ist nicht mehr zu entscheiden. Denn die Handschriften des „westlichen" Textes fügen hinzu: „Er durchzog aber Thessalien: Er wurde nämlich gehindert, ihnen das Wort zu verkünden" (Apg 17,15).

Die Meinung des Lukas dürfte jedoch gewesen sein, Paulus sei mit den Brüdern alleine aus Beröa über den Seeweg von Pydna nach Piräa, dem Hafen von Athen, gelangt. Dass die Christengemeinde in Beröa segensreich weiter bestand, erfahren wir auf der 3. Missionsreise des Apostels. Denn hier begleitet „Sopater, der Sohn des Pyrrhus, aus Beröa" (Apg 20,4) Paulus in Makedonien.

„Westlicher" und „ägyptischer" Text

An dieser Stelle muss zum besseren Verstehen noch etwas zur Text- und Handschriftensituation der Apostelgeschichte gesagt werden.

Da auch die Apostelgeschichte des Lukas nicht mehr im Original erhalten ist, sondern nur in zahlreichen griechischen Abschriften überdauert hat, tritt besonders bei diesem neutestamentlichen Buch eine besondere Überlieferungseigenart auf. Die Handschriften lassen sich in zwei stark voneinander abweichende Fassungen gruppieren. Da gibt es einen so genannten „ägyptischen" Text (auch „alexandrinischer" oder „neutraler" Texttyp genannt), der vor allem durch die alten wichtigen Pergamentcodices aus dem 4. Jahrhundert wie Vaticanus, Sinaiticus sowie Alexandrinus und Ephraem rescriptus aus dem 5. Jahrhundert und durch die Papyrihandschriften P45 und 74 aus dem frühen 3. Jahrhundert bezeugt ist.

Der so genannte „westliche" Text (= abendländische Textzeugen) wird durch den wichtigen Pergamentcodex Bezae Cantabrigiensis (5./6. Jh.) und die Papyri P38 und P48, die altlateinischen und die teilweise syrischen Übersetzungen, bezeugt.

Die Rekonstruktion des wahrscheinlichen Textes ist eine eigene Wissenschaft innerhalb der Bibelwissenschaft, man nennt sie „Textkritik". Für uns muss hier die Auskunft genügen, dass die Apostelgeschichte zwei abweichende Handschriftengruppen bezeugt, den „ägyptischen" und den um 8,5% längeren „westlichen" Texttyp, wobei heute für die Apostelgeschichte der ägyptische Text, also der kürzere Text, als der wahrscheinlichere gilt. Im Einzelfall kann die Entscheidung für den einen oder anderen Texttyp verschieden ausfallen. Eine Entscheidung, wie hier in Apg 17,15, muss über den Seeweg oder den Landweg des Paulus nach Athen urteilen. Für die Textkritik ist allerdings hierbei weniger die inhaltliche Möglichkeit, sondern die Gewichtung der Textbezeugung von Bedeutung. Keine heilsentscheidende Differenz, jedoch auch nicht ganz unbedeutsam. Für die Apostelgeschichte gibt es mehr als hundert solcher Abweichungen.

Noch ein Wort zur grundsätzlichen Textrekonstruktion unserer modernen Bibelübersetzungen. Grundlage einer Übersetzung ist die aus vielen Handschriften und Textfamilien rekonstruierte griechische Fassung des Neuen Testaments.[1] Für das Neue Testament sind uns rund 5300 Handschriften erhalten, 82 Papyri stammen aus dem 2.–7. Jahrhundert, 266 Majuskelhandschriften (= Handschriften ausschließlich mit Großbuchstaben) aus dem 4.–10. Jahrhundert, 2754 Minuskelhandschriften (= Handschriften mit Kleinbuchstaben) aus dem 9.–15. Jahrhundert.

Grundsätzlich anders ist das Alte Testament übersetzt. Hier wurde der Text mittels einer einzigen hebräischen Handschrift, dem Codex Leningradensis (frühes 11. Jh.), übersetzt.[2] Abweichungen von dieser Handschrift, z.B. Qumranhandschriften aus dem 1. Jh. v. bis 1. Jh. n. Chr. oder griechische, syrische, altlateinische Übersetzungen (2.–4. Jh. n. Chr.) wurden in den Anmerkungen notiert und gegebenenfalls korrigierend berücksichtigt.

Wenn wir aufrichtig sein wollen, dann müssen wir uns eingestehen, dass wir für die gesamte Bibel keinen Urtext, also keine Originalhandschrift mehr besitzen, sondern nur Abschriften, die jedoch den Urtext rekonstruieren lassen. Beruhigend darf man jedoch vergleichsweise hinzufügen, dass kein antiker Text (z.B. Homer, Platon, Seneca) so genau bezeugt ist wie der biblische. Die ältesten Homerpapyrusfragmente stammen aus dem 2. Jahrhundert, der älteste Codex aus dem 11./12. Jahrhundert. Vom bedeutenden Platon besitzen wir 150 Handschriften aus dem 13. Jahrhundert, 35 Papyrifragmente aus dem 2. Jahrhundert, die ältesten Codices stammen aus dem 9./10. Jahrhundert. Auch die Senecahandschriften setzen erst im 10./11. Jahrhundert ein.[3] Wir dürfen mit Recht darauf vertrauen, ohne es hier im Detail nachweisen zu können, dass wir mit dem Alten und Neuen Testament einen sehr genauen und gut bezeugten Text vor uns ha-

•••
[1] Nestle-Aland, Novum Testamentum Graece, Dt. Bibelgesellschaft, Stuttgart 27. Aufl. 1993.
[2] Codex Leningradensis.
[3] Zur Textüberlieferung der antiken Literatur und ihren Datierungen vgl. die ausführliche Auflistung und Graphik bei G. Kroll, Auf den Spuren Jesu, Stuttgart 10. Aufl. 1988, 72.

ben. (Wer es noch genauer wissen möchte, dem sei empfohlen: Kurt Aland/Barbara Aland, Der Text des Neuen Testaments, Einführung in die wissenschaftlichen Ausgaben und in Theorie und Praxis der modernen Textkritik, Stuttgart 1981; Emanuel Tov, Der Text der Hebräischen Bibel. Handbuch der Textkritik, Stuttgart 1997.)

Ankunft in Athen

Entscheiden wir uns mit dem „ägyptischen" Text für den schnellen Transport des Paulus über den Seeweg, so landete der Apostel in der Hafenstadt Piräus.

Sie galt seit den Tagen des Strategen Themistokles (5. Jh. v. Chr.) als die Unterstadt Athens. Themistokles hatte im erfolgreichen Kampf gegen die Perser die Hafenstadt mit einer Mauer befestigen lassen. Dann schuf er mit Mauern einen sechs Kilometer langen befestigten Korridor, der Unter- und Oberstadt miteinander verband. Dieses imposante Mauerwerk machte Athen damals zu einer der größten Städte der Antike.

Athen erlebte in der Folgezeit seine militärische, kulturelle und geistige Blütezeit und galt als Zentrum der griechischen Welt.

Darüber nun zu erzählen, wäre sehr interessant, doch es ist nicht die Zeit des Apostels. Als Paulus in Athen eintraf, war die einstige Metropole Griechenlands zu einem nach Größe und wirtschaftlicher Einschätzung unbedeutenden Provinzort abgesunken. Es lebten nur noch ca. 5000 Menschen in der Stadt. Zum Vergleich: Das nahe gelegene Korinth zählte in der gleichen Zeit ca. 80.000 Einwohner. Doch zahlreiche Bildungstouristen suchten nach wie vor in Athen nach den Spuren eines Sokrates, Platon, Perikles oder Euripides. Ovid beklagt in seinen Metamorphosen: „Was blieb von Pandions Athen außer dem Namen" (XV, 430).

Folgt man allein den literarischen Zeugnissen, so war der Verfall Athens geradezu ein Gemeinplatz. Der Geograph Herakleides Kritikos spöttelte bereits im 3. Jh. v. Chr.: „Athen gewähre den angenehmsten Aufenthalt – vorausgesetzt, man bringe sein Essen mit."[4]

Strabon erwähnte zahlreiche Verwüstungen, angefangen in Piräus bis hinauf zur Akropolis (IX 1,15; XIV 2,9). Nach Pausanius müsste man vermuten, bis Hadrian hätte Athen in Scherben gelegen.

Doch die archäologischen Spuren sprechen eine andere Sprache. Die Könige von Pergamon errichteten in Athen unter Eumenes II. (197–159) eine prächtige Stoa für das Dionysostheater, Attalos II. (159–138) eine das Stadtbild prägende riesige Markthalle, die den östlichen Teil der Agora abschloss.

Auch die römischen Kaiser ließen sich ihren Philhellenismus einiges kosten. Cäsar baute die Agora aus. Augustus besuchte sofort nach seinem Sieg bei Actium (31 v. Chr.) Athen und machte es zu einer der privilegierten Städte im Römischen Reich.

„Von den Nachfolgern des Augustus war vor allem der hochgebildete Claudius der Provinz Achaia und ganz beson-

•••
[4] W. Elliger, Mit Paulus unterwegs in Griechenland. Philippi. Thessaloniki. Athen. Korinth, Stuttgart 1998, 59.

ders Athen zugetan. Nero setzte seinen Ehrgeiz darein, auch in Athen als bedeutender Sänger anerkannt zu werden. Immerhin trugen ihm seine Auftritte den Titel „neuer Apollon" ein – zu schmeicheln hatten die Griechen und allen voran die Athener in den vergangenen Jahrhunderten der Fremdherrschaft nur allzu gut gelernt."[5]

Athen lebte von seiner ruhmreichen Vergangenheit, wenn auch zur Zeit des Paulus die Künste und Wissenschaften noch in hohem Ansehen standen. Große Namen wie Seneca, Plinius, Petron oder Tacitus fehlten allerdings in der einst berühmten Metropole.

Philostrat, ein Zeitgenosse des Paulus, beschrieb in seiner Biographie des Apollonios von Tyana eine alltägliche Szene in Athen: „Nach der Landung im Piräus, so erzählt Philostrat, traf Apollonios auf dem Wege nach Athen eine Gruppe von jungen Leuten, die zum Phaleron, dem anderen Hafen der Stadt, wollten. Einige sonnten sich nackt in der warmen Herbstsonne, andere studierten in Büchern, lernten auswendig oder diskutierten. Und keiner ging an Apollonios vorüber, vielmehr drehten sie sich um in der Annahme, dass er wohl der bekannte Apollonios sei, und begrüßten ihn mit großem Hallo. Ja, man ist sogar bereit, die Epidaurien, die gerade an diesem Tag zu Ehren des Asklepios gefeiert werden, zu versäumen, nur um mit dem berühmten Gast philosophische Gespräche führen zu können."[6]

•••

[5] W. Elliger, ebd., 60.
[6] W. Elliger, ebd., 61.

Philosophen hatten Konjunktur, als Paulus die Stadt betrat. Über einen größeren Auftritt im einstigen Kulturzentrum der antiken Welt hat er selbst nichts zu sagen. Anders Lukas, der Paulus in Athen die bedeutendste Rede seiner Apostelgeschichte halten lässt.

TEIL 29
Athen (I)

Die unübertreffliche Stadt

O du schimmernde, veilchenbekränzte, du oft besungene, göttliche Stadt, Griechenlands Schirmerin, ruhmreiches Athen!" So besingt der größte griechische Chorlyriker Griechenlands, Pindar (520–445 v. Chr.), die unübertreffliche Stadt.

Athen erlebte im 5. Jahrhundert seine militärische, kulturelle und geistige Blütezeit und galt als Zentrum der griechischen Welt.

Darüber nun zu erzählen, wäre sehr interessant, doch es ist nicht die Zeit des Apostels. Als Paulus in Athen eintraf, war die einstige Metropole Griechenlands zu einem nach Größe und wirtschaftlicher Einschätzung unbedeutenden Provinzort abgesunken. Es lebten nur noch ca. 5000 freie Bürger und insgesamt ca. 25.000 Menschen in der Stadt. Zum Vergleich: Das nahe gelegene Korinth zählte in der gleichen Zeit ca. 100.000 Einwohner. Doch zahlreiche Bildungstouristen suchten nach wie vor in Athen nach den Spuren eines Sokrates, Platon, Perikles oder Euripides. Ovid beklagt in seinen Metamorphosen: „Was blieb von Pandions Athen außer dem Namen" (XV, 430).

Folgt man allein den literarischen Zeugnissen, so war der Verfall Athens geradezu ein Gemeinplatz. Der Geograph Herakleides Kritikos spöttelte bereits im 3. Jh. v. Chr.: „Athen gewähre den angenehmsten Aufenthalt – vorausgesetzt, man bringe sein Essen mit."[1]

Strabon erwähnte zahlreiche Verwüstungen, angefangen in Piräus bis hinauf zur Akropolis (IX 1,15; XIV 2,9). Nach Pausanius müsste man vermuten, bis Hadrian hätte Athen weitgehend in Scherben gelegen.

Doch die archäologischen Spuren sprechen eine andere Sprache. Die Könige von Pergamon errichteten in Athen unter Eumenes II. (197-159) eine prächtige Stoa für das Dionysostheater, Attalos II. (159-138) eine das Stadtbild prägende riesige Markthalle, die den östlichen Teil der Agora abschloss.

Auch die römischen Kaiser ließen sich ihren Philhellenismus einiges kosten. Cäsar baute die Agora aus. Augustus besuchte sofort nach seinem Sieg bei Actium (31 v. Chr.) Athen und machte es zu einer der privilegierten Städte im Römischen Reich.

„Von den Nachfolgern des Augustus war vor allem der hochgebildete Claudius der Provinz Achaia und ganz besonders Athen zugetan. Nero setzte seinen Ehrgeiz darein, auch in Athen als bedeutender Sänger anerkannt zu werden. Immerhin trugen ihm seine Auftritte den Titel „neuer Apollon" ein – zu schmeicheln hatten die Griechen und allen voran die Athener in den vergangenen Jahrhunderten der Fremdherrschaft nur allzu gut gelernt."[2]

Athen lebte von seiner ruhmreichen Vergangenheit, wenn auch zur Zeit des Paulus nur noch die Künste und Wissenschaften in hohem Ansehen standen. Große Namen wie Seneca, Plinius, Petron oder Tacitus fehlten allerdings in der einst berühmten Metropole.

Philostrat, ein Zeitgenosse des Paulus, beschrieb in seiner Biographie des Apollonios von Tyana eine alltägliche Szene in Athen: „Nach der Landung im Piräus, so erzählt Philostrat, traf Apollonios auf dem Wege nach Athen eine Gruppe von jungen Leuten, die zum Phaleron, dem anderen Hafen der Stadt, wollten. Einige sonnten sich nackt in der warmen Herbstsonne, andere studierten in Büchern, lernten auswendig oder diskutierten. Und keiner ging an Apollonios vorüber, vielmehr drehten sie sich um in der Annahme, dass er wohl der bekannte Apollonios sei, und begrüßten ihn mit großem Hallo. Ja, man ist sogar bereit, die Epidaurien, die gerade an diesem Tag zu Ehren des Asklepios gefeiert werden, zu versäumen, nur um mit dem berühmten Gast philosophische Gespräche führen zu können."[3]

Philosophen hatten Konjunktur, als Paulus die Stadt betrat. Über einen größeren Auftritt im einstigen Kulturzen-

•••
[1] Zitat bei W. Elliger, Mit Paulus unterwegs in Griechenland. Philippi. Thessaloniki. Athen. Korinth, Stuttgart 1998, 59.
[2] W. Elliger, ebd., 60.
[3] W. Elliger, ebd., 61.

trum der antiken Welt hat er selbst nichts zu sagen.

Das muss verwundern. War er vor den Philosophen gescheitert und wollte deshalb nie mehr auf Athen zu sprechen kommen? Auf seiner dritten Missionsreise besuchte er Athen vermutlich nicht mehr, was erklärt, weshalb er in seinen Briefen nie Grüße nach Athen ausrichten lässt.

Anders Lukas, der Paulus in Athen die bedeutendste Rede seiner Apostelgeschichte halten lässt.

Zudem weiß er von Missionserfolgen des Apostels: „Einige Männer aber schlossen sich ihm an und wurden gläubig, unter ihnen auch Dionysius, der Areopagit, außerdem eine Frau namens Damaris und noch andere mit ihnen." (Apg 17,34). Diese Quellennotiz aus dem Reisetagebuch ist kaum erfindbar.

Ehe wir die Missionspredigt des Paulus nach Lukas betrachten, nähern wir uns einmal der Stadt mit den Augen des lukanischen Paulus und der antiken Zeitgenossen.

„Während Paulus in Athen auf sie (= Silas und Timotheus) wartete, erfasste ihn heftiger Zorn; denn er sah die Stadt voll von Götzenbildern." (Apg 17,16). Dieser unmäßige Zorn des Paulus muss verwundern, wenn wir gleich zu Beginn der Missionspredigt lesen: „Athener, nach allem, was ich sehe, seid ihr besonders fromme Menschen. Denn als ich umherging und mir eure Heiligtümer ansah, fand ich auch einen Altar mit der Aufschrift: EINEM UNBEKANNTEN GOTT." (Apg 17,22-23). Weshalb nimmt Paulus eine doch recht unterschiedliche Beurteilung der fremden Götter vor? Rudolf Pesch rechnet mit einer vorlukanischen Quelle in der Missionspredigt, die noch behutsam mit den fremden Göttern umging. Anders Lukas, der den aus jüdischer Frömmigkeit hergeleiteten recht ungnädigen Zorn in der einführenden Notiz zum Ausdruck bringt.

Als Paulus seinen Stadtrundgang beginnt, kann er in der Agora, dem Marktplatz, und auf der Akropolis zahllose Tempel und Gebetsnischen entdecken. „Um die Agora gruppieren sich z. B. Tempel der Aphrodite, des Hephaistos, des Apollon und des Ares, ferner eine Zeushalle, ein Zwölfgötteraltar und eine Hermenhalle, die den besonderen Abscheu des Paulus erregen mochte, sind Hermen doch nichts anderes als Kultsteine mit bärtigem Hermeskopf und aufgerichtetem Phallus." (H.-J. Klauck, 90).

Warum spricht Lukas von „Götterbildern", griechisch „eidolon", unser Begriff „Idol" ist noch in der Wortwurzel herauszuhören. Kein Grieche würde zu diesem Zeitpunkt seine Götterstatue im Tempel oder sein Weihegeschenk „eidolon" nennen, vielmehr wird der Begriff in dieser Zeit nur noch für Schatten- und Trugbilder verwendet. Eine Abwertung der Fremdreligion also, die Lukas bereits im Eingangsvers vornimmt.

Über die geniale architektonische Meisterleistung der griechischen Tempel äußert sich Lukas nicht. Die „Heiligtümer" (sebasmata), die er nennt, meinen nicht die großen Tempel, sondern nur die kleineren Altäre, Andachtsecken und Tempelchen.

Der schönste Tempel

Weithin sichtbar und das Athener Stadtbild prägend ist hingegen der Parthenon (= „Tempel der Jungfrau" Athene), das Kultzentrum der Akropolis. Im Tempelinnern, der Cella, dem Allerheiligsten, stand das monumentale Kultbild der Athene. Dieses ungewöhnliche meisterhafte Bauwerk wollen wir etwas näher beschreiben, hat es doch sogar noch im 19. Jh. die Hellenenfreunde dazu verführt, in Donaustauf, nahe Regensburg, eine weithin sichtbare Walhalla, einen Nachbau dieses Tempels, zu errichten.

Da sind einmal die Säulen des Tempels. Welche Bedeutung sie haben, erklärt Vitruv, ein römischer Stararchitekt und Ingenieur aus dem 1. Jh. v. Chr., der sich in seinem zehnbändigen Werk „Über die Architektur" detailgenau äußert: „Als die Alten Säulen an den Tempeln bauen wollten, forschten sie nach, wie sie es erreichen könnten, dass sie sowohl zum Tragen von Lasten geeignet wären, als auch für das Auge von makelloser Schönheit seien. Da maßen sie die Spur eines männlichen Fußes ab und berechneten das Verhältnis dieses Maßes zur Größe des Mannes. Sie fanden dabei heraus, dass beim Mann der Fuß den sechsten Teil seiner Größe ausmacht. Dieses Verhältnis übertrugen sie auf die Säule: die Dicke des Schaftes nahmen sie sechsmal für die Höhe mit Einschluss des Kapitells. So zeigt die dorische Säule die Proportion und die gedrungene Schönheit des männlichen Körpers.

Als sie später auch der Diana (= Artemis) einen Tempel, und zwar nach einer neuen Ordnung, bauen wollten, entwickelten sie auf die gleiche Weise seine Gestalt aus der weiblichen Schlankheit und nahmen die Dicke der Säule vom achten Teil der Höhe. Dem Säulenfuß legten sie statt der Schuhsohle eine Basis unter. Am Kapitell brachten sie zur Rechten und zur Linken schneckenförmige Windungen an, die vorhängen wie die gekräuselten Locken des Haupthaares, die Stirnseite schmückten sie mit Wulsten und Blumen. Am ganzen Stamm aber führten sie Streifen herab, wie die Falten der Gewänder nach Frauenart. Jene Ordnung aber, die die Ionier zuerst anwandten, wurde die ionische genannt. So erfanden sie zwei Säulen, eine vom männlichen Körper ohne Schmuck in nackter Schönheit, die andere mit fraulicher Zierlichkeit, weiblichem Gepränge und weiblichen Proportionen." (IV,1,6-8, Übersetzung: Franz Reber).[4]

Entgegen den 6 x 13 Säulen des klassischen dorischen Tempels" baute Phidias für sein 12 m hohes Standbild der Athena Parthenos eine Ringhalle von 8 auf 17 Säulen. Mit 37 x 70 m Standfläche war der Parthenon in seinen Gesamtmaßen zudem der größte dorische Bau Griechenlands. Das harmonische Gesamtbild des Temples gleicht wie die Einzelsäulen einem lebenden Organismus. Erreicht wird die Harmonie durch Krümmungen und leichte Schiefen, die mit bloßem Auge kaum wahrnehmbar sind. So bildet die Standfläche der Säulen (der Stylobat)

•••

[4] Vitruvii De architectura libri decem = Zehn Bücher über Architektur, übers. u. mit Anm. vers. von Curt Fensterbusch, Darmstadt, 5. Aufl. 1996, hier zitiert nach der Übersetzung von Franz Reber.

nicht eine plane Fläche, sondern eine gewollte Krümmung (sog. Kurvatur) mit einer Krümmungshöhe von 12 cm auf der Längsseite und gleicht damit dem Segment einer großen imaginären Kugel. Diese Krümmung setzt sich bis ins Dach fort und bleibt so kaum merklich. Die Säulen selbst verjüngen sich nach oben nicht gleichmäßig, sondern flaschenhalsförmig (sog. Entasis), zudem stehen sie nicht lotrecht, sondern leicht nach innen geneigt (sog. Inklination). Würde man die Säulen in einer gedachten Linie in die Höhe verlängern, so träfen sie alle in 3,6 km Höhe an einem Punkt zusammen.

Die Summe dieser Details spricht für die geniale Leistung des Architekten und seiner Bauleute, deren Arbeiten noch erschwert wurden durch das Baumaterial. Entgegen dem gängigen Kalkstein verarbeitete man hier den edleren, aber härteren Marmor aus den nahe liegenden Steinbrüchen.

Der überreiche Skulpturenschmuck an den Giebeln zeigte szenische Reliefs. Im Osten über dem Eingang zierte die Geburt der Athene aus dem Haupt des Zeus im Kreise der olympischen Götter den Tempel. Im Westen war es der Streit des Poseidon und der Athena um das Land Attika. Die 92 Metopenfelder waren mit Hochreliefs versehen, welche die mythischen Kämpfe von Göttern oder Heroen darstellten. Die Motivik am 160 m langen Fries um die Cella war mit Szenen des berühmten Panathenäenfestzugs gestaltet. Der plastische Effekt samt der Tiefenstaffelung der Figurengruppen ist eine Meisterleistung für sich. Im Athener Nationalmuseum können noch größere Fragmente bewundert werden.

Bedenkt man, dass dieses Meisterwerk in nur neun Jahren errichtet wurde (447-438 v. Chr.), so wird verständlich, dass der Parthenon für die Griechen mehr als nur ein großer Tempel gewesen sein muss. „Weniger Gebet und Andacht als Geld und Gold waren Motor des Parthenonprojekts und zugleich auch Kern der neuen inhaltlichen und formalen Konzeption. Denn was hier entstand, sah zwar aus wie ein Tempel, war tatsächlich aber ein – wenngleich überdimensioniertes – Schatzhaus. Der Nukleus (= der Kern) des Bauwerks, der bestimmende Faktor für die viel gerühmte Harmonie von Maßen und Proportionen am Parthenon, war das gold-elfenbeinerne Standbild der Athena Parthenos im Innern, das eben kein Kultbild für einen rituellen Akt war, sondern mit seinen abnehmbaren goldenen Gewandplatten einen Teil der athenischen Finanzreserven bildete."[5]

Pausanius, der den Tempel im 2. Jh. besucht hat, schreibt: „Das Bild der Göttin selbst ist aus Elfenbein und Gold gemacht. Athene ist stehend dargestellt, mit einem Chiton (= gegürteter Rock), der bis zu den Füßen herabreicht. Auf der Brust ist das Haupt der Medusa von Elfenbein angebracht. In der einen Hand hält Athene eine Siegesgöttin, etwa zwei Meter hoch, in der anderen eine Lanze. Zu ihren Füßen liegt ein Schild und um

•••
[5] L. Schneider/Chr. Höcker, Griechisches Festland (DuMont Kunst-Reiseführer), Köln 1996, 100.

die Lanze ringelt sich eine Schlange, die wohl Erechtheus darstellen soll. Am Sockel des Kultbildes ist die Geburt der Pandora dargestellt. Nach der Dichtung Hesiods war diese Pandora die erste Frau, vor ihr gab es das weibliche Geschlecht nicht." (I,24,7).

Cicero (106-43 v. Chr.), der das Bild der Göttin lange zuvor gesehen hatte, schwärmt: „Ich bin der Meinung, dass nichts so schön ist, dass es nicht an Schönheit vom Urbild des Schönen übertroffen würde. Dieses Urbild kann aber weder mit dem Auge noch mit dem Ohr, noch überhaupt mit einem Sinn wahrgenommen werden. Wir erfahren es nur mit dem Gedanken und im Geist ... Als dieser berühmte Künstler (= Phidias) das Standbild des Zeus und der Athene schuf, hatte er nicht ein wirkliches Modell vor Augen, dem er es ähnlich zu gestalten suchte, sondern in seinem Innern ruhte ein Ideal der Schönheit, auf das er seinen Blick fest gerichtet hielt, und dieses Bild leitete als Muster seine Künstlerhand." (Cicero, Der Redner 8).

Haben Paulus und Lukas den Tempel samt seinem Kultbild nicht aus der Nähe betrachtet und heimlich bewundert? Es wäre, als ob ein Reisender nach Rom zieht und nicht den Petersdom besuchte. Paulus wird später den Korinthern schreiben, dass er mit fremden Göttern keine Probleme hat, weil sei für ihn nicht existieren. Die architektonische und künstlerische Großleistung der Bauleute des Parthenon samt seiner Kultfigur wird er kaum ignoriert haben können. Die Apostelgeschichte verfolgt freilich eine andere Botschaft.

TEIL 30
Athen (II)

Die Missionspredigt

Die missionarische Arbeit des Apostels beginnt wie so oft auch in Athen in der Synagoge. Nach Lukas können wir einen Sabbat voraussetzen. Daneben erwähnt Lukas die Straßenmission. Auf dem Markt, der Agora, scheint Paulus alle möglichen Leute angesprochen zu haben. Die zufällig und beiläufig scheinende Missionierung ist freilich so zufällig nicht. Sie lässt an Sokrates (469–399 v. Chr.) erinnern, den allseits bekannten Philosophen Athens. „Den Athenern wurde Sokrates gerade dadurch lästig, dass er jedermann auf dem Markt ansprach. Man konnte nicht mehr ruhigen Fußes über die Agora gehen, sondern musste jeden Moment damit rechnen, von Sokrates am Ärmel gepackt und mittels der harmlos scheinenden Frage: ‚Wohin so eilig des Weges?' in ein Gespräch über den Sinn des Lebens verwickelt zu werden, wie es dem Sokratesschüler Xenophon ergangen war."[1]

Die Apostelgeschichte erwähnt die auch damals in der Öffentlichkeit vertrautesten Philosophen aus der Gruppe der Epikureer und Stoiker, ohne bekannte Namen nennen zu können. Insgesamt ist das Ergebnis der Missionsgespräche, die hier „Diskussion" bzw. „Unterre-

•••
[1] H.-J. Klauck, Magie und Heidentum in der Apostelgeschichte des Lukas (Stuttgarter Bibelstudien 167), Stuttgart 1996, 91.

dung" genannt werden, eher negativ.

Mit „Schwätzer" titulieren ihn einige seiner Gesprächspartner. Wörtlich meint der griechische Begriff spermologos jemanden, „der Samenkörner aufliest", also „Körnerpicker" oder „Saatkrähe". Demnach jemanden, der fremdes Wissen häppchenweise zusammenklaubt und damit zu glänzen versucht.

Die Hörer auf dem Markt, und es ist nur an Männer zu denken, nehmen die Verkündigung des Paulus nicht sonderlich ernst. Eine zweite Gruppe achtet weniger auf die Philosophie als auf die Theologie des Apostels. Paulus scheint ihnen ein „Verkünder fremder Gottheiten" zu sein, wenn er von Jesus und von der Auferstehung erzählt. Bereits der Kirchenvater Johannes Chrysostomus hat erkannt, dass die Athener da etwas missverstanden hatten, wenn sie Jesus und die Auferstehung (Anastasis) als ein Götterpaar beurteilten. Vielleicht haben sie an Osiris und Isis aus Ägypten oder an Adonis und Atargatis aus Kleinasien gedacht. Das Missverständnis führt aber zum springenden Punkt, der am Ende der Areopagrede nochmals aufscheint: „Als sie von der Auferstehung der Toten hörten, spotteten die einen." (Apg 17,32).

Mit den einen Gesprächspartnern können die Epikureer gemeint sein, mit den anderen die Stoiker. Während die Epikureer in der entscheidenden Heilsfrage nach Lukas kaum noch zu retten sind, dürften die Stoiker durchaus Verständnis für die Auferstehung des Leibes mitgebracht haben.

Epikureer und Stoiker

Beide Philosophenschulen erfreuten sich zur Zeit des Paulus und in der ganzen Kaiserzeit großer Beliebtheit. Stoische Gestalten wie Seneca, Epiktet und Marc Aurel bezeugen die Attraktivität dieser Philosophie. Die Epikureer, die sich auf ihren Lehrer Epikur (341–270 v. Chr.) zurückführen, waren die Philosophen, mit denen sich christliche Theologen, vor allem jene, die das Christentum zu rechtfertigen suchten (die christlichen Apologeten), am meisten auseinandersetzen mussten.

Hauptkritikpunkt war Epikurs Lehre von der Lust, die von christlichen Theologen häufig missdeutet wurde. „Trotz der Polemik der Apologeten gegen Epikur gibt es durchaus Berührungspunkte zwischen Epikureismus und Christentum, nicht in der Lehre, wohl aber im Bereich des praktischen Lebens. Auch im Mittelpunkt der epikureischen Lebensgemeinschaft stand die Seelsorge in ihren verschiedenen Ausformungen: als mündliche Aussprache – die Beichte war im ‚Garten' (képos) Epikurs eine feste Einrichtung –, aber auch in Briefform, in der man einen Vorläufer der neutestamentlichen Briefliteratur sehen könnte. Auch wenn die Epikureer keine Gemeinde im strengen Sinn bildeten und Gütergemeinschaft nicht kannten, führte die starke Betonung der Freundschaft doch zu einem verinnerlichten Zusammenleben. Vor allem aber ist es der religiöse Enthusiasmus, mit dem die Epikureer ihrem Meister anhingen, der an frühchristliche Verhältnisse denken lässt."[2]

Anders die Stoiker. Diese Philosophenschule leitet ihren Namen von der Stoa poikile („bunter Säulengang"), eine Säulenhalle auf der Agora in Athen, her. In dieser Säulenhalle hatte Zenon aus Kition (um 300 v. Chr.) gelehrt und eine Philosophenschule gegründet.

„Allein wichtig war auch hier die Nutzbarmachung der Philosophie für die Lebensbewältigung. Der Einzelne mit seinen persönlichen Bedürfnissen stand im Mittelpunkt des Interesses. Diese Konzentration auf eine Individualethik ging zwar auf Kosten der – in der Stoa von Anfang an nicht besonders stark ausgebauten – Systematik des philosophischen Lehrgebäudes, sicherte ihr andererseits aber eine ungeheure Breitenwirkung, mit der sich auch das Christentum auseinanderzusetzen hatte. Zu der Neuorientierung der Stoa an der Praxis des Alltags gehörte auch eine gesteigerte Rücksichtnahme auf die religiösen Bedürfnisse des Menschen, was der Theologie neben der „Pflichtenlehre" einen festen Platz in der zeitgenössischen Stoa sicherte. Es ist klar, dass von den beiden Philosophenschulen vom christlichen Standpunkt aus nur die Stoa für eine Auseinandersetzung, die mehr als radikale Ablehnung der heidnischen Position sein sollte, in Frage kam."[3]

Die Areopagrede vermittelt den Eindruck, Paulus habe sich fast ausschließlich mit den Stoikern auseinandergesetzt. „Bis heute haben sich die Theologen über den Grundcharakter der Areopagrede nicht einigen können. Ist sie, auf eine vereinfachte Alternative gebracht, letztlich ein stoischer Traktat über die rechte Gotteserkenntnis mit einer christlichen Schlusswendung, oder stellt sie den Musterfall einer heidenchristlichen Missionspredigt dar, die ihren Motivvorrat vorwiegend aus dem Alten Testament schöpft? Im ersten Fall läge mit der Areopagrede der erste Versuch eines christlichen Schriftstellers vor, heidnische Philosophie und Theologie für die eigene Missionsarbeit fruchtbar zu machen."[4]

Der Areopag

Was meint Are–o–pag? Zunächst ist hier der Hügel (pagos) des Kriegsgottes Ares gemeint, er liegt zwischen der Akropolis und der Pnyx, der Stätte der Volksversammlung. Areopag hieß damals aber auch ein Gremium für eine Art Gerichtshof, das auf dem Areshügel zusammenkam. Da der Areshügel nicht viel Platz bot, wechselte das Gremium in ein Gebäude an der Agora.

Über die Zuständigkeit des Gerichts in römischer Zeit herrscht noch weitgehend Unklarheit. War es als Behörde zuständig für Fragen des Rechts, der Heiligtümer und des Schulwesens, dann war es tatsächlich zuständig für den „Verkünder fremder Gottheiten". Unklar ist auch, ob Lukas den Areopag als Ort oder als Gremium verstanden hat. Man kann Vers 19 übersetzen mit: „Sie führten ihn zum Areopag" oder „vor den Areopag". Auch dass Paulus sich „in die Mitte des Areopgs" stellte (V. 22), lässt beide Deutungen zu.

⁂

[2] W. Elliger, Mit Paulus unterwegs in Griechenland. Philippi. Thessaloniki, Athen, Korinth, Stuttgart 1998, 62.
[3] W. Elliger, ebd., 63.
[4] W. Elliger, ebd., 63.

„Dionysius, der Areopagit" (V.34) ist jedenfalls als Mitglied des Gremiums gedacht. Die ebenfalls genannte „Frau namens Damaris" lässt sich nicht zuordnen, auch wenn sie Johannes Chrysostomus (De sac IV,7) als Ehefrau des Dionysius gilt. Lukas dürfte den Namen bereits in seiner Quelle gelesen haben.

Die Rede

Anklänge an Sokrates erwähnten wir bereits in der beiläufigen Art des Ansprechens der Gesprächspartner. Wenn Paulus für einen „Verkünder fremder Gottheiten" gehalten wird, dann ist das auch der Anklagepunkt im Prozess gegen Sokrates. Xenophon schreibt in seinen „Erinnerungen an Sokrates": „Sokrates tut Unrecht, denn er erkennt die Götter nicht an, welche der Staat anerkennt, und führt dagegen andere, neuartige göttliche Wesen ein." (I 1,1).

So wie Paulus mit den Philosophen diskutiert, so spricht Sokrates mit den Sophisten, den weisheitlich gebildeten Wanderlehrern. Sokrates bringt man vor das Gericht, Paulus vor den Areopag. Paulus beginnt seine Predigt wie Sokrates seine Apologie mit der Anrede: „Ihr Männer von Athen". Die paulinische Rede fährt fort, wie es in antiken rhetorischen Büchern vorgesehen ist. Mit einer Bemühung um Wohlwollen (captatio benevolentiae), die die Zuhörer freundlich stimmen soll: „Nach allem, was ich sehe, seid ihr fromme Menschen."

Allerdings kann man das griechische deisi-daimonia auch anders übersetzen: „Ihr fallt durch besonderen Aberglauben auf." Der Begriff spielt mit den Übersetzungsmöglichkeiten „Gottesfurcht" und „Aberglaube". Paulus hat dies kaum selbst so gemeint. Vielmehr ist hier an eine Erzähltechnik gedacht, die erst Leser und Leserin erkennen sollen. „Hier scheint Paulus den Athenern schmeicheln zu wollen, und die Athener verstehen es auch so. Gleichzeitig geschieht aber mittels dieser Erzählung auch Kommunikation zwischen dem Autor und seinen Lesern. Augenzwingernd gibt der Autor zu verstehen: Die neunmalklugen Athener haben gar nicht gemerkt, wie vergiftet dieses Lob war, und er stellt Einverständnis hinsichtlich der Problematisierung heidnischer Religiosität zwischen sich und seinen Adressaten her."[5]

Weiter ist zu fragen: Hat Paulus bei seinem Spaziergang durch Athen tatsächlich einen Altar mit der Aufschrift „Einem unbekannten Gott" gefunden?

Literarische und archäologische Belege gibt es nur für Altäre mit dem Titel: „Den unbekannten Göttern". Paulus bzw. Lukas kann die Singularform aus leicht nachvollziehbaren Gründen selbst geschaffen haben. So erwähnt bereits Hieronymus: „Die Inschrift des Altars aber lautete nicht, wie Paulus behauptete, ‚Einem unbekannten Gott', sondern so: ‚Den Göttern Asiens, Europas und Afrikas, den unbekannten und fremden Göttern'." (Kommentar zum Titusbrief 1,12).

Viele Belege gibt es im hellenistischen Judentum, in denen heidnische Texte umgedeutet werden und aus „Götter" in der Vorlage die abstrakte Bezeichnung „Gott" gemacht oder der Eigenname „Zeus" in die allgemeine Bezeichnung

„Gott" umgewandelt wird. Mit solch monotheistischer Umdeutung ließ sich auch ein heidnischer Text leicht zu missionarischen Zwecken einsetzen. Nach Lukas vermeidet die Altarinschrift jegliches personales Gottesbild. So sagt er nicht „wen ihr verehrt", sondern „was ihr verehrt". „Ein Ahnen der Menschenseele sieht er gegeben, aber die wesentlichen Inhalte christlicher Verkündigung können nicht durch Besinnung auf die religiösen Traditionen der Menschheit gefunden werden."[6]

Den biblischen Hintergrund der Rede vom unbekannten Gott finden wir bei den alttestamentlichen Propheten, die vom verborgenen Gott sprechen: „Fürwahr, du bist ein verborgener Gott, der Gott Israels, ein Erretter!" (Jes 45,15). Jesaja erhofft sich, dass auch Ägypter, Kuschiter und Sebaiter zu Israel kommen, um sich zum einen Gott zu bekennen: „Nur bei dir gibt es einen Gott, und sonst gibt es keinen." (Jes 45,14). Auch die Frage der natürlichen Gotteserkenntnis und der Götzenkritik, auf die Paulus hier und in Röm 1,18-32 zu sprechen kommt, ist wesentlich vom alttestamentlichen Buch der Weisheit (Weish 13-15) beeinflusst.

Entgegen heidnisch philosophischer Einsicht tritt der Gott Israels durch sein Handeln aus der Verborgenheit heraus und wird in der Verkündigung allen bekannt gemacht. Die Rede vom Schöpfergott holt ihre Argumente aus Jesaja, den Psalmen und anderen Schöpfungstexten. Damit lassen sich, ohne hier weitere Details aufzuführen, die Aussagen der Missionspredigt sowohl aus dem Alten Testament als auch aus hellenistisch stoischem Denken belegen. „Lukas strebt nach dem Vorbild des Diasporajudentums einen Brückenschlag an, der ihm streckenweise auch virtuos gelingt. Im Einzelnen sieht das so aus, dass anfangs die schöpfungstheologischen Bezüge dominieren, sich dann Anleihen bei der Philosophie in den Vordergrund schieben und erst im Schlussvers das urchristliche Kerygma (= Bekenntnis), das Auswahl und Strukturierung insgeheim bestimmt, verhalten ausformuliert wird."[7]

Bei der stark von Lukas gestalteten Missionspredigt des Paulus dürfen wir nicht übersehen, dass diese Rede wie die Apostelgeschichte insgesamt nicht an Heiden gerichtet ist, sondern an Christen, die mittels der Hl. Schrift unterwiesen werden sollen. Die Auseinandersetzung mit heidnischer Philosophie zeigt jedoch das Ringen des frühen Christentums mit der Konkurrenz der antiken Religionen auf. Sie kommt besonders in der Athener Predigt des Paulus zum Ausdruck. Lukas konnte dabei mehr noch als Paulus auf die hellenistischen Bildungshorizonte seiner Umwelt Bezug nehmen und diese entsprechend erzählerisch einarbeiten, um so seinen Adressaten den hellenistisch-römischen Hintergrund zu erhellen. Athen gab aufgrund seiner klassischen, ruhmreichen Vergangenheit das beste Beispiel ab, wie das Christentum sogar vor dem ehemaligen Kulturzentrum bestehen konnte.

Anders wird es sein, wenn Paulus sich

•••

[5] H.-J. Klauck, ebd., 97.
[6] H.-J. Klauck, ebd., 99.
[7] H.-J. Klauck, ebd., 99.

nach Korinth aufmacht und unterwegs am berühmtesten Mysterienheiligtum der Antike in Eleusis vorbeiziehen muss. Hier herrscht keine Philosophie, sondern die Erdnähe des Demeterkults.

Die Missionspredigt in Athen

Der erzählerische Rahmen der Predigt

Während Paulus in Athen auf sie wartete, erfasste ihn heftiger Zorn; denn er sah die Stadt voll von Götzenbildern. Er redete in der Synagoge mit den Juden und Gottesfürchtigen und auf dem Markt sprach er täglich mit denen, die er gerade antraf. Einige von den epikureischen und stoischen Philosophen diskutierten mit ihm und manche sagten: Was will denn dieser Schwätzer? Andere aber: Es scheint ein Verkünder fremder Gottheiten zu sein. Er verkündete nämlich das Evangelium von Jesus und von der Auferstehung. Sie nahmen ihn mit, führten ihn zum Areopag und fragten: Können wir erfahren, was das für eine neue Lehre ist, die du vorträgst? Du bringst uns recht befremdliche Dinge zu Gehör. Wir wüssten gern, worum es sich handelt. Alle Athener und die Fremden dort taten nichts lieber, als die letzten Neuigkeiten zu erzählen oder zu hören.
Da stellte sich Paulus in die Mitte des Areopags.
(Apg 17,16-22a)

Die Predigt

Athener, nach allem, was ich sehe, seid ihr besonders fromme Menschen. Denn als ich umherging und mir eure Heiligtümer ansah, fand ich auch einen Altar mit der Aufschrift: EINEM UNBEKANNTEN GOTT. Was ihr verehrt, ohne es zu kennen, das verkünde ich euch.

Gott, der die Welt erschaffen hat und alles in ihr, er, der Herr über Himmel und Erde, wohnt nicht in Tempeln, die von Menschenhand gemacht sind. Er lässt sich auch nicht von Menschen bedienen, als brauche er etwas: er, der allen das Leben, den Atem und alles gibt. Er hat aus einem einzigen Menschen das ganze Menschengeschlecht erschaffen, damit es die ganze Erde bewohne. Er hat für sie bestimmte Zeiten und die Grenzen ihrer Wohnsitze festgesetzt. Sie sollten Gott suchen, ob sie ihn ertasten und finden könnten; denn keinem von uns ist er fern. Denn in ihm leben wir, bewegen wir uns und sind wir, wie auch einige von euren Dichtern gesagt haben: Wir sind von seiner Art. Da wir also von Gottes Art sind, dürfen wir nicht meinen, das Göttliche sei wie ein goldenes oder silbernes oder steinernes Gebilde menschlicher Kunst und Erfindung.

Gott, der über die Zeiten der Unwissenheit hinweggesehen hat, lässt jetzt den Menschen verkünden, dass überall alle umkehren sollen. Denn er hat einen Tag festgesetzt, an dem er den Erdkreis in Gerechtigkeit richten wird, durch einen Mann, den er dazu bestimmt und vor allen Menschen dadurch ausgewiesen hat, dass er ihn von den Toten auferweckte.
(Apg 17,22b-23.24-29.30-31)

Der erzählerische Rahmen der Predigt

Als sie von der Auferstehung der Toten hörten, spotteten die einen, andere aber sagten: Darüber wollen wir dich ein andermal hören. So ging Paulus aus ihrer Mitte weg. Einige Männer aber schlossen sich ihm an und wurden gläubig, unter ihnen auch Dionysius, der Areopagit, außerdem eine Frau namens Damaris und noch andere mit ihnen.
(Apg 17,32-34)

TEIL 31
Eleusis (I)

Auf dem Weg nach Korinth

Wer kennt nicht Begriffe wie Mysterium, Mystagoge, mystagogisches Wort oder Wendungen wie „mit allen Wassern gewaschen sein", „nur für Eingeweihte" und „eine Orgie feiern". Heute noch pflegt unsere Sprache einen Wortschatz, der an die antiken Mysterienkulte erinnert, die vom 7. Jh. v. Chr. bis ins 5. Jh. n. Chr. in der ganzen antiken Welt verbreitet waren. Nicht die öffentlichen Staatsreligionen waren es, die in erster Linie in der alten Welt den Boden für das Christentum bereiteten und den Heiden das Christentum versteh- und nachvollziehbar machten, sondern die geheimen Mysterienreligionen. Dabei waren der Kult und der Kultablauf jener Mysterien allenfalls halbgeheim oder besser nichtöffentlich, denn aus so manchen Quellen können wir noch nachvollziehen, was bei den Versammlungen „geheim" geschehen war. Das griechische Wort mysterion (lateinisch mysterium) geht wohl auf das Verb myein, „sich schließen", „verschlossen halten", nämlich den Mund oder die Lippen geschlossen halten, zurück. Das damit verbundene Schweigen führt zum Gedanken der Geheimhaltung. Dabei muss betont werden: Das letztlich gültige Mysterium dieser Religionen kann, wie in jeder anderen Religion auch, formal nicht beschrieben, sondern nur gläubig „nachvollzogen" werden. Da jedes Glaubensgeschehen einen geschützten Rahmen braucht, ist dieses am ehesten in einem möglichst privaten Raum möglich. Die Mysterienreligionen haben sich einen äußeren Rahmen geschaffen und zugleich ihre Religion in der Welt überzeugend gelebt. Wie sonst hätten sie über viele Jahrhunderte hin existieren können? Die Geheimhaltung mag uns heute schrecken oder neugierig machen, sie war damals nichts Beängstigendes, vielmehr wollte man mit ihr das Glaubensgeheimnis vor Unverstand und Willkür schützen. Zum Vergleich: Ein früher Vorwurf an die Christen lautete, sie würden sich zu geheimen Kultmählern in ihren Häusern versammeln, einen Menschen schlachten und dessen Blut verzehren. Diese Außenwahrnehmung ist absurd, wenn auch nicht aus der Luft gegriffen. Die christliche Mahlgemeinschaft war nicht geheim, sondern fand nur im vertrauten häuslichen Rahmen statt. Das dort gefeierte Bekenntnis des Todes und der Auferstehung Jesu Christi unter den Zeichen von Brot und Wein fand zwar privat, also unter Ausschluss der Öffentlichkeit, statt, war aber nicht geheim, sondern nur ein „Geheimnis" (Mysterium) des Glaubens. Im Neuen Testament findet sich der Mysterion-Begriff 28 mal und da meist im Zusammenhang apokalyptischer Texte. Paulus erwähnt im Römerbrief, den er in Korinth schreibt, einmal im Zusammenhang mit dem endzeitlichen Geschick Israels: „Ich will euch nämlich über dieses Geheimnis (mysterion) nicht in Unkenntnis lassen." (11,25). Ähnlich ist das „Geheimnis" des Glaubens in den Mysterienreligionen. Einen einst berühmten Mysterienkult auf der Insel Samothrake hatten wir bereits in Teil 20 erwähnt.

Mysterienheiligtum Eleusis

Am Beispiel des bedeutendsten Mysterienheiligtums der Antike in Eleusis wollen wir aufzeigen, wo Berührungspunkte zwischen Christentum und Mysterienreligion lagen, wo Paulus in seiner Glaubensverkündigung anknüpfen konnte und wo ihn die Menschen in Korinth deshalb schnell verstanden.

Als der Apostel von Athen nach Korinth aufbrach, führte ihn sein Weg vorbei an der Kultstätte von Eleusis. Eine Heilige Straße nahm ihren Anfang vom Kerameikos-Friedhof am Ortsrand von Athen und bereitete den Weg westwärts bis zum 25 km entfernten Heiligtum von Eleusis.

Wer heute an Eleusis vorbeifährt, trifft auf eine von Industrie zerstörte Landschaft. Rauchende Schlote der Raffinerien und Zementwerke, eine von Schiffswerften verwüstete Bucht, die mit Beton planiert, haben die einst so fruchtbare, farbenfrohe Landschaft verwüstet. Die Kornkammer Athens verkam in den letzten 100 Jahren zu einer Schreckenslandschaft.

Demeter

Bereits lange vor Paulus wurde in Eleusis eine der ältesten Gottheiten Griechenlands als Göttin des Ackerbaus und des Getreides verehrt: Demeter. Noch ehe die olympischen Götter Einzug hielten und ihr von Männern geprägtes Weltbild verbreiteten, herrschte hier eine Göttin.

Schon in der Antike deutete man ‚Demeter' mit ‚Erdmutter' (Im Altgriechischen ist „de" und „ge" austauschbar, ge = die Erde, meter = die Mutter).

Eine Muttergottheit also, die hier viele Jahre vor Homer als Spenderin allen Lebens und der Vegetation verehrt wurde. Homer und Hesiod kennen noch die heilige Hochzeit der Demeter mit dem sterblichen Lasion. Auf Kreta soll sich die Hochzeit vollzogen haben, „auf dreimal geackertem Saatfeld". Die religionsgeschichtliche Ausdeutung verweist mit der Verknüpfung Kretas auf eine Kultur des zweiten Jahrtausends v. Chr., die auch anderenorts von der Verehrung der großen Göttin und Mutter geprägt ist.

Im Mythos erwählt die göttliche Demeter den sterblichen Liebespartner Lasion und überträgt in der heiligen Hochzeit ihre Leben spendende Kraft. Plutos, der aus dieser heiligen Verbindung hervorgeht, verkörpert den Getreidesegen, der sich in der üppigen, fruchtbaren Landschaft entfaltet. Demeter schenkt als Kornmutter den Lebensunterhalt, als Erdmutter lässt sie es wachsen, blühen und gedeihen. Weil sie im Erdenschoß auch das Abgestorbene bewahren kann, ist sie ebenso für das Welken und Absterben der Vegetation zuständig. Geht neues Leben aus der Erde hervor, so ist sie auch hierfür zuständig. Chthon ist das Erdinnere oder auch die Erde. Das Chthonische ist die Kraft der Erdentiefe. Demeter besitzt als Erdmutter auch diese chthonischen Kräfte. Sie ist deshalb eine Gottheit, deren Wirkmacht Leben und Tod umspannt.

Im Umkreis von Eleusis befanden sich zwei mythische Orte, die von Demeter zeugen.

Da gibt es das rharische Feld, berühmt geworden durch seinen Getreidereichtum. Weht der Wind in der Erntezeit über die Weizenfelder, so schimmern die Weizenähren wie die Haare der blonden Demeter. Hier hatte einst Demeter dem Königssohn von Eleusis, Triptolemos, eine Ähre geschenkt und ihn den Getreideanbau gelehrt. Dieser hatte dann alle Menschen in der Kunst des Säens und Erntens unterwiesen und so Reichtum vermittelt.

Innerhalb des heiligen Bezirks von Eleusis befindet sich der zweite mythische Ort, eine Höhle mit einer Doppelkammer, die als Eingang zur Unterwelt galt, um dort über die Toten zu wachen. Später, als die olympischen Götter auch in Eleusis Einzug hielten, bekam sie den Namen „die Grotte des Hades".

Im Mythos der Persephone, der Tochter Demeters, in Eleusis Kore genannt, finden sich beide Orte, das rharische Feld und die Höhle, verbunden. Der fälschlicherweise Homer zugeschriebene, im späten 7. Jh. v. Chr. entstandene Hymnus an Demeter besingt als Gründungsgeschichte des Heiligtums von Eleusis das wechselvolle Geschick der Demeter und ihrer Tochter Persephone. Hier sind die beiden mythischen Orte und ebenfalls die Lebensbezüge des Kornmädchens Persephone und ihrer Kornmutter Demeter ausführlich beschrieben. Zudem gibt der Demeterhymnus Einblick in die wesentlichen Elemente der Eleusinischen Mysterienreligion, wie sie im Mythos aufscheinen.

Zum besseren Verständnis seien noch die Verwandtschaftsverhältnisse der Götter erwähnt. Nach Hesiods Entstehungsgeschichte der Götter sind Demeter, Hades und Zeus Kinder des Kronos und der Rheia (Theogonie 455). Im Hymnus ist die Göttin Persephone die Tochter des Zeus und der Demeter und Hades ist der Gott der Unterwelt.

Der Demeterhymnus

Einst wurde Persephone auf einer Wiese beim Blumenpflücken von Hades geraubt und in die Unterwelt entführt. Dort wird sie zu seiner Gemahlin gemacht. Demeter sucht verzweifelt nach ihrer verlorenen Tochter, wandert unerkannt auf der Erde umher, bis sie nach langen Irrwegen schließlich in Gestalt einer alten Frau an den Königshof von Eleusis kommt. Im Palast trifft sie am Brunnen auf die Töchter des Königs, die ihr Aufnahme gewähren und sie als Amme und Dienerin einstellen.

Wörtlich heißt es: „Aber die Mutter des Jahrs, die von Früchten umstrahlte Demeter,/ wollte nicht sitzen im glänzenden Lehnstuhl, harrte in Schweigen,/ senkte die Augen, bis endlich Iambe (= Königstochter), die trefflich Erfahrene,/ ihr einen festen Sitz hinschob und darüber ein Vlies warf,/ glänzend, als wäre es von Silber. Darauf ließ jene sich nieder,/ hielt mit den Händen das Kopftuch sich vor die Augen und saß so / voller Betrübnis lang auf dem Sitz und ließ nichts verlauten./ Keinen begrüßte sie, weder mit Worten noch mit Gebärden;/ ohne zu lächeln, ohne zu essen, ohne zu trinken, voller Sehnsucht und Harm um die tiefgegürtete Tochter/ sitzt sie, bis endlich die trefflich erfahrene Iambe mit Scherzen,/ oft auch mit leisem Spott die Wal-

Die zweite Missionsreise

tende, Heilige stimmte,/ endlich zu lächeln, zu lachen, ihr gütiges Herz zu erschließen./ Später noch mochte sie Iambe ob ihres lebendigen Treibens./ Metaneira (= die Königin) aber füllte den Becher und bot ihr/ honigsüßen Wein; doch die Göttin verneinte und sagte,/ roten Wein zu trinken sei nicht ihr gestattet, sie solle/ Gerste und Wasser mit zarter Minze ihr mischen zum Schlürfen./ Diese rührt wie befohlen den Trank (= Kykeon) und gab ihn der Göttin./ Deo (= Demeter) nahm ihn des heiligen Brauches wegen und trank ihn." (Homer, Demeterhymnus 192-211, Übers.: Weiher)

Der Demeterhymnus ist, wie gesagt, die Gründungsgeschichte für das Mysterienheiligtum in Eleusis. Vier Elemente kommen in dieser Szene vor, die im Mysterienkult eine bedeutsame Rolle spielen. 1. Das Sitzen auf einem Hocker mit verhülltem Haupt (= ein Trauerritus). 2. Das Fasten als Vorbereitung zur Feier. 3. Lieder zur Einstimmung bei der Mysterienprozession. 4. Der besondere Mischtrank (Kykeon), der „des heiligen Brauches wegen" von Demeter getrunken wird.

Die noch unerkannte Demeter pflegt im Palast den Königssohn, der in ihrer Obhut prächtig gedeiht: „Jede Nacht aber steckte sie ihn, als wär er ein Holzscheit,/ mitten in kräftiges Feuer; den Eltern blieb es verborgen,/ wenn sie auch heftig staunten, wie frühreif täglich er zunahm,/ grad wie ein Gott. Nun hätte Demeter unsterblich und ewig/ jung ihn gemacht; doch die schön gegürtete Metaneira/ ging ohne Vorsicht nachts, um zu schaun, aus dem duftenden Schlafraum,/ sah es und heulte und schlug sich auf beide Schenkel und bangte/ für ihren Sohn; ihr Gemüt geriet in wilde Verblendung. (239-246).

Mittels der „Feuerprobe" hätte das Kind unsterblich werden können. Doch die sorgende Mutter verhinderte dessen Unsterblichkeit. Demeter muss sich nun offenbaren, ohne ihre Arbeit zu Ende gebracht zu haben.

Sie fordert den Bau eines Tempels und verspricht die Stiftung eines Mysterienkults („Weihen (orgia) aber will selber ich stiften ..." (273)). Nun setzt der anfängliche Handlungsstrang wieder ein. Demeter sucht erneut ihre Tochter, für sie tritt sie nun in Streik, verhindert das Wachstum des Getreides und löst eine Hungersnot aus. Weil die Menschen nicht mehr opfern können, interveniert der im Hymnus vorausgesetzte Zeus, und Demeter findet eine Lösung. Da Persephone eine Unterweltsfrucht verzehrt hat, kann sie nicht für immer auf die Erde zurückkehren. Zwei Drittel des Jahres verbringt nun die Tochter bei ihrer Mutter, ein Drittel bei ihrem Gemahl Hades in der Unterwelt: „Immer, wenn der Frühling mit tausend duftenden Blüten die weite Erde schmückt, wirst du wieder aus dem Dunkel und Dunst hinaufsteigen, ein Wunder für Götter und Menschen."

In der Schlussepisode verknüpft der Hymnus verschiedene Themen mit Ausblick auf die Mysterien. Demeter „ging zu den Königen dann, den Wahrern des Rechtes, und zeigte/ erst dem Triptolemos, Diokles dann, dem Meister der Pferde,/ Keleos auch, dem Führer der Männer, der Kraft des Eumolpos,/ allen den

Opferdienst und beschrieb die erhabenen Weihen (= orgia)... / Keiner darf je sie verletzen, erforschen, verkünden; denn große / Ehrfurcht vor den Göttern lässt Menschenrede verstummen./ Selig der Erde bewohnende Mensch, der solches gesehen!/ Doch wer die Opfer nicht darbringt oder sie meidet, wird niemals/ teilhaft solchen Glücks; er vergeht in modrigem Düster ... /Hochselig die Erde bewohnenden Menschen,/ denen die beiden sich gütig und liebend erzeigen; sie schicken Plutos bald in ihr großes Haus als Genossen am Herde;/ der aber stiftet reiches Vermögen den sterblichen Menschen." (473-489).

Triptolemus gilt als der erste Kultheros in Eleusis. Er hat vor/von den Göttern als Erster gelernt, wie man die Landwirtschaft bestellt. Eumolpos vertritt eines der beiden Priestergeschlechter, das über Jahrhunderte hin erblich bestellt wurde. Aus seiner Reihe wurde der Hierophant (= Priester) genommen, der bei der Feier die geheimen Formeln sprach. Beachtung verdient das Schweigegebot, auf das sich der Mysterienkult gründet. Die erste Seligpreisung nennt das Geschick derer, die sich nicht einweihen lassen möchten: Sie vergehen in der Unterwelt. Die zweite Seligpreisung verheißt dank Plutos gegenwärtiges Glück, verspricht Wohlstand und Reichtum im eigenen Haus für all jene, die sich dem Mysterium übergeben.

Der hier nur in Ausschnitten zitierte Demeterhymnus gibt Aufschluss über die Demeterverehrung in Eleusis und dem dortigen Mysterienkult. Mehr als 1000 Jahre hat der Kult bestanden, ehe das Heiligtum von den Goten im Jahre 395 n. Chr. zerstört und damit Weihen und Feste verunmöglicht wurden.

Der Kirchenlehrer Clemens von Alexandrien kennt noch wesentliche Elemente des Kults, die wie eine Art Kenn- oder Passwort zitiert werden und bereits im ca. 900 Jahre alten Hymnus beschrieben wurden.

„Und das ist das Synthema (= Kennwort) der eleusinischen Mysterien: Ich fastete, ich trank den Mischtrank (Kykeon), ich nahm aus der Kiste, ich ‚werkelte' und legte dann in den Korb und aus dem Korb wieder in die Kiste." (Protr 21,2).

Ein vorbereitendes Fasten, ein Mischtrank während der Feier und eine kultische Handlung bestimmen die Wesenszüge des Ablaufs der Feier. Das herumwerkelnde Geschehen deutet man heute nach Theophrast[1] als ein Schroten von Getreide mit Mörser und Mörserkeule. Durch das Zerstoßen von Körnern in einem Gefäß gewann man Gerstengrütze, die für den Mischtrank (Kykeon) gebraucht wurde. Der Myste (der Eingeweihte) verzehrte symbolisch Nahrung für den Lebensvollzug und erhoffte sich durch das Ritual Lebenskraft.

Der Neutestamentler Hans-Josef Klauck hat in seiner religionsgeschichtlichen Untersuchung zum Korintherbrief „Herrenmahl und hellenistischer Kult"[2] vor allem die Bezüge zur Mahlfeier in Korinth aufgezeigt. In den nächsten Folgen werden wir darauf zu sprechen kommen.

•••

[1] Bei Porphyrius, Abst 2,6.
[2] Münster, 2. Aufl. 1982.

TEIL 32
Eleusis (II)

Die Weihestufen in den Eleusinischen Mysterien

Grundsätzlich jeder, ob Mann oder Frau, ob Sklave oder Freier, arm oder reich, jeder konnte mittels eines Aufnahmeritus in die eleusinische Kultgemeinschaft eingeweiht werden. Sogar Fremden war der Zugang möglich. In den besten Zeiten bekannten sich nahezu alle Einwohner Athens zum Mystrienkult. Nur Kinder galten als Ausnahmefälle. Damit waren die Eleusinischen Mysterien ähnlich offen wie das Christentum. Wenn Paulus sagt: „Ihr alle, die ihr auf Christus getauft seid, habt Christus (als Gewand) angelegt. Es gibt nicht mehr Juden und Griechen, nicht Sklaven und Freie, nicht Mann und Frau; denn ihr alle seid ‚einer' in Christus Jesus" (Gal 3,27-28), so sind nur der Glaube und die Taufe Einlassbedingungen für das Christentum.

Die Einweihung (lat. Initiation) in Eleusis war nicht an das jährliche Hauptfest am 13./14. Boedromion (September/Oktober) gebunden, sondern konnte jederzeit vollzogen werden.

Drei Weihestufen sind für Eleusis bekannt: Die eigentliche Weihe, die Vollendung und die Schau. Diese gestufte Zulassung hat später auch die christliche Mystik beeinflusst, die ebenfalls einen dreigeteilten mystischen Weg kennt: Die Stufe der Reinigung, der Erleuchtung und der mystischen Vereinigung. Eingeführt wird der Myste, der Einzuweihende, mittels eines Paten (Mystagogen).

Das Hauptfest (die großen Mysterien) begann mit der Übertragung der heiligen Gegenstände von Eleusis ins Eleusinion nach Athen. Seit die Athener den Kult von Eleusis für sich übernommen hatten, gab es auch in Athen ein kleines Eleusinion, ein Demeterheiligtum. Der eigentliche Kult wurde jedoch nach wie vor in Eleusis mit dem eleusinischen Erbpriestertum durchgeführt. Epheben, junge unverheiratete Männer, trugen die kultischen Geräte während der Hinführung nach Athen und der Rückführung nach Eleusis. Ein Herold lud zur Feier ein und schloss nur Mörder und Barbaren von der Mysterienfeier aus. „In Andacht schweige und halte sich fern von unseren geheiligten Chören, wer Laie in solchem Geheimnis ist und unerleuchteten Sinns ..." (Aristophanes, Ra 352-370).[1]

Am nächsten Tag wurden alle Religionsanwärter aufgefordert, sich über die heilige Straße ans Meer in der Bucht von Phaleron zu begeben, um ein Reinigungsbad zu nehmen: „Auf, ihr Mysten, zum Meer!"). Am Ende verstand sich jeder als „mit allen Wassern gewaschen". Ein Ferkel („Glücksschwein") wurde ebenfalls im Meer gereinigt und als stellvertretendes Tieropfer für den Mysten später in Eleusis dargebracht, ging der Myste mit seiner Weihe doch eine neue Existenz ein, die durch ein Opfer die alte Existenz ablöste.

Bald zog inmitten der heiligen Gegenstände eine Festprozession von Athen nach Eleusis, wo die Mysten, Mystagogen und Priester (Hierophanten) gegen

Abend eintrafen und mit einer Schale des Mischtranks (Kykeon) begrüßt wurden. Neben den zwei Heiligtümern der Demeter – und des Hades (?) – bestimmte das eigentliche Mysterienheiligtum, das Telesterion, die Stadt. Zu Zeiten des Perikles (5. Jh. v. Chr.) fasste die überdachte Versammlungshalle fast 3000 Menschen. Ihr Bautyp unterschied sich wesentlich von dem eines großen Tempels. Die große Halle des Telesterions war in Dunkel gehüllt, in der Mitte brannte ein Feuer.

Als 1832–1890 griechische und dann 1930 griechisch-amerikanische Ausgrabungen das gesamte Heiligtum freilegten, fanden die Ausgräber am Felshang der Akropolis von Eleusis einen Kultbau aus dem 2. Jahrtausend. Er dürfte noch ausschließlich der Muttergottheit geweiht gewesen sein. Das erste Telesterion wurde um 525 v. Chr. mit einem Säulensaal von 27m Seitenlänge errichtet. Diesen Bau zerstörten die Perser, bald aber wurde es mit einem noch größeren Saal von 52 x 54 qm und 42 Säulen erneut erbaut. Strabon weiß: „Der geheimnisvolle Einweihungssaal im Heiligtum der Demeter zu Eleusis wurde von Iktinos so groß gebaut, dass er so viele Menschen wie ein Theater fassen kann. Derselbe Iktinos erbaute auch für Athene auf der Akropolis den Parthenon." (IX,1,12). Votiv- und Weihegaben der Mysten wie Tontafeln, Steinreliefs und Statuetten sind heute in einem sehenswerten Museum am Rande der Ausgrabungen zu besichtigen.

Ob im Telesterion Statuen der Mysteriengottheiten oder ein geheimer Gegenstand, die geschnittene Ähre (so Hippolyt)[2], gezeigt wurden, ist unbekannt. Entscheidend bleibt: Den Symbolgehalt des Gezeigten konnten nur die Eingeweihten begreifen. Auf einer in Eleusis gefundenen Inschrift heißt es: „Wundervoll ist fürwahr das Mysterium, das uns von den seligen Göttern gegeben wurde; der Tod ist für die Sterblichen nicht länger ein Übel, sondern ein Segen."[3]

Die Kirchenväter rechneten mit Kultdramen während der Feier. Etwa mit der heiligen Hochzeit als Spiel zwischen der Göttin und einem männlichen Partner. In polemischer Absicht wollten sie allerdings die Mysterien als Stätten sexueller Ausschweifung verunglimpfen und das haben sie bis heute auch erreicht. Wenn wir von Orgien hören, so denken wir an sexuelle Exzesse. Der griechische Begriff ‚orgia' meint für Eleusis jedoch nichts anderes als „Weihe" oder „Einweihung".

Wer nun als „Uneingeweihter" enttäuscht ist von der Spärlichkeit der Geheimnisse, der sei an die Reaktionen von Nichtchristen erinnert, die sich ebenfalls enttäuscht zeigen, wenn sie sich über die

•••

[1] Aristophanes (445-385 v. Chr.), der genialste Dichter der attischen Komödie, gibt in seinem Stück "Die Frösche" ein reiches Detailwissen der Mysterienfeier preis, auch wenn er meist nur parodierend darüber sprechen lässt.
[2] Nach Hippolyt, Widerlegung aller Häresien (2. Jh.), zeigt der Hierophant "den Schauenden das große, wunderbare, vollkommene dort in Schweigen zu schauende Mysterium, eine geschnittene Ähre."
[3] M. Giebel, Das Geheimnis der Mysterien. Antike Kulte in Griechenland, Rom und Ägypten, 1990, 47.

Die zweite Missionsreise

Spärlichkeit von Brot und Wein in einer Eucharistiefeier als Symbole der Christen verwundern. Die Eingeweihten in Eleusis „erkennen die Ähre als Sinnbild des aus dem Erdenschoß neu erstehenden Lebens; sie deutet, wie auch die anderen Gegenstände, auf Verwandlung, auf einen Durchgang durch den Tod. Wir denken wieder an das Weizenkorn, das sterben muss, um tausendfältige Frucht zu bringen (Joh 12,24). Die Kornähre verweist aber auch auf Getreidesegen, auf den Reichtum, den die Göttinnen von Eleusis ihren Eingeweihten versprochen haben."[4]

Zur Deutung

Bereits die alten philosophischen Mytheninterpretationen machten deutlich, in Eleusis wurde ein verschlüsselter Kreislauf der Vegetation beschrieben, den Persephone sinnbildlich verkörperte: Sie bleibt ein Drittel des Jahres wie die Aussaat des Getreides unter der Erde, um dann für zwei Drittel des Jahres mit beginnendem Wachstum auf die Erde wiederzukehren. Den Menschen war es wichtig, dass dieser Kreislauf des Jahres reibungslos funktionierte. Im Kult wurden das Gelingen und seine Gefährdung alljährlich neu beschrieben.

Der Mensch, bedroht von Vergänglichkeit und Tod, sollte in die sich erneuernde Lebenskraft der Natur eingebunden werden. Neben dieser speziellen Verstehensebene gibt es auch eine allgemeinere. So referiert der Münchner Neutestamentler Hans-Josef Klauck: „Die Mysterien würden von zutiefst menschlichen Problemen sprechen, von sozialen Spannungen um Geburt, Ehe, Verlust etc. und ihrer Transformation (Alderink), ihr Ritual diene der Begegnung mit dem eigenen Unbewussten (Gallant), es gehe darin um ,Wiederfinden eines verlorenen und vermissten Seinszusammenhangs' (Giebel) ... Halten wir fest, dass Eleusis einen wichtigen Beitrag geleistet hat für die Entwicklung der individuellen Eschatologie (= Endzeiterwartung) bei den Griechen. Die Hoffnung, die sich in ihnen artikuliert, richtet sich auf ein besseres Los im Jenseits."[5] Als Zeuge dafür dient die oben zitierte Seligpreisung des Demeterhymnus, dann auch Pindar, der sagt: „Selig, wer jenes geschaut, ehe er hinabstieg. Er kennt des Lebens Ende, weiß auch um den gottgebenen Anfang" (Frag. 121 Bowra). Auch Sophokles deutet in einem Drama über den Herold Triptolemos: „Dreimal selig jene Sterblichen, die diese Weihe geschaut und dann zum Hades gehen. Für sie allein gibt es dort Leben, für die anderen aber alles Üble." (Frag. 837 Radt). Vom athenischen Redner Isokrates ist überliefert: „Die Eingeweihten haben bessere Hoffnungen in Bezug auf ihr Lebensende wie überhaupt für alle Zeit."[6] Und der Römer Cicero lobt die eleusinischen Mysterien, „durch die wir die ,Anfänge', wie sie genannt werden, in Wahrheit aber die Grundlagen des Lebens kennen gelernt haben, durch die wir nicht nur mit Freu-

•••

[4] M. Giebel, ebd., 45.
[5] H.-J. Klauck, Die religiöse Umwelt des Urchristentums I. Stadt- und Hausreligionen, Mysterienkulte, Volksglaube, Stuttgart 1995, 94.
[6] Zitiert bei M. Giebel, ebd., 47.

de zu leben, sondern auch mit besserer Hoffnung zu sterben gelernt haben."[7]

Ähnliche Zeugnisse ließen sich aus den vielen Jahrhunderten des aktiven Kults weiter anführen. Immer war ihr Inhalt „die bessere Hoffnung" nach dem Tod. „Im Mittelpunkt aller Hoffnung und Zuversicht stand aber stets das Nahverhältnis zur Gottheit, das den Eingeweihten sicher war."[8]

Fragt man nach der Ethik der eleusinischen Mysterien, so wird man mit M.P. Nilsson festhalten können, „aus ihrem Boden wuchs die Moral eines friedlichen und gerechten Zusammenlebens, die Frömmigkeit eines Kulturvolkes empor, die nicht gering zu schätzen ist."[9]

Politisch wurde Eleusis im 5. Jh. v. Chr. von Athen einverleibt und zu einer kultischen Außenstelle des athenischen Stadtstaates gemacht. Die Ortsgebundenheit begrenzte die Entfaltungsmöglichkeit zwar stark, dank der Offenheit des Kults konnten jedoch auch Nichtathener und Nichtgriechen einen Zugang als Eingeweihte finden. Berühmte Römer wie Cicero und Seneca und römische Kaiser wie Augustus, Hadrian, Antonius Pius und Marc Aurel fanden sich unter den Gliedern und Gönnern des Eleusinischen Mysterienheiligtums.

Wenn auch bis zum Ende des Heiligtums im 4. Jh. n. Chr. keine christliche Gemeindebildung in Eleusis festgestellt werden kann, so hat sein Kult doch eindeutige Bezüge zur christlichen Mahlfeier und dem paulinischen Gemeindeverständnis, wie wir in Korinth noch feststellen werden.

Das braucht nicht weiter zu verwundern, da sich zwischen Korinth und Akrokorinth, dem Gipfel des Berges, ein Tempel der eleusinischen Gottheiten Demeter und Persephone (Kore) mit Kultbildern befand. Pausanias, der im 2. Jh. n. Chr. einen antiken Reiseführer durch Griechenland und die Peloponnes verfasst hat, schreibt über Demeter in Korinth: „Dort steht ein Tempel der Göttermutter mit einer Stele und einem Thron; sie selbst und der Thron sind aus Marmor. In den Tempeln der Moiren (= Schicksalsgöttinnen) und von Demeter und Kore ist es nicht gestattet, die Kultbilder zu sehen." (Reisebeschreibungen, 2,4,7). Über Mysterienfeiern im stadtnahen Ort Phlius weiß Pausanias, „Hier feiern sie – allerdings nicht jährlich, sondern jedes vierte Jahr – eine Mysterienfeier für Demeter. Der Hierophant (= Priester) wird nicht auf Lebenszeit ernannt, sondern für jede Feier ist ein anderer zu bestimmen, der auch, falls er will, eine Frau haben kann. Diesen Brauch pflegen sie im Gegensatz zu den Bewohnern von Eleusis. Was aber die eigentliche Feier betrifft, so ist sie eine Nachahmung der eleusinischen Mysterien. Die Phliasier geben selbst zu, daß sie sich die heiligen Handlungen von Eleusis zum Vorbild nehmen." (2,15,1).

Korinther Christen, die zum Großteil aus dem Heidentum kamen und zum Teil auch noch ihre alte heidnische Praxis pflegten, hatten auch noch nach ihrer

---

[7] Zitiert bei M. Giebel, ebd., 47.
[8] M. Giebel, ebd., 49.
[9] M.P. Nilsson, Griechische Feste von religiöser Bedeutung mit Ausschluß der attischen, 1906/1957, 667.

Bekehrung zum Christentum Kontakt zu den Mysterienkulten. Paulus setzt sich immer wieder in seinen Korintherbriefen mit den mysteriennahen Denkenweisen auseinander.

So stammt aus der Mysteriensprache die Verbindung von Täufer und Täufling (1 Kor 1,12-18), die sich sogar bis zum Vatertitel für den Täufer steigern konnte: „Hättet ihr nämlich auch ungezählte Erzieher in Christus, so doch nicht viele Väter. Denn in Christus Jesus bin ich durch das Evangelium euer Vater geworden." (1 Kor 4,15). Verwandt ist hier das Entsprechungsverhältnis von Myste und Mystagoge. Dann erwähnt Paulus im Hohenlied der Liebe „eine lärmende Pauke" (1 Kor 13,1). Dieses Instrument, das Kymbalon, ist das bevorzugte Instrument in den Mysterienkulten der Kybele- und Attiskulten, die ebenfalls in Korinth verbreitet waren.

Woran denken die Korinther, wenn Paulus ihnen schreibt: „Vielmehr verkündigen wir das Geheimnis (mysterion) der verborgenen Weisheit Gottes, die Gott vor allen Zeiten vorausbestimmt hat zu unserer Verherrlichung." (1 Kor 2,8). Wenig später führt der Apostel aus: „Als Diener Christi soll man uns betrachten und als Verwalter von Geheimnissen (oikonomos mysteríon) Gottes." Woran denken die Korinther zwangsläufig, wenn Paulus von „mysterion" sprach? H.-J. Klauck meint: „Es ist fast undenkbar, daß sie, sofern sie aus dem Heidentum kamen, sich in keiner Weise an die Mysterienkulte erinnert fühlen sollten."[10] Dann sind da die Leute der Chloe (1 Kor 1,11), manche Ausleger haben vermutet, sie seien Demetermysten. Zutreffend ist freilich nur, das Chloe („die Grüne") als Beiname der Demeter erscheint. Götternamen (z.B. auch Phoebe) waren beliebte Namen für Sklavinnen. So dass eher zu vermuten ist, die Leute der Chloe seien zu Reichtum gekommene Freigelassene.

Die eleusinischen Mysterienkulte haben in der Korinther Bevölkerung sicher ihre Spuren hinterlassen, doch sie waren nicht die einzigen religiösen Haftpunkte in Korinth.

Folgt man Pausanias, der bei seiner Wanderung durch Korinth an vielen Altären, Heiligtümern und Statuen vorbeizieht, so wird die Vielfalt der religiösen Angebote deutlich. Beim Betreten der Stadt fällt sein Blick auf Statuen des Melikeres, eines vergöttlichten Lokalheros, dann sieht er die Statue des Poseidon, der ephesinischen Artemis, des Dionysos als Lysios und als Bakchios. Er trifft auf einen Asklepiostempel und Apollontempel. Auf dem Weg hinauf nach Akrokorinth kommt er an zwei Isis- und Sarapisheiligtümer vorbei und an den eben schon genannten Demeter- und Kore-Kultbildern. Auf der Bergspitze findet er einen großen Aphroditetempel. Die Verehrung dieser fremden Götterwelt dürfte auch Paulus angetroffen haben, denn die religiöse Situation in der Mitte des 1. Jh. n. Chr. hatte sich gegenüber dem 2. Jh. zur Zeit des Pausanias kaum mehr verändert.

•••

[10] H.-J. Klauck, Herrenmahl und hellenistischer Kult. Eine religionsgeschichtliche Untersuchung zum ersten Korintherbrief, Münster 1982, 239.

TEIL 33
Istmia

Sportliche Wettkämpfe

Weil Leistungssport und Wettkämpfe schon immer viele Menschen bewegt haben, gehört die Bildwelt des Sports zu den beliebten und deshalb weit verbreiteten Phänomenen. Wer „um Worte ringt" oder einen „Lebenslauf" beschreibt, sich in einem „Kopf-an-Kopf-Rennen" in den „Wahl-Kampf" begibt und am Ende eine Regierungs-„Mannschaft" aufstellt, deren Legislaturperiode in zwei „Halbzeiten" eingeteilt ist und die gelegentlich „Marathon-Sitzungen" durchführt, benutzt die für viele nachvollziehbare Bildsprache des Sports.

Paulus tat nichts anderes. Er illustrierte seine Botschaft mit Bildern aus der Sportwelt, die damals problemlos und heute weitgehend verstanden wurden.

Was will Paulus den Korinthern sagen, wenn er ihnen schreibt: „Wisst ihr nicht, dass die Läufer im Stadion zwar alle laufen, aber dass nur einer den Siegespreis gewinnt? Lauft so, dass ihr ihn gewinnt. Jeder Wettkämpfer lebt aber völlig enthaltsam; jene tun dies, um einen vergänglichen, wir aber, um einen unvergänglichen Siegeskranz zu gewinnen. Darum laufe ich nicht wie einer, der ziellos läuft, und kämpfe mit der Faust nicht wie einer, der in die Luft schlägt; vielmehr züchtige und unterwerfe ich meinen Leib, damit ich nicht anderen predige und selbst verworfen werde." (1 Kor 9,24-27).

Da gibt es einmal die regelmäßig stattfindenden sportlichen Wettkämpfe vor den Toren Korinths in Isthmia. Kaum jemand kann die Isthmischen Spiele und ihre herausragende sportliche Bedeutung für die Menschen übersehen haben. Vor allem auch nicht die religiösen Komponenten, die die Spiele begleitet haben. Dann gibt es die hellenistische Populärphilosophie, die gerne die praktische Lebensführung mit Bildern aus dem Wettkampf der Spiele verdeutlicht hat. Beide Momente kann Paulus gemeint haben, wenn er Wettkampfvorbereitung, Laufszene, Ringkampf und Siegestrophäe beschreibt, um damit etwas über seine eigene Lebenssituation und das Zusammenleben der Christen in Korinth zum Ausdruck zu bringen.

Die Isthmischen Spiele

Um die wirkliche Bedeutung des Sports im antiken Griechenland zu erfassen, muss man wissen, dass in fast allen Städten im Rahmen der Kultfeste Wettkämpfe stattgefunden haben. Entsprechend begann im Gymnasion frühzeitig die Körperertüchtigung der Jugend. Da die griechischen Städte politisch autonom waren, entwickelten sie ein eigenes Geflecht von Wettkampfveranstaltungen. Man tauschte die besten Athleten untereinander aus, was zu Rivalitäten führte, sich aber in der ersten Hälfte des 5. Jh. v. Chr. vorübergehend sogar zum Ausgangspunkt einer gesamtgriechischen Friedens- und Einheitsidee entwickelte. Seit 776 v. Chr. hielt man alle vier Jahre Zeus zu Ehren Wettkämpfe ab. Programm und Regeln in Olympia galten weithin als Norm. Der vierjährige Abstand zwischen den Spielen, den man Olympiade nannte, wurde für alle Griechen zur Grundlage der Zeitrechnung. Erst nach mehr als 1000 Jahren stellte der christlich römische Kaiser Theodosius I. im Jahre 393 n. Chr. die Wettkämpfe aus religiösen Gründen ein. Besondere Beachtung fanden nach Olympia die Pythischen Spiele, die Pythien, zu Ehren Apollons in Delphi, dann folgten die Isthmischen Spiele, die im 1. und 3. Jahr jeder Olympiade zu Ehren Poseidons an der Meerenge (= Isthmus) von Korinth stattfanden.

Die nemeischen Spiele fanden zu Ehren des Zeus in Nemea in der Argolis statt, die Panathenäen zu Ehren der Stadtgöttin Athene in Athen.

Paulus erwähnt die olympischen Disziplinen Lauf und Ringkampf. Sie konnten als klassische Einzeldisziplinen oder im Rahmen des traditionellen Fünfkampfes (Diskuswurf, Weitsprung, Speerwurf, Lauf und Ringen) unter den Leichtathleten ausgetragen werden. Neben diesen athletischen Wettkämpfen gab es seit dem 7. Jh. v. Chr. noch Wagen- und Pferderennen im Hippodrom (Hippos = Pferd, dromos = Rennbahn). Ein Waffenlauf ist seit 520 v. Chr. belegt. Auch ein Maultier-Wagenrennen und ein „Trabrennen" gab es im 5. Jh. v. Chr., die aber, weil es für Olympia zu würdelos schien, bald wieder aufgegeben wurden. Während in Olympia lange Zeit ausschließlich Wettkämpfe stattfanden, pflegten andere Wettkampfstätten auch musische Spiele als Ausgleich zum körperlichen Leistungssport. Platon überliefert in einem Gespräch zwischen Sokrates und Glaukon das Verhältnis zwischen Leibesertüchtigung und musischer Bildung: „Die gymnastische Erziehung sei eine Schwester der musischen; die Musik schaffe Besonnenheit der Seele, während die Gymnastik die körperliche Gesundheit hervorrufe. Wer sich ausschließlich der Leibesertüchtigung verschreibe – wie die Athleten in Olympia – und dadurch den Bildungstrieb seiner Seele verkommen lasse, fühle sich subjektiv zwar stärker, verwildere jedoch im Geist. Wer andererseits nur die musische Seite in sich pflege, ohne zugleich auch den Körper zu stärken, werde schlaff und ungenießbar. Der mutvolle Teil seiner Seele werde ausgemerzt. Für den Staat sei es erforderlich, dass die in ihm lebenden und ihn gestaltenden Menschen gleichermaßen in Musik und Sport ausgebildet seien." [2]

Seit 472 v. Chr. währten die Wettkämpfe fünf Tage, mancherorts wurden sie auf sechs Tage verlängert.

Der von Paulus erwähnte Lauf zählte zur ältesten und renommiertesten Veranstaltung. Da gab es den einfachen Stadionlauf, dessen zu bewältigende Distanz die Länge eines Stadions (ca. 600 Fuß) ausmachte. Je nach autonomem Staat fiel das Fußmaß und damit das Längenmaß eines Stadions allerdings unterschiedlich aus. In Olympia betrug die Strecke 600 Fuß (= 192,25 Meter), in Delos nur 167 Meter. Die Läufer gingen

⁂
[1] U. Sinn, (Hrsg.), Wettkampf in der Antike. Wettkampf. Spiele und Erziehung im Altertum, Würzburg 1996, 51.

barfuß und vollständig nackt an den Start. Die Startplätze wurden ausgelost, gestartet wurde von einer steinernen Schwelle mit leicht vorgebeugtem Oberkörper (Tiefstart bei Kurzstrecken, wie heute üblich, gab es damals nicht). Manche Stadien verfügten über „Startmaschinen" mit abklappbaren Schranken, die die Laufbahn für alle Läufer gleichzeitig freigaben. Wer einen Fehlstart verursachte, wurde mit Rutenhieben gezüchtigt. Neben dem einfachen Stadionlauf gab es den doppelten Stadionlauf (Diaulos). Da eine doppelte Strecke vorgesehen war, musste eine scharfe Kehre vollzogen werden, wobei der Läufer einen zu seiner Bahn gehörenden Pfosten umrunden musste. Noch eine dritte Laufdisziplin gab es, den so genannten Dálichos. 20 Stadien und damit ca. 3800 Meter (olympisches Fußmaß) waren zu bewältigen. Den heute so berühmten Marathonlauf (42,195 km) kennt die Antike noch nicht. Er geht auf eine Legende zurück. So soll, nach Plutarch, ein Bote den Athenern die Nachricht vom Sieg über die übermächtigen Perser (490 v. Chr.) vom Schlachtfeld bei Marathon im Laufschritt in seine Heimatstadt getragen haben und dort tot zusammengebrochen sein. Der vermutlich unsportliche römische Geschichtsschreiber Plutarch hat erst 560 Jahre nach der Schlacht die Legende entworfen und wohl auch gewusst, wie er seine Leser zum Staunen bringen konnte. Der berühmte Historiker Herodot, ein Zeitgenosse der einstigen Schlacht bei Marathon, kennt den Botenlauf mit tödlichem Ausgang jedenfalls nicht. Der Slogan „Sport ist Mord" kann sich so direkt von Plutarch herleiten. Heute zählt ein Marathonlauf bei gründlicher Vorbereitung zum Gesundheits- und Breitensport. (So liefen beim diesjährigen Stadtmarathon in Regensburg 1415 Marathonis und 3363 Halbmarathonis ins Ziel).

Beeindruckend ist der Spartathlon, ein Ultralauf von Athen nach Sparta auf den Spuren des Pheidippides und Leonidas, der mit 245,3 km Länge und extremer Streckenführung selbst den Marathonis Respekt abnötigt. Er ist zwar auch eine moderne Erfindung, doch wird er alljährlich an originalen Schauplätzen durchgeführt.[2]

Kurz nachdem im Jahre 1896 der Marathonlauf als jüngste sportliche Disziplin angeregt und bei der Wiederaufnahme der Olympischen Spiele unter Leitung von Baron de Coubertin erstmals eingeführt wurde, bildeten sich zahlreiche Legenden. Wie kam es zur Streckenlänge von gerade 42,195 km? Und das ist keine Legende. Nur weil 1908 die englische Prinzessin von ihrem Fenster im Windsor-Palast aus den Start und das Ziel verfolgen wollte, änderten die Organisatoren die Strecke. Seitdem verlängerte sich die ursprüngliche Distanz von 40 km auf 42,195 km.

Paulus spricht neben den beliebten sportlichen Disziplinen Lauf und Ringkampf auch die „völlig enthaltsame" Lebensführung bei der Wettkampfvorbereitung an. Während der Olympionike in

•••
[2] W. Sonntag, Rote Karte für den Spartathlon: condition 1-2 (1997), 8-10.

den letzten zehn Monaten der Vorbereitung auf Fleisch, Wein und Umgang mit Frauen verzichtete und dies unter Eid bekräftigte, dürfte Paulus an seine ähnliche Entbehrungen abverlangende Selbstdisziplin im Dienste des größeren Gutes gedacht haben. Auf Wein und Fleisch verzichten die meisten Athleten auch heute noch gerne. Enthaltsamkeit gegenüber Frauen hat sich als Leistungssteigerung nicht bewährt.

Da es bei den Wettkämpfen nicht nur um einen Siegeskranz, sondern im Nachhinein um beträchtliche materielle Summen und um ein hohes Prestige des Kämpfers und seiner Stadt ging, war auch damals schon Doping bekannt. Am Eingang zum Stadion in Olympia listete ein Verzeichnis die überführten Dopingfälle auf. Auch Paulus scheint dieses Phänomen gekannt zu haben, wenn es im zweiten Timotheusbrief heißt: „Wer an einem Wettkampf teilnimmt, erhält den Siegeskranz nur, wenn er nach den Regeln kämpft." (2 Tim 4,5).

Was meint Paulus nun, wenn er empfiehlt: „Wisst ihr nicht, dass die Läufer im Stadion zwar alle laufen, aber dass nur einer den Siegespreis gewinnt? Lauft so, dass ihr ihn gewinnt." Sollen die Christen nun Ellbogen einsetzen, um den Sieg um jeden Preis davonzutragen? Nein. Das Bild wäre überstrapaziert. Zudem ist es von Paulus auch nicht sauber entfaltet. Im Wettkampf kann nur einer gewinnen. Die Christen sollen ihren Kampf aber „alle" gewinnen. Paulus geht es mehr um den entbehrungsreichen Einsatz für den unvergänglichen Lohn. Dazu bemüht er den „unvergänglichen Siegeskranz". Bei den Spielen wurde ein Kranz aus Zweigen der heiligen Bäume geflochten, die in den jeweiligen heiligen Hainen wuchsen und nach der Siegerehrung den Helden umkränzten. In Isthmia war dies ein Fichtenzweig, in Olympia ein Ölzweig, in Delphi ein Lorbeerzweig, in Nemea ein Eppichzweig, eine Art wilder Sellerie.

Hellenistische Populärphilosophie

Das Bild des Wettkampfes hat auch die Philosophen angeregt, über den Sinn der praktischen Lebensführung nachzudenken. So schreibt Seneca, der Lehrer Kaiser Neros, in seinen Briefen: Wer in Schwierigkeiten gerät, „kämpfe mit allem Mut dagegen; ... Faustkämpfer – wie viele Schläge nehmen sie im Gesicht, wie viele am ganzen Körper hin: Dennoch ertragen sie alle Qual aus Ruhmsucht ... Auch wir wollen alles überwinden; dafür ist der Siegespreis nicht ein Kranz noch ein Palmzweig, ... sondern die Tugend und charakterliche Festigkeit und Frieden für den Rest der Zeit." (Briefe 78, 15-16). Epiktet gibt in seinen Unterredungen (Dissertationes) den Rat, bei sittlich lauteren Männern wie Sokrates Zuflucht zu suchen: „Denk, für welch großen Sieg er es angesehen hat, dass er sich selbst besiegt hatte! War das nicht ein olympischer Sieg! ... Königliche Ehre, Freiheit, Glückseligkeit, Seelenfrieden sind der Preis, den man hier gewinnt oder verliert." (Diss II, 18.22.28).

Das Wettkampf-Motiv war auch in der jüdisch-hellenistischen Diaspora verbreitet. So sieht Philo von Alexandrien (1. Jh. n. Chr.) im nächtlichen Ringkampf des

Erzvaters Jakob am Jabbok (Gen 32,24-33) das große Vorbild des heiligen Wettkampfes und das Volk Israel, das in einem Tugendkampf um die Einhaltung des Gesetzes ringt, als Vorbild für jedermann.

Im apokryphen 4. Makkabäerbuch, das in Syrien oder Kleinasien am Ende des 1. Jahrhunderts n. Chr. entstanden ist, wird das Martyrium des Eleaszar und der sieben makkabäischen Brüder sowie ihrer Mutter vor dem Hintergrund des Wettkampf-Motivs beschrieben: „Fürwahr, das ist ein göttlicher Wettkampf gewesen ... Preisrichterin war ... die Tugend als Wertungsmaßstab, benützte sie die Ausdauer, Siegespreis war die Unvergänglichkeit in lange währendem Leben. Als Vorkämpfer trat Eleaszar in die Arena, die Mutter griff in das Kampfgeschehen ein, die Brüder beteiligten sich am Wettstreit. Die Rolle des Gegenspielers übernahm der Tyrann. Welt und Menschheit schauten zu. Die Gottesfurcht trug den Sieg davon und setzte ihren eigenen Athleten den Siegeskranz auf. Wer wollte den Kämpfern für die göttliche Rechtssatzung seine Bewunderung versagen?" (Übersetzung: H.-J. Klauck)[3]. Das Bild der siegreichen Gottesfurcht als Anfang und Krone (stephanos) aller Tugenden im Kampf für die Tora war in der frühjüdisch-biblischen Weisheit vorbereitet (vgl. Sir 1,11.14.16; Spr 1,7; 9,10; Weish 4,2;

10,12). Im 4. Makkabäerbuch kämpft der Verfasser gegen den liberalen Geist der Umwelt, der der jüdischen Frömmigkeit und Lebensweise schwer zusetzt. „Dagegen macht nun der Verfasser mobil, indem er seinen Volks- und Glaubensgenossen ein Idealbild vor Augen stellt, das durch die Züge des Wettkampfes stimulierend wirkt."[4]

Mit den angeführten Stellen ist zureichend belegt, dass das Wettkampf-Motiv in der heidnischen und auch jüdisch-hellenistischen Umwelt eine bedeutende Rolle spielte, und zwar sowohl im wörtlichen Sinn, als auch im übertragenen Verständnis als Bild für ethische und religiöse Gedanken.

Die Situation in Korinth

Was Paulus mit seinem Bild aus dem Wettkampf den Korinthern sagen möchte, wird verständlicher, bezieht man den Kontext mit ein. Zuvor rechtfertigt Paulus seinen beruflichen Stand, indem er den Verzicht auf das apostolische Unterhaltsrecht begründet. Als Apostel hat er ein Recht auf die Versorgung durch die Gemeinde, dennoch verzichtet er bewusst darauf. Ziel und Zweck dieses Verzichts erläutert er im „lebensnahen" Bild. Alle Korinther kannten das nahe Stadion in Isthmia als Wettkampfstätte, und die Gebildeten unter ihnen hörten mit dem Bild „Wettkampf" die moralphilosophischen Anspielungen heraus, die in der hellenistischen Welt geläufig waren.

Wie die Sportler lässt Paulus sich in seinem Verhalten vom Ziel leiten und vom Siegespreis, der in einem Kranz besteht. Das christliche Ziel, das ewige Leben,

---

[3] H.-J. Klauck, 4. Makkabäerbuch (JSHRZ III/6), Gütersloh 1989
[4] O. Schwankl, „Lauft so, daß ihr gewinnt". Zur Wettkampfmetaphorik in 1 Kor 9, BZ 41 (1997), 174-191.179.

überholt das sportliche Ziel. Wie die Sportler kämpft er mit vollem Einsatz. Seine Berufung verlangt ihm alles ab. Als Kehrseite des Einsatzes steht der Verzicht, die völlige Enthaltsamkeit.

Mit der Bemerkung „Lauft so, dass ihr gewinnt", lenkt Paulus den Blick von der eigenen Person ab auf die Situation der Gemeinde. Der weitere Kontext des paulinischen Schreibens macht auf ein Problem in der Gemeinde aufmerksam, das mehr das Team als den Einzelnen ins Gespräch bringt.

Da gibt es die Frage: Darf man als Christ Fleisch essen, das aus kultischen Tieropfern zu Ehren heidnischer Gottheiten stammt (= Götzenopferfleisch)? Die „Schwachen" in Korinth geraten in Gewissensnöte (1 Kor 8,7-10), die „Starken" sehen in diesen Speisen keine Probleme. Ihre „Erkenntnis" und ihre „Freiheit" sieht über das möglicherweise heidnische Opferfleisch nach der Devise hinweg: Gibt es keine Götter, so gibt es auch kein Götzenopferfleisch, das vom fremden Kult „verseucht " sein könnte. Die „Starken" in der Gemeinde haben damit zwar mit ihrer christlichen Freiheit theoretisch Recht, doch ihr praktisches Verhalten geht an der sozialen Gemeindesituation vorbei. „Gebt Acht, dass diese eure Freiheit nicht den Schwachen zum Anstoß wird." (1 Kor 8,9) „Es geht darum, wie man die christliche Freiheit in der ‚real existierenden' Gemeinde lebt. Die selbstgewisse Erkenntnis macht die ‚Starken' unsensibel und rücksichtslos."[5]

•••

[5] O. Schwankl, ebd., 187.

So sollen im „Team" der Christengemeinde „die Starken" und „die Schwachen" gemeinsam kämpfen, um „einen unvergänglichen Siegeskranz zu gewinnen."

TEIL 34
Korinth (I)

Als Paulus die Stadt Korinth betritt, trifft er auf eine maßgeblich römisch geprägte Metropole. Das alte, sagenumwobene Korinth gab es nicht mehr oder nur noch in Erzählungen oder in Gründungsmythen, dargestellt auf Friesen oder als Skulpturen in Heiligtümern oder bürgerlichen Häusern. Der bekannte Sisyphos zählte im Mythos zum Begründer des alten Korinth und der benachbarten Isthmischen Spiele. Heute noch bekannt ist uns Sisyphos durch eine Strafaktion der Götter: „Die Götter hatten Sisyphos dazu verurteilt, unablässig einen Felsblock einen Berg hinaufzuwälzen, von dessen Gipfel der Stein von selbst wieder hinunterrollte. Sie hatten mit einiger Berechnung bedacht, dass es keine fürchterlichere Strafe gibt als eine unnütze und aussichtslose Arbeit. Wenn man Homer Glauben schenken will, war Sisyphos der weiseste und klügste unter den Sterblichen." (A. Camus). Albert Camus deutet im Zeitalter des Existentialismus den „Mythos von Sisyphus" noch während des Zweiten Weltkriegs (1942) neu: „Der Kampf gegen Gipfel vermag ein Menschenherz auszufüllen. Wir müssen uns Sisyphos als einen glücklichen Menschen vorstellen."[1]

Die Römer waren es, die Korinth 146 v. Chr. unter Lucius Mummius den Erdboden gleichmachten. Kaum ein Stein blieb auf dem andern. Wer das Desaster überlebte, wurde in die Sklaverei verkauft. 100 Jahre lag die große, einst mehr als 100.000 Einwohner zählende Stadt in ihren Trümmern, bis Julius Cäsar 44 v. Chr. an gleicher Stelle eine neue römische Kolonie gründete. Ihr römischer Name lautete fortan Colonia Laus Julia Corinthiensis. Aufgrund der verkehrsgünstigen Lage am Isthmus mit den beiden Häfen Kenchreä, 5 km östlich am Saronischen Golf, und Lechaion, 2 km nördlich am Korinthischen Golf, ging es mit der Neugründung der Stadt rasch aufwärts. Schon 27 v. Chr. ließ sich der römische Statthalter hier nieder und machte den Ort zur Hauptstadt der senatorischen Provinz Achaia, von 15. n. Chr. bis 44. n. Chr. zählte sie sogar als kaiserliche Provinzhauptstadt. Begünstigungen blieben nicht aus, sodass sich viele Veteranen auf ihr Altenteil nach Korinth zurückzogen. Der hohe römische Anteil der Bevölkerung lässt sich noch an den lateinischen Personennamen erkennen, die Paulus in seinen Briefen erwähnt: Fortunatus, Gaius, Lucius, Quartus, Tertius, Titus Justus. Dies dürften alles vormals römische Neuansiedler gewesen sein. Dann kamen einheimische Griechen dazu sowie Zuwanderer aus der östlichen Reichshälfte. Wie viel Juden zur Zeit des Paulus in Korinth ansässig waren, ist unklar, auch wenn eine Inschrift „Synagoge der Hebräer" aus dem 2./3. Jh. n. Chr. und eine Marmorauflage mit drei siebenarmigen Leuchtern aus dem 1. Jh. n. Chr. eine größere Gemeinde vermuten lassen.

Sklaven und Freigelassene, Kaufleute und Bedienstete der verschiedenen religiösen Kulte, Wanderprediger und popularphilosophische Redner, sie alle fanden in Korinth eine zumindest zwischenzeitliche Bleibe. Als Paulus Korinth erreicht, „traf er einen aus Pontus stammenden Juden namens Aquila, der vor kurzem aus Italien gekommen war, und dessen Frau Priszilla. Klaudius hatte nämlich angeordnet, dass alle Juden Rom verlassen müssten. Diesen beiden schloss er sich an, und da sie das gleiche Handwerk betrieben, blieb er bei ihnen und arbeitete dort. Sie waren Zeltmacher von Beruf." (Apg 18,2-3). Vieles spricht dafür, dass Aquila und Priszilla bereits Christen waren, aus dem römischen Italien unter Kaiser Klaudius (41-54 n. Chr.) aber als Juden ausgewiesen wurden.

So mancher Seefahrer mag sein angespartes Geld im Bordell oder im Spielkasino durchgebracht haben. Das „leichte" Leben war für Korinth sprichwörtlich. Akrokorinth, ein kleines kulturelles und religiöses Zentrum auf dem Bergplateau von Korinth, barg u.a. einen Aphroditetempel. Aphrodite, die Göttin der Liebe und besonders der Leidenschaft, vermittelte ein orgiastisches Leben. Wenn es auch eine von Strabo[2] erfundene Ge-

•••

[1] Albert Camus, Der Mythos von Sisyphos. Ein Versuch über das Absurde, 1942, 1980, 98.101.
[2] Strabo 8,6,20.

schichte ist, die man bis heute gerne erzählt, so charakterisiert sie doch das korinthische Leben: 1000 Kultprostituierte (Hierodulen) sollen sich im Aphroditetempel auf Akrokorinth aufgehalten haben, und zu Ehren der Göttin für käufliche Liebe entsprechende Bevölkerungsteile angezogen haben. Strabos Legende illustriert zumindest das ausschweifende und lasterhafte Leben dieser Hafengroßstadt. Seit Aristophanes (445–386 v. Chr.)) gibt es den griechischen Begriff „korinthiazestai", „es korinthisch treiben", „Unzucht wie in Korinth treiben". Strabo (63 v. Chr bis 19 n. Chr.) hat jedenfalls nicht Unrecht, wenn er das Sprichwort zitiert: „eine Seefahrt nach Korinth ist nicht für jedermann".[3] Zwischen dem untergegangenem vorrömischen und dem römischen Korinth hat es diesbezüglich kaum einen Unterschied gegeben. Bordelle im Hafen und orgiastische Kulte auf Akrokorinth, dazwischen die Christen.

Zwischen Bordell und Aphroditekult

Als Paulus in Ephesus einen Antwortbrief nach Korinth schreiben muss, zitiert er ein Anliegen der Christen aus Korinth: „Nun zu den Anfragen eures Briefes! «Es ist gut für den Mann, keine Frau zu berühren» (1 Kor 7,1). Die Korinther sagen also, lassen wir es mit dem Geschlechtlichen zwischen Mann und Frau doch ganz sein, unter den gegenwärtigen Verhältnissen in unserer Stadt „ist es doch gut für den Mann". Was antwortet

•••

[3] Strabo 8,6,20.

Paulus darauf?: „Wegen der Gefahr der Unzucht soll aber jeder seine Frau haben und jede soll ihren Mann haben. Der Mann soll seine Pflicht gegenüber der Frau erfüllen und ebenso die Frau gegenüber dem Mann. Nicht die Frau verfügt über ihren Leib, sondern der Mann. Ebenso verfügt nicht der Mann über seinen Leib, sondern die Frau. Entzieht euch einander nicht, außer im gegenseitigen Einverständnis und nur eine Zeit lang, um für das Gebet frei zu sein. Dann kommt wieder zusammen, damit euch der Satan nicht in Versuchung führt, wenn ihr euch nicht enthalten könnt. Das sage ich als Zugeständnis, nicht als Gebot. Ich wünschte, alle Menschen wären (unverheiratet) wie ich. Doch jeder hat seine Gnadengabe von Gott, der eine so, der andere so." (1 Kor 7,2-7). Nur vor den historischen Zusammenhängen wird man diese Beurteilung des Paulus recht verstehen. Von der korinthischen Situation ausgehend wird verständlich, wie sehr Paulus sich bemüht, Mann und Frau gerecht zu werden. Eine Sexual-, Leib- oder Frauenfeindlichkeit des Apostels ist aufgrund solcher Äußerungen kaum abzuleiten. War das Geschlechtliche in Korinth nicht unproblematisch, so auch nicht das Verhältnis zu den Sklaven und der Sklaverei in Korinth. Die Metropole war aufgrund ihrer beiden Häfen Kenchreä und Lechaion ein beliebter Ort für Sklavenhandel. Paulus sprach wenig später das Thema der Sklaverei an: „Jeder soll in dem Stand bleiben, in dem ihn der Ruf Gottes getroffen hat. Wenn du als Sklave berufen wurdest, soll dich das nicht bedrücken; auch wenn du frei werden kannst, lebe lieber als Sklave weiter. Denn wer im Herrn als Sklave berufen wurde, ist Freigelassener des Herrn. Ebenso ist einer, der als Freier berufen wurde, Sklave Christi. Um einen teuren Preis seid ihr erkauft worden. Macht euch nicht zu Sklaven von Menschen! Brüder, jeder soll vor Gott in dem Stand bleiben, in dem ihn der Ruf Gottes getroffen hat." (1 Kor 7,20-24). Wer solche Empfehlungen als Rechtfertigung der Sklaverei deutet, wird andererseits bei Paulus auch befreiende Äußerungen finden, und wer solche Sätze mit den Maßstäben des modernen Menschenrechtsverständnisses messen möchte, wird dem historischen Sachverhalt kaum gerecht. Im Zusammenhang der so genannten Ständeoder Haustafel-Ordnung werden wir später noch etwas ausführlicher auf die einzelnen Stände in der antiken Gesellschaft zu sprechen kommen.

Die paulinischen Adressaten

Bei der Lektüre der Korintherbriefe und der übrigen paulinischen Schreiben stellt sich oft die Frage, welche Bevölkerungsschichten Paulus in seiner Mission anspricht. Paulus argumentiert zuweilen, als hätte er nur studierte Menschen vor sich gehabt. Ein Galater- und ein Römerbrief lassen uns doch sehr an den Theologen Paulus denken. Es sind aber nicht nur die Intellektuellen, die der Apostel erreichen will. Die Inhalte, die Paulus verkündet, sprechen gerade nicht zuerst die Etablierten und damit materiell besser Gestellten an, sondern die eher weniger Begüterten.

Wer die „Torheit des Kreuzes" verkündet, wie Paulus in Korinth, der erreicht die Randständigen, die Sklaven, aber auch die Normalbevölkerung, die viel für den Lebenserhalt arbeiten, mehr noch Steuern zahlen oder als Tagelöhner ihre Familien ernähren mussten. Vor diesem sozialkritischen Hintergrund liest sich die paulinische Botschaft neu: „Denn das Wort vom Kreuz ist denen, die verloren gehen, Torheit; uns aber, die gerettet werden, ist es Gottes Kraft. Es heißt nämlich in der Schrift: Ich lasse die Weisheit der Weisen vergehen und die Klugheit der Klugen verschwinden. Wo ist ein Weiser? Wo ein Schriftgelehrter? Wo ein Wortführer in dieser Welt? Hat Gott nicht die Weisheit der Welt als Torheit entlarvt? Denn da die Welt angesichts der Weisheit Gottes auf dem Weg ihrer Weisheit Gott nicht erkannte, beschloss Gott, alle, die glauben, durch die Torheit der Verkündigung zu retten. Die Juden fordern Zeichen, die Griechen suchen Weisheit. Wir dagegen verkündigen Christus als den Gekreuzigten: für Juden ein empörendes Ärgernis, für Heiden eine Torheit, für die Berufenen aber, Juden wie Griechen, Christus, Gottes Kraft und Gottes Weisheit." (1 Kor 1,18-24).

Wer nun meint, der Apostel spreche mit seiner „Weisheit Gottes" doch wieder nur die Intellektuellen an, die diese sprachlich verschachtelten Sätze verstehen, der sieht sich getäuscht. Denn Paulus fährt fort: „Seht doch auf eure Berufung, Brüder! Da sind nicht viele Weise im irdischen Sinn, nicht viele Mächtige, nicht viele Vornehme, sondern das Törichte in der Welt hat Gott erwählt, um die Weisen zuschanden zu machen, und das Schwache in der Welt hat Gott erwählt, um das Starke zuschanden zu machen. Und das Niedrige in der Welt und das Verachtete hat Gott erwählt: das, was nichts ist, um das, was etwas ist, zu vernichten, damit kein Mensch sich rühmen kann vor Gott. Von ihm her seid ihr in Christus Jesus, den Gott für uns zur Weisheit gemacht hat, zur Gerechtigkeit, Heiligung und Erlösung." (1 Kor 1,26-30).

Natürlich ist auch so eine Übersetzung, es ist unsere Einheitsübersetzung, noch schwierig zu verstehen. Lesen Sie deshalb nochmals den gleichen Text in einer anderen Übersetzung, diesmal in der ökumenischen „Guten Nachricht": „Schaut doch euch selbst an, Brüder und Schwestern! Wen hat Gott denn da berufen? Es gibt ja nicht viele unter euch, die nach menschlichen Maßstäben klug oder einflussreich sind oder aus einer angesehenen Familie stammen. Gott hat sich vielmehr in der Welt die Einfältigen und Machtlosen ausgesucht, um die Klugen und Mächtigen zu demütigen. Er hat sich die Geringen und Verachteten ausgesucht, die nichts gelten, denn er wollte die zu nichts machen, die in der Welt etwas 'sind'. Niemand soll sich vor Gott rühmen können. Euch aber hat Gott zur Gemeinschaft mit Jesus Christus berufen. Mit ihm hat er uns alles geschenkt: Er ist unsere Weisheit - die wahre Weisheit, die von Gott kommt. Durch ihn können wir vor Gott als gerecht bestehen. Durch ihn hat Gott uns zu seinem heiligen Volk gemacht und von unserer Schuld befreit."(1 Kor 1,26-30). Das klingt schon besser. Jedenfalls wird deutlich, Paulus führt alle Menschen zur Gemeinschaft mit Christus, besonders auch jene, die in der damaligen Gesellschaft nicht etabliert waren, sondern eher am Rand standen.

Eine Unsitte, die bei den gemeinsamen Mahlfeiern aufkommt und die Paulus scharf rügen muss, gibt einen kleinen Einblick in die soziale Zusammensetzung der korinthischen Gemeinde: „Wenn ich schon Anweisungen gebe: Das kann ich nicht loben, dass ihr nicht mehr zu eurem Nutzen, sondern zu eurem Schaden zusammenkommt. Zunächst höre ich, dass es Spaltungen unter euch gibt, wenn ihr als Gemeinde zusammenkommt; zum Teil glaube ich das auch. Denn es muss Parteiungen geben unter euch; nur so wird sichtbar, wer unter euch treu und zuverlässig ist. Was ihr bei euren Zusammenkünften tut, ist keine Feier des Herrenmahls mehr; denn jeder verzehrt sogleich seine eigenen Speisen, und dann hungert der eine, während der andere schon betrunken ist. Könnt ihr denn nicht zu Hause essen und trinken? Oder verachtet ihr die Kirche Gottes? Wollt ihr jene demütigen, die nichts haben? Was soll ich dazu sagen? Soll ich euch etwa loben? In diesem Fall kann ich euch nicht loben. (1 Kor 11,17-22). Es muss auch damals solche gegeben haben, die keine gleitende Arbeitszeit hatten. Sie kamen erst spät zur so genannten Agapefeier und fanden dann schon trunkene Brüder und vielleicht auch Schwestern vor. Während die einen es sich leisten konnten, mussten die anderen, vielleicht die Sklaven, zuschauen, was für sie übrig blieb. Es herrschten demnach nicht nur schlechte Tischsitten, sondern auch des

Herrenmahls unwürdige Verhältnisse. Warum legt Paulus Wert darauf, dass er Tag und Nacht arbeitet, um dann erst zu missionieren (1 Thess 2,9)? Doch wohl auch deshalb, weil sein Gegenüber sich das Brot vom Mund absparen muss. Natürlich gab es in der Urkirche auch begüterte Christen, sie waren aber die Ausnahme. An ihnen lässt sich studieren, wie christliche Gemeinschaft aussah. Sie öffnen ihr Haus und ihre Hausgemeinschaft für Paulus und die neuen Christen, um dort Herrenmahl zu feiern, sich in katechetischer Weise im Glaubensleben aufzubauen oder materiell zu unterstützen. Auch Paulus kann nicht die Armut und Sklaverei abschaffen, doch er weist darauf hin: Wer „in Christus ist", der ist eine neue Kreatur und geht deshalb mit anderen Menschen wohlwollend und freundlich um. Im kleinen Philemonbrief können wir nachlesen, wie der christliche Umgang zwischen Herr und Sklave ausgesehen hat: Da flieht der Sklave Onesimus vor seinem Herrn Philemon zu Paulus. Der Apostel gewinnt ihn lieb, weil er sich in der Missionsarbeit durch nützliche Dienste bewährt hat. Dennoch respektiert Paulus die Rechtslage und schickt Onesimus zu seinem Herrn zurück.

Nicht immer und überall ging es herzlich zu, wenn Paulus in einer neuen Stadt missionierte und er nach seiner Abreise hören musste, wie die Neuchristen zerstritten waren, vom Glauben abfielen oder schlecht über ihn sprachen. Auch in der weiteren frühchristlichen nachpaulinischen Ära wird es immer wieder zu großen Streitigkeiten über den wahren christlichen Glauben kommen. Doch das ist nicht ungewöhnlich, wenn auch schlimm. Vergessen wir aber nicht, dass der christliche Glaube noch nicht definiert war. Es gab noch keine Dogmatik, kein Glaubensbekenntnis, wie es die späteren Konzilien erst festschreiben. In unseren Tagen haben wir es in Glaubensfragen dagegen vergleichsweise einfacher. Wir haben unser Apostolisches Glaubensbekenntnis, wir haben unser Lehramt, unsere Theologie und unseren Katechismus. Da ist fast schon alles gesagt, was zu glauben ist. Den Streit darüber, was zu glauben ist und mit welchen Argumenten der Apostel immer wieder predigen, lehren und unterweisen muss, erfahren wir in den Paulusbriefen. So gesehen sind die Briefe an die Gemeinden meist Antworten auf konkrete Konflikte, Fragen und Sorgen.

TEIL 35
Korinth (II)

Ein Jahr und sechs Monate verbringt Paulus in der Großstadt Korinth. Nach der Apostelgeschichte unterstützen Silas und Timotheus, Aquila und Priszilla den Apostel in seiner Missionstätigkeit. Titus Justus, ein Gottesfürchtiger, stellt sein Haus für christliche Zusammenkünfte zur Verfügung. Von Krispus, dem Synagogenvorsteher, heißt es, dass er mit seinem ganzen Haus zum Glauben an den Herrn kam. Wie müssen es die Juden in Korinth empfunden haben, dass sich da „eine neue Lehre" in ihren Reihen verbreitete, die Anstoß erregte? Lukas hat eine Überlieferung bewahrt, die auf den Kern der Bruderreligion hinweist: „Als aber Gallio Prokonsul von Achaia war, traten die Juden einmütig gegen Paulus auf, brachten ihn vor den Richterstuhl und sagten: Dieser verführt die Menschen zu einer Gottesverehrung, die gegen das Gesetz verstößt. Als Paulus etwas erwidern wollte, sagte Gallio zu den Juden: Läge hier ein Vergehen oder Verbrechen vor, ihr Juden, so würde ich eure Klage ordnungsgemäß behandeln. Streitet ihr jedoch über Lehre und Namen und euer Gesetz, dann seht selber zu! Darüber will ich nicht Richter sein. Und er wies sie vom Richterstuhl weg. Da ergriffen alle den Synagogenvorsteher Sosthenes und verprügelten ihn vor dem Richterstuhl. Gallio aber kümmerte sich nicht darum." (Apg 18,12-17).

Die Juden in der Stadt erregen sich demnach nicht zuerst über das Messiasbekenntnis der Christen, sondern über die Gottesverehrung und das Verständnis des Gesetzes (Tora). Wie sehr diese drei Dinge (Gott – Tora – Messias) zusammengehören, wird Paulus in seinen Korintherbriefen entfalten.

Der für den Stadtfrieden zuständige Prokonsul interessiert sich jedenfalls nicht weiter für die religionsinternen Streitigkeiten zwischen Juden und Christen. Als die Juden ihren Synagogenvorsteher Sosthenes wegen der Christen verprügeln – vermutlich ist er ein Nachfolger des Krispus – reagiert der Prokonsul gleichgültig.

Die Gallio-Inschrift

Ein im Jahr 1905 veröffentlichter Inschriftenfund aus Delphi, der für die Stadt einen Erlass des Kaisers Klaudius enthält, erwähnt auch die Amtszeit (51/52 n. Chr.) des römischen Prokonsuls Gallio in der Provinz Achaia (Griechenland).[1] „Lucius Junius Gallio Annaeanus war Sohn des aus dem spanischen Cordoba stammenden Rhetors M. Annaeus Seneca und Adoptivsohn des L. Junius Gallio, eines reichen Römers. Sein jüngerer Bruder war Seneca, der bekannte Philosoph, Dichter und Erzieher des Kaisers Nero. Später sollte er, wie dieser, ein Opfer der Intrigen am Hofe Neros werden."[2] Da jeder Prokonsul als Statthalter einer senatorischen Provinz wegen der ergiebigen Pfründe immer nur für ein Jahr bestellt wurde, lässt sich der Zeitpunkt der Begegnung zwischen Gallio und Paulus stark eingrenzen.

Ein zweiter Fixpunkt ist das Judenedikt des Klaudius, das über die Ausweisung der Juden aus Rom verfügt.[3] Aufgrund dieses Edikts wurden Aquila und Priszilla im Herbst 49 n. Chr. aus Rom vertrieben. Paulus trifft mit dem Ehepaar zusammen, das wie er erst kürzlich in Korinth angekommen ist (Apg 18,2). Da Paulus sich eineinhalb Jahre in Korinth aufhält (Apg 18,11) und nicht lange nach der Anklage vor Gallio die Stadt verlässt, können wir den Aufenthalt des Paulus in Korinth zeitlich recht genau festlegen.

•••

[1] Die römische Provinz Achaia umfasste Attika, Böotien und die Peloponnes.
[2] J. Roloff, Die Apostelgeschichte (NTD 5), 1981, 272.
[3] Sueton, Das Leben des Klaudius, 25,4.

So ist die Gallio-Inschrift für die Rekonstruktion der Chronologie der Missionsreisen des Apostels von unschätzbarem Wert. Denn hier wird wie beim Klaudiusedikt durch eine nichtchristliche Quelle indirekt belegt, wann sich Paulus in Korinth aufgehalten hat, nämlich zwischen Herbst 50 und Frühjahr 52 n. Chr.. Alle weiteren chronologischen Angaben der Reiseaufenthalte des Apostels können sich an diesen Fixpunkten orientieren.

Die Botschaft vom Kreuze

Ein Streit und die drohende Spaltung der christlichen Gemeinde in Korinth gibt Paulus Anlass für ein klärendes Wort, das nicht ein peripheres, beiläufiges Problem anspricht, sondern ins Zentrum seines paulinischen Christus- und Gottesverständnisses führt.

„Denn Christus hat mich nicht gesandt zu taufen, sondern das Evangelium zu verkünden, aber nicht mit gewandten und klugen Worten, damit das Kreuz Christi nicht um seine Kraft gebracht wird. Denn das Wort vom Kreuz ist denen, die verloren gehen, Torheit; uns aber, die gerettet werden, ist es Gottes Kraft. Es heißt nämlich in der Schrift: *Ich lasse die Weisheit der Weisen vergehen / und die Klugheit der Klugen verschwinden.* Wo ist ein Weiser? Wo ein Schriftgelehrter? Wo ein Wortführer in dieser Welt? Hat Gott nicht die Weisheit der Welt als Torheit entlarvt?

Denn da die Welt angesichts der Weisheit Gottes auf dem Weg ihrer Weisheit Gott nicht erkannte, beschloss Gott, alle, die glauben, durch die Torheit der Verkündigung zu retten.

Die Juden fordern Zeichen, die Griechen suchen Weisheit. Wir dagegen verkündigen Christus als den Gekreuzigten: für Juden ein empörendes Ärgernis, für Heiden eine Torheit, für die Berufenen aber, Juden wie Griechen, Christus, Gottes Kraft und Gottes Weisheit. Denn das Törichte an Gott ist weiser als die Menschen und das Schwache an Gott ist stärker als die Menschen." (1 Kor 1,17-25).

Das Evangelium, das Paulus verkündet, beschreibt Christus als den Gekreuzigten. Nicht Jesus, wie er öffentlich gewirkt hat, interessiert Paulus, also keine Wundergeschichte, keine Bergpredigt, kein Gleichnis, sondern allein Christus am Kreuz. Hinter diesem Unheils- und Heilsdatum verbirgt sich nicht eine Leistung des irdischen Jesus von Nazaret, sondern die „Logik" Gottes, und die kann Paulus hier nur mit Worten der „Torheit" Gottes ausdrücken.

Wie kann der weise, allmächtige Gott aber töricht sein? Es ist eine sprachliche Figur des Widerspruchs (Oxymoron), die Paulus wählt, um das Neue am christlichen gegenüber dem jüdischen oder heidnischen Gottesbild auszudrücken: „Denn das Törichte an Gott ist weiser als die Menschen und das Schwache an Gott ist stärker als die Menschen." D.h., sollte Gott tatsächlich einmal töricht handeln und sich schwach zeigen, dann handelt er immer noch viel weiser als ein Mensch und ist viel stärker als ein Mensch.

Gott zeigt sich in seinem Sohn in der schändlichsten und brutalsten Todesart der antiken Welt, die die Römer für ihre Sklaven und Aufständischen vorgesehen hatten: in der Kreuzigung. Gott zeigt sich im christlichen Gottesbild, so der jüdische Psychologe C.G. Jung, in der äußersten Not. Im äußersten, sinnlosen Leid, das Menschen widerfahren kann, zeigt Gott sein Antlitz. Das macht das Spezifische im Glauben der Christen aus. Kann das ein Mensch „verstehen"? Nach jüdischem Gesetzesverständnis ist „ein Gehenkter ein von Gott Verfluchter" (Dtn 21,23), ein Mensch, den sogar Gott aufgegeben hat. Deshalb ist solche Rede des Paulus „für Juden ein empörendes Ärgernis". Die populärphilosophisch geschulten Philosophen Korinths „suchen Weisheit". Ein solches Gottesbild haben selbst griechisch-römische Populärphilosophen noch nicht gefunden, sie entlarven solche Rede nur als schlichte „Torheit". Paulus sagt, verstehen kann das niemand, doch Gott hat beschlossen, „alle, die glauben, durch die Torheit der Verkündigung zu retten." Gott ist es, der die Initiative ergriffen und sich in der äußersten Not gezeigt hat. Wer dies glauben kann, für den ist dieser Glaube „Gottes Kraft" und „Gottes Weisheit".

Die Bestätigung des kühnen, für nicht wenige Christen auch peinlichen Glaubenssatzes, hat Paulus in seinem Bekehrungserlebnis erfahren und findet sie auch in der von anderen Christen bezeugten Glaubenssicht: „Gott hat ihn von den Toten erweckt." (Röm 10,9; 4,24). Gott hat den Gekreuzigten nicht in diesem schrecklichen Tod vergessen, sondern hat ihn herausgeholt und ihn in eine neue Wirklichkeit gesetzt. Welche Hoffnung sich damit den Korinthern und auch allen anderen Christen auftut, wäre ausführlich zu beleuchten, denn in einer für viele Menschen prosperierenden Stadt verkündet Paulus eine paradoxe, von Leid getränkte Botschaft. Warum? Ist es die Leid und Unrecht verursachende Umwelt, die Paulus gerade solche Gottes- und Christusverkündigung ins Zentrum seiner Botschaft stellen lässt? Paulus erlebt die Knechtschaft in politischer Hinsicht, Rom hält seine starke Hand über alle eroberten Provinzen. Dann sind die sozialen Verhältnisse äußerst widersprüchlich. Da gibt es die Reichen und Superreichen, die Armen, Tagelöhner und Arbeitslose, die rechtlosen Sklaven, die als „Sachen" im Haushalt verhandelt wurden, und die Tiere, die im Haus und in der Umwelt geschändet wurden. In seinem Römerbrief wird Paulus schreiben: „Auch die Schöpfung soll von der Sklaverei und Verlorenheit befreit werden zur Freiheit und Herrlichkeit der Kinder Gottes. Denn wir wissen, dass die gesamte Schöpfung bis zum heutigen Tag seufzt und in Geburtswehen liegt." (Röm 8,21-22). Die Schöpfung, die Paulus hier meint, ist nach einhelliger Meinung der Bibelausleger die nichtmenschlich beseelte Umwelt, die Tiere, die in Sklaverei gehalten werden. Auch sie müssen leiden und sind am Ende dem Tod verfallen und somit erlösungsbedürftig. Auch ihnen soll in dieser Welt die Botschaft vom Kreuz verkündet werden. Paulus teilt inhaltlich einen Satz des Auferstandenen im Markusevangelium, den er zwar noch nicht gekannt haben kann, den die Christen damals aber als wichtig empfunden haben: „Geht hinaus in die ganze Welt und verkündet das Evangelium allen Geschöpfen!" (Mk 16,15). Das Evangelium, das Paulus verkündet, ist „das Evangelium vom Kreuz". Seine Erlösungslehre leitet er vom Kreuz ab. Damit verkündet er eine „harte" christliche Botschaft. Frauen, die Paulus lesen, stellen mehr als Männer immer wieder die Frage, ob es nicht auch eine andere, nicht so blut- und leidtriefende Erlösungslehre geben könnte. Z.B. Christus als „Heiland", der Kranke heilt, der Menschen tröstet, mit ihnen Gemeinschaft bildet u.a. Dass wir solche christliche Erlösungslehre bei Paulus nicht finden, hat seinen Grund. Für den Apostel ist der Kreuzestod Jesu Christi und damit das Leid Zentrum aller theologischen Ausdeutung. Die Zeit und die menschenfreundliche Botschaft des irdischen Jesus hingegen lässt er außen vor.

Die Entstehung der Korintherbriefe

Paulus verlässt über den östlichen Hafen Kenchreä Korinth und fährt über den Seeweg nach Ephesus. Dort hält er sich über zwei Jahre auf. Von Ephesus aus schreibt er seine Antwort-Briefe nach Korinth. Es sind Briefe, die er aufgrund einer Anfrage formuliert. Heute sind uns zwei Korintherbriefe bekannt, doch ursprünglich waren es einige mehr.

In 1 Kor 5,9 heißt es: „Ich habe euch in meinem Brief ermahnt, ..." Diese Auskunft setzt voraus, dass Paulus vor unseren heutigen beiden Korintherbriefen bereits ein Schreiben an die Korinther verfasst hat. Der Paulusexperte H.-J. Klauck spricht von einem Vorbrief. Wenig später heißt es in 1 Kor 7,1: „Nun zu den Anfragen eures Briefes!" Die Korinther hatten demnach auf den Vorbrief geantwortet und weitere Fragen und Themen in einem Fragebrief angesprochen. Da gibt es ein Thema über die Ehe und Ehelosigkeit (1 Kor 7,1), ein Thema über die Jungfrauen (1 Kor 7,25), über das Götzenopferfleisch (1 Kor 8,1), über die Geistesgaben (1 Kor 12,1), über die Kollekte für Jerusalem (1 Kor 16,1) und über Apollos (1 Kor 16,12).

Doch vermutlich haben diese Anfragen nicht alle Missstände ansprechen können bzw. haben sich nicht alle Korinther in diesem Fragebrief wiedergefunden.

Die „Gerüchteküche" und damit auch die mündlichen Informationen scheinen Paulus aber ebenso schnell wie der offizielle Fragebrief erreicht zu haben: „Übrigens hört man von Unzucht unter euch", oder: „Zunächst höre ich, dass es Spaltungen unter euch gibt." (1 Kor 5,1; 11,18).

Wer steht hinter dem Fragebrief und der „Gerüchteküche"? Im Antwortbrief, in dem Paulus auf die schriftlichen Anfragen und das mündliche Gerede eingeht, erfahren wir einiges über diese Fragebriefschreibenden und die „mündlichen Redequellen".

Da sind die drei Gemeindeglieder Stephanas mit ihren Begleitern Fortunatus und Achaikus (1 Kor 16,17), die Paulus in Ephesus besuchen, um den Fragebrief zu überbringen. Dann gibt es Apollos, der Korinth verlassen hat und mit Paulus in Ephesus zusammentrifft. Er will offensichtlich gegen den Wunsch der Korinther nicht mehr nach Korinth zurückkehren (1 Kor 16,12). Dann reist Timotheus Paulus entgegen, um in Korinth Aufträge des Apostels zu erledigen (1 Kor 4,17). Paulus vermutet, dass sein Brief auf einem kürzeren Weg sogar vor Timotheus in Korinth eintrifft (1 Kor 16,10).

Ein Auskunftsblock, den Paulus in 1 Kor 1-4 abhandelt, wurde ihm „von den Leuten der Chloe" nahe gebracht („Es wurde mir nämlich von den Leuten der Chloe berichtet"; 1 Kor 1,11). Das mögen Sklaven oder Freigelassene gewesen sein, die zwischen Korinth und Ephesus unterwegs waren und nun ihre Sorgen und Fragen übermitteln.

Dann lässt sich ein so genannter Tränenbrief ausmachen, den Paulus in 2 Kor 2,4 anspricht: „Ich schieb euch aus großer Bedrängnis und Herzensnot, unter vielen Tränen." Sind nun der Vorbrief und der Tränenbrief verloren gegangen oder sind die beiden Briefe in die heutigen Korintherbriefe eingebaut? Klauck vermutet den Vorbrief in 1 Kor 6,1-20; 9,1-18.24-27; 10,1-22 und 11,2-34, auch Kapitel 13 und 15 könnten aus dem genannten Vorbrief stammen. Der Tränenbrief sollte zumindest in Teilen in 2 Kor 10-13 enthalten sein. Es gab zweifelsfrei mehrere Paulusbriefe nach Korinth, wie viele es genau waren, ist nicht mehr zu erschließen. Um 90 und 100 n. Chr. hat es im Kreis der Paulusschüler in Ephesus eine Redaktion der Korintherbriefe gegeben. Bei dieser Gelegenheit, also 40 Jahre nach dem Tod des Apostels, wurden die Schreiben so zusammengestellt (redigiert), wie wir sie heute vorfinden. Dabei wurden sie nicht nur thematisch neu sortiert, sondern auch den neuen Zeitverhältnissen angepasst. Am Beispiel der Stellung und Bedeutung der Frauen in der Gemeinde wollen wir die veränderten Botschaften genauer anschauen. Als Ergebnis können wir festhalten: Die beiden Korintherbriefe stammen zwar zum allergrößten Teil aus paulinischem Diktat, doch wurden sie so, wie sie uns heute vorliegen, nicht verfasst, sie sind vielmehr ein Kunstprodukt der Paulusschüler, die für ihre Zeit die paulinische Korintherkorrespondenz neu sammeln, neu zusammenstellen und zuweilen den neuen Gegebenheiten anpassen.

Entstehungszeit und Ort der Abfassung der Paulusbriefe in und nach Korinth

Während der 2. Missionsreise
49 n. Chr.	1 Thess	Korinth
53	1 Kor	Ephesus
	2 Kor	Ephesus

Während der 3. Missionsreise
55/56	Röm	Korinth

TEIL 36
Korinth (III)

Paulus und die Frauen

Was Paulus von den Frauen hält, wie er sie für seine Missionsarbeit einsetzt, wie sie in seinem Sinne in den Gemeinden als „Missionarinnen", „Diakoninnen", „Apostelinnen", als „geistbegabte" Frauen in verschiedenen gemeindlichen Ebenen auftreten, werden wir halbwegs sachgemäß nur vor dem Profil der antiken griechisch-römisch-orientalischen Gesellschaftsordnung würdigen können.

Erschwert ist eine solche Rückfrage zudem durch die Quellenlage, die durch die ausschließlich „männliche" Sichtweise der Autoren eindeutig „einseitig" veranlagt ist.

Als Paulus seine apostolische Tätigkeit beginnt, findet er bereits eine aktive Beteiligung von Frauen in der Missions- und Gemeindearbeit vor. Wie der Apostel die Arbeit im Team damals selbst definiert, verdeutlicht er in zwei programmatischen Auskünften. In beiden Fällen ist die Richtschnur der „Herr", d.h. Christus, und die gottgewirkte Schöpfungsordnung:

> „Denn ihr alle, die ihr auf Christus getauft seid, habt Christus (als Gewand) angelegt. Es gibt nicht mehr Juden und Griechen, nicht Sklaven und Freie, nicht Mann und Frau; denn ihr alle seid «einer» in Christus Jesus."
> (Gal 3,27-28)

> „Doch im Herrn gibt es weder die Frau ohne den Mann, noch den Mann ohne die Frau. Denn wie die Frau vom Mann stammt, so kommt der Mann durch die Frau zur Welt; alles aber stammt von Gott."
> (1 Kor 11,11-12).

Im ersten Fall greift Paulus möglicherweise sogar eine gemeindliche Meinung auf, die er zu seiner eigenen macht. Gesellschaftliche und gemeindeinterne Unterschiede zwischen Mann und Frau gibt es immer noch, doch den Umgang und das Miteinander prägt der Glaube an Jesus Christus. Wer das Gewand eines anderen anzieht, der legt sich auch dessen Identität zu (vgl. ähnlich 1 Chr 12,17-19; 2 Chr 24,20-22).

Wer Christ ist, glaubt und getauft ist, der geht mit dem anderen Menschen in neuer Weise um. Auf gesellschaftlicher Ebene gibt es keine Welt-Teilung mehr in Juden und Griechen. Auf gemeindlicher oder hausgemeinschaftlicher Ebene gibt es keine Sklaven und Freien mehr und im engsten Familienkreis gibt es nicht mehr die von außen her diktierte „Rolle" von Mann und Frau.

Eine umfangreiche Textanalyse könnte nachweisen, dass Paulus in unserem letzten Gegensatzpaar „Mann und Frau" auf den Schöpfungstext in Gen 1 zurückgreift und ihn in eine neue, an Christus orientierte Schöpfungsordnung stellt. Dort hieß es: „Als Abbild Gottes schuf er sie. Als Mann und Frau schuf er sie." (Gen 1,27).

Bereits im ersten Text der Bibel ist schon gesagt, dass die Menschen in ihrer Polarität geschaffen wurden. Nur weil diese von Gott bewusst gesetzte polare Schöpfung gesellschaftlich zu ungunsten der Frau in der heidnischen und jüdischen Gesellschaft gehandhabt wird, wurde in Christus eine „neue Schöpfungsordnung" erhoben.

In Christus gibt es nicht mehr Mann und Frau. Hier soll nicht der physisch-psychische Unterschied zwischen Mann und Frau nivelliert werden, sondern der „Umgang" zwischen beiden Geschlechtern, der Auswirkungen hat bis hinein in die gesellschaftliche Ordnung.

Wie gesellschaftskritisch und revolutionär diese paulinische oder vielleicht sogar vorpaulinische These war, können wir an jenen Schriftstellen studieren, in denen diese Sätze wieder auftauchen.

„Durch den einen Geist wurden wir in der Taufe alle in einen einzigen Leib aufgenommen, Juden und Griechen, Sklaven und Freie; und alle wurden wir mit dem einen Geist getränkt." (1 Kor 12,13).

Warum fehlt hier das dritte Gleichheitspaar „Mann und Frau"? Im Textzusammenhang verdeutlicht Paulus im Bild des einen Leibes und seiner vielen Glieder, wie Gemeinde funktionieren kann. Hat Paulus hier bewusst die Emanzipation und Gleichheit von „Mann und Frau" in der Gemeinde bereits zurückgenommen oder zurücknehmen müssen? War die gestärkte Rolle der Frau in der Gemeinde aus gesellschaftlicher Rücksicht nicht mehr durchsetzbar? Vermutlich noch nicht. Da der Korintherbrief, wie in der letzten Folge dargelegt wurde, nicht aus einem Guss ist, kann es durchaus sein, dass unterschiedliche Gemeindesituationen und fortgeschriebene Verhältnisse im Umgang mit den Frauen vorliegen.

Zudem hatte sich Paulus an anderer Stelle in 1 Kor 11,2-16 schon ausführlich über Mann und Frau geäußert. Wurde der Galaterbrief nach 1 Kor verfasst, wie viele annehmen, oder umgekehrt? Auch diese Einschätzung hat Auswirkungen auf den möglicherweise veränderten sozialen Alltag der Gemeinde. Der nachpaulinische Kolosserbrief nimmt ebenfalls die paulinische Formulierung der menschlichen Gegensatzpaare auf, ohne das dritte Gegensatzpaar Mann-Frau zu erwähnen: „Wo das geschieht, gibt es nicht mehr Griechen oder Juden, Beschnittene oder Unbeschnittene, Fremde, Skythen, Sklaven oder Freie, sondern Christus ist alles und in allen." (Kol 3,11). Das Thema Frau scheint vom Tisch zu sein.

Eine schwierige Stelle in der paulinischen Argumentation ist die Auskunft über das Verhalten der Frau im Gottesdienst, speziell, was die Kleiderordnung und die Kopfbedeckung betrifft: 1 Kor 11,2-16.

Die Paulusschüler, die die einzelnen Korintherbriefe zusammengetragen haben (Redaktion), stellten diesen aufs Erste etwas konfus wirkenden Abschnitt zwischen die Thematik Götzenopfermahl (1 Kor 10,14-11,1) und Herrenmahl (1 Kor 11,17-34). Die Belehrung nimmt nicht auf eine Anfrage Bezug, die im Fragebrief der Korinther gestanden haben müsste, sondern geht auf eine mündliche Quelle zurück (vgl. 1 Kor 11,18). Der Apostel gibt Auskunft „in einer eigentümlichen Sachfrage, die uns völlig nebensächlich vorkommt, wobei es nicht einmal leicht fällt, genau zu sagen, worin das Problem eigentlich bestand ... Leider geht wegen der befremdlichen Details die eminent positive Aussage [von Vers 5] fast immer verloren: Eine Frau kann in der Gemeindeversammlung genauso wie der Mann aufstehen, laut (glossolalisch) beten und prophetisch reden, ohne irgendeine inhaltliche Einschränkung." (H.J. Klauck, 78.79).

Paulus muss weit ausholen: „Das Missverhältnis zwischen Aufwand und Problem zeigt einmal, mit welchem Widerspruch Paulus rechnet. Offensichtlich muss er eine vorhandene Sitte brechen." (H. Conzelmann, 223).

Einerseits bietet Paulus Einblick in die platonische und stoische Philosophie und in die alexandrinische Denkweise, wie sie im biblischen Buch der Weisheit Salomos (1. Jh. v. Chr.) und bei Philo (1. Jh. n. Chr.) anzutreffen ist. Sie sprechen ebenfalls vom Bild/Abbild. Andererseits versucht Paulus, diese Philosophie mit dem Gesetz und hier mit der Schöpfungsordnung in Übereinstimmung zu bringen. Doch es gelingt nur indirekt. Gott ist das Haupt Christi, Christus ist das Haupt des Mannes, der Mann ist das Haupt der Frau. Daraus wird eine Unterordnung geschlossen. Christus ist Gott untergeordnet, der Mann Christus und die Frau dem Mann. Beide Schöpfungsberichte (Gen 1 und Gen 2) sollen dafür die spekulative Grundlage liefern.

Paulus argumentiert: „Der Mann darf sein Haupt nicht verhüllen, weil er Abbild und Abglanz Gottes ist; die Frau aber ist der Abglanz des Mannes. Denn der Mann stammt nicht von der Frau, sondern die Frau vom Mann." (1 Kor 11,7-8). Im ersten Schöpfungstext der Bibel heißt es: „Gott schuf also den Menschen als sein Abbild; als Abbild Gottes schuf er ihn. Als Mann und Frau schuf er sie." (Gen 1,27). Hier ist das Abbild Gottes nicht der Mann, sondern der „Mensch", zudem nur in seiner polaren Gesamtheit „als Mann und Frau". Selbst in der griechischen Übersetzung dieses Genesistextes, den Paulus vor sich liegen hatte, ist nicht vom Mann, sondern vom „Menschen" (anthropos) die Rede. Dann heißt es, „männlich und weiblich" (arsen kai delu) schuf er sie.

Eine zweite Verständnisschwierigkeit birgt die Haartracht der Frauen und das Verhüllen der Haare im Gottesdienst. Lange, wallende Haare der Frau empfanden viele Männer als erotisch. Im Gottesdienst wollten oder sollten sich die Männer jedoch auf andere Dinge konzentrieren als auf das reizvolle Haar der Frauen. Da man dachte, im Gottesdienst seien sogar Engel anwesend und womöglich für erotische Reize ebenfalls empfänglich, gibt Paulus die Empfehlung, die Frau möge „mit Rücksicht auf die Engel das Zeichen ihrer Vollmacht auf dem Kopf tragen". Im Zusammenhang kann die „Vollmacht" nichts anderes sein als eine Kopfbedeckung, ein Schleier oder eine Art Hut. Letztlich hat Paulus für diese Auskunft jedoch kein gesetzliches Gebot, auf das er verweisen könnte, sondern nur Brauchtum: „Urteilt selber! Gehört es sich, dass eine Frau unverhüllt zu Gott betet?" (1 Kor 11,13).

Ein Streit um diesen Brauch muss nicht ausbrechen. So wichtig ist diese Frage im Gesamtzusammenhang des Gottesdienstes dem Apostel nun wieder nicht. Paulus denkt „mehr von der Ordnung her und auf ihre Bewahrung hin, ohne doch die Ordnungen als solche, wie es dann in der zweiten und dritten Generation geschieht, festzulegen."[1]

•••
[1] G. Dautzenberg, Zur Stellung der Frauen in den paulinischen Gemeinden, in: ders. (Hg.), Die Frau im Urchristentum, 1983, 182-224. 220.

Welche Bedeutung die Männerwelt den Haaren der Frau zumisst, erfahren wir bei Ovid (43 v. Chr. – 17 n. Chr.), der in seiner „Liebeskunst" schreibt: „Gepflegte Sauberkeit zieht uns an: Nicht ungeordnet seien die Haare; ein Handgriff gibt und nimmt die Form. Und es gibt auch nicht nur eine Frisur. Die, welche einer jeden steht, soll sie auswählen und vorher ihren Spiegel zu Rate ziehen. Einem schmalen Gesicht steht ein schlichter Scheitel gut: Mit dieser Haartracht war Laodameia geschmückt. Über der Stirn einen kleinen Knoten zu lassen, sodass die Ohren frei bleiben, verlangt ein rundes Gesicht. Bei der einen Frau soll das Haar über beide Schultern fallen, wie bei dir, singender Phoibos, wenn du zur Leier greifst. Bei der andern soll es zurückgebunden sein wie bei der geschürzten Diana, wie sie zu tun pflegt, wenn sie das fliegende Haar locker fallen lässt, bei jener sollte es fest gebunden sein; diese gefällt, wenn sie sich mit kyllenischem Schildpatt schmückt, jene hingegen sollte Locken tragen, ähnlich den Wellen... Oh, wie freundlich unterstützt die Natur eure Schönheit: Ihr dürft auf so vielfältige Weise die Mängel beheben! Wir (Männer) aber werden schmählich kahl, die Zeit raubt uns die Haare, und sie fallen aus, wie wenn der Nordwind das Laub von den Bäumen schüttelt." (3,133-160.[2]

•••

[2] Ovid, Liebeskunst, in: Römische Frauen. Ausgewählte Texte. Lateinisch/deutsch, übersetzt und hg. von Ursula Blank-Sangmeister, Stuttgart 2001, 39-41.

Soll die Frau schweigen?

Gewichtiger als die Haartracht der Frau im Gottesdienst ist die Frage, ob bzw. wie die Frauen dort ihre Stimme erheben:

„33b Wie es in allen Gemeinden der Heiligen üblich ist, 34 sollen die Frauen in der Versammlung schweigen; es ist ihnen nicht gestattet zu reden. Sie sollen sich unterordnen, wie auch das Gesetz es fordert. 35 Wenn sie etwas wissen wollen, dann sollen sie zu Hause ihre Männer fragen; denn es gehört sich nicht für eine Frau, vor der Gemeinde zu reden." (1 Kor 14,33b-36).

Die Männerwelt hat dieses Schriftwort vor den Frauen so hoch gehalten und verbogen, dass sie es bis heute zuweilen noch lateinisch zitiert: mulier taceat in ecclesia (= die Frau soll schweigen in der Gemeinde). Nicht die Frauen, wie es im Korintherbrief heißt, sollen schweigen, sondern die Frau. Das ist schon ein gravierender Unterschied. War in der Anspielung auf das Gesetz Gen 3,16 gemeint („Du hast Verlangen nach deinem Mann; er aber wird über dich herrschen") und damit die Ehefrau, so wird hier jede Frau im Gottesdienst, verheiratet oder ledig, zum Schweigen gebracht.

Im Zusammenhang mit Haupt und Haar hatte Paulus noch gesagt: „Eine Frau aber entehrt ihr Haupt, wenn sie betet oder prophetisch redet und dabei ihr Haupt nicht verhüllt." (1 Kor 11,5). Damit setzt der Apostel voraus, dass Frauen in der gottesdienstlichen Versammlung nicht nur reden, sondern sogar die Geistesgabe der prophetischen Rede wahrnehmen. Und die ist Paulus unter der geistbegabten Rede sogar noch wertvoller als das Zungenreden, da sie keine weiteren Ausleger für die Rede braucht.

Aufgrund dieses Widerspruchs, der unmotivierten Einordnung in den nächsten Textzusammenhang (es geht um die Prophetenrede), und der negativen Ausgrenzung (d.h., nimmt man diesen Abschnitt aus dem Gesamttext heraus, so ergibt sich keine Störung des Sinns und der Argumentation) kommt die Mehrheit der Bibelausleger zu dem Schluss, dieser Abschnitt 1 Kor 14,33b-35 sei ein späterer Einschub der Paulusschüler (um 100 n. Chr.), die bei der Zusammenstellung der korinthischen Paulusbriefe ihre Gemeindeverhältnisse zementieren wollen. Dies wiederum bedeutet: Sie wollen die inzwischen emanzipierten Frauen im Gottesdienst zügeln, ja sogar zum Schweigen bringen, und begründen dies mit einem Pauluswort. Worin waren die Frauen emanzipiert? Z.B. in der selbstständigen Prophetenrede, die außer dem Geist niemandem in der Gemeinde verpflichtet war. Paulus hatte bzgl. der Frauenrede im Gottesdienst emanzipatorisch gesprochen und bisherige Schranken „in Christus" aufgehoben.

Dass Frauen in ihren Hausgemeinden zuweilen den Vorsitz in der Versammlung und auch beim Herrenmahl inne hatten, geht auf die griechisch-römische Eigenart zurück, wonach die Frau als „Domina" dem Hauswesen nach innen vorstand. In Korinth scheint man vierzig Jahre nach Paulus solche Errungenschaften nicht mehr billigen zu wollen. Dafür gibt es weitere Indizien.

Mit einer so genannten Haustafelordnung versucht man im kleinasiatischen Kolossä und Ephesus mittels des jüdisch-hellenistisch vermittelten heidnischen Hauswesens neue Wege in der kirchlichen Verfassung zu gehen und die Frauen zu reglementieren. So heißt es dort: „Ihr Frauen, ordnet euch euren Männern unter, wie es sich im Herrn geziemt. Ihr Männer, liebt eure Frauen und seid nicht aufgebracht gegen sie!" (1 Kol 3,18-19, vgl. Eph 5,22-23).

Die Pastoralbriefe (Timotheus und Titus) aus der gleichen Zeit am Ende des 1. Jh. n. Chr. sind dann noch deutlicher, denn sie drängen das Frauenengagement ganz aus dem Gottesdienst hinaus:

„(8) Ich will, dass die Männer überall beim Gebet ihre Hände in Reinheit erheben, frei von Zorn und Streit. (9) Auch sollen die Frauen sich anständig, bescheiden und zurückhaltend kleiden; nicht Haartracht, Gold, Perlen oder kostbare Kleider seien ihr Schmuck, (10) sondern gute Werke; so gehört es sich für Frauen, die gottesfürchtig sein wollen. (11) Eine Frau soll sich still und in aller Unterordnung belehren lassen. [vgl. 1 Kor 14,33-35] (12) Dass eine Frau lehrt, erlaube ich nicht, auch nicht, dass sie über ihren Mann herrscht; sie soll sich still verhalten. (13) Denn zuerst wurde Adam erschaffen, danach Eva. (14) Und nicht Adam wurde verführt, sondern die Frau ließ sich verführen und übertrat das Gebot.

(15) Sie wird aber dadurch gerettet werden, dass sie Kinder zur Welt bringt, wenn sie in Glaube, Liebe und Heiligkeit ein besonnenes Leben führt." (1 Tim 2,8-15).

Der Verfasser, der hier spricht, gibt im Briefkopf zwar vor, Paulus zu sein, doch in

Wirklichkeit ist er nur ein ferner Paulusschüler, der sich die Autorität des Apostels leiht und mit autoritativer Rede ein gemeindliches Programm anordnet. Es ist weit weg von der paulinischen Emanzipation der Frau. Das Verbot zeigt aber auch ein Problem an: Die Frauen scheinen alles andere als schweigsam gewesen zu sein, weshalb eine Ordnungsmaßnahme erfolgt. Dass wir uns hier in einer späteren, nachpaulinischen Zeit befinden, wird durch die Gemeindeverfassung und die anstehenden Fragen deutlich. Es geht um das Amt des Bischofs, der Diakone und Diakoninnen und eben das Verhältnis von Mann und Frau im Gottesdienst und in der Gemeinde.

Dass der Verfasser der Frau eine positive Rolle fast nur noch als Gebärerin zubilligt, setzt freilich einen andern Konflikt voraus: Gnostische Irrlehrer im Umfeld der Gemeinde wollten das Heiraten verbieten (vgl. 1 Tim 4,3), hiergegen findet er nun einen „rettenden" Grund.

Haupt, Haar und Verhalten
(1 Kor 11, 2-16)

Ich lobe euch, dass ihr in allem an mich denkt und an den Überlieferungen festhaltet, wie ich sie euch übergeben habe. Ihr sollt aber wissen, dass Christus das Haupt des Mannes ist, der Mann das Haupt der Frau und Gott das Haupt Christi. Wenn ein Mann betet oder prophetisch redet und dabei sein Haupt bedeckt hat, entehrt er sein Haupt. Eine Frau aber entehrt ihr Haupt, wenn sie betet oder prophetisch redet und dabei ihr Haupt nicht verhüllt. Sie unterscheidet sich dann in keiner Weise von einer Geschorenen. Wenn eine Frau kein Kopftuch trägt, soll sie sich doch gleich die Haare abschneiden lassen. Ist es aber für eine Frau eine Schande, sich die Haare abschneiden oder sich kahl scheren zu lassen, dann soll sie sich auch verhüllen.
Der Mann darf sein Haupt nicht verhüllen, weil er Abbild und Abglanz Gottes ist; die Frau aber ist der Abglanz des Mannes. Denn der Mann stammt nicht von der Frau, sondern die Frau vom Mann.
Der Mann wurde auch nicht für die Frau geschaffen, sondern die Frau für den Mann. Deswegen soll die Frau mit Rücksicht auf die Engel das Zeichen ihrer Vollmacht auf dem Kopf tragen.
Doch im Herrn gibt es weder die Frau ohne den Mann noch den Mann ohne die Frau.
Denn wie die Frau vom Mann stammt, so kommt der Mann durch die Frau zur Welt; alles aber stammt von Gott. Urteilt selber! Gehört es sich, dass eine Frau unverhüllt zu Gott betet? Lehrt euch nicht schon die Natur, dass es für den Mann eine Schande, für die Frau aber eine Ehre ist, lange Haare zu tragen? Denn der Frau ist das Haar als Hülle gegeben. Wenn aber einer meint, er müsse darüber streiten: Wir und auch die Gemeinden Gottes kennen einen solchen Brauch nicht."

TEIL 37
Korinth (IV)

Paulus und die Frauen

Wie es in Korinth mit der Gemeindeordnung, der Stellung der Frau im Gottesdienst und im Gemeindeleben weiterging, lässt sich nur indirekt und aus Quellen der Paulusschüler bzw. Lehrer, die an die korinthische Gemeinde schreiben, rekonstruieren.

Die Paulusschüler, die um 100 n. Chr. das Schweigegebot der Frau im korinthischen Gottesdienst in 1 Kor 13 eintragen, müssen nicht einmal Korinther gewesen sein. Die Ortskirche in Ephesus wuchs in dieser Zeit und in den folgenden Jahrhunderten zur einflussreichsten und größten Metropole des griechisch-kleinasiatischen Raums heran. So kann von außen her Einfluss auf Korinth und die korinthischen Frauen ausgeübt worden sein.

Der 1. Clemensbrief

Aufschlussreich ist der 1. Clemensbrief aus Rom, der sich an die Korinther richtet: „Die Gemeinde Gottes in Rom schreibt dies der Gemeinde Gottes in Korinth. Gott hat euch nach seinem Willen durch Jesus Christus, unseren Herrn, berufen und zu seinem Eigentum gemacht. Durch Jesus mögen euch die reiche Gnade und das volle Heil unseres Gottes, der immer und überall herrscht, zuteil werden. Ihr Lieben! (agapetoi) Unerwartet und Schlag auf Schlag sind Unglück und Bedrängnis über uns gekommen. Das ist wohl der Hauptgrund dafür, dass wir uns recht spät um das kümmern, was bei euch geschieht." (Übers. K. Berger).

Vermutlich gegen Ende des 1. Jh. entstanden, versucht der Verfasser durch sein Mahnschreiben Spaltungen in Korinth zu überwinden. Mit 65 Kapiteln ein sehr ausführlicher Brief, der immer wieder und sehr ausführlich das Alte Testament als Hl. Schrift zitiert und von dorther seine Begründungen holt. Nicht Clemens steht als Absender des Briefes an erster Position, wie wir es von Paulus und seinen Briefen gewohnt sind, sondern „die Gemeinde Gottes in Rom". Sie schreibt an die Gemeinde Gottes in Korinth. Die angesprochene Bedrängnis beziehen viele Ausleger auf die Verfolgung durch Domitian (81-96 n. Chr.), womit eine genaue Datierung möglich wäre. Für Klaus Berger deutet neuerdings die angesprochene Drangsal auf die neronische Verfolgung hin und er kommt damit auf eine Datierung des 1. Clemensbriefes um 75 n. Chr.

Der Clemensbrief, dessen Verfasser in der römischen Bischofskirche als Schüler des Petrus geführt wird (Petrus, Linus, Cletus, Clemens), ist für die frühe Kirche auch deshalb so bedeutsam, weil er in manchen Teilkirchen lange Zeit gleichsam als Hl. Schrift im Gottesdienst verlesen wurde.

Von Bischof Dionys aus Korinth ist in der Kirchengeschichte des Eusebius ein Antwortbrief (um 170) an den römischen Bischof Soter (166-174) erwähnt, in dem es heißt: „Heute haben wir nur den heiligen Tag des Herrn begangen und an demselben euren Brief verlesen, den wir immerdar zur erbaulichen Verlesung auf-

Die zweite Missionsreise

bewahren werden, wie auch den früheren, uns durch Clemens geschriebenen." (Euseb KG IV, 23,11).

Als ältestes und zudem umfangreiches Zeugnis nach den Korintherbriefen gibt er durch die Empfehlungen und Ermahnungen Einblick in die Gemeindesituation Korinths. Bezüglich der Frauen in Korinth sagt der Clemensbrief: „... den Frauen gebotet ihr, alles mit untadeligem, ehrbarem und keuschem Gewissen zu tun und ihre Männer in geziemender Weise zu lieben; auch lehrtet ihr sie, im Rahmen ihrer Unterordnung das Hauswesen ehrbar zu versehen und in jeder Hinsicht besonnen zu sein." (1 Clem 1,3, Übersetzung: J. A. Fischer).

Der Verfasser bezieht sich auf eine so genannte Haustafel- bzw. Gemeindeordnung, die er nochmals in Kapitel 21,6-8 aufgreift: „Dem Herrn Jesus, dessen Blut für uns hingegeben wurde, wollen wir Ehrfurcht erweisen, unsere Vorgesetzten hoch achten, die Alten ehren, die Jungen in der Zucht der Gottesfurcht erziehen, Gesittung zeigen, die lautere Absicht ihrer Sanftmut ausweisen, die Milde ihrer Zunge durch das Schweigen offenbar machen, ihre Liebe nicht nach Neigungen, sondern allen Gottesfürchtigen in heiligem Wandel gleichmäßig zuwenden. Unsere Kinder sollen der Erziehung in Christus teilhaftig werden; sie sollen lernen, was Demut bei Gott gilt, was keusche Liebe bei Gott vermag, wie die Furcht vor ihm gut und erhaben ist und alle rettet, die in ihm in reiner Gesinnung einen heiligen Wandel führen."

Lassen sie uns der Haustafelordnung in der paulinischen Überlieferung etwas nachgehen und sie bezüglich der Stellung der Frauen näher beleuchten.

Die Haustafelordnung und die Frauen

Was ist eine Haustafelordnung? Martin Luther hat in seinem „Kleinen Katechismus" aus dem Jahr 1529 in einem zweiten Anhang den Begriff „Haustafel" eingeführt: „Die Haustafel etlicher Spruche für allerlei heilige Orden und Stände dadurch dieselbigen als durch eigene Lektion ihres Ampts und Diensts zu ermahnen."[1]

Um „Ermahnungen" der Hausbewohner geht es in den neutestamentlichen Textfolgen Kol 3,18-4,1 und Eph 5,22-6,9. In beiden Abschnitten handelt es sich um Textteile nachpaulinischer Briefe, deren Botschaft im kleinasiatischen Raum verbreitet war. Wobei die Kolosserfassung der Haustafel die ältere Überlieferung bewahrt.

Angesprochen sind Ehemänner und Ehefrauen, Kinder und Väter bzw. Eltern, Sklaven und Herren, also nur solche Personen, die in der Hausgemeinschaft wohnen. Es fehlen allerdings Bruder und Schwestern sowie Großeltern. Die Reihenfolge der Paare erwähnt das engste Paar zuerst, in absteigender Linie dann die weiteren Hausbewohner.

Lässt man die recht locker angeführte Motivation „im Herrn" einmal bei Seite, so fällt seine recht profane Handlungsan-

---

[1] Die Bekenntnisschriften der evangelisch-lutherischen Kirche, herausgegeben im Gedenkjahr der Augsburgischen Konfession, Göttingen 2. Aufl. 1955, II 523.

weisung auf. Da Christus nur einmal in Kol 3,24 erwähnt wird, ist man sich heute darin einig, dass diese christliche Hausordnung aus dem heidnischen Umfeld über das hellenistische Judentum in Kleinasien vermittelt wurde. „Im Herrn" meinte im hellenistischen Judentum noch Gott, was im Christentum dann ebenfalls noch Geltung gehabt haben dürfte. Im Fall des 1. Clemensbriefes lässt sich beobachten, dass die Haustafel auch im stadtrömischen Bereich bekannt war und dort ebenfalls über das Judentum in christlichen Gemeinden Fuß fasste.

Immerhin steht die Frau unter allen Genannten und beim ersten Paar in erster Position. Das lässt sich zurückführen auf ihre Leitungsfunktion innerhalb des Hauses. Allerdings wird hier von Frauen in der Mehrzahl gesprochen, was auf eine grundsätzliche und verallgemeinernde Aussage hinweist.

Die Frauen sollen ihren Männern „untertan" sein. Diese klare Forderung muss aus ihrem antiken Zusammenhang verständlich gemacht werden. Denn spätestens die Begründung „wie es sich ziemt", zeigt, dass ein üblicher Brauch eingefordert wird, der sich nicht auf eine feste gesetzliche Ordnung stützen kann. Zudem belegt die scharfe Aufforderung, dass die Frauen bislang wohl alles andere als in Unterordnung unter ihre Männer gelebt haben, weshalb jene Belehrung für manche nötig wurde. Gerade die zweite Forderung an die Männer „werdet nicht bitter gegen sie" besagt doch, dass sie es geworden sind, weil die Frauen sich gerade nicht unterordnen ließen.

Der Zahn der Schärfe wird freilich gezogen mit der Forderung an die Männer: „Liebt euere Frauen." Wer seine Frau wirklich liebt, wird es mit der Unterordnung auch nicht zu streng nehmen. Sind doch echte Liebe und tatsächliche Unterordnung zwei Dinge, die kaum zusammenzubringen sind.

Wo hat solche Hausordnung ihren Ursprung? Man hat Parallelen gefunden in der antiken Oikonomie, der Hauswirtschaftsführung. Besonders ergiebig ist ein Schriftzeugnis aus dem zeitgenössischen heidnischen Umfeld. So verfasst ein weit gereister Agrarschriftsteller Lucius Junius Moderatus Columella zur Zeit des Nero ein umfangreiches zwölfbändiges Werk „Über die Landwirtschaft", in dem er auf die häuslichen Verhältnisse eines mittelständischen Landwirts eingeht, der aus Not eine Wirtschafterin einstellen muss:

„Die meisten Ehefrauen lassen sich in Üppigkeit und Trägheit so gehen, dass sie nicht einmal geruhen, sich der Wollarbeit anzunehmen, sondern hausgemachte Kleidung verabscheuen, sodass ihnen in ihrem unvernünftigen Verlangen am meisten das zusagt, was man nur für viel Geld und beinahe für ein ganzes Vermögen kaufen kann; so darf man sich auch nicht wundern, dass ihnen Landwirtschaft und Umgang mit ländlichem Gerät lästig sind und dass sie es schon als eine äußerst schmutzige Arbeit ansehen, nur wenige Tage auf dem Gute zu verweilen. Aus diesem Grund hat sich, da allgemein jener alte Geist sabinischer und römischer Gutsherrinnen nicht nur aus der Mode gekommen, sondern gänzlich dahingeschwunden ist, allmählich das Amt der Wirtschafterin als notwendig erwiesen." [2] Columella ist weit gereist, er kennt Syrien und Kilikien, seine Landgüter in der Nähe Roms bringen ihn mit Seneca und dessen Bruder Gallius zusammen. Wenn er über die besseren Frauen schreibt, spricht er aus Erfahrung.

Columella „redet unter der Hand von einer Lockerung alter Sitte in der Folge eines offenkundigen gesellschaftlichen Fortschritts der „meisten Frauen" seiner Umgebung. Und in der Tat scheinen die Frauen der frühen Kaiserzeit erheblich in Richtung hellenistisch vermittelter Freiheit und Gleichheit vorangekommen zu sein. Unverkennbar zeichnet sich eine Liberalisierung in der Rollenzuweisung an die Frau ab, über deren Recht und Grenzen man noch keine Gewissheit hat und die man deshalb ausgiebig diskutiert." [3]

Was empfiehlt Columella? „Er kann als Gutsherr die landflüchtigen Anstrengungen der ‚meisten Frauen' nicht gutheißen, aber er unternimmt auch keinen Versuch, die modernen Frauen seiner Tage mit der Moral eines alten ‚Frauenspiegels' zu disziplinieren."[4]

•••

[2] K. Ahrens, Columella, Über Landwirtschaft. Aus dem Lateinischen übersetzt, eingeführt und erläutert (Schriften zur Geschichte und Kultur der Antike 4), 1972, 368.
[3] K. Müller, Die Haustafel des Kolosserbriefes und das antike Frauenthema. Eine kritische Rückschau auf alte Ergebnisse, in: J. Blank u.a., Die Frau im Urchristentum (QD 95), 1983, 263-319.287.
[4] K. Müller, ebd., 288.
[5] K. Müller, ebd., 289.
[6] K. Müller, ebd., 290.
[7] K. Müller, ebd., 291.

Was ergibt sich daraus für unsere Haustafel in Kolossä? Es ist möglich, sie „als Niederschlag einer (zunächst jüdischen, schließlich christlichen) Zustimmung zu einer humanitätswilligen Mittelposition zwischen den damals allgemein in der Frauenfrage aufgebrochenen Fronten zu verstehen." [5] Die Forderung gegenüber den Frauen sucht „*auch* Abstand von jener schlichten Behauptung unverblümten Herrschaftsdenkens zu gewinnen, der sich zeitgenössische Moralisten patriarchalischen Zuschnitts verschrieben hatten." [6] Was bleibt? „Auch die dort zur Kenntnis gegebenen Ermahnungen an die Ehefrauen und deren Männer schreiben keinesfalls eine auf ‚Unterordnung' fixierte ‚gemeinantike Eheauffassung' fest. Sondern dabei geht es einmal mehr um das frühe christliche (und zuvor jüdische) Placet zu einer an den humanisierten Normen hellenistischer Ökonomik ausgerichteten besonderen Sittlichkeit ehelichen Zusammenlebens im ‚Hause', bei dessen Vollzug ‚Unterordnung' eben nicht das letzte Wort sein sollte (vgl. Kol 3,19)." [7]

Der unmittelbare gesellschaftliche Zusammenhang im Kleinasien der damaligen Zeit war demnach noch nicht so verfestigt, dass Haus-Frauen sich durch Unterordnung haben disziplinieren lassen. Die doppelte Begründung „wie es sich geziemt" und „im Herrn" weist vielmehr noch auf die Argumentationsnot hin, die sich gesellschaftlich und religiös legitimieren muss.

Die Haustafelordnung des Kolosserbriefes dürfte bezüglich der Frauen vermittelnde Position einnehmen, die allerdings in der Folge nicht zu halten war. Denn die nur wenig jüngere Haustafelordnung im Epheserbrief formuliert bereits im Hinblick auf die Frau: „Ihr Frauen, ordnet euch euren Männern unter wie dem Herrn (Christus); denn der Mann ist das Haupt der Frau, wie auch Christus das Haupt der Kirche ist; er hat sie gerettet, denn sie ist sein Leib. Wie aber die Kirche sich Christus unterordnet, sollen sich die Frauen in allem den Männern unterordnen. Ihr Männer, liebt eure Frauen, wie Christus die Kirche geliebt und sich für sie hingegeben hat, um sie im Wasser und durch das Wort rein und heilig zu machen. So will er die Kirche herrlich vor sich erscheinen lassen, ohne Flecken, Falten oder andere Fehler; heilig soll sie sein und makellos.

Darum sind die Männer verpflichtet, ihre Frauen so zu lieben wie ihren eigenen Leib. Wer seine Frau liebt, liebt sich selbst. Keiner hat je seinen eigenen Leib gehasst, sondern er nährt und pflegt ihn, wie auch Christus die Kirche. Denn wir sind Glieder seines Leibes. Darum wird der Mann Vater und Mutter verlassen und sich an seine Frau binden und die zwei werden ein Fleisch sein. Dies ist ein tiefes Geheimnis; ich beziehe es auf Christus und die Kirche. Was euch angeht, so liebe jeder von euch seine Frau wie sich selbst, die Frau aber ehre den Mann." (Eph 5,22-33).

Hier wird nicht mehr allgemein gesellschaftlich argumentiert, das „wie es sich geziemt" fehlt bereits, sondern nur noch christologisch und kirchenordnend (ekklesiologisch). Die Unterordnung der Frauen gegenüber den Männern wird der Unterordnung vor Christus gleichgestellt. Was so bislang nicht gesagt war.

Auch das Bild vom Haupt und vom Leib war so bei Paulus nicht gesagt. In 1 Kor 11,3 hieß es nur: „Ihr sollt aber wissen, dass Christus das Haupt des Mannes ist, der Mann das Haupt der Frau und Gott das Haupt Christi."

Im Epheserbrief wird also die Unterordnung der Frau mit (oder besser) gegen Paulus und mit (oder besser gegen) Christus zu begründen versucht. Der Spitzensatz des Paulus lautete: „Denn ihr alle, die ihr auf Christus getauft seid, habt Christus (als Gewand) angelegt. Es gibt nicht mehr Juden und Griechen, nicht Sklaven und Freie, nicht Mann und Frau; denn ihr alle seid «einer» in Christus Jesus." (Gal 3,27-28). Der Verfasser des Epheserbriefes weiß sich zwar auch biblisch zu begründen, doch nutzt er die Hl. Schrift nicht zur Emanzipation und zur Freiheit der Frau, sondern zu deren „Unterordnung" unter die Männer. Das patriarchale Weltbild hat sich im Epheserbrief wieder durchgesetzt. Es war allerdings nicht nur die antike Haustafelordnung, die das alt-neue Weltbild begünstigte. Auch die Organisation der Kirche änderte sich am Ende des 1. Jhs. weg von der charismatisch-prophetischen Kirche hin zur von Ämtern geregelten Gemeindeverfassung.

War bei Paulus in Korinth noch die prophetische Gnadengabe gesucht und geehrt und hatten die Frauen daran maßgeblichen Anteil*, so wurde dieses vom

•••

* 1 Kor 11,5; 12,28-31.

Geist gelenkte Charisma zugunsten der Ämterkirche zurückgedrängt. Damit fiel eine auch Frauen zugestandene Domäne aus. Die neuen Leitungsämter orientierten sich an Vorbildern, die in der Antike von Männern besetzt wurden. Eine Ausnahme macht noch das Diakonat der Frau, das in 1 Tim 3,8-13 eine Diakonin voraussetzt. In einem Ämterspiegel für Diakone heißt es dort: „Auch sie (= die Diakone) soll man vorher prüfen, und nur wenn sie unbescholten sind, sollen sie ihren Dienst ausüben. Ebenso sollen die Frauen ehrbar sein, nicht verleumderisch, sondern nüchtern und in allem zuverlässig." (1 Tim 3,10-11).

Inwieweit Frauen in dieser Zeit in ihren Hauskirchen noch dem Herrenmahl vorstehen, wie es ihnen in ihrer Eigenschaft als Domina des Hauswesens zustand, ist fraglich. Denn Bischof, Ältester und Priester übernahmen nun, wie in den Pastoralbriefen zu erkennen, auch diese Funktion.

Für die paulinischen Gemeinden darf man am Ende des 1. Jhs. festhalten, dass die Stellung der Frau in Ehe und Gemeinde sich den antiken Verhältnissen wieder

Die älteste „Haustafel" im neuen Testament Kol 3,18 – 4,1

Kol 3,18-4,1	Anrede	Aufforderung	Begründung	Motivation
8	Ihr Frauen,	ordnet euch euren Männern unter	wie es sich geziemt	im Herrn.
19	Ihr Männer,	liebt eure Frauen und seid nicht aufgebracht gegen sie!		
20	Ihr Kinder,	gehorcht euren Eltern in allem;	denn so ist es gut und recht	im Herrn
21	Ihr Väter	schüchtert eure Kinder nicht ein	damit sie nicht mutlos werden	
22	Ihr Sklaven	gehorcht euren irdischen Herren in allem! Arbeitet nicht nur, um euch bei den Menschen einzuschmeicheln und ihnen zu gefallen, sondern mit aufrichtigem Herzen! Tut eure Arbeit gern, als wäre sie		fürchtet den Herrn
23				
24			ihr wisst, dass ihr vom Herrn euer Erbe als Lohn empfangen werdet.	für den Herrn und nicht für den Menschen Dient Christus dem Herrn
25			Wer Unrecht tut, wird dafür seine Strafe erhalten, ohne Ansehen der Person.	
4,1	Ihr Herren	gebt den Sklaven, was recht und billig ist	ihr wisst, dass auch ihr im Himmel einen Herrn habt.	

angeglichen hatte und die paulinische Emanzipation weitgehend verloren ging.

Heutiges Bestreben nach einer Emanzipation der Frau in der Kirche tut gut daran, sich wieder am originalen Paulus zu orientieren und ihn in seinem Spitzensatz der christlichen Emanzipation ernst zu nehmen: „Denn ihr alle, die ihr auf Christus getauft seid, habt Christus (als Gewand) angelegt. Es gibt nicht mehr Juden und Griechen, nicht Sklaven und Freie, nicht Mann und Frau; denn ihr alle seid «einer» in Christus Jesus." (Gal 3,27-28).

TEIL 38
Korinth (V)

Mahlgemeinschaft

Nachdem die Mahlgemeinschaft den Christen in Antiochia bereits Kopfzerbrechen bereitet hatte und in Korinth Anlass für eine Anfrage gab („Nun zur Frage des Götzenopferfleisches" (1 Kor 8,1)), soll hier nun dem elementarsten und damit wichtigsten Phänomen der kulturellen Errungenschaft des Menschen ein wenig nachgegangen werden: dem gemeinsamen Essen und Trinken.

Wie weit das Feld der gemeinschaftlichen Mähler sein kann und von woher die Einflüsse und Vorbilder stammen können, die auf das „Herrenmahl" der Christen eingewirkt haben, hat der Neutestamentler Hans-Josef Klauck in seiner umfangreichen Arbeit „Herrenmahl und hellenistischer Kult" dargestellt.[1]

Da gibt es nach den alttestamentlich-frühjüdischen Vorgaben ein Bundesmahl, ein Schaubrotmahl und Toda-Mahl (Dank-Mahl), ein Trauermahl, ein Paschamahl und ein Abschiedsmahl.

Bei Griechen und Römern lassen sich im Zusammenhang der Opferbräuche Vereinsfeiern und Totenkulte, Erntefeste, Opfermähler, Theophagien (Verzehr der Gottheiten) und Bündnismähler nachweisen.

Ein eigenes großes Feld der Mahlgemeinschaften bilden die Mähler in den Mysterienkulten. Für Eleusis haben Sie Einblick in einige Elemente des Demeterkults erhalten. Auch der Dionysos-, Attis-, Osiris-, Isis-, Sarapis- und der Mithraskult kennen ausgedehnte Mysterienmähler und wären einer Darstellung wert.

Besondere Ausprägungen erfahren die Mahlformen im Totenkult. Nicht nur zahlreiche Gedächtnis- und Leichenmähler auch Totenopfer und Totenspeisungen sind überliefert.

Hintergründe solch uralter Riten sind „der Wunsch, den Tod durch Fortsetzung der Speisegemeinschaft zu negieren, die Angst vor mächtigen Totengeistern, die man durch Gaben zu beschwichtigen sucht, die Meinung, der Tote sei für seine jenseitige Existenz auf Ernährung angewiesen." [2]

Deshalb sind in alter Zeit Tongefäße mit verschiedenen Speisen als Grabbei-

•••

[1] H.-J. Klauck, Herrenmahl und hellenistischer Kult. Eine religionsgeschichtliche Untersuchung zum ersten Korintherbrief (Neutestamentliche Abhandlungen 15), 2. Aufl. 1986.
[2] H.-J. Klauck, ebd., 77.

gaben bezeugt, ebenso Röhren, die in die Gräber führen, um Toten Trankspenden zukommen zu lassen.

Auch hielten die Lebenden mit den Verstorbenen Mahlgemeinschaft. Epiphanius überliefert die Einladungsformel: „Steh auf, NN, iss und trink und lass es dir gut sein."[3]

Bevorzugte Speisen und Getränke sind das eigene Blut, dann Wein, Milch, Honig, Öl und Wasser. „Bei den Totenopfern muss es zu sinnloser Prachtentfaltung gekommen sein. Solon soll u.a. verboten haben, einen Ochsen als Totenopfer zu schlachten. Daneben gab es den schlichteren Brauch, alles, was vom Tisch fällt, als Gabe für die Toten anzusehen und ins Feuer zu werfen. Die Praxis des Totenopfers und seine ungebrochene Beliebtheit illustriert eine Stelle aus Lukian. Der Fährmann Charon fragt bei einem Besuch in der Oberwelt: Was wollen denn die Leute dort, dass sie die Grabsteine salben und mit Blumenkränzen behängen? Einige zünden neben den Grabhügeln Scheiterhaufen an und machen Gruben in die Erde. Warum werfen sie aber diese Menge Speisen ins Feuer und warum gießen sie, wenn ich recht sehe, Wein und Honig in die Gruben? Sein Weggeleiter Merkur erklärt ihm, dahinter stehe der Glaube, die Seelen kämen zurück und labten sich an den Speisen."[4]

Wie ein antikes Leichenmahl abgelaufen ist, darüber gibt es viele literarische Zeugnisse. Beschränken wir uns auf eine parodierende Darstellung. Der lateinische Dichter Petronius (1. Jh. n. Chr.), der in seinem Schelmenstück Satyrikon das Gastmahl des Trimalchio überliefert, erwähnt ein wenig schmunzelnd auch die hintersinnige Absicht des Gastgebers. Einmal lässt er den Dichter sein eigenes Totenmahl ausrichten. Trimalchio legt sich ins Grab und hört zu, wie die hinterbliebenen Bediensteten ihn beweinen. Selbst zu Tränen gerührt, steigt er dann doch wieder aus dem Grab, um noch bei den Lebenden zu verweilen.

Da im alten Rom zuweilen auch die Nekrophagie üblich war, das Verspeisen des Toten, hegt Trimalchio einen besonderen Plan. Für seinen eigenen Tod setzt er fest, dass ihn seine zerstrittenen Hinterbliebenen nur beerben dürfen, wenn sie ihn verzehren. Am Ende verspeisen die Verwandten widerwillig den reichen Dichter, um an sein Erbe zu gelangen.

Der große italienische Regisseur Federico Fellini hat mit seinem Film Satyricon (1968) dem Gastmahl des Trimalchio ein künstlerisch wertvolles und besonders sehenswertes Denkmal gesetzt.

Verlassen wir die kultischen Mähler und gehen auf die bürgerlichen Gemeinschaftsmähler ein, wie sie in der Antike in Korinth oder sonst wo im griechisch-römischen Raum abgelaufen sein können.

Essen und Trinken

Anlässlich des Herrenmahls rügt Paulus nicht nur die korinthischen Tischmanieren, er deutet auch an, wie üppig zuweilen das vorausgehende Sättigungsmahl ausgefallen ist: „Was ihr bei euren Zusammenkünften tut, ist keine Feier des

---

[3] Epiphanius, Ancor 86,5, bei H.-J. Klauck, Herrenmahl, 77.
[4] H.-J. Klauck, ebd., 78f.

Herrenmahls mehr; denn jeder verzehrt sogleich seine eigenen Speisen, und dann hungert der eine, während der andere schon betrunken ist. Könnt ihr denn nicht zu Hause essen und trinken? Oder verachtet ihr die Kirche Gottes? Wollt ihr jene demütigen, die nichts haben? Was soll ich dazu sagen? Soll ich euch etwa loben? In diesem Fall kann ich euch nicht loben." (1 Kor 11,20-22).

„Zu abendlicher Stunde, bevorzugt an Sonntagen, kommt man in einem geeigneten Raum zusammen, zeitweise sicher im Haus des Gaius (Röm 16,23). Die wohlhabenden Gemeindemitglieder, die freier über ihre Zeit verfügen können, treffen früher ein. Sie bringen Proviant mit, der für alle reichen soll, beginnen aber schon für sich zu tafeln und geraten in angeheiterte Stimmung. Sklaven und Lohnarbeiter, die den Haushalt ihres Herrn oder ihre Arbeitsstätte nicht eher verlassen dürfen, finden bei ihrem späten Kommen vom Sättigungsmahl, zu dem sie aus eigenen Mitteln nichts beizusteuern haben, bestenfalls noch kärgliche Reste vor. Am Schluss des Mahles steht die sakramentale Doppelhandlung über Brot und Wein. Die besser gestellten Korinther trösten sich und andere mit dem Argument, vom Sakramentsempfang werde niemand ausgeschlossen, und allein darauf komme es schließlich an. Ihre Überbewertung des geistigen Geschehens lässt sie die sozialen Realitäten vollends aus dem Blick verlieren." [5]

Die sonntägliche Mahlgemeinschaft in Korinth fand ihren Höhepunkt im Sakramentsvollzug, vorausgegangen war ein Sättigungsmahl. Beides zusammen meinte in Korinth das „Herrenmahl".

Die besser gestellten Korinther hatten (ihre) Gastmähler (Symposien) vor Augen, wie sie bereits seit Homer (Odyssee) und dann in der klassischen Zeit (Platon, Xenophon) reichlich bezeugt sind und wie die begüterten Römer sie bis zum Exzess pflegten (Petronius, Athenaios). Symposion, was wörtlich übersetzt nichts anderes als „zusammen trinken" meint, war häufig mit einem üppigen Mahl sowie Gesang und Musik verbunden. Danach führten die Herren gelehrte Gespräche (Deipnosophistik), wozu sie Poeten und Philosophen einluden.

Da die Herrenmahlfeier in Korinth sonntäglich und damit wöchentlich stattfand, dürfte sich die Fülle der mitgebrachten und gemeinsam verzehrten Speisen in Grenzen gehalten haben. Das Verhalten der Teilnehmer lässt zu wünschen übrig. Elementare Benimmregeln bei Tisch scheinen einige nicht zu kennen, auch und gerade nicht die Wohlhabenden, wie Paulus andeutet.

Wie ein antiker Knigge ausgesehen hat, lässt sich bei dem hellenistisch gebildeten Weisheitslehrer Jesus Sirach (2. Jh. v. Chr.) im Alten Testament nachlesen, der seine vornehmen Zöglinge auf Mahlgemeinschaften vorbereitet.

Die Empfehlungen klingen profan, dürfen aber dennoch internationale und zeitlos gültige Regeln für sich in Anspruch nehmen. Weil wir sie nicht in der Bibel vermuten, übersehen wir zuweilen, dass gerade in der „weltlichen" Empfehlung die göttliche Schöpfungsordnung

---

[5] H.-J. Klauck, Komm, 81.

gründet. Vom Schöpfer stammen alle Gaben. Wer sie nicht im „Unverstand" verwendet, handelt gottesfürchtig. Der biblische Jesus Sirach empfiehlt: „Mein Sohn, sitzt du am Tisch eines Großen, / dann reiß den Rachen nicht auf! Sag nicht: Es ist reichlich da. / Denk daran, wie hässlich ein gieriges Auge ist. Schlimmeres als das Auge hat Gott nicht erschaffen; / darum muss es bei jeder Gelegenheit weinen.

Wohin schon ein anderer blickt, / dahin streck deine Hand nicht aus, / sonst triffst du mit ihm in der Schüssel zusammen. Sorge für einen Nächsten wie für dich selbst / und denk an all das, was auch dir zuwider ist. Iss wie ein gesitteter Mann, was vor dir liegt, / und sei nicht gierig, sonst verabscheut man dich. Hör als Erster auf, wie es der Anstand verlangt, / und schlürfe nicht, sonst erregst du Anstoß. Auch wenn du unter vielen sitzt, / streck die Hand nicht vor dem Nachbarn aus!

Hat ein wohlerzogener Mensch nicht mit wenig genug? / So wird es ihm in seinem Bett nicht übel.

Schmerz, Schlaflosigkeit und Qual / und Magendrücken hat der törichte Mensch. Gesunden Schlaf hat einer, der den Magen nicht überlädt; / steht er am Morgen auf, fühlt er sich wohl. Hast du dich dennoch von Leckerbissen verführen lassen, / steh auf, erbrich sie und du hast Ruhe.

Höre, mein Sohn, und verachte mich nicht / und du wirst schließlich meine Worte begreifen. Bei all deinem Tun sei bescheiden, / so wird dich kein Schaden treffen. Wer bei Tisch anständig ist, wird gelobt, / sein guter Ruf steht fest. Wer sich bei Tisch schlecht benimmt, / wird öffentlich beschimpft, / sein schlechter Ruf steht fest. Auch beim Wein spiel nicht den starken Mann! / Schon viele hat der Rebensaft zu Fall gebracht. 26 Wie der Ofen das Werk des Schmiedes prüft, / so ist der Wein eine Probe für die Zuchtlosen. Wie ein Lebenswasser ist der Wein für den Menschen, / wenn er ihn mäßig trinkt. Was ist das für ein Leben, wenn man keinen Wein hat, / der doch von Anfang an zur Freude geschaffen wurde? Frohsinn, Wonne und Lust bringt Wein, / zur rechten Zeit und genügsam getrunken. Kopfweh, Hohn und Schimpf / bringt Wein, getrunken in Erregung und Zorn.

Zu viel Wein ist eine Falle für den Toren, / er schwächt die Kraft und schlägt viele Wunden. Beim Weingelage nörgle nicht am Nachbarn herum, / verspotte ihn nicht, wenn er heiter ist. Sag zu ihm kein schmähendes Wort / und streite mit ihm nicht vor den Leuten! Wenn du das Gastmahl leitest, überheb dich nicht, / sei unter den Gästen wie einer von ihnen! Sorg erst für sie, dann setz dich selbst, / trag erst auf, was sie brauchen, dann lass dich nieder, damit du dich über sie freuen kannst / und für dein gutes Benehmen Beifall findest. Ergreife das Wort, alter Mann, denn dir steht es an. /

Doch schränke die Belehrung ein / und halte den Gesang nicht auf! Wo man singt, schenk nicht kluge Reden aus! / Was willst du zur Unzeit den Weisen spielen? Ein Rubin an goldenem Geschmeide, / das ist ein schönes Lied beim Weingelage. Ein Smaragdsiegel in goldener

Fassung, / das ist ein Gesang bei köstlichem Wein. Als Jüngerer ergreife das Wort nur, wenn du musst, / wenn man dich nachdrücklich zwei- oder dreimal auffordert. Dräng die Worte zusammen, fasse dich kurz, / sei wie einer, der etwas weiß, aber auch schweigen kann. Im Kreis der Vornehmen überheb dich nicht, / behellige Ältere nicht durch viele Fragen! Vor dem Hagel leuchtet der Blitz, / vor dem Bescheidenen leuchtet die Gunst. Wenn es Zeit ist, bleib nicht länger, / geh nach Haus und sei nicht ausgelassen; dort sei lustig und überlass dich deiner Stimmung, / in Gottesfurcht, nicht in Unverstand. Und für all das preise deinen Schöpfer, / der dich mit seinen Gaben erfreut hat." (Sir 31,12-32,13).

Was hier herauszulesen ist, entspricht griechisch-römischem Standard. Man kam zum Mahl zusammen und je nach Anlass und Festlichkeit fiel die Feier umfangreicher aus. Zahlreiche Speisen und Getränke wurden aufgetragen. Der griechische Hausherr schenkte Mischwein aus und je nach dem Grad der Trunkenheit, den er selbst regulieren konnte, ließ er seinen Gästen mehr oder weniger reinen Wein einschenken. Anders die römischen Gastgeber, sie schenkten gleich zu Anfang unverdünnten Wein ein.

Gastgeber und Gäste lagen zu Tisch. Auf Pritschen machte man es sich gemütlich. Für das Sparta des 7. Jhs. v. Chr. sind die ersten Liegen erwähnt: „Sieben Liegen und ebenso viele Tische, bekrönt mit Mohn-, Leinsamen- und Sesambrot, und für die Mädchen eimerweise süße Speise ..."(Athenaios 111a, Dalby, 32). Allzu sperrige Vierbeiner schränkten die Mahlgesellschaft beträchtlich ein. „Sieben Liegen in einem Raum waren üblich, doch sind auch nur fünf oder aber bis zu elf Liegen bezeugt. Daraus ergibt sich, dass ein Essen kaum mehr als zwanzig Teilnehmer hatte." (Dalby, 33). Wie die Abbildungen auf Wandfriesen in Pompeji und viele Vasenmalereien zeigen, lagen die Teilnehmer häufig zu zweit auf einer Liege. Auf den Beistelltischen wurden die Speisen serviert. Wollte ein knausriger Gastgeber, dass seine Gäste weniger verzehren, so empfahl Euangelos: „Die Höhe der Tische sollte drei Ellen sein, sodass ein Gast nach oben langen muss, wenn er etwas bekommen will." (Bei Athenaios 644b).

Von Alexander dem Großen ist belegt, dass er seine Feiern in großen Zelten mit bis zu 200 Liegen abhielt. Auch Jesu letztes Mahl wurde liegend eingenommen, wie eine wörtliche Übersetzung erkennen lässt: „Und während sie (zu Tisch) lagen und aßen" (Mk 14,18, Münchener NT).

Was verzehrte man in Griechenland, was in Rom? Brot, Käse, Öl und Wein und nur wenig Fleisch waren die traditionellen Speisen. Fleisch wurde den Wohlhabenden gereicht. Pökelfleisch zählte zur üblichen Beikost. Sollte der Koch nur eingesalzene Fische statt Fleisch servieren, so hatte er Schläge verdient.

Auf den römischen Feinschmeckermärkten des 1. Jhs. fand sich eine paradiesische Fülle an Nahrungsmitteln: „38 verschiedene Birnensorten, 23 Arten Äpfel. Dicht umlagert waren die Stände der Gewürzhändler, die laut schreiend ihre Raritäten anboten: Pfeffer, Kardamom und Baldrian aus Indien, Kümmel aus

Die zweite Missionsreise

Äthiopien, Ingwer aus Arabien und Haselwurz aus Illyrien. Das Geflügel war ebenso an Schnüren aufgehängt wie getrocknete Fische. Daneben Salzfässer mit lebenden Austern …" (Peschke, 12).

Über den genauen Speiseplan mit reichlichen Rezepten informiert uns Marcus Gavius Apicius. Er war der berühmteste Koch in der besseren Gesellschaft. „Das Essen der Vornehmen war meist ein gut inszeniertes Gesellschaftsspiel, bei dem es um Prestige, Prunken und Protzen ging. Jeder sollte den anderen in Aufwand und Überraschungsmomenten übertreffen." (Peschke, 16). Petronius hat in seiner Satire „Das Gastmahl des Trimalchio" den Höhepunkt eines Gelages gezeichnet: „Endlich wurde ein Speisebrett mit einem ungeheuren Schwein hereingetragen. Trimalchio fasste es scharf ins Auge und rief: ‚Wie! Wie! Ist denn das Schwein nicht ausgenommen? Weiß Gott, ist es nicht! Ruft mir den Koch her!' Als der Koch bekümmert an die Tafel trat und sagte, er habe vergessen, es auszunehmen, rief Trimalchio aus: ‚Wie, vergessen. Zieht ihn aus!' Unverzüglich zog man den Koch aus und jammervoll stand er zwischen den Bütteln da. Nun fingen alle an, für ihn zu bitten. Trimalchios Miene heiterte sich auf und er sagte: ‚Also, weil du so ein schlechtes Gedächtnis hast, nimm das Schwein hier vor unseren Augen aus!' Und der Koch zog seine Tunika wieder an, nahm sein Küchenmesser und schnitt mit ängstlicher Hand dem Schwein hüben und drüben den Bauch auf. Und flugs quollen aus den Schnittstellen, die sich unter dem Druck von innen erweiterten, Bratwürste und Blutwürste in Mengen heraus!" (49,2-50,1).

Leider ist hier nicht der Ort, die detailgenauen antiken Rezepte, je nach Fest und Ort, darzulegen. Wer sich näher dafür interessiert, dem sei die umfangreiche Literatur zur antiken Küche empfohlen (s. Kasten). Vieles lässt sich heute noch nachvollziehen und ist gewiss ein Gaumenschmaus.

•

Für die Christen bedeutete die Mahlgemeinschaft ein wesentliches Merkmal ihrer religiösen Existenz. Paulus zitiert die wichtigsten Elemente des letzten Mahles Jesu, weil sie zu diesem Zeitpunkt (ca. 51 n. Chr.) schon ein fest geprägtes Wort mit einem bestimmten Sitz im Leben der Gemeinde ist: „Denn ich habe vom Herrn empfangen, was ich euch dann überliefert habe: Jesus, der Herr, nahm in der Nacht, in der er ausgeliefert wurde, Brot, 24 sprach das Dankgebet, brach das Brot und sagte: Das ist mein Leib für euch. Tut dies zu meinem Gedächtnis! [Manche Textzeugen haben, dem späteren liturgischen Gebrauch entsprechend, eine erweiterte Fassung: Das ist mein Leib, der für euch hingegeben wird. 25 Ebenso nahm er nach dem Mahl den Kelch und sprach: Dieser Kelch ist der Neue Bund in meinem Blut. Tut dies, sooft ihr daraus trinkt, zu meinem Gedächtnis!" (1 Kor 11,23-25).

Die gemeindliche Zusammenkunft der Christen bei Brot und Wein hatte Verkündigungscharakter, natürlich zunächst nur für die sich versammelnden Christen. „Sooft ihr von diesem Brot esst und aus dem Kelch trinkt, verkündet ihr den Tod des Herrn, bis er kommt." (1 Kor 11,26). Weil es sich beim sakramentalen Vollzug des Herrenmahls um eine sehr kostbare Angelegenheit handelt, sollen das unwürdige und lieblose Verhalten vor dem Brotbrechen unterbleiben: „Wer also unwürdig von dem Brot isst und aus dem Kelch des Herrn trinkt, macht sich schuldig am Leib und am Blut des Herrn. 28 Jeder soll sich selbst prüfen; erst dann soll er von dem Brot essen und aus dem Kelch trinken. 29 Denn wer davon isst und trinkt, ohne zu bedenken, dass es der Leib des Herrn ist, der zieht sich das Gericht zu, indem er isst und trinkt." (1 Kor 11,27-29). Paulus will damit keine endgültigen Anweisungen geben, sondern nur solche, die Gültigkeit haben, bis er wieder nach Korinth kommt: „Wenn ihr also zum Mahl zusammenkommt, meine Brüder, wartet aufeinander! Wer Hunger hat, soll zu Hause essen; sonst wird euch die Zusammenkunft zum Gericht. Weitere Anordnungen werde ich treffen, wenn ich komme." (1 Kor 11,33-34).

Die dritte Missionsreise

TEIL 39
Ephesus (I)

„Paulus blieb noch längere Zeit (in Korinth). Dann verabschiedete er sich von den Brüdern und segelte zusammen mit Priszilla und Aquila nach Syrien ab. In Kenchreä hatte er sich aufgrund eines Gelübdes den Kopf kahl scheren lassen.

Sie gelangten nach Ephesus. Dort trennte er sich von den beiden; er selbst ging in die Synagoge und redete zu den Juden. Sie baten ihn, noch länger zu bleiben; aber er wollte nicht, sondern verabschiedete sich und sagte: Ich werde wieder zu euch kommen, wenn Gott es will. So fuhr er von Ephesus ab, landete in Cäsarea, zog (nach Jerusalem) hinauf, begrüßte dort die Gemeinde und ging dann nach Antiochia hinab." (Apg 18,18-21).

Die kurzen Notizen aus dem Reisetagebuch der Apostelgeschichte und den lukanischen Ergänzungen sind die einzigen und eindeutigen Hinweise auf den ersten Aufenthalt des Paulus in Ephesus.

Aus Korinth war er nach knapp zwei Jahren Aufenthalt abgereist - nicht aufgrund eines äußeren Drucks, etwa des Prokonsuls Gallio oder der Juden, sondern aus freien Stücken. Mit dem Schiff brach er nun auf und segelte vom östlichen Hafen Korinths Kenchreä nach Syrien.

Warum aber reist Paulus nach Ephesus? Der direkte Weg in den antiochenischen Hafen Seleuzia ist das nicht. Die Kontakte nach Ephesus scheinen bis dahin intensiver gewesen zu sein, als wir vermuten können. Lukas berichtet nur, dass Paulus schon vor dem Übersetzen nach Europa einen Besuch nach Ephesus vorhatte, doch vom Geist gehindert wurde, in die Provinz Asia und damit auch in die Provinzhauptstadt zu reisen (Apg 16,6). Durch die Abfolge der mosaikartigen Überlieferungen der Apostelgeschichte wird klar: Lukas möchte Paulus als Erstverkünder des Evangeliums in der Asiametropole erscheinen lassen. Deshalb lehrt der Apostel in der Synagoge von Ephesus, noch ehe Priszilla und Aquila sowie der Judenchrist Apollos wirksam werden.

Dieser theologische Wille des Lukas muss nicht den historischen Gegebenheiten entsprechen. Vermutlich war es wie folgt: In Korinth schließt sich Paulus Priszilla und Aquila an und nicht umgekehrt (Apg 18,2). Das Ehepaar hat in Ephesus einiges vor, weshalb es sich dort in einem Haus niederlässt. Paulus hingegen reist unverzüglich weiter. Als Hausgemeinde scharen Priszilla und Aquila die ersten Christen in Ephesus um sich. Zu ihnen findet auch der Judenchrist Apollos: „Ein Jude namens Apollos kam nach Ephesus. Er stammte aus Alexandria, war redekundig und in der Schrift bewandert. Er war unterwiesen im Weg des Herrn. Er sprach mit glühendem Geist und trug die Lehre von Jesus genau vor; doch kannte er nur die Taufe des Johannes. Er begann, offen in der Synagoge zu sprechen. Priszilla und Aquila hörten ihn, nahmen ihn zu sich und legten ihm den Weg Gottes noch genauer dar. Als er nach Achaia gehen wollte, ermunterten ihn die Brüder dazu und schrieben den Jüngern, sie möchten ihn freundlich aufnehmen. Nach seiner Ankunft wurde er den Gläubigen durch die Gnade eine große Hilfe. Denn mit Nachdruck widerlegte er die Juden, indem er öffentlich aus der Schrift nachwies, dass Jesus der Messias sei." (Apg 18,24-28).

•

Manche Forscher bezweifeln den kurzen Abstecher des Apostels nach Jerusalem und Antiochia und lassen ihn ausschließlich in Ephesus und der Provinz Asia wirken. Damit gingen die zweite und dritte Missionsreise ineinander über. Lukas schiebt in seine Apostelgeschichte zwischen Abreise nach Jerusalem und Wiederkunft in Ephesus ohne Zeitangabe die Apollosepisode (Apg 18,24-28) und eine Begegnung des Apostels mit Johannesjüngern (Apg 19,1-7). Da Lukas die eben zitierte Apollosüberlieferung im Widerspruch zur paulinischen Sichtweise darstellt, ist ihr historischer Wert fragwürdig.

Paulus selbst sagt, er habe mit Apollos zusammen in Ephesus gewirkt (1 Kor 16,12). Nach Lukas treffen beide aber nie zusammen. Laut 1. Korintherbrief kommt Apollos nach Paulus in Korinth an und ist zum Zeitpunkt der Abfassung des 1. Korintherbriefes bei Paulus in Ephesus. Demnach ist Apollos zunächst in Korinth und dann in Ephesus tätig. Bei Lukas ist es genau umgekehrt.

In 1 Kor 1-4 anerkennt Paulus die missionarische Tätigkeit des Apollos im heidenchristlichen Sinne in Korinth, Lukas dagegen sagt, Apollos kenne nur die Taufe Johannes' des Täufers (Apg 18,25). Das ist unmöglich. Schließlich gibt Lukas vor, Apollos habe bei Priszilla und Aquila christliche Unterweisung erhalten, was aus der selbständigen missionarischen Tätigkeit nach den Paulusbriefen als historisch unwahrscheinlich erscheint.

Die anschließende Begegnung des Apostels mit Jüngern Johannes' des Täufers in Ephesus findet sonst nirgends Erwähnung. Zugleich verbindet die Überlieferung der unten angeführten Johannestaufe die vorausgehende Apollosepisode: „Während Apollos sich in Korinth aufhielt, durchwanderte Paulus das Hochland und kam nach Ephesus hinab. Er traf einige Jünger und fragte sie: Habt ihr den Heiligen Geist empfangen, als ihr gläubig wurdet? Sie antworteten ihm: Wir haben noch nicht einmal gehört, dass es einen Heiligen Geist gibt. Da fragte er: Mit welcher Taufe seid ihr denn getauft worden? Sie antworteten: Mit der Taufe des Johannes. Paulus sagte: Johannes hat mit der Taufe der Umkehr getauft und das Volk gelehrt, sie sollten an den glauben, der nach ihm komme: an Jesus. Als sie das hörten, ließen sie sich auf den Namen Jesu, des Herrn, taufen. Paulus legte ihnen die Hände auf und der Heilige Geist kam auf sie herab; sie redeten in Zungen und weissagten. 7 Es waren im ganzen ungefähr zwölf Männer." (Apg 19,1-7).

Sind die Apollosepisode, die Begegnung des Apostels mit den Täuferjüngern und die Verknüpfung beider Überlieferungen gegen Paulus unwahrscheinlich, so ist tatsächlich der kurze Abstecher des Apostels nach Jerusalem und Antiochia nicht zwingend.

Der Erlangener Neutestamentler Jürgen Roloff nimmt an, Paulus sei gemäß der Reisenotiz nach Syrien, sprich Antiochia, hinaufgezogen. Der Abstecher nach Cäsarea sei aufgrund der Windverhältnisse zustande gekommen. Der Weg „hinauf nach" Jerusalem gehe nur auf ein lukanisches Missverständnis zurück. Denn wäre Paulus tatsächlich vor die Jerusalemer Gemeinde getreten („er zog hinauf, begrüßte dort die Gemeinde"), so hätte er das in seinem bald danach geschriebenen Brief an die Galater erwähnt. Denn Gal 1 – 2 nennt die Aufenthalte des Apostels in Jerusalem.

„Wenn Paulus nunmehr Antiochia wieder aufsuchte, so kann es ihm nur darum gegangen sein, nach seinen Erfolgen in Galatien, Mazedonien und Achaia die Verbindung mit der Muttergemeinde des Heidenchristentums auf einer neuen Ebene wiederherzustellen, alte Spannungen abzubauen und den Willen zur kirchlichen Gemeinschaft in die Tat umzusetzen, nicht jedoch, sich erneut in Abhängigkeit von Antiochia zu begeben. Einiges deutet darauf hin, dass der konkrete Anlass für diese neuerliche Kontaktaufnahme die Planung und Vorbereitung der Kollekte für Jerusalem gewesen sein dürfte. Auf alle Fälle handelte es sich lediglich um eine zeitweilige Unterbrechung der Mission im ägäischen Raum." (Roloff, 274).

Die Rückkehr nach Ephesus und damit der Beginn der dritten Missionsreise wird trotz großer Entfernung in der Apostelgeschichte kurz und knapp skizziert und dürfte dem Reisetagebuch entstammen: „Nachdem er dort (= in Antiochia) einige Zeit geblieben war, zog er weiter, durchwanderte zuerst das galatische Land, dann Phrygien und stärkte alle Jünger ... durchwanderte das Hochland und kam nach Ephesus hinab." (Apg 18,23; 19,1).

Der wiederholte Besuch der galatischen Gemeinden – heute würde man von pastoraler Nachbetreuung sprechen – wird indirekt bestätigt im Galaterbrief (Gal 4,13). Er diente der Festigung der Gemeinden und der Werbung für die Kollekte der verarmten Gemeinde in Jerusalem. Dann „durchwanderte Paulus das Hochland und kam nach Ephesus hinauf" (Apg 19,1). Ob hier an die alte persische Königsstraße gedacht ist, die über Philadelphia, Hierapolis, Apamea ins pisidische Antiochia und weiter bis an den Euphrat führte, oder an die alte Karawanenstraße durch das Mäandertal, lässt sich nicht mehr entscheiden.

Metropole der Provinz Asia

Ephesus muss uns nach Antiochia und Korinth wieder ausführlicher beschäftigen. Hier laufen schon sehr bald die frühchristlichen Fäden zusammen: In einer kaum zu erfindenden Notiz lassen sich in der Metropole Jünger Johannes' des Täufers nieder und werden für Christen zu einer echten Konkurrenz. Apollos, der Judenchrist aus Alexandria, missioniert hier, Priszilla und Aquila gründen eine Hausgemeinschaft. Ephesus wird wichtigster Stützpunkt während der paulinischen Missionierung in der Provinz Asien. Paulus diktiert hier die Korintherbriefe, den Philipperbrief und den Philemonbrief, später werden sie hier von seinen Schülern redigiert. Um die gleiche Zeit fasst der johannäische Jüngerkreis in Ephesus Fuß (Johannesbriefe, Johannesevangelium, Offenbarung des Johannes). In die neunziger Jahre wird der Epheserbrief datiert; wenn er auch kaum an die Epheser gerichtet zu sein scheint, so ist er doch in dessen Großraum anzusiedeln. Der in der Paulustradition stehende 1. Timotheusbrief hat wichtige Bezugspunkte in Ephesus, er dürfte um die Jahrhundertwende entstanden sein. Ignatius von Antiochia (Martyrium ca. 107-110 n. Chr.) schreibt auf seiner Gefangenschaftsreise einen seiner Briefe nach Ephesus.

Die Bedeutsamkeit der Metropole für das aufsteigende Christentum spiegelt das erste ökumenische Konzil im Jahr 325 unter Veranlassung Kaiser Konstantins.

Ephesus ist als Hafenstadt wirtschaftlich, politisch und damit auch religiös äußerst relevant. Seit 133 v. Chr. gehört der Ort zur Provinz Asia. Augustus erhebt ihn zur Hauptstadt und macht ihn zum Sitz des Prokonsuls.

Wenn auch in der zweiten Hälfte des 1. Jahrhunderts die Fäden frühchristlicher Gemeinden in Ephesus zusammenlaufen, so sind die Christen dennoch nur eine kleine Minderheit im Vergleich zu den Anhängern der Großen Artemis, die in Hafennähe glühende Verehrung findet und alle weiteren Kulte in der Stadt in den Schatten stellt. Das Artemision, der Artemis-Tempel, war in der antiken Welt eines der sieben Weltwunder, die es für einen Reisenden zu bestaunen galt. Viermal so groß wie der Parthenon in Athen, überragte er auch dessen Schönheit. Die renommierten Künstler und Architekten Apelles, Pheidias, Praxiteles und Polykletos gestalteten sein Innenleben aus. Und wie es mit zentralen antiken Tempeln so ist - sie sind nicht nur Verehrungsstätte einer Gottheit, sondern auch Bank, Schatzhaus und Asylstätte der Provinz.

In mehreren Etappen werden wir die ephesinische Welt erschließen. Doch soll nach Teil 40 mit dem Beginn der Fastenzeit eine Atempause eingelegt werden, um dann ab dem Weißen Sonntag wieder in die faszinierende Welt in und um Ephesus einzutauchen.

Einstige Hafenstadt Ephesus

„Vor 20.000 Jahren konnten die Inseln Lemnos, Lesbos, Chios, Samos, Patmos, Ikaria und Kos noch zu Fuß vom Festland erreicht werden. Zwischen den Gebirgszügen gab es trogartige Täler, deren Küstenverlauf ungefähr dem heutigen entsprach. Tektonische Bewegungen und Brüche, ein Senken der Landmassen sowie Meeresspiegelschwankungen führten in den folgenden Jahrtausenden zur

Die dritte Missionsreise

Überflutung der Täler, sodass tief ins Landesinnere reichende Buchten entstanden und die Ausläufer der Gebirgszüge zu Inseln wurden."[1]

Die Einmündung des Kaystros ins ägäische Meer hat schon sehr früh die Hafenstadt Ephesus entstehen lassen. Lag der große Artemistempel im 1. Jh. v. Chr. allerdings noch unmittelbar am Wasser, so zwang das Zurücktreten des Wasserspiegels aufgrund fortschreitender Verlandung der Buchten und breiten Ebenen zu einer Neubesiedlung der Stadt, die im 3. Jh. n. Chr. schon kaum noch einen Hafenanschluss ermöglichte. Die Verlandung von Häfen ist in der Antike ein häufig anzutreffendes Phänomen. Konnte es durch Kanalarbeiten, wie in Ephesus, nicht gestoppt werden, so bedeutete es früher oder später das wirtschaftliche und damit auch kulturelle Ende der Stadt.

Heute beträgt die Entfernung der antiken Hafenanlage von Ephesus bis zum Meer ca. 10 km. Deshalb legen Schiffe in unseren Tagen im benachbarten Kusadasi an und befördern Touristen mit dem Bus in die antike Stadt.

TEIL 40
Ephesus (II)

Als Paulus im Hafen von Ephesus eintraf, muss er wie alle anderen Reisenden auch von der umtriebigen Stadt überwältigt gewesen sein. Die

•••
[1] F. Hueber, Ephesos. Gebaute Geschichte. (Sonderhefte der Antiken Welt), 1997, 6.

Metropole glich in seinen Tagen einer Großbaustelle. Viele öffentliche Einrichtungen und Wohnhäuser waren nach den Erdbeben in der Zeit von 17-49 n. Chr. eingestürzt oder beschädigt und noch nicht restauriert. Ständige Umbaumaßnahmen und Neubauten aufgrund neuer Besiedlungen führten zu einer Belebung und zu einer erheblichen Verdichtung der Stadt. Im 1. bis 4. Jh. sollte die städtebauliche Entwicklung noch anhalten, bis aufgrund der Verlandung des Hafens die Attraktivität der früheren Hafenstadt langsam verloren ging. Ephesus Geschichte endet mit dem verheerenden Mongolensturm im Jahre 1403. Nachdem die Stadt weitgehend entvölkert war, verfielen die Großbauwerke und wurden in der Folgezeit als Steinbruch verwendet. Nur noch Hirten trieben ihre Ziegen und Schafe durch die Ruinen. Vom früheren Weltwunder von Ephesus, dem Artemistempel, wusste niemand mehr etwas. Erst im Jahre 1869 entdeckte nach jahrelangem Suchen John Turtle Wood die spärlichen Reste des Tempels.

Kulturgeschichte

Die ältesten Spuren einer Besiedlung im Kaystros- und Mäandertal, also in der Nähe des späteren Ephesus, reichen bis ins 5. Jahrtausend v. Chr. zurück. Eine Wegmarke im ägäisch-kleinasiatischen Raum stellt die Entwicklung der Seefahrt im 3. Jahrtausend dar, die in Kürze den gesamten Siedlungs- und Kulturraum verschmelzen ließ.

Wohl die größte Katastrophe für die gesamte Inselwelt und die Küstenlandschaft im ägäischen Großraum, ja sogar für die östliche Mittelmeerwelt bedeutete der Vulkanausbruch auf Thira (Santorin) im Jahr 1650 v. Chr. Ägyptische Quellen berichten darüber. Nicht wenige Forscher vermuten sogar in der Sintfluterzählung der Bibel (Gen 6-9) eine Anspielung auf jenes umwälzende Ereignis, das ganze Küstenstreifen überschwemmte oder gar untergehen ließ.

Mykenische Fürsten erobern in den folgenden Jahrhunderten den ägäisch-kleinasiatischen Raum. In Ephesus haben beim so genannten „Tor der Verfolgung" unlängst Bauarbeiten ein mykenisches Grab freigelegt und oberhalb des Burgberges nahe der Johannisbasilika konnten Grabungen noch ältere frühmykenische Siedlungsspuren nachweisen.

Von Zentralanatolien aus überformen die Hethiter vom 15.-12. Jh. die kleinasiatische Kultur, ebenso den syrisch-ägyptischen Großraum, bis sie durch den Seevölkersturm aus dem Westen selbst überrollt werden.

Kleinasiatisches Griechenland

Vom 12.–8. Jh. sprechen die Historiker vom „Dunklen Zeitalter" innerhalb des kleinasiatischen Raums, ehe Homer im 8. Jh. in seinen Epen Illias und Odyssee sowie in vielen Hymnen den Zeitraum und vor allem die griechische Götterwelt aufhellt.

Ionien bezeichnet wenig später die Landschaft an der Westküste Kleinasiens von Smyrna bis Milet. Es waren griechisch-ionische Stämme, die das griechische Festland verließen und in ihren Wanderungen an der gesamten Westküste Kleinasiens Fuß fassten. Aufgrund der kulturellen Überformung dieses Landstreifens spricht man auch vom kleinasiatischen Griechenland. Vermutlich gingen die ersten ionischen Wanderungen von Athen aus, veranlasst durch die Dorischen Wanderungen, die ionische Stämme verdrängten. Gründungslegenden ionischer Städte geben zwar vor, von einem athenischen Königssohn gegründet worden zu sein, doch kann das eine unhistorische Rückbindung der immer einflussreicher werdenden athenischen Gruppierungen gewesen sein. So soll Androklos, Sohn des athenischen Königs Kodros, Ephesus gegründet haben.

Vor allem im 7. bis 5. Jh. v. Chr. sollte sich die neubesiedelte Region sehr fruchtbar für die frühgriechische Literatur und Philosophie erweisen. Nicht zuletzt, weil sich der Geist unbehelligt vom mutterstädtischen, engen Klima Athens entfalten konnte Ephesus, in der Mitte der kleinasiatischen Westküste gelegen, wird zu einer Art Fokus der ionischen Entwicklung. „Als die Griechen in Attika und am Peloponnes noch in Schlichtheit lebten, entstanden in Ionien bereits die Wurzeln der europäischen Wissenschaft, Poesie und Kunst." [1]

Während die ionischen Naturphilosophen noch eher in Milet gediehen (z.B. Thales, Anaximander und Anaximenes) brachte Ephesus Heraklit hervor, den Erfinder der Dialektik. Wer kennt nicht seinen Lehrsatz: Panta rhéi – „alles fließt". Der prägnante Satz will sagen, dass alle Dinge doch dem Wandel unterliegen. Ionien und hier Ephesus und Milet gehör-

•••

---

[1] F. Hueber, ebd., 33.

ten zur Wiege der europäischen Philosophie. Noch ehe Athen in der Philosophie bedeutend wurde, wirkten hier die Ionier Anaxagoras und Pythagoras, die Lehrer des Sokrates. Zudem stammen sowohl der Vater der griech. Literatur, Homer, als auch der Vater der griechischen Geschichtsschreibung, Herodot, aus dem kleinasiatischen, ionischen Griechenland und nicht aus dem Mutterland.

Die Ionier bringen als Kulturgut auch ihre männlichen Gottheiten mit. Doch in Ephesus konnten sie nicht recht Fuß fassen. So findet sich ihr gemeinsames Heiligtum (Panionion) ohne Tempel und Priesterschaft südlich von Ephesus auf der Halbinsel Mykale gegenüber der Insel Samos. Apollon wird in Klaros und Didyma verehrt. Wobei Didyma, südlich von Milet gelegen, bald zur zweitwichtigsten Orakelstätte nach Delphi aufsteigt.

Welcher ältere Kult hier verdrängt wurde, wäre einer eigenen Darstellung wert. Im Zusammenhang des Orakelwesens wollen wir später noch einmal diesen bedeutenden Schauplatz aufsuchen.

Natürlich sind die Völkerwanderungen, Besiedlungen, Kolonisationen und Einflussnahmen im ägäisch-kleinasiatischen Großraum noch komplexer. Deshalb müssen zumindest die Phönizier genannt werden, die nicht nur Seehandel betreiben und im ganzen Mittelmeerraum Kolonien gründen. Sie haben bereits um 1100 v. Chr. die alphabetische Schrift eingeführt, die wir heute noch über das griechisch-lateinische Buchstabensystem benutzen. Neben der Archäologie ist bekanntlich die Dialektforschung ein wichtiges Hilfsmittel, wer sich wann und wo niedergelassen hat. So geben vor allem die Dialekte Aufschluss über die Herkunft der einzelnen Völker, die sich an der Westküste Kleinasiens und der Inselwelt niederließen.

Besiedlungsspuren in Ephesus

Bis zum Jahr 1960 war man sich im Unklaren, wie die Frühbesiedlung in Ephesus aussah und wo genau sie stattfand. Mit den Grabungen am Ayasolukhügel, jenem Hügel, auf dem die Johannesbasilika stand, bis hinauf zur Zitadelle sowie in der Nähe des Artemisions wurde deutlich: Die ephesinische Bevölkerung hat in mykenischer und vormykenischer Zeit in diesem Bereich gesiedelt. Mittelpunkt und Orientierungspunkt stellte das Artemision dar.

Ab dem 5. Jh. v. Chr. kann ein rechtwinkliges, die Stadt prägendes Straßenraster um das Heiligtum herum nachgewiesen werden. Das Straßenmuster, das in der Folgezeit bis in hellenistisch-römischer Zeit das städteplanerische Grundkonzept für die meisten Städte des hellenistisch-römischen Einzugsgebiets blieb, geht auf Hippodamos von Milet zurück und ist in seiner Theorie ein Ergebnis der griechisch-demokratischen Staatsauffassung.

Über die Zeit der ionischen Kolonisation berichten Gründungslegenden, nach denen eine Besiedlung der Ionier ca. 2 km westlich der alten Siedlung am Artemision anzunehmen ist. Jüngere Gründungslegenden, die Strabon (1. Jh. n. Chr.) und Pausanius (2. Jh. n. Chr.) überliefern, belegen ebenfalls dieses Siedlungsgebiet, wonach die Ionier die bereits ansässigen Karer, Leleger und Lyder nicht vertreiben konnten. Zudem befand sich hier am Akropolis-Hügel ein altes Kybele-Heiligtum, das die anatolische Muttergöttin verehrte.

Pausanius berichtet zutreffend, Leleger und Lyder hätten sowohl die „obere Stadt" am Akropolishügel als auch die 1,5 km entfernte Siedlung „beim Heiligtum", dem Artemision, besiedelt. Alte und neue Bevölkerungsteile, aber auch Kultur und Religion gingen nun eine Symbiose ein. „Weitere konkrete Hinweise für die Lage der Siedlungen, welche in geometrischer und früharchaischer Zeit die Vorgängerorte des klassischen Ephesos gewesen sein könnten, gewinnt man durch den Kult der Artemis Ephesia. Die Fruchtbarkeitsgöttin Anatoliens, deren Heiligtum die kolonisierenden Griechen vorgefunden haben, wurde von den Neuankömmlingen mit ihrer eigenen, jungfräulichen Jagdgöttin, der Artemis, verschmolzen. So entstand jene große, unverwechselbare Artemis Ephesia, die in Synthese ihres anatolischen und griechischen Ursprungs als jungfräuliche Muttergottheit für den Nachwuchs bei jagdbarem Wild, für das Gedeihen der Herden und für die gute Niederkunft in der Familie sorgte." ³

Ein uralter Prozessionsweg führte vom Artemision zum Sattel der zweiten Siedlung, der sogleich der Stadtberg der künftigen hellenistisch-römischen Stadt werden sollte.

Das Heiligtum kennzeichnet den hl. Ort und das Haus des Kultbildes. Der Prozessionsweg, die Hl. Straße (via sacra), beschreibt mehr noch als der Tempel das wandernde Volk der Göttin und damit eine besondere Weise der Religionsausübung.

Da der Prozessionsweg Einblick in die kultische Praxis des pilgernden Volkes vermittelt, wollen wir später noch darauf zurückkommen. Hier freilich ist es eine jungfräuliche Muttergottheit mit ihren Priesterinnen, die den Platz eindeutig beherrschte.

Der lydische König Kroisos, der die ionische Herrschaft endgültig ablöst, das kulturelle Leben der Stadt beflügelt und den alten Artemistempel ausbaut, spielt um 560 v. Chr. eine große Rolle besonders bei der Vereinheitlichung der Stadt.

Durch die gezielte Heiratspolitik hatten vor ihm schon König Gyges eine feindliche Übernahme von Ephesus verhindern können. Gyges, der uns durch Friedrich Hebbels Tragödie „Gyges und sein Ring" bekannt ist und auch Kroisos, der Dank seiner legendären Goldlagerstätten mit der Wendung „bin ich denn Krösus" unsterblich wurde, residierten 80 km nordöstlich von Ephesus in ihrer Hauptstadt Sardes. Über die 7 Sendschreiben der Offenbarung des Johannes ist uns die Stadt Sardes heute noch bekannt (Offb 3,1-6).

Der schon längst das Stadtbild prägende Artemistempel wurde 356 v. Chr. durch Brandstiftung Herostrats ein Opfer der Flammen. Allein das hölzerne Kultbild der Artemis entkam der Zerstörung. War das Heiligtum zerstört, so doch nicht der Kultort und nicht der Kult selbst.

Als Alexander der Große sich anbot, den Tempel wieder aufzubauen, lehnten

•••

³ F. Hueber, ebd., 30

Die dritte Missionsreise

die Epheser dies aus durchsichtigen Gründen ab. Sie vermuteten eine makedonische Abhängigkeit. Auf diplomatischem Weg ließ die Priesterschaft Alexander wissen: „Einem Gott wie Alexander gezieme es sich nicht, einer anderen Gottheit – gemeint ist die ephesische Artemis – einen Tempel zu stiften." (Bammer/Muss, 8).

Da die Priesterschaft des Tempels mehrheitlich in den Händen von Frauen lag, waren es auch vornehmlich ephesische Frauen, die den neuen Tempel finanzierten und dem berühmten Makedonen die Stirn boten. Nach dem frühen Tod Alexanders baute Lysimachos, einer seiner Nachfolger, Ephesus neu.

Grund war der am Ende des 4. Jh. v. Chr. erhöhte Grundwasserspiegel, der ständig in der alten Stadtsiedlung für Überschwemmungen sorgte. Strabon vermutet, Lysimachos habe die Wasserkanäle verstopfen lassen, um einen Grund mehr für den Neubau der Stadt zu haben.

Das neue zwischen den Bergen gelegene Areal hatte verschiedene Vorzüge. Einmal lag es trocken und war damit vor Sumpffieber geschützt, zudem bot die höhere Wohnlage auch besseren Schutz vor Seeräubern, die bis in die römische Kaiserzeit äußerst umtriebig waren.

Eine riesige Stadtmauer umgab über die Steilhänge hinweg das gesamte Neubaugebiet. In regelmäßigen Abständen bewachten Wehrtürme die Anlage und gaben sogleich ein imposantes Landschaftsbild ab. Einer dieser alten Wachtürme wird „Paulusgefängnis" bezeichnet, obgleich keiner sicher sagen kann, ob Paulus jemals dort eingekerkert war.

Lysimachos nannte die Neugründung der Stadt nach seiner Frau „Arsinoe", um damit ein neues Zeitalter und eine neue Ideologie zu etablieren. Doch hatte er seine Planungen ohne die Tempelhüterinnen der Artemis gemacht. Ihr Machtfaktor war größer und schon über Jahrhunderte hin bewährt. Die alten Traditionen mussten erhalten bleiben, der Tempelkult, die Prozessionen, die Gräber entlang der Prozessionsstraßen. Die Umbenennung der Stadt blieb mit Lysimachos auf dem Schlachtfeld bei Magnesia eine Episode.

Durchsetzen konnte sich jedoch sein städteplanerisches Bild der hellenistischen Neustadt mit den umfangreichen Verteidigungsmauern. Wieder war es ein rechtwinklig angelegtes Straßennetz, das sogar über die Steilhänge des Geländes gelegt wurde.

Die beiden zentralen Plätze der Stadt integrierten einen Teil der Prozessionsstraße, die damals „Embolos" hieß und heute „Kuretenstraße" genannt wird.

Die neue Stadt war durch den Prozessionsweg mit dem Artemision verbunden, alte sowie neue Traditionen waren damit verknüpft. Die Stadtgöttin konnte wirksam bleiben. Wir mögen heute darüber schmunzeln, in der Antike hatte solches Gebaren Überlebenskraft.

Als vormals Kroisos die Stadt erobern wollte, weigerte sich sein Neffe, der ephesinische Stadtkönig Pindaros, die Stadt zu übergeben. Als Pindaros anbot, das Artemision durch Seile mit der Stadtmauer zu verbinden, um so durch diese

Verbindung den Schutz der Göttin zu bewirken, ging man darauf ein. Kroisos ließ von der weiteren Belagerung der Stadt ab.

Die lysimachischen Mauern schützten 280 ha Neubaugebiet, wovon zunächst nur 100 ha als Wohnbaugebiet genutzt wurden. Als Planungsziel konnte nun Ephesus ca. 220.000 Einwohner beherbergen. Doch wird diese Zahl erst im 2. Jh. n. Chr. mit dem römischen Bauboom erreicht.

Mehr in der östlichen Oberstadt dürfte die bessere, weil ruhigere Wohnlage gelegen haben, denn an der lärmenden Unterstadt befanden sich der Hafen, der Westmarktplatz (Westagora), das Theater, das Gymnasion und das Stadion.

Die hellenistischen Häuseranlagen (Insulae) umfassten gemäß Rasterfeld des hippodamischen Städtebauplanes acht bis zwölf Häuser. Wie die Ausgrabungen zeigen, waren sie viel kleiner als die vergleichbaren römischen Insulae.

Mehrere Anlagen wurden für öffentliche Nutzungen zusammengefasst. Für das Stadion, das Theater und das Bouleuterion (= Plenarsaal des Rathauses), wurden die natürlichen Hänge genutzt. Die gleiche Bauweise gilt für das Prytaneion (= Fest- und Kultbau der Stadtverwaltung).

Alle Gebäudeteile der älteren Siedlung auf der Agora wurden wegen des ständig steigenden Grundwasserspiegels eingerissen, das Gebiet aufgeschüttet und mit neuen hellenistischen Markthallen bebaut. In römischer Zeit hat sich in dieser Bauordnung kaum noch etwas verändert.

Weil es der Stadt wirtschaftlich so gut ging, bestellt der römische Senat nur hochverdiente Beamte als Prokonsulen und dies auch jeweils nur für ein Jahr. Denn das Prokonsulat in der Provinz Asia war eines der begehrtesten, weil ertragreichsten, das Rom zu vergeben hatte.

Als Paulus im Hafen der Stadt landete, quillt die Stadtmitte fast über. Seneca, der einige Jahre später 65 n. Chr. die Metropole betritt, schreibt in seinem Brief an Lucilius, dass die Stadt von Häusern übergeht (Luc. Ep. 102). Auch Plinius Secundus d. Ältere beobachtet 77 n. Chr., wie die Häuser den Pion hinaufklettern (nat.hist. 5,29).

TEIL 41
Ephesus (III)

Wege der Schriftgelehrsamkeit

Von Lukas erfahren wir in der Apostelgeschichte, dass Paulus sich über zwei Jahre in Ephesus aufgehalten hat. Trotz dieser überaus langen Zeit, die der Apostel in Ephesus wirkte, erwähnt Lukas nur einige wenige markante Punkte, die ihm für seine Hörerinnen und Hörer wichtig sind.

„Paulus ging in die Synagoge und lehrte drei Monate lang freimütig und suchte sie vom Reich Gottes zu überzeugen. Da aber einige verstockt waren, sich widersetzten und vor allen Leuten den (neuen) Weg verspotteten, trennte er sich mit den Jüngern von ihnen und unterwies sie täglich im Lehrsaal des Tyrannus. Das geschah zwei Jahre lang." (Apg 19,8-9.10a).

Wieder war es die Synagoge, in der Paulus sein Evangelium zuerst verkündete. Weil er dort kaum Gehör fand, suchte er im Lehrsaal des Tyrannus Unterschlupf. Was er dort tat, ist aufschlussreich. Er „unterwies sie täglich im Lehrsaal". Hier haben wir eine Notiz, wie missionarische Verkündigung ausgesehen hat. Paulus „unterwies" oder „lehrte" nach der Art und Weise antiker Rhetoriker. Dazu benutzte er den Privathörsaal des Rhetors Tyrannus. Der westliche Text der Apostelgeschichte weiß sogar, Paulus habe von „der 5. bis zur 10. Stunde", also von 11 Uhr bis 16 Uhr, unterrichtet. Das sind die Stunden, in denen man im Orient wegen der Mittagshitze die Arbeit niederlegt, sich ausruht, schläft oder eben paulinische Unterweisungen erfährt.

Was tat Paulus in dieser Zeit? Er verkündete, er predigte, er unterwies, er kam mit seinen Zuhörerinnen und Zuhörern ins Gespräch. Ausgangspunkt aller Rede war der Schrifttext, gemäß der weishheitlichen Spruchsammlungen der Väter: „Wende sie hin, wende sie her, alles ist in ihr." Heißt es doch bereits in Psalm 1: „Wohl dem Mann, der nicht dem Rat der Frevler folgt, nicht auf dem Weg der Sünder geht, nicht im Kreis der Spötter sitzt, sondern Freude hat an der Weisung des Herrn, über seine Weisung nachsinnt bei Tag und bei Nacht." (Ps 1,1-2).

Paulus war da ganz jüdisch-hellenistischer Schriftgelehrter. Sich mit der Hl. Schrift im jüdischen Sinne beschäftigen, das ist „Lehre", ist „Unterweisung". Die Tora, die Hl. Schrift, „lernt" man noch heute im jüdischen Sprachverständnis. Sie wird nicht gepredigt, sondern „gelernt". Man nimmt sich einen Abschnitt der Schrift vor und legt ihn auf sein Leben hin aus. Dabei spielt jeder Buchstabe der Schrift eine große Rolle. Kein Wort ist nebensächlich oder gar belanglos. Nur beim genauen Hinsehen fallen der tiefe Hintergrund und die Bedeutungsschwere der Schrift auf. Heute sprechen wir von Bibelkreisen, in denen sich die Menschen das Wort der Schrift erschließen, damals war es das Lehrhaus, das die öffentliche Auseinandersetzung ermöglichte.

Immer ist das Schriftwort Ausgangspunkt und Zentrum des Bibelgesprächs. Dabei braucht es kritische Zuhörer. Paulus hatte sie bereits in Beröa vorgefunden. Als er dort das Wort verkündete, hieß es von den Menschen: „Mit großer Bereitschaft nahmen sie das Wort auf und forschten Tag für Tag in den Schriften nach, ob sich dies wirklich so verhielte" (Apg 17,11).

War es das Vorbild aus Psalm 1, das die Richtschnur der Bibelbeschäftigung vorgab: Glücklich ist, wer „über seine Weisung nachsinnt bei Tag und bei Nacht"? Folgt man Lukas, hat Paulus seine Hörerschaft gehabt, sonst hätte er nicht zwei Jahre lang in dieser Art unterweisen können.

Von ganzheitlichen Methoden der Schriftbeschäftigung, wie sie heute üblich sind, lesen wir noch nichts, auch nichts vom möglicherweise fehlenden Lebensbezug. Das Schriftwort selbst war stark genug, um sich von ihm täglich nähren zu lassen.

Natürlich gab es auch Menschen, die sich dem widersetzten, die die paulinische Lehre vom „neuen Weg", wie das Evangelium der Christen genannt wurde, verspotteten.

Wie unbändig die Leute nach der paulinischen Lehre hungerten, lesen wir in der Apostelgeschichte nur ein Kapitel später in einer anekdotenhaften Wundergeschichte, die sich in Troas zugetragen haben soll: Paulus war wieder einmal in Eile, doch er unterwies und unterwies: „Als wir am ersten Wochentag versammelt waren, um das Brot zu brechen, redete Paulus zu ihnen, denn er wollte am folgenden Tag abreisen; und er dehnte seine Rede bis Mitternacht aus. In dem Obergemach, in dem wir versammelt waren, brannten viele Lampen. Ein junger Mann namens Eutychus saß im offenen Fenster und sank, als die Predigt des Paulus sich länger hinzog, in tiefen Schlaf. Und er fiel im Schlaf aus dem dritten Stock hinunter; als man ihn aufhob, war er tot. Paulus lief hinab, warf sich über ihn, umfasste ihn und sagte: Beunruhigt euch nicht: Er lebt! Dann stieg er wieder hinauf, brach das Brot und aß und redete mit ihnen bis zum Morgengrauen. So verließ er sie." (Apg 20,7-11).

Noch der 2. Timotheusbrief weiß von einem abrupten Aufbruch des Apostels oder will zumindest diese Szene fortspinnen: „Wenn du kommst, bring den Mantel mit, den ich in Troas bei Karpus gelassen habe." (2 Tim 4,13).

Weitere Wirksamkeit in Ephesus

Die Apostelgeschichte steigert die Begeisterung für Paulus ins Übermäßige. Man traut dem Apostel nicht nur wichtige Rede zu, er soll auch ein großer Wundertäter gewesen sein. „Sogar seine Schweiß- und Taschentücher nahm man ihm vom Körper weg und legte sie den Kranken auf; da wichen die Krankheiten und die bösen Geister fuhren aus." (Apg 19,12). Ähnliche ins Magische reichende Züge von Wundergeschichten finden wir in der Apostelgeschichte bereits im Zusammenhang mit Petrus. „Selbst die Kranken trug man auf die Straßen hinaus und legte sie auf Betten und Bahren, damit, wenn Petrus vorüberkam, wenigstens sein Schatten auf einen von ihnen fiel." (Apg 5,15).

Sind diese Wunder wörtlich zu nehmen oder gestand man den Aposteln kraft ihrer Vollmacht nicht nur solche Taten zu, die schon Jesus getan hatte? „Als die Sonne unterging, brachten die Leute ihre Kranken, die alle möglichen Leiden hatten, zu Jesus. Er legte jedem Kranken die Hände auf und heilte alle." (Lk 4,40).

Das, was Jesus wundertätig bewirkte, ist nun auch seinen Missionaren möglich, so das lukanische Wunderverständnis. Ähnlich spektakulär wie bei den eben genannten Krankenheilungen hebt Lukas seinen Hörerinnen und Hörern einige Bekehrungserlebnisse heraus: „Viele, die gläubig geworden waren, kamen und bekannten offen, was sie (früher) getan hatten. Und nicht wenige, die Zauberei getrieben hatten, brachten ihre Zauberbücher herbei und verbrannten sie vor aller Augen. Man berechnete den Wert der

Bücher auf fünfzigtausend Silberdrachmen." (Apg 19,18-19).

Die hier genannten Zauberbücher von Ephesus waren in der gesamten antiken Welt berühmt. Umso größer muss die Wirkung auf die Hörerschaft gewesen sein. Die Wertangabe von 50.000 Silberdrachmen wird uns erst recht verständlich, wenn wir erkennen, dass eine Silberdrachme dem Wert eines Tageslohnes entsprach. So demonstriert die Angabe der riesigen Summe „nicht nur den Umfang der Aktion, sondern auch das Ausmaß der Gefährdung der Gemeinde in der heidnischen Umwelt; die Vergangenheit der Neubekehrten, deren Leben verwandelt werden muss, ragt noch in die Gegenwart hinein." (R. Pesch, 174).

Die Abwendung der Neubekehrten von Magie und Religionsvermengung erfolgte mit einem symbolischen Akt: einer Bücherverbrennung. Sie war spektakulär, weil es berühmte Bücher waren, dann aber auch, weil es überhaupt Bücher waren. Verbrennt man Bücher? Bücher- bzw. Schriftrollenverbrennungen haben Tradition.

Folgen wir Plutarch (II, 706), so lesen wir von bedeutenden „ephesinischen Schriften", die im weltberühmten Zentrum der Magie angefertigt wurden. Diese sollen es gewesen sein. In unserem Text sind es heidnische Zauberbücher, Zauberpapyri, die man verbrannte. Entledigt man sich derart einer fremden Religion? Zumindest theoretisch.

Bei den so genannten Religionsdisputationen mit jüdischen Gelehrten des Mittelalters wurden in Paris 1242 als Ergebnis einer Disputation 25 Wagenladungen Talmudmanuskripte öffentlich verbrannt. Ein ähnliches Schicksal erlebten die Talmudim in Barcelona 1263. Heinrich Heine wird später sagen: „Dort wo man Bücher verbrennt, verbrennt man am Ende auch Menschen." Am 10. Mai 1933 verbrannte man in Nazideutschland alle „nichtdeutschen Bücher". Die weiteren Folgen kennen wir.

Hatte Paulus bei seinem ersten Auftreten hier in Ephesus solch grandiosen, überragenden Missionserfolg? Oder verbirgt sich dahinter nicht vielmehr der Wunsch des Lukas, dass selbst 40 Jahre nach Paulus – die Zeit der Abfassung der Apostelgeschichte – dem magischen Kult durch das Christentum ein Ende bereitet werden sollte?

Nicht viel anders verhält es sich mit dem Wirbel, den der „neue Weg", also die Christen, kurz vor der Abreise des Apostels vonseiten des heidnischen Devotionalienhändlers Demetrius ausgelöst haben soll.

Lesen wir zunächst über die große Aufregung, die in Ephesus zu einem Volksauflauf führte:

„Um jene Zeit aber wurde der (neue) Weg Anlass zu einem schweren Aufruhr. Denn ein Silberschmied namens Demetrius, der silberne Artemistempel herstellte und den Künstlern viel zu verdienen gab, rief diese und die anderen damit beschäftigten Arbeiter zusammen und sagte: Männer, ihr wisst, dass wir unseren Wohlstand diesem Gewerbe verdanken. Nun seht und hört ihr, dass dieser Paulus nicht nur in Ephesus, sondern fast in der ganzen Provinz Asien viele Leute verführt und aufgehetzt hat mit seiner Behauptung, die mit Händen gemachten Götter seien keine Götter. So kommt nicht nur unser Geschäft in Verruf, sondern auch dem Heiligtum der großen Göttin Artemis droht Gefahr, nichts mehr zu gelten, ja sie selbst, die von der ganzen Provinz Asien und von der ganzen Welt verehrt wird, wird ihre Hoheit verlieren. Als sie das hörten, wurden sie wütend und schrien: Groß ist die Artemis von Ephesus! Die ganze Stadt geriet in Aufruhr; alles stürmte ins Theater und sie schleppten die Makedonier Gaius und Aristarch, Reisegefährten des Paulus, mit sich. Als aber Paulus in die Volksversammlung gehen wollte, hielten ihn die Jünger zurück. Auch einige hohe Beamte der Provinz Asien, die mit ihm befreundet waren, schickten zu ihm und rieten ihm, nicht ins Theater zu gehen. Dort schrien die einen dies, die andern das; denn in der Versammlung herrschte ein großes Durcheinander und die meisten wussten gar nicht, weshalb man überhaupt zusammengekommen war.

Die Juden schickten Alexander nach vorn und aus der Menge gab man ihm noch Hinweise. Alexander gab mit der Hand ein Zeichen und wollte vor der Volksversammlung eine Verteidigungsrede halten. Doch als sie merkten, dass er ein Jude war, schrien sie alle fast zwei Stunden lang wie aus einem Mund: Groß ist die Artemis von Ephesus!

Der Stadtschreiber aber brachte die Menge zur Ruhe und sagte: Männer von Ephesus! Wer wüsste nicht, dass die Stadt der Epheser die Tempelhüterin der Großen Artemis und ihres vom Himmel gefallenen Bildes ist? Dies ist unbestreitbar; ihr müsst also Ruhe bewahren und dürft nichts Unüberlegtes tun. Ihr habt diese Männer hergeschleppt, die weder Tempelräuber noch Lästerer unserer Göttin sind. Wenn also Demetrius und seine Zunftgenossen eine Klage gegen irgendjemand haben, so gibt es dafür Gerichtstage und Prokonsuln; dort mögen sie einander verklagen. Wenn ihr aber noch etwas anderes vorzubringen habt, so kann das in der gesetzmäßigen Volksversammlung geklärt werden. Sonst sind wir in Gefahr, dass man uns nach dem heutigen Vorfall des Aufruhrs anklagt, weil kein Grund vorliegt, mit dem wir diesen Volksauflauf rechtfertigen könnten. Nach diesen Worten löste er die Versammlung auf." (Apg 19,23-40).

Um den Hintergrund dieser Episode verstehen zu können, bedarf es einer genaueren Betrachtung des Artemiskults in Ephesus.

Tempelhüterin der Großen Artemis

Unser Bibeltext kennt die herausragende Bedeutung der weiblichen Gottheit und auch die Funktion der Stadt Ephesus für diese Gottheit: „Wer wüsste nicht, dass die Stadt der Epheser die Tempelhüterin der Großen Artemis und ihres vom Himmel gefallenen Bildes ist?" (Apg 19,35b).

Schon das Haus der Göttin, das Artemision, der Artemistempel, zählt wegen seiner Größe und Schönheit zu den sieben Weltwundern der Antike.

Der altehrwürdige Ort der Verehrung hat eine große Vergangenheit und eine überragende Aura.

Der griechische Ingenieur Philon von Byzanz (um 200 v. Chr.) beschrieb in einer Rede die antiken Weltwunder, die damalige Reisetätigkeit und auch den Tempel der Artemis. Er gibt uns Einblick in das antike Weltverstehen. „Von den sieben Weltwundern ist ein jedes allen vom Hörensagen bekannt, doch nur wenigen aus eigener Anschauung. Man muss ja auch nach Persien reisen, über den Euphrat setzen, nach Ägypten fahren, sich bei den Eleiern in Griechenland aufhalten, nach Halikarnass in Karien gehen, Rhodos anfahren und in Ionien Ephesus besichtigen. Und wer so um die Welt herumgeirrt ist und durch die Mühsal der Reise erschöpft ist, wird erst dann das Begehren stillen können, wenn auch seine Lebenszeit durch die Jahre vorübergegangen ist.

Deshalb ist die Bildung etwas Erstaunliches und eine große Gabe, weil sie den Menschen von der Notwendigkeit befreit, sich auf den Weg zu machen, und ihm zu Hause die schönen Dinge zeigt, indem sie seiner Seele Augen gibt. Und das Wundervolle ist: Der eine ist zu Orten gekommen, hat sie einmal gesehen, ist abgereist und hat sie schon vergessen; die Details der Werke sind nämlich verborgen und bezüglich der Einzelheiten verflüchtigen sich die Erinnerungen. Der andere jedoch erforscht das Staunenswerte und die jeweilige Qualität seiner Ausführung durch meine Rede, betrachtet das ganze Kunstwerk wie in einem Spiegel und bewahrt so die jeweiligen Merkmale seiner Bilder unauslöschlich; mit der Seele nämlich hat er die Wunder geschaut ..." Über das Artemision sagt Philon: „Der Tempel der Artemis von Ephesus ist das einzige Götterhaus (unter den Weltwundern). Wer ihn betrachtet, wird überzeugt sein, dass der Ort vertauscht ist und der himmlische Schmuck der Unsterblichkeit auf die Erde geleitet worden ist. Auch die Giganten oder die Aloaden, die den Himmel stürmen wollten, suchten Berge auftürmend doch nicht den Tempel, sondern (nur) den Olymp zu erreichen. Kühner als deren Plan ist somit diese Arbeit, als die Arbeit aber die Kunst. Der Künstler nämlich lockerte das darunter liegende Erdreich und führte so die Ausschachtungen in unermessliche Tiefen hinab; dort setzte er dann das Fundament aus behauenem Stein, wobei er ganze Steinbrüche in den Bergen für das unter der Erde Verborgene seiner Werke aufbrachte. So festigte er den unerschütterlichen Halt, stellte dann zunächst den Atlas (eine Stütze) auf, um die schweren nächsten Bauteile abzustützen, und setzte sodann zunächst von außen einen Sockel mit zehn Stufen, den er als nur oben sichtbare Basis errichtete, und um ...[leider ist an dieser Stelle der weitere Text zerstört]" (Übersetzung: K.Brodersen bei A.Bammer/U. Muss, 10).

Auch unser römischer Architekt Vitruv skizzierte den Grundriss des Artemisions in seinen „Zehn Büchern über die Baukunst". Die Beschreibung ist so detailgenau, dass man einen Plan danach anlegen kann.

„Der Dipteros (= ein Tempel mit umlaufender doppelter Säulenstellung) ist an der Vorder- und Rückseite achtsäulig, hat aber rings um die Cella doppelte Säulenreihen, wie der dorische Tempel des

Quirinius und in Ephesus der ionische Tempel der Diana (= Artemis), der von Chersiphron gebaut ist." (III,2,7)

TEIL 42
Ephesus (IV)

Antike Transportmittel

Vielleicht noch interessanter als die Abmessungen des Tempels ist die Beschreibung des römischen Architekten Vitruv, wie man grundsätzlich die riesigen Säulen und Architrave fortbewegte:

„Es ist nicht abwegig, auch eine geniale Erfindung des Chersiphron zu beschreiben. Als dieser nämlich aus den Steinbrüchen zum Dianatempel in Ephesus Säulenschäfte transportieren wollte, er aber wegen der Größe der Lasten und des weichen Bodens der Feldwege kein Zutrauen zum Transport auf Karren hatte, versuchte er es, damit die Räder nicht einsinken sollten, so. Er fügte vier vierzöllige Holzbalken, davon zwei als Querhölzer so lang wie die Säulenschäfte, zusammen und verkämmte sie miteinander. In die Enden der Säulenschäfte führte er mit Bleierguss starke Eisenzapfen wie Spindeln ein. In das Holzgerüst fügte er eiserne Ringe ein, die die Eisenzapfen umschließen sollten. Ebenso verband er die Enden mit hölzernen Backenstücken. Die Eisenzapfen aber, in die Ringe eingelassen, bewegten sich ganz frei. Als nun vorgejochte Ochsen (das Gerüst) zogen, wurden die Säulenschäfte dadurch, dass sie sich mit ihren Eisenzapfen in den Ringen drehten, unaufhörlich fortgerollt.

Als sie aber die Säulenschäfte so transportiert hatten und der Transport der Architrave bevorstand, übertrug Metagenes, des Chersiphron Sohn, das Verfahren vom Transport der Säulenschäfte auch auf den der Architrave. Er ließ nämlich Räder von ungefähr 12 Fuß Durchmesser anfertigen und brachte mitten zwischen ihnen die Enden der Architrave an. In der gleichen Weise fügte er an den Enden der Architrave Zapfen und Ringe ineinander. Als so das aus vierzölligen Hölzern bestehende Gerüst von Ochsen gezogen wurde, brachten die in die Ringe eingefügten Zapfen die Räder zur Drehung, die Architrave aber, zwischen die Räder wie Wagenachsen eingefügt, gelangten in derselben Weise wie die Säulenschäfte ohne Verzug zum Bauplatz." (Übersetzung: K. Fensterbusch).

Wege der Archäologie

In der Antike vermutete man, Götterbilder seien vom Himmel gefallen: „Wer wüsste nicht, dass die Stadt der Epheser die Tempelhüterin der Großen Artemis und ihres vom Himmel gefallenen Bildes ist?" (Apg 19,35).

Wenn man im Mittelalter den Torso einer Götterstatue fand, so war den Menschen die Macht der Götter wieder präsent. „Noch Francesco Petrarca (1304-1374) hielt antike Statuen für Idole, Dämonenbilder und Ähnliches. In Italien wurden manchmal sogar aus Furcht vor der Strafe Gottes die Kirchenglocken geläutet, wenn eine antike Statue durch Bauarbeiten zutage kam."[1]

Das antike Griechenland und das ionische Kleinasien waren noch im 18. Jh. nur durch die klassische Literatur und Philosophie präsent. Selbst der große Johann Joachim Winkelmann, der Begründer der deutschen Archäologie, weigerte sich, nach Griechenland zu reisen.

Ein durch die Archäologie bestimmtes Antikeverständnis setzte erst ein, als Heinrich Schliemann Troja ausgrub und Kleinasien mit dem Eisenbahnbau interessant wurde. So ist es kein Wunder, dass der Engländer John Turtle Wood, der Entdecker des Artemisions, und Carl Humann, der Entdecker des Pergamonaltars, in erster Linie nicht Archäologen, sondern Bahn- und Straßenbauingenieure waren.

Die Entdeckungsgeschichte des Artemistempels ist abenteuerlich. Das Britische Museum London finanzierte eine Grabung nur nach dem Motto „Leistung gegen Geld", d.h., Kredit gab es nur, wenn entsprechende Funde zu erwarten waren. Da man mehr auf die museale Präsentation geeigneter Objekte aus war, hatte man wenig Sinn für Großfunde. Die Entdeckung des Tempels beschreibt Wood in seinem Grabungstagebuch: „Am letzten Tag des Jahres 1869 wurde das Marmorfundament des so lange gesuchten, uns beinahe zur Verzweiflung gebracht habenden Tempels in einer Tiefe von etwa 20 Fuß gefunden.

•••

[1] A. Bammer / U. Muss, Das Artemision von Ephesos, Das Weltwunder Ioniens in Archaischer und klassischer Zeit, Mainz 1996, 13.
[2] A. Bammer / U. Muss, ebd., 16.

Einer der Arbeiter, der eine Reihe tiefer Gräben anlegen wollte, stieß auf ein Fundament aus dickem weißem Marmor, von dem ich sofort dachte, dass es zum Tempel gehören musste."[2]

Schon 1874 stellten die Engländer aber weitere Grabungen ein. Zurück blieb eine riesige Grube, die bis zum heutigen Tag das Areal prägt. Bald nach den Engländern kam das Österreichische Archäologische Institut unter Leitung von Otto Benndorf nach Ephesus. Man konnte Carl Humann, den Entdecker des Pergamonaltars, für weitere Grabungen hinzugewinnen. So fanden 1895 von österreichischer Seite her die ersten Grabungen statt. Doch Geldknappheit brachte auch hier weitere Grabungen immer wieder ins Stocken.

Im Bereich des Artemistempels entstand eine längere Grabungspause, die von Seiten des österreichischen archäologischen Instituts bis 1960 anhielt.

Der gewöhnliche Besucher des ehemaligen Tempelbereichs wird kaum noch etwas Nennenswertes erkennen. Eine 1965 aufgerichtete Säule markiert den Platz des einstigen Tempels, ansonsten ist das Areal nur noch als eine große Baugrube erkenntlich, die in der Regenzeit größtenteils durch Grundwasser geflutet ist.

Das Artemision

Nach Plinius hatte der Tempel mit 245 Fuß Länge, 220 Fuß Breite und 60 Fuß hohen Säulen gewaltige Ausmaße. Umgerechnet entsprechen die Fußmaße einer Baufläche von 125 x 65 m^2 und einer Säulenhöhe von 18 m. Dass die Angaben des Plinius nicht übertrieben waren, konnten die österreichischen Grabungen in den Jahren 1965-1968 bestätigen.

Um die gewaltige Größe des Tempels einordnen zu können, ist ein Vergleich angebracht. Das Bauvolumen des Parthenon in Athen fasst 35.000 m³, das des Artemision über 200.000 m³ damit nahezu das Sechsfache. Somit findet das gewaltige Bauwerk eine Entsprechung allenfalls noch in den ionischen Tempeln auf der Insel Samos und in Didyma, südlich von Milet. Freilich allesamt Bauwerke ionischer Kunst, zum Ruhme der göttlichen Macht erbaut.

Die Große Artemis von Ephesus

Im Innern des Tempels befand sich die Große Artemis von Ephesus, eine hölzerne Figur. Plinius schreibt: „Allein über das Bild der Göttin gibt es strittige Auffassungen: Die einen sagen, es sei aus Ebenholz; Mucianus aber, der dreimal Konsul war und zu denen gehört, die es persönlich in Augenschein genommen und darüber vor kurzem geschrieben haben, sagt, es sei aus Rebenholz und niemals ausgetauscht worden, obwohl der Tempel siebenmal wiederhergestellt wurde; diese Holzart sei von Endoios ausgewählt worden, erstaunlicherweise weiß er nämlich auch den Namen des Künstlers zu nennen, obwohl er der Statue ein höheres Alter zuteilt als der der Athene und erst recht der des Vaters Liber. Er fügt noch hinzu, dass ‚die Statue' durch viele Öffnungen mit Nardenöl benetzt werde, damit diese heilsame Flüssigkeit es tränke und die Fugen zusammenhalte." (N.H. XVI 79, 213-215, Übersetzung: R. König/J. Hopp).

Die hölzerne Statue selbst ist nicht mehr erhalten. Sie dürfte entweder verbrannt oder, was wahrscheinlicher ist, irgendwo feierlich bestattet worden und heute verschollen sein.

Selbst die beiden marmornen römischen Kopien, die aus trajanisch-hadrianischer Zeit (2. Jh. n. Chr.) stammen und im Prytaneion der Stadt, der Versammlungshalle des Stadtrats, gefunden wurden, waren feierlich bestattet und überlebten so die Zerstörung der Halle im 4. Jh.

Dass die Originalstatue aus Holz und nicht aus Marmor bestand, hat gewichtige Gründe. Da die Statue auf Prozessionen mitgeführt wurde, war sie aus Holz gefertigt wesentlich leichter als aus Stein und damit leichter zu transportieren. In Krisenzeiten wie Kriegen oder Feuersbrünsten konnte sie schnell aus dem Tempel entfernt werden.

Über die Jahrhunderte hin hat sich ein besonderer Schmuck und eine am Kult orientierte Funktionskleidung herausgebildet. Je nach Fest und Jahreskreis trug Artemis verschiedene Ornate. Besonders eingeprägt hat sich bereits bei antiken Autoren die „vielbrüstige" Artemis (Min. Felix, Hieronymus) und in der Tat ist das, was wie Brüste aussieht, der Blickfang der Kultstatue für antike und moderne Betrachter.

Lassen Sie uns zunächst einen Gesamteindruck der Statue gewinnen, ehe wir auf den Blickfang näher eingehen.

Da ist die Große Artemis, sie geht wie die Schöne Artemis auf einen Statuentyp zurück, der bis ins 4. Jh. v. Chr. zurückreicht, wie Münzfunde belegen.

„Wirkt das volle Gesicht mit den leicht schräg gestellten Augen freundlich und mild, der Gestus der vorgestreckten Unterarme wie ein hilfreiches Entgegenkommen, so lässt die schwere Gewandung, unter der der Körper ganz zurücktritt, alles Menschliche vergessen."[3]

TEIL 43
Ephesus (V)

Artemis von Ephesus

Sie muss überaus faszinierend gewesen sein, da sie fast 1000 Jahre den Kult in Ephesus und Umgebung geprägt hat. Noch die römischen Marmorkopien zeigen etwas vom Glanz jener Einzelgängerin, die so viele Eigenschaften, Hoffnungen und Wünsche auf sich vereinte.

Folgen wir den minutiösen Beschreibungen der Großen Artemis durch den Ephesusexperten Winfried Elliger[1], so wird plastisch, wie bedeutungsüberladen die einstige Kultstatue war.

Die Große Artemis

„Die Göttin ist bekleidet mit einem dünnen Chiton (= Gewand), der allerdings kaum in Erscheinung tritt. Den unteren Teil bedeckt auf der Vorderseite ein eng anliegender, bis zu den Füßen reichender Schurz, der so genannte Ependytes (‚Obergewand'), der an der Taille durch einen mit Rosetten und Bienen reich verzierten Gürtel gehalten wird. Ein System von senkrechten und waagrechten Doppelleisten oder Schnüren teilt ihn in rechteckige Felder, die mit Figuren und Ornamenten gefüllt sind. Aus den Feldern des senkrechten Mittelstreifens springen Protome (plastisch ausgeformte Oberteile von Mensch oder Tier) kräftig hervor. Sie stellen verschiedene Tiere und Fabelwesen dar, von oben nach unten: je drei Sphingen und Löwengreifen, zwei Reihen Hirschkühe, Löwinnen sowie zwei Stiere(?). Die seitlichen Felder nehmen im Wechsel Bienen und ‚Rankenfrauen' ein: aus einer Blüte oder einem Blattkelch herauswachsendes Mädchen mit einwärts gebogenen Flügeln. Das unterste Feld füllt jeweils eine vierblättrige Rosette.

Der Oberkörper wird in der unteren Hälfte bedeckt von drei Reihen schuppenartig übereinander angebrachter länglich-runder Gebilde, ohne Zweifel das charakteristischste Merkmal der Artemis Ephesia ... Besonders reich geschmückt ist die obere Partie zwischen Brust und Hals. Rosettenartige Vierpassornamente bilden die Halskette, an der eine weitere Kette aus Perlen mit runden und sichelförmigen Anhängern angebracht ist. Unter dem Abschluss des Chitons folgt ein Kranz aus kugelförmigen Blüten, wohl Immortellen. Der Kranz scheint auf einem lederartigen Umhang platziert zu sein, der mit Beschlägen verziert ist und in lanzettförmigen Spitzen

•••

[3] W. Elliger, Ephesos. Geschichte einer antiken Weltstadt, Stuttgart 1985, 113.
[1] W. Elliger, ebd., 102.

ausläuft. In den Zwischenräumen hängen zwischen paarweise angeordneten Blättern Tropfenkugeln, die in der Regel als – in diesem Fall gebündelte – Eicheln gedeutet werden.

Was die Statue besonders wertvoll macht, ist ihr in voller Höhe erhaltener Kopfaufsatz, der so genannte Polos. Er baut sich in drei übereinander gelagerten Zonen auf. Den Schaft zieren auf drei Seiten Protomen von Tieren, die auch auf dem Ependytes erscheinen, also zum religiösen Programm der Darstellung gehören. Das mittlere Band zeigt drei auf Säulen ruhende Arkaden, unter denen Sphingen mit weit ausgestreckten Flügeln sitzen. Den oberen Abschluss bilden drei auf einer Basis konvex angeordnete Tempelfassaden mit je vier ionischen Säulen. Die Giebelfelder sind mit einem Rundschild geschmückt. Auch die Rückseite ist dreifach gegliedert. Das oberste, breiteste Feld bildet ein Bogentor in einer zinnenbekrönten Mauer, im mittleren ist ein Altar in ganz flachem Relief dargestellt, das untere zeigt einen schwertartigen Gegenstand.

Das halbmondförmige Gebilde über den Schultern der Göttin, meist als ‚Nimbus' angesprochen, ist ein von hinten über den Kopf gezogenes Gewandstück, ein Schultertuch, das über die Oberarme herabfällt und auf der Rückseite in Fransen ausläuft. Die links und rechts vom Kopf hervorstehenden Teile sind wieder mit Tierprotomen besetzt, je fünf Löwen- oder Stiergreifen."[2]

-
- ...

[2] W. Elliger, ebd., 113-115

Da die Wildtiere Löwe, Greif und Stier erst gebändigt werden mussten, gilt Artemis wie auch in der griechischen Welt als „Herrin der Tiere". Demnach repräsentieren die Tiere und geflügelten Mischwesen die Natur, deren Herrin Göttin Artemis ist. Weil die Natur den Menschen häufig wild, ungezähmt und bedrohlich erschien, bedurfte es einer göttlich beschützenden Instanz. In Kleinasien hatte diese Funktion Artemis und vor ihr Kybele wahrgenommen.

Anders in der alten und ältesten biblisch-alttestamentlichen Literatur. Hier finden wir den Titel „Herr der Tiere" durchgängig auf den Gott Israels angewendet. Ein anderer Kulturkreis, doch so viel anders auch wieder nicht, nimmt man das Beispiel der astralen Einflüsse.

Die Schöne Artemis von Ephesus (s. Abbildung in der letzten Ausgabe) trägt Tierkreisbilder, die zusammen mit Mondsichel und Sonne als Brustschmuck erscheinen. Sie dürften östlichen Ursprungs und auf östlich persischen Einfluss zurückzuführen sein. Dieser Kulturkreis hat in Sachen astrale Kulte bekanntlich auch auf Israel seinen Einfluss gehabt und nicht nur in der Literatur, sondern auch in der Ikonographie über Jahrhunderte hinweg seine Spuren hinterlassen (vgl. die Synagogen Beth Alpha und Hamat Tiberias).

Kommen wir zur Artemis zurück. Dominierend sind neben den vielen Tieren die floralen Elemente auf beiden Statuen. Es dürften ursprünglich farbige Blütenkränze gewesen sein, die die Kultstatuen bekränzten. Zweifellos wollen die vegetarischen Elemente die Göttin als Herrin der Natur charakterisieren, was eine Variante zur „Herrin der Tiere" darstellt.

Am augenfälligsten dürfte das Element der „Vielbrüstigkeit" der Göttin sein. "Die ‚Vielbrüstigkeit' der Göttin, von der schon antike Autoren sprechen, ließe sich religionsgeschichtlich mit dem Prinzip der Wiederholung als Mittel magischer Funktionssteigerung verstehen: die Brust als Symbol lebensspendender und nährender Naturkraft. Allerdings gibt es in der ganzen Antike kein Beispiel dafür, dass ein weibliches Geschlechtsteil nach der Art von Köpfen oder Extremitäten beliebig wiederholt worden wäre. Zudem zeigt eine genaue Prüfung, dass die ‚Brüste' auf dem Gewand befestigt sind, also zumindest keine natürlichen Brüste darstellen."[3]

Der Schweizerische Archäologe G. Seiterle[4] hat 1979 die vielen „Brüste" als Stierhoden gedeutet. Da im Artemistempel auch Stiere geopfert wurden, ist nicht auszuschließen, dass deren Hoden als Symbole der Fruchtbarkeit an ein eigenes Kultgewand geheftet wurden, das dann der Artemisstatue umgehängt wurde. Da auch der Karische Zeus von Labraynda ein solches hodenbehängtes Kultgewand trägt, ist nicht auszuschließen, dass diese kultische Besonderheit des karisch-lydischen Raums auf die Artemis Ephesia übertragen wurde.[5] Mit dem bezeichnenden Unterschied freilich, dass eine weibliche Gottheit nun die männliche Fruchtbarkeit auf sich vereint.

Artemis wäre demnach die alles überragende und alles auf sich vereinende Gottheit. Der Kultruf „Groß ist die Artemis von Ephesus" meint demnach die „allmächtige" Göttin, die dem antiken Vielgötterglauben zufolge untergeordnete Gottheiten durchaus neben sich zuließ.

Geburtstag der Artemis

Am 6. Mai feierten die Epheser den Geburtstag ihrer Göttin, der in den „Artemisia"-Feierlichkeiten alljährlich oder als „Ephesia" alle vier Jahre begangen wurde. In römischer Zeit währten die Feierlichkeiten mehrere Tage. Sportliche Wettkämpfe, Pferderennen und musische Spiele galten als taugliches Begleitprogramm.

Eine feierliche Prozession mit der festlich bekleideten Kultstatue machte die Göttin für alle nahbar. Der Festzug vom Tempel führte zum Magnesischen Tor hin (durch das Magnesische Tor?) zum Staatsmarkt, über die Kuretenstraße (Heilige Straße) weiter zum Theater bis zum Korenischen Tor und dann zurück zum Tempel.

Das mit wohlriechenden Ölen gesalbte, festlich geschmückte Kultbild bewegte sich in einer Aura der Nähe und Unnahbarkeit. Den Festzug führte bis ins 1. Jh. v. Chr. der Megabyzos, der entmannte Oberpriester, an. In römischer Zeit war es die Oberpriesterin der Artemis. Die Mehrheit des Kultpersonals hatte über den langen Festzug verteilt ihre

---

[3] W. Elliger, ebd., 116.
[4] G. Seiterle, Artemis. Die große Göttin von Ephesus, in: Antike Welt 10 (1979) H.3.
[5] R. Fleischer, Artemis von Ephesus und verwandte Kultstatuen aus Anatolien und Syrien, Leiden 1973, Abb. 143a; 138; 58;

jeweiligen Aufgaben: Herolde, Trompeter, Opferflötenbläser, Schmuckträger, Zepterträger, Priesterinnen und Priester, Opferschauer, Mystagogen, Flötenbläser und „Räucherer", tanzende Jungfrauen, Blüten verstreuende Mädchen, die Sieger der Wettkämpfe, denen die Aufgabe zukam, die Götterbilder zu tragen, dann die Wächter und Tempelwärter. Besonders angesehen, wenn auch mehr im Hintergrund wirkend, waren die „Schmückerinnen der Artemis", sorgten sie doch für den Schmuck, die Garderobe und Salbung der Göttin. Sie alle begleiteten ihre Große Artemis. Am Straßenrand stand die Stadtbevölkerung und rief mit schallenden Rufen ihrer Göttin zu: „Groß ist Artemis, groß ist Artemis."

Xenophon, ein Romanautor des 2. Jh. n. Chr., beschreibt in seinem Roman „Ephesiaka" den Ablauf der Prozession. Natürlich wird dort von einem Liebespaar, Habrokomas und Antheia, erzählt, das während des Festzugs der Artemis in Liebe verfällt:

„Da zogen alle jungen Leute der Gegend mit, die Mädchen prächtig geschmückt, und eine große Menschenmenge, Einheimische und Fremde, war zu dem Schauspiel herbeigeeilt. Der Zug marschierte Reihe für Reihe vorbei: vorweg die heiligen Gegenstände, die Fackeln, Körbe, Räucherwerk; dann folgten Pferde und Hunde und Jagdwaffen, ein Teil für den Krieg bestimmt, die meisten aber für friedliche Zwecke ... Als der Festzug zu Ende war, strömte die ganze Menge ins Heiligtum zum Opfer. Die Ordnung des Festzugs hatte sich aufgelöst, Männer und Frauen, Jungen und Mädchen kamen zusammen. Da sahen sich die beiden ..." (I,2,3-4; 3,1). Wie die Geschichte endet, ist unschwer zu erraten.

Eine andere Erzählung, die den Flurnamen Daitis erklären möchte (aitiologische Legende), trägt noch unverwechselbare lokale Züge. „Die Königstochter Klymene ging, begleitet von Jungen und Mädchen, mit einer Statue der Göttin zu einem Platz in der Umgebung der Stadt. Nach Spiel und Vergnügen auf der Wiese schlug sie vor, die Göttin zu bewirten. Da sammelten die Mädchen Eppich und andere Kräuter und betteten die Statue darauf. Die jungen Männer aber holten Salz aus den nahen Salinen und setzten es der Göttin zum Mahl vor. Als im nächsten Jahr nichts dergleichen geschah, suchte der Zorn der Göttin die Stadt heim, Jungen und Mädchen starben an einer ansteckenden Krankheit. Mit Hilfe eines Orakelspruchs konnten die Epheser die Göttin versöhnen, und sie veranstalteten ein Festmahl für sie, wie die Jungen und Mädchen es im Jahr zuvor getan hatten. Da hörte die Krankheit auf und Göttin und Ort wurden nach dem Festmahl Daitis genannt" (Etymologicum Magnum). Eine „Göttinenbewirtung" (Theoxenie) kennt auch der Komödiendichter Menander, der in einem Fragment vom „Auftragen der Mahlzeit für Artemis Ephesia" spricht.

Die großen Festgelage mit Trank- und Weihrauchopfer am Rande des Festes organisierten die Kureten („Jünglinge", „Jungkrieger"). Sie waren eine wichtige Kultvereinigung, die im Dienste des Tempels stand, wie die Jahreslisten der Mitglieder und Funktionäre auf Säulen des Prytaneions belegen. Strabon erwähnt ihr löbliches Engagement anlässlich der Geburt der Artemis, waren sie doch auch für die Ausrichtung der Bankette und Mysterienopfer zuständig.

Es besteht kein Zweifel, die Artemisverehrung überragte alle anderen Kulte in der Stadt, die durchaus zahlreich waren. In diesem Zusammenhang kann auch die Demetriusgeschichte des Lukas gesehen werden. Demetrius, der als Vorsteher der Silberschmiedezunft den beachtlichen Handel mit kleinen Silbertempelchen des Artemisions und wohl auch mit kleinen Artemisstatuen betrieb, schöpfte aus dem Vollen. Paulus kämpfte mit seiner christlichen Botschaft hingegen fast auf verlorenem Boden. Eine echte Gefahr stellten Paulus und mit ihm die wenigen Christen in Ephesus für Demetrius kaum dar. Noch im zweiten und dritten Jahrhundert war Artemis die uneingeschränkte Herrscherin in Ephesus.

Wenn ihr Konkurrenz drohte, so nicht von einem gekreuzigten Christus, sondern von der ägyptischen Isis, die in hellenistisch-römischer Zeit zunehmend an Einfluss gewann. Sie trug wie Artemis Kulttitel, die uns bekannt sind: „Mutter", „Jungfrau", „jungfräuliche Mutter", „Gottesmutter", „Retterin", „Himmelskönigin".

Maria in Ephesus

Christen entwickelten in Ephesus eine besondere Beziehung zu Maria.[6] Über die Johannestradition kam zwangsläufig auch Maria nach Ephesus. Ob Maria dort gelebt hat und gestorben ist, wie die spätere Überlieferung sagt, ist ungewiss, denn ein Mariengrab kennt auch die Jerusalemer Tradition im Kidrontal. Nach der konstantinischen Wende errichtete man in Ephesus nicht zu Ehren des Paulus oder Johannes eine Kirche, sondern zu Ehren Mariens. Sie ist die älteste und längere Zeit auch größte Kirche vor Ort, wie Archäologen nachweisen konnten. 431 n. Chr. erhoben die Konzilsväter sie zur Konzilskirche und hielten dort ihr allgemeines Konzil ab. 90 Jahre zuvor ist noch eine Episode erwähnenswert.

Der letzte konstantinische Kaiser Julian der „Apostat" (361-363)[7] erließ kurz nach seiner Inthronisation Toleranzedikte, die die heidnischen Kulte wieder zuließen. Selbst die alte Göttermutter Kybele erhielt nun wieder Kulttitel wie „Herrin des Lebens im ganzen Kosmos". Von daher rückt der spätere Konzilsstreit zwischen Nestorius und Kyrilus in ein besonderes Licht. Ging es da doch um die Frage, ob Maria „Christusgebärerin" oder „Gottesgebärerin" sei. Diese „Nebensächlichkeit" musste vor dem Hintergrund der massiv nachwirkenden weiblichen Kulte in Ephesus für Maria zwangsläufig zugunsten des Titels „Gottesgebärerin" („theotókos") ausfallen. Zur Abwehr heidnischer Göttinnen hat Maria deren Hoheitstitel auf sich vereinigt, nun jedoch mit neuer Qualität.

Dogmatisch wurde sie nun mit dem Ti-

•••

[6] Th. Jenny-Kappers, Muttergöttin und Gottesmutter in Ephesus. Von Artemis zu Maria, 1986.
[7] M. Giebel, Kaiser Julian Apostata. Die Wiederkehr der alten Götter, 2002.

tel der „Gottesgebärerin" als Frau und Mutter fast „göttlich" geehrt, doch zugleich hinter Jesus Christus eindeutig zurückgestuft. Der Titel „Christusgebärerin" wäre in Ephesus für Maria freilich zu schwach gewesen.

Die Auseinandersetzung des frühen Christentums mit heidnischen Göttinnen sollte damit noch nicht abgeschlossen sein, sondern noch weitere Jahrhunderte anhalten. Ältere beliebte Kultbilder der Isis, die die Göttin mit dem Horusknaben zeigen, wurden auf Maria mit Christuskind übertragen, so der Statuentyp „Madonna mit Kind" oder „Maria mit Kind auf dem Schoß" oder „Maria mit stillendem Kind". Zwar ist der Ursprungsort dieser Isisübertragungen nicht in Ephesus zu suchen, denn Isiskulte gab es in nahezu allen antiken Städten, doch Ephesus hatte herausragende Bedeutung. Noch ein weiteres Ereignis ist erwähnenswert.

In der Neuzeit pilgern Christen und auch Muslime in die nahe gelegenen Berge von Sirince, um dort in einem „Marien-Haus" die Wohnstätte Mariens aufzusuchen. An diesem Ort soll Maria ihre letzten Lebenstage verbracht haben. Nach Auskunft der örtlichen Reiseleitungen besuchen alljährlich über eine Million Menschen den Ort der Verehrung.

TEIL 44
Die Weiterreise nach Griechenland

Ephesus nach Paulus

Ephesus gehörte zu den großen Zentren des religiösen Lebens in der Antike. Strabo nannte in den zwanziger Jahren des 1. Jhs die Metropole „Mutterstadt" der Artemis. Daneben ließen sich zahlreiche kultische Nebenschauplätze nachweisen. Spuren des Christentums hingegen muss man auch nach Paulus noch lange suchen.

Folgt man den archäologischen Zeugnissen, so fehlen bis ins 2. Jh. jegliche Hinweise auf christliche Inschriften oder andere kleinere Spuren. Bei Plinius lesen wir im Brief an Kaiser Trajan (98-117), dass das Christentum sich über die Städte und inzwischen auch über die Dörfer ausgebreitet hat. Für ihn ist das Christentum demnach bemerkbar, ob er dies an der qualitativen Ausstrahlung bemisst oder an der Anzahl seiner Bekenner, muss offen bleiben.

In Ephesus hatte vor Paulus das Christentum erstmals durch den Alexandriner Apollos und das römische Missionsarehepaar Priszilla und Aquila Fuß gefasst (Apg 18,19.24). War Paulus in seiner Missionsarbeit in Ephesus fruchtbar? In einem Brief an die Korinther schreibt er: "In Ephesus will ich bis Pfingsten bleiben. Denn weit und wirksam ist mir hier eine Tür geöffnet worden; doch auch an Gegnern fehlt es nicht." (1 Kor 16,8-9).

Während der zwei Jahre in Ephesus kann Paulus zwar Kollekten für Jerusalem organisieren, doch die Epheser beteiligen sich nicht an den Sammlungen für die verarmte Jerusalemer Gemeinde, zumindest schweigt der Apostel dazu.

Auch das Verhältnis des Paulus zu Apollos scheint frostig gewesen zu sein. Paulus ist jedenfalls gegenüber Apollos nicht weisungsbefugt: "Was den Bruder Apollos angeht, so habe ich ihn dringend gebeten, er möge mit den Brüdern zu euch reisen, aber er wollte auf keinen Fall jetzt gehen. Er wird kommen, wenn er eine günstige Gelegenheit findet." (1 Kor 16,12). Der Widerstand gegen Paulus in Ephesus ist beträchtlich: "Was habe ich dann davon, dass ich in Ephesus, wie man so sagt, mit wilden Tieren gekämpft habe?" (1 Kor 15,32). Hier ist kein Überlebenskampf mit wilden Tieren im Theater oder Kerker anzunehmen, denn Paulus konnte als römischer Bürger nicht den Tieren vorgeworfen werden. Der Kampf gegen wilde Tiere meint wie so oft ein Bild für den übermächtigen Kampf gegen alle möglichen Gegner. An anderer Stelle klagt der Apostel: "Wir wollen euch die Not nicht verschweigen, Brüder, die in der Provinz Asien über uns kam und uns über alles Maß bedrückte; unsere Kraft war erschöpft, so sehr, dass wir am Leben verzweifelten. Aber wir haben unser Todesurteil hingenommen, weil wir unser Vertrauen nicht auf uns selbst setzen wollten, sondern auf Gott, der die Toten auferweckt. Er hat uns aus dieser großen Todesnot errettet und rettet uns noch; auf ihm ruht unsere Hoffnung, dass er uns auch in Zukunft retten wird." (2 Kor 1,8-10). Erst als Paulus aus Ephesus abgereist war und in Korinth seinen Römerbrief verfasste, gestand er den Geschwistern in Rom, wie Priska und Aquila für ihn "ihr eigenes Leben aufs Spiel gesetzt hatten" (Röm 16,4).

Da Paulus längere Zeit im Kerker verbringen und von dort aus agieren musste, schränkte sich der ephesinische Wirkungsgrad seiner Missionstätigkeit abermals ein. Manche vermuten, die paulinische Mission in Ephesus sei insgesamt sogar gescheitert.

„Paulus hat zu keiner Zeit seines Aufenhaltes in Ephesus Fuß fassen können. Während ihm anfangs in Ephesus ‚die Tür verschlossen blieb', brachte auch die Chance, die sich ihm z.Zt. der Abfassung des 1 Kor bot, keine Frucht. Die fehlende ephesinische Kollekte deutet darauf ebenso hin wie die notwendig gewordene Flucht aus der Stadt."[1]

Ist die Missionsbilanz des Heidenapostels tatsächlich so negativ? Die nur wenige Jahrzehnte später einsetzende Wirksamkeit des johannäischen Kreises in Ephesus nimmt keinerlei Notiz von Paulus. Weder das erste Sendschreiben der Offenbarung des Johannes nach Ephesus noch der 2. oder 3. Johannesbrief, die in Ephesus entstanden sein dürften, erwähnen paulinische Früchte. Auch das Schweigen der patristischen Überlieferung zur paulinischen Mission im 2. Jh. macht skeptisch. Ephesus ist inzwischen die Stadt des Johannes und nicht des

•••
[1] M. Günther, Die Frühgeschichte des Christentums in Ephesus, Frankfurt 1995, 53.

Paulus. Wenn der missionarische Misserfolg in Ephesus so beträchtlich war, weshalb hat sich aber Paulus dann so lange in dieser großen Stadt aufgehalten? Ist die verklärende Darstellung der Apostelgeschichte überzogen oder gar nur aus der Luft gegriffen? Wohl kaum. Ephesus ist ein paulinisch geprägtes kirchliches Zentrum geblieben, wie der Paulus zugeschriebene Epheserbrief zeigt. Auch die Pastoralbriefe (1 + 2 Timotheus) atmen paulinischen Geist. Man wird annehmen dürfen, dass sich in Ephesus nahezu zeitgleich ein apollonisches, ein paulinisches und wenig später ein johannäisches Christentum ausgebildet hat, und dass alle drei Richtungen zeitweise konkurrierend nebeneinander bestanden.

In der von Lukas verfassten Rede des Paulus in Milet, die bezeichnenderweise nicht mehr in Ephesus gehalten wird, lässt er den Apostel sagen: „Ich weiß: Nach meinem Weggang werden reißende Wölfe bei euch eindringen und die Herde nicht schonen. Und selbst aus eurer Mitte werden Männer auftreten, die mit ihren falschen Reden die Jünger auf ihre Seite ziehen." (Apg 20,29-30).

Die Stadt des Johannes

In Ephesus hat sich neben einem häretischen Christentum, das in den Pastoralbriefen zur Sprache kommt, vor allem ein johannäisches Christentum entfaltet. Bereits die sieben Sendschreiben der Offenbarung, die sich in einem engen kleinasiatischen Raum bewegen, illustrieren das Wirkfeld und Einflussgebiet des Sehers Johannes.

Irenäus, seit 178 Bischof von Lyon, schreibt als erster, Johannes habe zur Zeit des Trajan sein Evangelium in Ephesus verfasst. Wegen der Wirksamkeit des Paulus und des Johannes in dieser Stadt komme der Metropole neben Rom eine besondere Rolle in der Bewahrung der apostolischen Überlieferungen zu. Möglicherweise liegt uns in den apokryphen Johannesakten, die schon um die Mitte des 2. Jhs verfasst sein könnten, sogar die älteste Erwähnung für eine Wirksamkeit des Johannes in Ephesus vor. In dieser Zeit wird nun nicht mehr zwischen Apostel und Lieblingsjünger oder zwischen Verfasser des Evangeliums und der Offenbarung unterschieden. Liest man nur die johannäische Literatur, so hätten Paulus und seine Anhänger in Ephesus und Kleinasien ausgespielt. „Von der paulinischen Mission ist nichts mehr zu spüren; Johannes hat Paulus aus dem ephesinischen Raum vollständig verdrängt. Ephesus ist jetzt wirklich ganz und gar die Stadt des Johannes geworden", so der Johannesforscher Rudolf Schnackenburg.[2]

Doch die Frage bleibt, ob die paulinische Theologie tatsächlich so abgebrochen ist oder nicht vielmehr in etwas gewandelter Form in den Redaktionen der Paulusbriefe, in den nachpaulinischen Schriften (Epheser und Kolosser), den Pastoralbriefen und in den Petrusbriefen weiterlebt. Johannes auf Patmos schreibt in erster Linie ja nur für seine Gemeinden

•••

[2] R. Schnackenburg, Ephesus, Entwicklung einer Gemeinde von Paulus zu Johannes, BZ 35 (1991) 41-64. 63.

und nicht für die universale Kirche.³ So lässt sich das Schweigen gegenüber Paulus und der paulinischen Theologie eher auf das selbständige Denken einer Parallelgemeinde oder einer gegenüber Paulus konkurrierenden Gemeinde zurückführen als auf ein Verschwinden des paulinischen Gedankenguts insgesamt. Die vielerorts angemahnte Einheit der Kirche hätte es demnach nicht gegeben. Ein Problem, das sowohl Paulus als auch die spätere Johannesschule anmahnen. So schreibt Paulus in Ephesus an die Korinther: „Seid alle einmütig, und duldet keine Spaltungen unter euch" (1 Kor 1,10) und auch die Johannesschüler lassen Jesus ein halbes Jahrhundert später (womöglich) in Ephesus sagen: "Alle sollen eins sein" (Joh 17,21).

Paulus zieht weiter

Nach dem Tumult um den heidnischen Kult in Ephesus verlässt Paulus aus freiem Willen Ephesus, ohne dass die ephesinischen Anliegen aufgegeben zu sein scheinen. Ein letztes Mal kommt er mit der Gemeinde zusammen. Später in Milet wird er nur mehr die ephesinischen Gemeindeleiter sehen. Kurz zuvor hatte er Titus mit dem so genannten Tränenbrief (2 Kor 10-13) nach Korinth gesandt,⁴ um die dort entstandenen Wogen zu glätten. Nach dem lukanischen Reisetagebuch zieht Paulus Richtung Mazedonien und von dort weiter nach Griechenland.

„Nachdem der Tumult [um Demetrius] sich gelegt hatte, rief Paulus die Jünger zusammen und sprach ihnen Mut zu. Dann verabschiedete er sich und ging weg, um nach Mazedonien zu reisen. Er zog durch die dortigen Gegenden und sprach oft und eindringlich zu den Jüngern. Dann begab er sich nach Griechenland; dort blieb er drei Monate. Als er mit dem Schiff nach Syrien fahren wollte, planten die Juden einen Anschlag auf ihn. So entschloss er sich, den Rückweg über Mazedonien zu nehmen." (Apg 20,1-3).

Die kurzen Reisenotizen des lukanischen Reisetagebuches überspringen mit Riesenschritten gewichtige Ereignisse. Was ist das eigentliche Reiseziel des Apostels? In Apg 19,21-22 hieß es, dass Paulus sich vorgenommen hatte, „über Maze-

•••

³ Die Vision des Johannes bezüglich der Gemeinde in Ephesus lautet: „An den Engel der Gemeinde in Ephesus schreibe: So spricht Er, der die sieben Sterne in seiner Rechten hält und mitten unter den sieben goldenen Leuchtern einhergeht: Ich kenne deine Werke und deine Mühe und dein Ausharren; ich weiß: Du kannst die Bösen nicht ertragen, du hast die auf die Probe gestellt, die sich Apostel nennen und es nicht sind, und hast sie als Lügner erkannt. Du hast ausgeharrt und um meines Namens willen Schweres ertragen und bist nicht müde geworden. Ich werfe dir aber vor, dass du deine erste Liebe verlassen hast.
Bedenke, aus welcher Höhe du gefallen bist. Kehr zurück zu deinen ersten Werken! Wenn du nicht umkehrst, werde ich kommen und deinen Leuchter von seiner Stelle wegrücken. Doch für dich spricht: Du verabscheust das Treiben der Nikolaiten, das auch ich verabscheue. Wer Ohren hat, der höre, was der Geist den Gemeinden sagt: Wer siegt, dem werde ich zu essen geben vom Baum des Lebens, der im Paradies Gottes steht" (Offb 2,1-7).
⁴ 2 Kor 2,4.13

donien und Achaia nach Jerusalem zu reisen. Er sagte: Wenn ich dort gewesen bin, muss ich auch Rom sehen. Er sandte zwei seiner Helfer, Timotheus und Erastus, nach Mazedonien voraus und blieb selbst noch eine Zeit lang in der Provinz Asien."

Jerusalem und Rom bleiben ihm als jüdische und heidnische Zentren wichtige Meilensteine. Hierüber erfahren wir im Römerbrief genauere Details: "Jetzt aber habe ich in diesen Gegenden kein neues Arbeitsfeld mehr. Außerdem habe ich mich seit vielen Jahren danach gesehnt, zu euch zu kommen, wenn ich einmal nach Spanien reise; auf dem Weg dorthin hoffe ich euch zu sehen und dann von euch für die Weiterreise ausgerüstet zu werden, nachdem ich mich einige Zeit an euch erfreut habe. Doch jetzt gehe ich zuerst nach Jerusalem, um den Heiligen einen Dienst zu erweisen. Denn Mazedonien und Achaia haben eine Sammlung beschlossen für die Armen unter den Heiligen in Jerusalem. Sie haben das beschlossen, weil sie ihre Schuldner sind. Denn wenn die Heiden an ihren geistlichen Gütern Anteil erhalten haben, so sind sie auch verpflichtet, ihnen mit irdischen Gütern zu dienen. Wenn ich diese Aufgabe erfüllt und ihnen den Ertrag der Sammlung ordnungsgemäß übergeben habe, will ich euch besuchen und dann nach Spanien weiterreisen. Ich weiß aber, wenn ich zu euch komme, werde ich mit der Fülle des Segens Christi kommen." (Röm 15,23-29).

Paulus begründet die Reisepläne theologisch. Seine vornehmlich heidenchristlichen Gemeinden haben gegenüber der verarmten judenchristlichen Muttergemeinde in Jerusalem Verpflichtungen. Die Kollekte, die er einfordert, ist das verbindende Glied, das die juden- und heidenchristlichen Gemeinden in Solidarität eint. Die Heidenchristen sind die Schuldner an den Judenchristen, weil sie ihre Existenz dem Judentum verdanken. Das Bild vom Ölbaum verdeutlicht diese Abhängigkeit: "Wenn du als Zweig vom wilden Ölbaum in den edlen Ölbaum eingepfropft wurdest und damit Anteil erhieltest an der Kraft seiner Wurzel, so erhebe dich nicht über die anderen Zweige. Wenn du es aber tust, sollst du wissen: Nicht du trägst die Wurzel, sondern die Wurzel trägt dich." (Röm 11,17b-18). Deshalb bedarf es der Kollekte, deshalb muss Paulus zunächst nach Jerusalem, ehe er nach Rom und Spanien aufbrechen kann.

Bei Lukas erfahren wir nicht, dass der Apostel, nachdem er aufgebrochen war, über Smyrna und Pergamon in Troas einige Zeit verweilte und auch dort missionierte (2 Kor 2,12-13). Hier wollte Paulus endlich den vorausreisenden Titus, der von seiner Korinthmission zurück sein sollte, mit neuen Nachrichten treffen. Doch die Ankunft verzögerte sich. So zog der Apostel weiter, um die mazedonische Kollekte endlich zum Abschluss zu bringen (2 Kor 8 – 9).

Es war eine Art Visitationsreise, die Paulus vornahm. Sie diente nicht nur der Ermahnung, sondern auch der Erbauung. In Philippi warteten die geliebten Freunde. Hier wollte, ja musste er noch einmal vorbeikommen. Hier traf er auch endlich den vorausgereisten Titus mit guten, weil

Die dritte Missionsreise

versöhnlichen Nachrichten aus Korinth. Bald zog die gemeinsame Delegation weiter. Thessalonich und Beröa waren wichtige Gemeindegründungen gewesen, hier dürfte Paulus ebenfalls Halt gemacht haben. Aus dem späteren Römerbrief erfahren wir, dass er während dieses Reiseabschnitts noch einen Abstecher in den westlichen Teil Makedoniens über die Römerstraße Via Egnatia nach Illyrien (Adriaküste) unternahm. Über die Missionserfolge in diesem Gebiet erfahren wir allerdings nirgendwo etwas (Röm 15,19).

Im angrenzenden südlichen Griechenland musste Paulus überwintern, denn Reisen in der verschneiten, stürmischen Jahreszeit war in der Antike fast unmöglich. Drei Monate hielt er sich dort auf. Vor allem aber wohl in Korinth, wo er in der kurzen Winterzeit den Römerbrief schrieb, ehe er wieder nordwärts nach Mazedonien fliehen musste.

Im Haus des Gaius fand er Unterschlupf und wurde wie die ganze Gemeinde dort herzlich aufgenommen (Röm 16,23). Wir schreiben das Jahr 55/56 n. Chr., als Paulus seinem Schreiber Tertius den Römerbrief in die Feder diktiert. Phoebe, die Diakonin und Leiterin der Gemeinde von Kenchreä, der östlichen Hafensiedlung von Korinth, wird den Brief nach Rom überbringen (Röm 16,1-2).

Der Römerbrief ist der längste, theologisch dichteste und für uns heute auf den ersten Blick schwierigste Brief, den Paulus geschrieben hat. Im Nachhinein wurde er zum theologischen Vermächtnis, hinter dem die anderen Briefe als Gelegenheitsschreiben weit zurück stehen. Wie dieser Brief von Paulus gewertet wurde, nämlich als Testament und als Summe seiner missionarischen Tätigkeit, werden wir im nächsten Abschnitt näher ausführen.

TEIL 45
Von Korinth nach Rom
Der Römerbrief (I)

Die geplante Romreise

Der römischen Gemeinde, die Paulus nach seinem Jerusalembesuch aufsuchen wollte, schrieb er als ein Unbekannter. Und doch waren ihm die römischen Christen nicht ganz fremd. Über Priska und Aquila hatte er schon manches aus Rom erfahren, z.B. dass es für Judenchristen unter Kaiser Claudius durchaus schwierig war, seinen Glauben zu bekennen. Zwar wurden die beiden Judenchristen damals als Juden und nicht als Christen aus der Stadt verwiesen, wie das Judenedikt des Kaiser Claudius erkennen lässt, doch die Christen hatten inzwischen auch mit den Juden Roms ihre Glaubensschwierigkeiten.

Wenn nicht als Abschluss der Missionstätigkeit, so sollte der Romaufenthalt für Paulus doch ein neuer Höhepunkt seines Wirkens sein. Lukas, der das gewaltsame Ende des Völkerapostels kennt, kann in seiner Apostelgeschichte die Romreise als Endpunkt des paulinischen Wirkens ansetzen.

Paulus selbst wollte seinen Romaufenthalt nur als Zwischenstopp für eine Spanienreise nutzen (Röm 15,24). Unter dieser vorläufigen Absicht des Apostels muss der Römerbrief deshalb auch gelesen werden. So gibt Paulus in seinem Briefeingang kund: „Unablässig denke ich an euch in allen meinen Gebeten und bitte darum, es möge mir durch Gottes Willen endlich gelingen, zu euch zu kommen. Denn ich sehne mich danach, euch zu sehen; ich möchte euch geistliche Gaben vermitteln, damit ihr dadurch gestärkt werdet, oder besser: damit wir, wenn ich bei euch bin, miteinander Zuspruch empfangen durch euren und meinen Glauben. Ihr sollt wissen, Brüder, dass ich mir schon oft vorgenommen habe, zu euch zu kommen, aber bis heute daran gehindert wurde; denn wie bei den anderen Heiden soll meine Arbeit auch bei euch Frucht bringen. Griechen und Nichtgriechen, Gebildeten und Ungebildeten bin ich verpflichtet; so liegt mir alles daran, auch euch in Rom das Evangelium zu verkündigen. Denn ich schäme mich des Evangeliums nicht: Es ist eine Kraft Gottes, die jeden rettet, der glaubt, zuerst den Juden, aber ebenso den Griechen." (Röm 1,9-16).

Nach Rom wollte Paulus unbedingt. Als Zentrum der antiken heidnischen Welt war es Anlaufpunkt bereits für andere Christen gewesen. Hierzu muss man wissen, dass Paulus nicht an die gesamte Christenheit in Rom schreibt, sondern nur an einzelne Hausgemeinden, von denen wir in Röm 16 einige kennen lernen. Die Grußliste mit der meist paarweisen Nennung von Namen erwähnt diese Hausgemeinden: Zunächst Priska und Aquila, die inzwischen aus Ephesus nach Rom zurückgekehrt waren. Weiter lässt Paulus grüßen „die Gemeinde, die sich in ihrem Haus versammelt. Grüßt meinen lieben Epänetus, der die Erstlingsgabe der Provinz Asien für Christus ist. (6) Grüßt Maria, die für euch viel Mühe auf sich genommen hat. (7) Grüßt Andronikus und Junia, die zu meinem Volk gehören und mit mir zusammen im Gefängnis waren; sie sind angesehene Apostel und haben sich schon vor mir zu Christus bekannt. (8) Grüßt Ampliatus, mit dem ich im Herrn verbunden bin. (9) Grüßt Urbanus, unseren Mitarbeiter in Christus, und meinen lieben Stachys. (10) Grüßt Apelles, der sich in Christus bewährt hat. Grüßt das ganze Haus des Aristobul. (11) Grüßt Herodion, der zu meinem Volk gehört. Grüßt alle aus dem Haus des Narcissus, die sich zum Herrn bekennen. (12) Grüßt Tryphäna und Tryphosa, die für den Herrn viel Mühe auf sich nehmen. Grüßt die liebe Persis; sie hat für den Herrn große Mühe auf sich genommen. (13) Grüßt Rufus, der vom Herrn auserwählt ist; grüßt seine Mutter, die auch mir zur Mutter geworden ist. (14) Grüßt Asynkritus, Phlegon, Hermes, Patrobas, Hermas und die Brüder, die bei ihnen sind. (15) Grüßt Philologus und Julia, Nereus und seine Schwester, Olympas und alle Heiligen, die bei ihnen sind." (Röm 16,5-15). Wenn uns die Namen auch sehr fremd klingen, sie sind unaustauschbare Persönlichkeiten der römischen Christenheit in ihrer ersten Generation.

Judenchristlicher Abstammung sind nur Priska und Aquila, Andronikus und Junia sowie Herodion. Alle übrigen Namen und Hausgemeinden der Grußliste gehören in die heidenchristliche Linie. Die Adressaten des Römerbriefes sind demnach vornehmlich Heidenchristen, die teilweise als ehemalige „Gottesfürchtige" aus dem Einflussbereich der Synagoge gekommen sein mögen.

Wie die zahlreichen römischen Juden in verschiedenen, aber eigenständigen Synagogen organisiert waren, so kommen auch die Christen in sich „hausweise konstituierende(n) Gemeinden" zusammen. Eine Gesamtkirche mit einer Vollversammlung und gesamtgemeindlichen Ämtern und Strukturen lässt der Römerbrief noch nicht erkennen. So dürften das organisatorische Vorbild für die römischen Christen die Judenchristen und für diese wieder die Synagogen abgegeben haben.

Der Briefeingang spricht zudem Christen in unterschiedlichen Bildungsschichten an: Es gibt in Rom „Gebildete und Ungebildete". Doch kann dieses polare Begriffspaar wie zuvor auch „Griechen und Nichtgriechen" einfach sagen wollen, Paulus will „alle" ansprechen.

Wenn Paulus den Brief schreibt „an alle in Rom, die von Gott geliebt sind, die berufenen Heiligen" (Röm 1,7), so ist sein gesamtkirchliches Interesse erkennbar. Der Brief zirkuliert von Hausgemeinde zu Hausgemeinde und stellt so ein verbindendes Gemeindebewusstsein her. Also: Paulus schreibt an „alle", er erreicht „alle" aber nur über einzelne Hausgemeinden.

Die Briefinhalte werden verständlicher, wenn man bedenkt, dass Paulus vor seiner Romreise noch einen Umweg nach Jerusalem machen muss. Vor der judenchristlichen Muttergemeinde will er zum einen seinen heidenchristlichen Missionsauftrag darlegen und zum anderen die Einheit der Kirche aus Juden- und Heidenchristen bekunden. Als äußeres Zeichen dient ihm die Kollekte der Einheit. Paulus wollte nicht nur reden, sondern den verarmten Geschwistern konkret helfen: Die Judenchristen Jerusalems sollten aus seinen heidenchristlichen Pflanzungen eine materielle Gabe erhalten.

Vor diesem Hintergrund ist die Theologie des Römerbriefes auch eine vorbereitende Auseinandersetzung mit den Judenchristen in Jerusalem. Die wenigen Judenchristen und die Mehrheit der Heidenchristen in Rom sollten unter dem einen Herrn vereinbar sein und eine Gesamtgemeinde bilden.

So versteht sich der Römerbrief in Kapitel 1-11 als ein Dialog nicht nur mit den Judenchristen, sondern auch mit dem Judentum. Was haben Juden den Heiden voraus? Was verbindet sie mit den Juden- und dann auch mit den Heidenchristen? Und am Ende die große Frage, welche Bedeutung kommt den Juden zu, die nicht Jesus als Christus erkennen. Dazwischen werden die Heidenchristen immer wieder darüber belehrt, was ihnen das Judentum heilsgeschichtlich nützt.

So können wir heute gerade beim Lesen von Röm 1-11 erkennen, wie sehr wir mit dem Judentum verwandt sind und wie sehr unsere christliche Identität aus dem Judentum kommt.

Betrachten wir an einigen ganz zentralen, aber sehr konkreten Punkten, was Paulus den Römern sagen wollte und auch uns sagen könnte. In seinen Argumentationen benutzt der schriftgelehrte Völkerapostel zahlreiche, zuweilen verwirrende literarische Stilmittel. So sind die heidnischen und jüdischen Dialogpartner rein fiktiver Natur. Paulus wendet sich in seinem Brief nicht an Heiden und Juden, wie der Briefeingang erkennen lässt, sondern ausschließlich an Christen!

Der Aufbau

In einem ersten Hauptteil (Kapitel 1-11) begründet Paulus sein theologisches Fundament, das eine geeinte Kirche aus Juden und Heiden aufzeigen soll. In einem zweiten Hauptteil (Kapitel 12-15) kommt er zu konkreten Handlungsanweisungen für das Leben der römischen Gemeinden.

Der erste Hauptteil, der in fünf große Bereiche unterteilt ist, die sich wiederum in zahlreiche Einzelabschnitte gliedern, setzt mit einem Paukenschlag ein:

„Der Zorn Gottes wird vom Himmel herab offenbart wider alle Gottlosigkeit und Ungerechtigkeit der Menschen, die die Wahrheit durch Ungerechtigkeit niederhalten. Denn was man von Gott erkennen kann, ist ihnen offenbar; Gott hat es ihnen offenbart. Seit Erschaffung der Welt wird seine unsichtbare Wirklichkeit an den Werken der Schöpfung mit der Vernunft wahrgenommen, seine ewige Macht und Gottheit. Daher sind sie unentschuldbar." (Röm 1,18-20).

Der Mensch kann sich beim bevorstehenden Strafgericht nicht herausreden. Ihm steht die ganze Schöpfung Gottes vor Augen, ihre Schönheit, ihre Vielfalt, ihre Individualität. Paulus argumentiert mit einem Schriftwort aus dem Buch der Weisheit: „Denn von der Größe und Schönheit der Geschöpfe lässt sich auf ihren Schöpfer schließen (analógos)." (Weish 13,5).

Weiter sollen seine Leserinnen und Leser mithören, was im angespielten Kontext des Weisheitsbuches gesagt ist – heute würden wir sagen, schlagen Sie nach in Weis 13,1-9: „Töricht waren von Natur alle Menschen, denen die Gotteserkenntnis fehlte. Sie hatten die Welt in ihrer Vollkommenheit vor Augen, ohne den wahrhaft Seienden erkennen zu können. Beim Anblick der Werke erkannten sie den Meister nicht, sondern hielten das Feuer, den Wind, die flüchtige Luft, den Kreis der Gestirne, die gewaltige Flut oder die Himmelsleuchten für weltbeherrschende Götter. Wenn sie diese, entzückt über ihre Schönheit, als Götter ansahen, dann hätten sie auch erkennen sollen, wie viel besser ihr Gebieter ist; denn der Urheber der Schönheit hat sie geschaffen. Und wenn sie über ihre Macht und ihre Kraft in Staunen gerieten, dann hätten sie auch erkennen sollen, wie viel mächtiger jener ist, der sie geschaffen hat; ... Dennoch verdienen jene nur geringen Tadel. Vielleicht suchen sie Gott und wollen ihn finden, gehen aber dabei in die Irre. Sie verweilen bei der Erforschung seiner Werke und lassen sich durch den Augenschein täuschen; denn schön ist, was sie schauen. Doch auch sie sind unentschuldbar: Wenn sie durch ihren Verstand schon fähig waren, die Welt zu erforschen, warum fanden sie dann nicht eher den Herrn der Welt?"

Paulus hat neben dem Text der Weisheit natürlich auch andere ähnliche Aussagen im Blick, die von der Schöpfung auf den Schöpfer schließen lassen: „Die Himmel rühmen die Herrlichkeit Gottes, vom Werk seiner Hände kündet das Firmament. (3) Ein Tag sagt es dem andern, / eine Nacht tut es der andern kund, (4) ohne Worte und ohne Reden, / unhörbar bleibt ihre Stimme. (5) Doch ihre Botschaft geht in die ganze Welt hinaus, / ihre Kunde bis zu den Enden der Erde" (Ps 19,2-5, vgl. auch Ijob 36,22 – 37,13; 38,1 – 41,26).

Die Schönheit der Geschöpfe

Der Apostel verweist auf die Schönheit der Geschöpfe, d.h. wir sollen uns faszinieren lassen von den Details, den Kreaturen, der unermesslichen Vielfalt der Schöpfung. Paulus und das Buch der Weisheit greifen auf griechisch-hellenistisches Denken zurück. Sowohl die Sokratiker als auch die Stoiker (Panaitios und Poseidonios) benutzen schöpfungstheologische Argumente für die Existenz Gottes.

Der frühere Regensburger Alttestamentler Armin Schmitt schreibt dazu: "Gemeinsamer Tenor dieser Überlegungen: Gott selbst ist zwar unsichtbar, aber wir erkennen ihn aus seinen Werken. Der Mensch kann durch Schlussfolgerungen aus dem Vor-Augen-Liegenden auf das Zugrunde-Liegende die causa [= den Grund] allen Seins erkennen... Theologisch gilt Weish 13,3-5 als Belegstelle für die Idee einer „Natürlichen Theologie" (rationaler Gottesbeweis), die (gut verstanden) nichts anderes bedeutet als den Versuch, die Spuren Gottes in seiner Schöpfung selber zu entdecken..."[1] Auch die theologisch bedeutsame Lehre der analogia entis [= Analogie des Seins], nach der eine Erkennbarkeit Gottes außerhalb der Offenbarung möglich ist, beruft sich auf unsere Paulusstelle und das Buch der Weisheit.

Das Erste Vatikanische Konzil hatte noch erklärt, dass „der eine und wahre Gott, unser Schöpfer und Herr, mit dem natürlichen Licht der menschlichen Vernunft durch das, was geschaffen ist mit Gewissheit erkannt werden kann" (Denzinger 1806). Gegen diese Definition hatte der große evangelische Theologe Karl Barth, der Mitbegründer der Dialektischen Theologie, protestiert. „Für ihn muss Religion von der Offenbarung her verstanden werden und nicht umgekehrt. Was aber Offenbarung ist, das muss durch Gott selbst gesagt werden, und dies ist in den Schriften des Alten und Neuen Testaments bezeugt. Von dem in der Schrift dargelegten Wort Gottes her ist aber laut Barth jede natürliche Gotteserkenntnis ein falscher Glaube, ein bedauerlicher Irrtum und daher strikt abzulehnen."[2]

Eine zwischen Vaticanum I und Karl Barth vermittelnde Lösung hatte Hans Küng 1978 in seinem Buch „Existiert Gott" (S.590) vorgelegt. 25 Jahre später nähert man sich nun wieder den biblischen Schöpfungsargumenten.

•••

[1] A. Schmitt, Das Buch der Weisheit. Ein Kommentar, Würzburg 1986, 114.
[2] A. Schmitt, ebd., 115.

Wider die Schöpfungsordnung

Kehren wir zu Paulus zurück. Er belässt es nicht bei den positiven Schöpfungshinweisen. Die Menschen verfallen in eine negative, widernatürliche Lebenspraxis, die der Schöpfungsordnung widerspricht. „Sie vertauschten die Herrlichkeit des unvergänglichen Gottes mit Bildern, die einen vergänglichen Menschen und fliegende, vierfüßige und kriechende Tiere darstellen. (24) Darum lieferte Gott sie durch die Begierden ihres Herzens der Unreinheit aus, so dass sie ihren Leib durch ihr eigenes Tun entehrten. (25) Sie vertauschten die Wahrheit Gottes mit der Lüge, sie beteten das Geschöpf an und verehrten es anstelle des Schöpfers – gepriesen ist er in Ewigkeit. Amen. (26) Darum lieferte Gott sie entehrenden Leidenschaften aus: Ihre Frauen vertauschten den natürlichen Verkehr mit dem widernatürlichen; (27) ebenso gaben die Männer den natürlichen Verkehr mit der Frau auf und entbrannten in Begierde zueinander; Männer trieben mit Männern Unzucht und erhielten den ihnen gebührenden Lohn für ihre Verirrung. (28) Und da sie sich weigerten, Gott anzuerkennen, lieferte Gott sie einem verworfenen Denken aus, sodass sie tun, was sich nicht gehört: (29) Sie sind voll Ungerechtigkeit, Schlechtigkeit, Habgier und Bosheit, voll Neid, Mord, Streit, List und Tücke, sie verleumden (30) und treiben üble Nachrede, sie hassen Gott, sind überheblich, hochmütig und prahlerisch, erfinderisch im Bösen und ungehorsam gegen die Eltern, (31) sie sind unverständig und haltlos, ohne Liebe und Erbarmen. (32) Sie erkennen, dass Gottes Rechtsordnung bestimmt: Wer so handelt, verdient den Tod. Trotzdem tun sie es nicht nur selber, sondern stimmen bereitwillig auch denen zu, die so handeln." (Röm 1,23-32).

Keiner der Heiden, die hier fiktiv angesprochen sind, kann sich herausreden. „Denn sie haben Gott erkannt, ihn aber nicht als Gott geehrt und ihm nicht gedankt. Sie verfielen in ihrem Denken der Nichtigkeit und ihr unverständiges Herz wurde verfinstert." (Röm 1,21).

Wie das Buch der Weisheit einen starken hellenistischen Bildungshintergrund voraussetzt, dürften wir auch bei Paulus stärkere Anklänge, wenn nicht gar Auseinandersetzungen mit den hellenistisch-römischen Philosophen oder doch zumindest mit der hellenistischen Synagoge vermuten.

Bei Seneca finden wir den Satz: „Den Augen entzieht sich Gott, im Denken ist er anzuschauen" (Nat. Quest. VII 30,3). Nun hätte sich Paulus mit Platon oder Aristoteles auseinander setzen können, doch sind diese heidnischen, wenn auch „frommen" Philosophen wegen der Praxis ihres Götzendienstes erst recht „unentschuldbar".

Paulus möchte aber nicht nur, dass die Existenz Gottes an den Werken der Schöpfung erkennbar ist, vielmehr soll der Mensch den Anspruch Gottes vernehmen. „Mit dem Verstand von Gottes Existenz überzeugt zu sein, verändert den Menschen nicht unbedingt, wohl aber angerührt zu werden von seinem Anspruch."[3]

Paulus argumentiert wie so oft weniger mit griechisch-hellenistisch-römischer

Die dritte Missionsreise

Philosophie als mit dem hellenistischen Denken der griechisch-sprachigen Synagoge, auf die er auch in Korinth trifft.

Soweit der erste Argumentationsbaustein innerhalb des ersten Hauptabschnittes des Römerbriefes.

Was Gute Nachricht und Einheitsübersetzung der Texteleganz wegen unterschlagen und damit das Verstehen erschweren, ist ein begründendes „denn" gleich zu Beginn des Abschnittes. „‚Denn' der Zorn Gottes wird vom Himmel herab offenbart". Mit dieser Begründungspartikel markierte Paulus den Zusammenhang zu den vorausliegenden Versen 1,16-17: „Denn ich schäme mich des Evangeliums nicht: Es ist eine Kraft Gottes, die jeden rettet, der glaubt, zuerst den Juden, aber ebenso den Griechen. Denn im Evangelium wird die Gerechtigkeit Gottes offenbart aus Glauben zum Glauben, wie es in der Schrift heißt: Der aus Glauben Gerechte wird leben."

Apokalyptisches Denken

Wer bereit ist noch tiefer in die Begründungszusammenhänge paulinischer Argumentation einzutauchen, der erkennt im ersten Wort des Abschnittes den apokalyptischen Horizont seines Schreibens: „apokalyptetai gàr" („‚denn offenbart ist' der Zorn Gottes vom Himmel herab", wie es ganz wörtlich heißt.)

Paulus teilt das apokalyptische Weltbild, wie es zwei Jahrhunderte vorher im Buch Daniel und in außerkanonischen Schriften dokumentiert ist. So kennt Paulus auch das Henochbuch, das uns heute nur noch in äthiopischer Sprache erhalten ist. Es ist ein Buch, auf das Paulus häufiger anspielt und das auch andere neutestamentliche Autoren kennen. In jüdischen und christlichen Kreisen kursierte es damals gleichsam als Hl. Schrift. Dort heißt es: „Und wenn die Ungerechtigkeit, die Sünde, die Blasphemie und die Frevelhaftigkeit bei allem Handeln zunehmen werden und Abfall, Frevelhaftigkeit und Schändlichkeit zunehmen werden, wird ein großes Straf(gericht) vom Himmel herab über sie alle kommen, und der heilige Herr wird mit Zorn und Strafe kommen, dass er Gericht auf Erden halte." (äthHen 91,7, Übersetzung M. Theobald).

Der „Zorn Gottes" mit dem manche von uns sich heute schwer tun, ihn setzt Paulus voraus. „Mit Gottes Gerichtszorn steht seine Heiligkeit auf dem Spiel, sein Widerwille gegen alle Lüge und Ungerechtigkeit, sein berechtigter Stolz als Schöpfer, der die Zerstörung seiner Schöpfung nicht ertragen kann. Das sollten wir bedenken, wenn wir heute allzu unbedacht und schnell in unserer Verkündigung die Rede vom Gericht Gottes zu verdrängen suchen", wie der frühere Regensburger Neutestamentler Michael Theobald sagt.

So detailgenau und dicht wie hier im ersten Argumentationsbaustein formuliert Paulus auch in seinen folgenden Abschnitten. Es lohnt sich also, beim Römerbrief länger zu verweilen.

•••

[3] M. Theobald, Römerbrief. Kapitel 1-11 (Stuttgarter Kleiner Kommentar Neues Testament 6/1, Stuttgart 2. Aufl 1998, 57.
[4] M. Theobald, ebd., 62.

Judenedikt des Kaisers Claudius
(Überliefert bei Sueton, Leben des Claudius 25, 49. n. Chr.)

„Die Juden vertrieb er aus Rom, weil sie, von Chrestus aufgehetzt, fortwährend Unruhe stifteten."
Diese älteste Erwähnung von Christen in Rom (49 n. Chr.) verdanken wir einem Irrtum. Ein Tumult zwischen Juden und Judenchristen führte zum Judenedikt und zur Vertreibung der Judenchristen Aquila und Priska. Zudem hatte vermutlich der Eigenname Chrestus etwas mit Christus oder den Christen zu tun. Zu diesem Zeitpunkt kannte der heidnische Literat Sueton noch nicht den Unterschied zwischen Juden und Christen. Die Aufhebung der Ausweisung einiger Juden(christen) aus Rom erfolgte mit Kaiser Nero schon fünf Jahre später im Jahre 54 n. Chr.

TEIL 46
Von Korinth nach Rom
Der Römerbrief (II)

Die Zuverlässigkeit des Wortes Gottes möchte Paulus in der bleibenden Erwählung Israels aufzeigen. Das jedenfalls ist die Argumentationskette, die Paulus im Römerbrief in den Kapiteln 9-11 anführt. Damit hängen zwei Fragen zusammen: Welche bleibende Bedeutung hat das Judentum für das Christentum und wie gehen wir Christen mit dem Judentum und ganz konkret mit den wenigen unter uns lebenden Juden um?

Zunächst fragen wir: Wie hat Paulus damals in Korinth den Heidenchristen in Rom dargelegt, warum das Judentum für Christen unaufgebbar ist, obgleich die Mehrheit der Juden Jesus von Nazaret nicht als Christus erkennen wollen?

Dazu muss man den ersten Hauptteil des Römerbriefes (Röm 1,18-11,36) im Auge behalten. Zunächst wendet sich Paulus an die Heiden, die aufgrund ihres unentschuldbaren Lebenswandels dem Zorn Gottes, d.h. dem Strafgericht anheim fallen (Röm 1,18-32). Darüber war in der letzten Ausgabe ausführlich zu lesen.

Dem ersten Hauptteil vorgeschaltet ist die Angabe des Briefthemas. In der antiken Rhetorik nennt man diesen Abschnitt die These oder Themenstellung der weiteren Abhandlung (propositio). An der Beurteilung dieser beiden Verse entscheidet sich bereits die Auslegung der folgenden elf Kapitel und besonders die Kapitel 9-11: „Denn ich schäme mich des Evangeliums nicht: Es ist eine Kraft Gottes, die jeden rettet, der glaubt, zuerst den Juden, aber ebenso den Griechen. Denn im Evangelium wird die Gerechtigkeit Gottes offenbart aus Glauben zum Glauben, wie es in der Schrift heißt: Der aus Glauben Gerechte wird leben" (Röm 1,16f).

Die „Kraft" Gottes oder die „Macht" Gottes, wie das griechische „dynamis" auch übersetzt werden kann, beschreibt das Wesen des Evangeliums. Dieses bewahrheitet sich gerade darin, dass „den Juden zuerst" das Wort Gottes verkündet wurde. Aber nicht im Sinne eines zeitlichen und damit missionsgeschichtlichen Vorsprungs gegenüber den Heiden.

Die dritte Missionsreise

Nicht so sehr, dass den Juden zuerst das Evangelium verkündet wurde und dann den Heiden, sondern dass es eine Bundesgeschichte Gottes mit Israel gibt, an der Gott unbedingt festhält.

Paulus eröffnet den Abschnitt Röm 9-11 so: „Ich sage in Christus die Wahrheit und lüge nicht und mein Gewissen bezeugt es mir im Heiligen Geist: Ich bin voll Trauer, unablässig leidet mein Herz. Ja, ich möchte selber verflucht und von Christus getrennt sein um meiner Brüder willen, die der Abstammung nach mit mir verbunden sind. Sie sind Israeliten; damit haben sie die Sohnschaft, die Herrlichkeit, die Bundesordnungen, ihnen ist das Gesetz gegeben, der Gottesdienst und die Verheißungen, sie haben die Väter und dem Fleisch nach entstammt ihnen der Christus. Gott, der über allem ist, er ist gepriesen in Ewigkeit. Amen." (Röm 9,1-5).

Wie sehr es Paulus im Folgenden um die Bewährung des Wortes Gottes geht, die er am Beispiel Israels aufzeigen möchte, erkennt man an der argumentativen Fortführung: „Es ist aber keineswegs so, dass Gottes Wort hinfällig geworden ist." (Röm 9,6a).

Denn wenn Gott sein vormals erwähltes Volk Israel verworfen hätte, dann wäre Gottes Wort hinfällig und nicht verlässlich, weil es in die Zukunft weisend nicht tauglich wäre.

Paulus unterscheidet in seinem Israelverständnis: „Denn nicht alle, die aus Israel stammen, sind Israel; auch sind nicht alle, weil sie Nachkommen Abrahams sind, deshalb schon seine Kinder, sondern es heißt: Nur die Nachkommen Isaaks werden deine Nachkommen heißen. Das bedeutet: Nicht die Kinder des Fleisches sind Kinder Gottes, sondern die Kinder der Verheißung werden als Nachkommen anerkannt; denn es ist eine Verheißung, wenn gesagt wird: In einem Jahr werde ich wiederkommen, dann wird Sara einen Sohn haben." (Röm 9,6b-9).

Israel in der Geschichte

Aufgrund dieser Differenzierung drängt sich der Gedanke auf, Paulus unterscheide zwischen Juden und Judenchristen, doch widerlegt sich diese Denkmöglichkeit in den weiteren Ausführungen des Römerbriefes. Röm 9-11 entwickelt ein Israelverständnis, das heilsgeschichtlich verstanden werden soll: Israel in der Vergangenheit, das ist die alttestamentliche Zeit. Israel in der Gegenwart, das ist eine für Paulus traurige Erfahrung, denn Israel findet nicht zu Jesus als Christus. Israel in der Zukunft, damit verbindet sich die Frage, welche heilsgeschichtliche Rolle Israel zukommt, gerade dann, wenn es Jesus Christus nicht als Messias erkennt.

„Brüder, ich wünsche von ganzem Herzen und bete zu Gott, dass sie gerettet werden. Denn ich bezeuge ihnen, dass sie Eifer haben für Gott; aber es ist ein Eifer ohne Erkenntnis. Da sie die Gerechtigkeit Gottes verkannten und ihre eigene aufrichten wollten, haben sie sich der Gerechtigkeit Gottes nicht unterworfen." (Röm 10,1-3). Paulus verknüpft den Gottesglauben mit dem Messiasbekenntnis und bringt die Verknüpfung mit Gerettetsein oder Verlorengehen zusammen.

Der Apostel musste schmerzlich erfahren, dass nicht alle Juden, ja dass nur die wenigsten sich zum Evangelium bekannten. So blieb ihnen der neue Heilsweg Gottes durch Jesus Christus verschlossen: „Nicht alle sind dem Evangelium gehorsam geworden. Denn Jesaja sagt: *Herr, wer hat unserer Botschaft geglaubt?* So gründet der Glaube in der Botschaft, die Botschaft im Wort Christi. Aber, so frage ich, haben sie die Boten etwa nicht gehört? Doch, sie haben sie gehört; *denn ihre Stimme war in der ganzen Welt zu hören und ihr Wort bis an die Enden der Erde.* Hat dann Israel, so frage ich, die Botschaft nicht verstanden? Zunächst antwortet Mose: *Ich will euch eifersüchtig machen auf ein Volk, das kein Volk ist; auf ein unverständiges Volk will ich euch zornig machen. Und Jesaja wagt sogar zu sagen: Ich ließ mich finden von denen, die nicht nach mir suchten; ich offenbarte mich denen, die nicht nach mir fragten.* Über Israel aber sagt er: *Den ganzen Tag habe ich meine Hände ausgestreckt nach einem ungehorsamen und widerspenstigen Volk."* (Röm 10,16-21). Das sind harte Worte. Übersehen wir aber nicht, dass Paulus hier die Tora, d.h. Mose, und dreimal den Propheten Jesaja und einmal die Psalmen zitiert. So liegt eine schriftgemäße volksinterne Selbstkritik vor, keine Kritik von außen. Der Jude Paulus klagt mit der Hl. Schrift sein eigenes Volk an.

„Ich frage also: Hat Gott sein Volk verstoßen? Keineswegs! Denn auch ich bin ein Israelit, ein Nachkomme Abrahams, aus dem Stamm Benjamin. Gott hat sein Volk nicht verstoßen, das er einst erwählt hat ... Ebenso gibt es auch in der gegenwärtigen Zeit einen Rest, der aus Gnade erwählt ist - aus Gnade, nicht mehr aufgrund von Werken; sonst wäre die Gnade nicht mehr Gnade. Das bedeutet: Was Israel erstrebt, hat nicht das ganze Volk, sondern nur der erwählte Rest erlangt; die übrigen wurden verstockt, wie es in der Schrift heißt: Gott gab ihnen einen Geist der Betäubung, Augen, die nicht sehen, und Ohren, die nicht hören, bis zum heutigen Tag." (Röm 11,1-2a.5-8).

Ein schwieriger Text. Wer ist der „Rest"? Sind es die (Juden-)Christen? Ja und nein. Vom Restgedanken sprachen bereits die alttestamentlichen Propheten, allen voran Jesaja. Nicht alle aus dem Volk Israel würden am Ende vor Gott bestehen, sondern nur ein kleiner Teil. Zur Zeit des Paulus empfanden so auch die Zeloten, die Essener und zahlreiche apokalyptisch denkende Gruppen innerhalb des Judentums. Sie allein würden aufgrund ihrer radikalen Frömmigkeit vor dem Gericht Gottes bestehen.

Was will Paulus mit der „Verstockung" sagen? Ein Teil Israels sei verstockt, doch Gott selbst habe Teile Israels zeitweise verstockt, so dass sie so sind, wie sie sind.

Dass die Mehrheit der Juden nicht zu Christus findet, muss einen tieferen Grund haben, darüber hinaus hat es unmittelbar positive Auswirkungen auf die (Heiden-)Christen. Die „Verstockung" Israels ist die Chance der (Heiden-)Christen: „Nun frage ich: Sind sie etwa gestrauchelt, damit sie zu Fall kommen? Keineswegs! Vielmehr kam durch ihr Versagen das Heil zu den Heiden, um sie selbst eifersüchtig zu machen. Wenn aber schon durch ihr Versagen die Welt und durch ihr Verschulden die Heiden reich werden, dann wird das erst recht geschehen, wenn ganz Israel zum Glauben kommt." (Röm 11,11-12).

Es ist für Paulus äußerst schmerzlich, dass seine älteren Glaubensbrüder, die Juden, nicht an Jesus Christus glauben können. So rechnet er damit, dass diese Glaubensgeschwister wohl verloren gehen würden, wenn heute oder morgen das Gericht Gottes käme, und doch hat Gott sie nicht aufgegeben.

Das Israel der Zukunft

Für Israels Zukunft hat Gott einen eigenen Heilsweg vorgesehen. Das wurde Paulus als tiefes Mysterium offenbart: „Damit ihr euch nicht auf eigene Einsicht verlasst, Brüder, sollt ihr dieses Geheimnis wissen: Verstockung liegt auf einem Teil Israels, bis die Heiden in voller Zahl das Heil erlangt haben; dann wird ganz Israel gerettet werden, wie es in der Schrift heißt: Der Retter wird aus Zion kommen, / er wird alle Gottlosigkeit von Jakob entfernen. Das ist der Bund, den ich ihnen gewähre, / wenn ich ihre Sünden wegnehme. Vom Evangelium her gesehen sind sie Feinde Gottes, und das um euretwillen; von ihrer Erwählung her gesehen sind sie von Gott geliebt, und das um der Väter willen. Denn unwiderruflich sind Gnade und Berufung, die Gott gewährt. Und wie ihr einst Gott ungehorsam wart, jetzt aber infolge ihres Ungehorsams Erbarmen gefunden habt, so sind sie infolge des Erbarmens, das ihr gefunden habt, ungehorsam geworden, damit jetzt auch sie Erbarmen finden. Gott hat alle in den Ungehorsam eingeschlossen, um sich aller zu erbarmen." (Röm 11,25-32).

Abschließend argumentiert Paulus mit einem Hymnus, der wieder schöpfungstheologische Anklänge, diesmal aus Jesaja und Ijob verarbeitet: „O Tiefe des Reichtums, der Weisheit und der Erkenntnis Gottes! Wie unergründlich sind seine Entscheidungen, wie unerforschlich seine Wege! Denn wer hat die Gedanken des Herrn erkannt? Oder wer ist sein Ratgeber gewesen? Wer hat ihm etwas gegeben, sodass Gott ihm etwas zurückgeben müsste? Denn aus ihm und durch ihn und auf ihn hin ist die ganze Schöpfung. Ihm sei Ehre in Ewigkeit! Amen." (Röm 11,33-36). So schließt sich der argumentative Rahmen mit Hinweisen auf die Schöpfung (Röm 1,18-25 und 11,33-36). Es gibt für Israel in der Zukunft – so Paulus – einen eigenen Heilsweg, der ohne Jesus Christus auskommt. Das ist der Ratschluss Gottes, der über allem menschlichen Verstehen steht. Denn Gott ist treu, sein einmal gegebenes Wort bleibt bestehen und bewahrt sich in seiner Treue zum älteren Volk Gottes.

Die Stellung der (Heiden-)Christen

Die Zukunft Israels ist die Zukunft auch für die (Heiden-)Christen. Paulus erklärt dies mit einem einleuchtenden Bild: „Ist die Wurzel heilig, so sind es auch die Zweige. Wenn aber einige Zweige herausgebrochen wurden und wenn du als Zweig vom wilden Ölbaum in den edlen Ölbaum eingepfropft wurdest und damit Anteil erhieltest an der Kraft seiner Wurzel, so erhebe dich nicht über die anderen Zweige. Wenn du es aber tust, sollst du wissen: Nicht du trägst die Wurzel, sondern die Wurzel trägt dich. Nun wirst du sagen: Die Zweige wurden doch herausgebrochen, damit ich eingepfropft werde. Gewiss, sie wurden herausgebrochen, weil sie nicht glaubten. Du aber stehst an ihrer Stelle, weil du glaubst. Sei daher nicht überheblich, sondern fürchte dich! Hat Gott die Zweige, die von Natur zum edlen Baum gehören, nicht verschont, so wird er auch dich nicht verschonen." (Röm 11,16b-21).

Man muss kein Mitglied in einem Obst- und Gartenbauverein sein, um verstehen zu können, wie das Veredeln von Bäumen funktioniert. Die (Heiden-)Christen sollen wissen, woher sie ihre Identität bekommen haben: Am edlen Ölbaum des Judentums sind sie nichts anderes als ein wilder Pfropf, der seine gesamte Existenz dem edlen Ölbaum verdankt.

Ohne Judentum kein Christentum

Ein zweites paulinisches Bild hat sich neuerdings in der Begegnung zwischen Christentum und Judentum durchgesetzt. „Nicht du trägst die Wurzel, sondern die Wurzel trägt dich." (Röm 11,18b). Wenn wir heute gerne das paulinische Bild von den jüdischen Wurzeln des Christentums verwenden, so sollten wir uns die Konsequenz dieses Bildes verdeutlichen, die aus der Biologie des Baumwachstums zu folgern ist: Es gibt eine bleibende und notwendige Bedeutung des Judentums für alle Christen – ohne Judentum kein Christentum.

Diese bahnbrechende Neueinsicht der geistlichen Verwandtschaft mit Israel hat für die katholische Kirche erst (!) das Zweite Vatikanische Konzil mit seiner Erklärung über das Verhältnis der Kirche zu den nichtchristlichen Religionen vom Oktober 1965 zum Ausdruck gebracht. Unter Federführung Kardinal Johannes Beas wurde in Abschnitt 4 das Verhältnis der Kirche zum Judentum und zum jüdischen Volk beschrieben: „Bei ihrer Besinnung auf das Geheimnis der Kirche gedenkt die Heilige Synode des Bandes, wodurch das Volk des Neuen Bundes mit dem Stamme Abrahams geistlich verbunden ist. So anerkennt die Kirche Christi, dass nach dem Heilsgeheimnis Gottes die Anfänge ihres Glaubens und ihrer Erwählung sich schon bei den Patriarchen, bei Mose und den Propheten finden. Sie bekennt, dass alle Christgläubigen als Söhne Abrahams dem Glauben nach in der Berufung dieses Patriarchen eingeschlossen sind und dass in dem Auszug des erwählten Volkes aus dem Lande der Knechtschaft das Heil der Kirche geheimnisvoll vorgebildet ist. Deshalb kann die Kirche auch nicht vergessen, dass sie durch jenes Volk, mit dem Gott aus unsagbarem Erbarmen den Alten Bund geschlossen hat, die Offenbarung des Alten Testaments empfing und genährt wird von der Wurzel des guten Ölbaums, in den die Heiden als wilde Schösslinge eingepfropft sind." (Nost.aet. Art.4)

Was aus dieser Einsicht zu schlussfolgern ist: Kirche beginnt nicht erst mit Pfingsten, nicht mit Jesus von Nazaret. Die Heilsgeschichte der Kirche beginnt bereits mit Abraham. Israel und die Kirche werden von Abraham bis Jesus und von Jesus bis heute durch ein geistliches Band verbunden. Die Kirche verdankt Israel „die Offenbarung des Alten Testaments" und die „Nahrung", die sie von den Wurzeln dieses Baumes erhält. Ein Gespräch mit dem Judentum und dann mit Juden zu führen, hat mit diesem christlichen Selbstverständnis zu tun. Die christliche Identität ist eine jüdische, weil das Christentum nicht ohne Judentum sein kann. Dies zu erklären, haben die christlichen Kirchen sich seit 1965 unermüdlich in umfangreichen und vielfältigen Papieren bemüht. Zuletzt war es die umfangreiche Arbeitshilfe der Deutschen Bischofskonferenz zum Heiligen Jahr 2000: „Gott unser Vater. Wiederentdeckung der Verbundenheit der Kirche mit dem Judentum" und die Verlautbarung des Apostolischen Stuhls: „Da jüdische Volk und seine Heilige Schrift in der christlichen Bibel" (2001).

Wenn Jesus früher nicht aus dem Judentum erklärt wurde, so hat das wesentlich etwas mit unserer jüngeren Vergangenheit zu tun. Die Nazis sprachen von der „Verjudung" der Kirche und stilisierten Jesus zum „Arier". Paulus hingegen macht den Heidenchristen in Rom gleich im ersten Satz seines Römerbriefes klar, wie Jesus Christus zu verstehen ist: „Paulus ..., auserwählt, das Evangelium Gottes zu verkündigen, das er durch seine Propheten im Voraus verheißen hat in den heiligen Schriften: das Evangelium von seinem Sohn, der dem Fleisch nach geboren ist als Nachkomme Davids, der dem Geist der Heiligkeit nach eingesetzt ist als Sohn Gottes in Macht seit der Auferstehung von den Toten, das Evangelium von Jesus Christus, unserem Herrn." (Röm 1,1-4).

Das „Evangelium Gottes" wird nur verständlich aus den „Propheten" und das sind weite Teile unseres Alten Testaments und der „fleischlichen" Abstammung aus dem Geschlecht Davids. Und auch die „geistliche" Herkunft wird in alttestamentlich-frühjüdischen Denkkategorien beschrieben: „Geist der Heiligkeit", „Sohn Gottes", „Auferstehung von den Toten".

Wenn Jesus aus dem Judentum erklärt werden muss, dann auch die Kirche. Denn die frühe Kirche ist in ihren normgebenden Anfängen nichts anderes als ein Reformjudentum. Der Glaube an den einen Gott und das Festhalten am Wort Gottes - und das ist für die frühe Kirche ausschließlich das Alte Testament und damit die jüdische Bibel - sind entscheidende Punkte der jüdischen Identität des Christentums.

Wie oft Paulus mit der Hl. Schrift argumentiert, können wir besonders gut im Römerbrief studieren. Das Wort Gottes, die Hl. Schrift, das Alte Testament, ist ihm die entscheidende Argumentationshilfe, um Gott in Jesus Christus aufzuweisen. Wer Jesus Christus ist, „beweist" Paulus mit der Hl. Schrift.

Das Judentum der Bibel, Paulus nennt es häufig auch kurz Israel, ist die erste Etappe der Begegnung zwischen Juden und Christen. Welche Rolle spielt das Judentum nach Jesus Christus für die Christen? Paulus sagt: eine bleibende. Es ist unaufgebbar. Die Kirche nach Paulus hat sich freilich bald von den Juden abgesetzt, nachdem sie schmerzlich erfahren musste, dass sich die Juden Christus verweigern. Matthäus lässt das ganze jüdische Volk bei der Kreuzigung Jesu sagen: „Sein Blut komme über uns und unsere Kinder!" (Mt 27,25). Das sind die Anfänge eines unsäglichen Antijudaismus, der bis ins 20. Jh. anhielt. Einerseits haben die Christen sich auf den Gott Israels und sein Wort berufen, andererseits haben sie das jüdische Volk abgelehnt. Die geschwisterliche Verbindung des älteren und jüngeren Volkes Gottes entwickelte sich zuweilen zu einer Hassliebe.

Erst die Tragödie des Holocaust hat die christlichen Kirchen wieder zu einer Rückbesinnung auf die Anfänge geführt und auf das versöhnliche Bemühen, wie Paulus es in Röm 9-11 versucht. Welche konkreten Vorschläge des christlich-jüdischen Miteinanders die Kirche heute vorzuweisen hat, wird noch aufgezeigt.

TEIL 47
Von Korinth nach Rom
Der Römerbrief (III)

Die Wurzel trägt dich

Paulus hat die uns die Abhängigkeit aus dem Judentum mit deutlichen Naturbildern vor Augen geführt. „Wenn du als Zweig vom wilden Ölbaum in den edlen Ölbaum eingepfropft wurdest und damit Anteil erhieltest an der Kraft seiner Wurzel, so erhebe dich nicht über die anderen Zweige." (Röm 11,17-18a).

Dieses Wort mahnt zur Bescheidenheit und zur Zurückhaltung gegenüber dem älteren Volk Gottes. Noch ein zweites bildstarkes Wort führt Paulus ergänzend an, um die Abhängigkeit des Christentums vom Judentum zu verdeutlichen: „Erhebe dich nicht über die anderen Zweige. Wenn du es aber tust, sollst du wissen: Nicht du trägst die Wurzel, sondern die Wurzel trägt dich." (Röm 11,18).

Mindestens zwei Gesichtspunkte wollen aus dieser Einsicht beachtet sein: Die Kenntnis des Judentums bis in neutestamentliche Zeit ist für einen Christen unabdingbar, denn sie gehört zu seiner eigenen Identität. Ist das frühe Christentum doch in seinen normgebenden Anfängen nicht eine neue Religion oder eine der jüdischen Religion gegenüber selbstständigen Religion, sondern nichts mehr als eine innerjüdische Gruppierung, die am ehesten als Reformjudentum beschrieben werden kann.

Wenn wir uns also um das Verstehen des Judentums bemühen, so geschieht dies zunächst aus Eigennutz. Nicht der Juden wegen müssen wir uns mit dem Judentum beschäftigen, sondern der eigenen Identitätsfindung wegen. Ignorieren wir das Judentum hingegen, ignorieren wir unsere eigene Religion. Bei der Beschäftigung mit dem Judentum lernen wir dann eine bleibende Bindung mit dem Judentum kennen.

Das Vorwort der Arbeitshilfe der Deutschen Bischofskonferenz zum Heiligen Jahr 2000 formuliert daher auch klar und unmissverständlich: „Christen dürfen ihre Herkunft aus Israel und ihre bleibende

Verbundenheit mit den Brüdern und Schwestern des Ersten Testaments nie vergessen. Der Alte und der Neue Bund müssen nach christlichem Verständnis unauflösbar zusammengehören. Der Gott der einen Bibel ist der Grund für ein christliches Gotteszeugnis im Namen Jesu Christi und in der Kraft des Heiligen Geistes."

In dieser Formulierung wird deutlich, dass wir es nicht nur mit einer abstrakten Größe „Judentum" zu tun haben, sondern auch mit Menschen, die jüdischen Glaubens sind. Die Kirche verschweigt dann auch nicht, dass sie diesbezüglich in ihrer Geschichte gefehlt hat. „Tragische Belastungen prägen die Geschichte zwischen Christen und Juden. Auf sie trifft in besonderer Weise zu, was Papst Johannes Paul II. zum Jubiläum 2000 erklärt, ‚dass die Geschichte auch viele Ereignisse verzeichnet, die ein Antizeugnis gegenüber dem Christentum darstellen. Wegen des Bandes, das uns im mystischen Leib miteinander vereint, tragen wir alle die Last der Irrtümer und der Schuld derer, die uns vorangegangen sind, auch wenn wir keine persönliche Verantwortung haben und nicht den Richterspruch Gottes, der allein die Herzen kennt, ersetzen wollen. Aber auch wir haben als Söhne und Töchter der Kirche gesündigt ...' Die ‚Reinigung des Gedächtnisses', das Bekenntnis der Schuld, die Bitte um Vergebung und die Bereitschaft zu einem neuen Weg müssen unverzichtbare Kennzeichen für das Heilige Jahr sein."

Für unseren Zusammenhang ergeben sich im Hinblick auf Paulus ganz konkrete Auswirkungen: Nicht nur das Judentum als Religion ist für einen Christen wichtig, sondern auch die Begegnung mit den Menschen jüdischen Glaubens:

Der gemeinsame Gott

Der die Juden und Christen einende gemeinsame Gottesglaube ist in der gemeinsamen Bibel dokumentiert. Hierbei sind hilfreich die verschiedensten Schattierungen des Gottesbildes, die uns im Alten Testament begegnen. Nun wäre es freilich falsch, sich nur die positiven Gottesbilder herauszupicken und die dunklen Seiten Gottes den jüdischen Menschen zu überlassen. Ein Beispiel: Der so genannte „grausame" Gott im Buch Josua und manchen Psalmen für die jüdischen Menschen und der liebende, barmherzige Gott in den Psalmen und manchen Prophetenbüchern für die Christenmenschen.

Wo Christen gegenüber Juden noch sensibler werden müssen, das ist der Respekt vor dem religiösen Empfinden der Juden bezüglich der Aussprache des Gottesnamens. So bemerkt die Deutsche Ökumenische Versammlung (1996) in ihrem Bericht über das Verhältnis der Kirchen zum Judentum: „In der Einheitsübersetzung wird der Name Gottes (das Tetragramm JHWH) in die deutsche Sprache übernommen. Damit wird zugleich in der christlichen Liturgie entgegen der bisherigen christlichen Tradition dieser Gottesname in einer die Jüdinnen und Juden brüskierenden Weise ausgesprochen." (Freiburger Rundbrief NF 3 (1996) 273). Die Aussprache des Gottesnamens ist für einen religiösen Juden tabu. Weshalb mögen dies so manche Christen in Gegenwart eines Juden nicht respektieren? In scheuer Umschreibung des Gottesnamens vermeiden Juden die Gegenwart Gottes, die sich in der Heiligkeit seines Namens zum Ausdruck bringt. So steht in der Hebräischen Bibel, wo der Gottesname zu lesen ist, eine veränderte Vokalisation, die auf einen anderen Begriff hindeutet: z.B. „Herr", „der Name". Der Judenchrist Paulus hat in seiner griechischen Bibelübersetzung meist Kyrios, „Herr", gelesen, wo der Gottesname zu erwarten war. In vielen jüdischen Publikationen liest man heute noch „G'tt" statt „Gott", um nicht einfach über den Begriff zu stolpern. „Du sollst den Namen Gottes nicht verunehren", wie wir in den Zehn Geboten lesen, findet hier seine tiefere Bedeutung. Mehr Respekt vor dem Gottesnamen verbindet sich so mit mehr Respekt vor dem religiösen Judentum und den religiös empfindenden Juden.

Die gemeinsame Bibel

Die gemeinsame Autorität der Hl. Schrift, hier Hebräische Bibel oder Tenach genannt, was die Abkürzung ist für Tora, Propheten und Übrige Schriften, dort Altes Testament, kann Mittelpunkt einer fruchtbaren gemeinsamen Begegnung sein.

Juden und Christen lesen weitgehend die gleiche Hl. Schrift. Das Neue Testament der Christen macht dagegen nur ca. 1/5 der gesamten Bibel aus. Das Bewusstsein, dass wir mit dem Alten Testament einen mit den Juden identischen Schrifttext haben und doch eine seit fast 2000 Jahren verschiedene Erfahrung der Geschichte, macht die Lektüre geradezu spannend.

Der identische Text lädt zur gemeinsamen Lektüre ein, um herauszufinden, wie gläubige jüdische Menschen und gläubige Christenmenschen diese Hl. Schrift für ihr Leben ausdeuten. Im Bistum Regensburg werden mittlerweile häufiger schon interreligiöse Bibelgespräche geführt. Immer wird deutlich, wie Menschen zweier Religionen miteinander um die Wahrheit dieser einen Schrift ringen.

Immer geht es da zunächst um Selbstvergewisserung. Was ist mein eigener Glaube? Keiner will den anderen zu seinem Glauben bekehren. Und wenn wir Paulus richtig verstehen, so haben wir Christen jüdische Menschen auch nicht zu bekehren, weil Gott einen eigenen Weg mit seinem älteren Volk vor sich hat. Und wenn dieser Weg uns unverständlich scheint, so müssen wir dies wie Paulus als göttliches Geheimnis zur Kenntnis nehmen, wie wir den Respekt vor der anderen Religion auch als ein Markenzeichen des interreligiösen Gesprächs zur Kenntnis nehmen. Auch aushalten zu können, dass der gläubige jüdische Mensch nicht meinen Glauben teilt, ist ein Lernprozess, der in der Vergangenheit wenig gesucht wurde.

Immer ging man davon aus, dass die eigene Religion die bessere sei. Jetzt darf man sogar sagen, dass die eigene Religion die beste aller möglichen sei, doch muss man respektieren lernen, dass das jüdische Gegenüber auch mit der besten aller Religionen unterwegs ist, ohne dass man sein Gegenüber gering schätzt.

Wer so interreligiöse Gespräche führt,

Die dritte Missionsreise

verliert nicht seinen eigene Religion und er braucht auch nicht auf den anderen herabzuschauen. Im Gegenteil. Man lernt seinen eigenen Glauben neu schätzen und kann stolz auf ihn sein, trotz mancher Lücken, die jede Religion birgt. Unter dieser Maßgabe birgt die Begegnung mit der anderen Religion nicht die Gefahr, dass am Ende ein Übertritt in die andere Religion erfolgt, weil man sein Gegenüber vielleicht stärker findet. Wenn am Ende Begeisterung für die andere Religion festzustellen ist, dann wegen des Respekts vor dem anderen, nicht weil ein Übertritt bevorsteht.

Die gemeinsame Liturgie

Bei Juden können wir sehr viel lernen, beispielsweise, wenn es um die Wertschätzung der Hl. Schrift in der jüdischen Liturgie geht. Den christlichen Besuchern eines Synagogengottesdienstes bleibt trotz allem Fremden immer die Ehrfurcht vor dem Wort und die Verehrung der Hl. Schrift nachdrücklich in Erinnerung.

Wer den anderen kennen lernt, wird ihn auch respektieren lernen. Nur ein Reden über andere ohne konkretes Erleben des anderen hat häufig schon zu groben Missverständnissen geführt. So hat es sich bewährt und ist inzwischen zu einem häufigen Brauch geworden, dass begrenzte Gruppen einen Sabbatgottesdienst besuchen, um einmal authentisch zu erfahren, wie jüdische Gottesdienste gefeiert werden. Die Nähe zum christlichen Wortgottesdienst wird den Besuchern sehr schnell bewusst.

Wie im christlichen Gottesdienst auch wird dort aus der Hl. Schrift ein (Wochen-)Abschnitt gelesen. Zur Toralesung (= Pentateuchlesung) gibt es eine Zuordnungslesung aus den Propheten. Die Kirche hat dieses Leseprinzip im Wortgottesdienst übernommen, indem sie dem Evangelium eine alttestamentliche Lesung zuordnet. Dann wird in einer Bahnlesung die Tora in 52 Wochenabschnitten im Jahr gelesen, in der katholischen Liturgie entspricht dies der Lesung eines Evangelisten. Ein zentrales regelmäßiges jüdisches Gebet - in seiner Bedeutsamkeit vergleichbar unserem Vaterunser - ist das „Höre Israel". Es findet sich im Wortlaut auch in unserer Bibel.

Unübersetzt aus der jüdischen Liturgie übernommen haben Christen häufige Ausrufe wie „Halleluja" (= „preist den Herrn") oder „Amen" (= „so soll es sein").

Betrachten wir die jüdischen Gebete Kaddisch und „Achtzehn"-Bittengebet näher, so würden wir feststellen, dass Jesus sein Vaterunser nach diesen Gebeten formuliert hat. Weitere Gemeinsamkeiten lassen sich aufzeigen.

Der Besuch eines jüdischen Gottesdienstes soll jedoch nicht zuerst von der Frage geleitet sein, was kommt auch in der christlichen Liturgie vor, sondern muss zunächst von der Wahrnehmung der anderen Religion bestimmt sein, die ebenfalls gottsuchend unterwegs ist.
Die Gastfreundschaft der jüdischen Menschen in ihren Synagogen wird die Achtung der anderen Religion noch mehren.

Die eigene Bibellesung

Alltäglicher als der Besuch eines synagogalen Gottesdienstes oder eines interreligiösen Bibelgesprächs ist freilich das Lesen der gemeinsamen Bibel, die Christen Altes Testament und Juden Tenach nennen.

Paulus zitiert alleine in seinem Römerbrief über 50-mal das Alte Testament als Hl. Schrift. Wir können demnach den Römerbrief nicht verstehen, ohne das Alte Testament zu lesen. Nähmen wir die alttestamentlichen Passagen aus dem Römerbrief heraus, machte der Text keinen Sinn. Auch die späteren Evangelisten fragen immer wieder, was sagt die Schrift, und flechten Zitate alttestamentlicher Bücher ein.

Das Neue Testament ist ohne das Alte Testament undenkbar. Umgekehrt könnte man das Alte Testament ohne Kenntnisse des Neuen Testaments lesen. Es ist selbstständiges Wort Gottes und braucht das Neue Testament nicht. Freilich wird ein Christ das Alte Testament von Christus herkommend lesen und häufig eine christologische Brille tragen. Doch ist diese nicht (unbedingt) nötig, um das Alte Testament als Wort Gottes richtig zu verstehen. Die Wege der Schrifterschließung sind vielfältig und wurden von den Christen in 2000 Jahren auch unterschiedlich gegangen.

Im Sinne der zahlreichen kirchlichen Empfehlungen ist es, das Alte Testament hoch zu schätzen und keinesfalls gegenüber dem Neuen Testament gering zu achten oder gar auszuspielen.

Da das Alte Testament wesentlich umfangreicher ist als das Neue Testament, hat es auch einen ungleich größeren Schatz an verschiedenen Themen und Blickpunkten. Die Rede über Gott, Mensch und Kreatur fällt deshalb auch sehr breit und vielfältig aus. Es wäre fatal, wollte man sich an wenigen schwer verständlichen Textstellen stoßen und deshalb das ganze Buch schließen.

Der Reichtum an Lebens- und Erfahrungsäußerungen wurde über Jahrhunderte hin gesammelt und schenkt daher auch ein differenziertes Gottes- und Weltbild. Dieses Buch, die Hebräische Bibel/das Alte Testament teilen wir mit den Juden als Hl. Schrift. Vielleicht wird es uns einmal gelingen, ein gemeinsames Lesen und Beten vor dem einen Gott aus derselben Hl. Schrift nicht mehr als etwas Außergewöhnliches erscheinen zu lassen.

Das Land Israel

Ein eigenes Kapitel und gleichsam eine Bewährungsprobe der christlich-jüdischen Begegnung ist die Auseinandersetzung mit dem Land Israel, das inzwischen Heimat für Juden, Christen und Muslime ist. Wie freilich zuweilen über die äußerst komplizierten und verstrickten Verhältnisse im Nahen Osten argumentiert wird, das lässt eher an eine Aufrechnung offener und kaum bezahlbarer Rechnungen erinnern. Hinzu kommt die meist verkürzte und schwer durchschaubare Berichterstattung, auch wenn sie gebetsmühlenartig ständig wiederholt wird.

Nie ist eine Information so unwahr wie in den Zeiten des Krieges. Für welche Seite ergreifen wir dann Partei? Gibt es eine Solidarität für Juden in einem Staat, dessen Gründung ursächlich etwas mit unserer eigenen Vergangenheit zu tun hat

„Höre Israel" (Sch'ma Israel)

Das bedeutendste Gebet des Judentums ist das Sch'ma Israel. Es besteht aus drei biblischen Texten: Dtn 6,4-9; 11,13-21; Num 15,37-41

Dtn 6,4-9
4 Höre, Israel! Der Herr, unser Gott, der Herr ist einzig.
5 Darum sollst du den Herrn, deinen Gott, lieben mit ganzem Herzen, mit ganzer Seele und mit ganzer Kraft.
6 Diese Worte, auf die ich dich heute verpflichte, sollen auf deinem Herzen geschrieben stehen.
7 Du sollst sie deinen Söhnen wiederholen. Du sollst von ihnen reden, wenn du zu Hause sitzt und wenn du auf der Straße gehst, wenn du dich schlafen legst und wenn du aufstehst.
8 Du sollst sie als Zeichen um das Handgelenk binden. Sie sollen zum Schmuck auf deiner Stirn werden.
9 Du sollst sie auf die Türpfosten deines Hauses und in deine Stadttore schreiben.

Dtn 11,13-21
13 Und wenn ihr auf meine Gebote hört, auf die ich euch heute verpflichte, wenn ihr also den Herrn, euren Gott, liebt und ihm mit ganzem Herzen und mit ganzer Seele dient;
14 dann gebe ich eurem Land seinen Regen zur rechten Zeit, den Regen im Herbst und den Regen im Frühjahr, und du kannst Korn, Most und Öl ernten;
15 dann gebe ich deinem Vieh sein Gras auf dem Feld, und du kannst essen und satt werden.
16 Aber nehmt euch in acht! Lasst euer Herz nicht verführen, weicht nicht vom Weg ab, dient nicht anderen Göttern, und werft euch nicht vor ihnen nieder!
17 Sonst wird der Zorn des Herrn gegen euch entbrennen; er wird den Himmel zuschließen, es wird kein Regen fallen, der Acker wird keinen Ertrag bringen, und ihr werdet unverzüglich aus dem prächtigen Land getilgt sein, das der Herr euch geben will.
18 Diese meine Worte sollt ihr auf euer Herz und auf eure Seele schreiben. Ihr sollt sie als Zeichen um das Handgelenk binden. Sie sollen zum Schmuck auf eurer Stirn werden.
19 Ihr sollt sie eure Söhne lehren, indem ihr von ihnen redet, wenn du zu Hause sitzt und wenn du auf der Straße gehst, wenn du dich schlafen legst und wenn du aufstehst.
20 Du sollst sie auf die Türpfosten deines Hauses und in deine Stadttore schreiben.
21 So sollen die Tage, die ihr und eure Söhne in dem Land lebt, von dem ihr wisst: der Herr hat euren Vätern geschworen, es ihnen zu geben, so zahlreich werden wie die Tage, die der Himmel sich über der Erde wölbt.

Num 15,37-41
37 Der Herr sprach zu Mose:
38 Rede zu den Israeliten und sag zu ihnen, sie sollen sich Quasten an ihre Kleiderzipfel nähen, von Generation zu Generation, und sollen an den Quasten eine violette Purpurschnur anbringen;
39 sie soll bei euch zur Quaste gehören. Wenn ihr sie seht, werdet ihr euch an alle Gebote des Herrn erinnern, ihr werdet sie halten und eurem Herzen und euren Augen nicht nachgeben, wenn sie euch zur Untreue verleiten wollen.
40 Ihr sollt so an alle meine Gebote denken und sie halten; dann werdet ihr eurem Gott heilig sein.
41 Ich bin der Herr, euer Gott, der euch aus Ägypten herausgeführt hat, um für euch Gott zu sein, ich, der Herr, euer Gott.

(Text: Einheitsübersetzung)

und dessen Existenz bis heute – wider aller Vernunft – gefährdet ist? Gibt es eine doppelte Solidarität mit Israel und Palästina, eine Parteinahme für beide Seiten, wie die internationale katholische Friedensbewegung Pax Christi mit ihrem Präsidenten Michel Sabbah, Patriarch von Jerusalem, fordert? Es scheint leicht und bequem, wenn man die Dinge aus sicherer Distanz beurteilt, vor Ort wirken viele Zusammenhänge irrational. Glaubhaft mag da nur klingen, wenn ein Insider, etwa Patriarch Michel Sabbah spricht: „In diesem Konflikt wird keine Parteinahme für eine Seite und gegen die andere benötigt, sondern die Unterstützung beim Ringen beider Parteien und Hilfe, um zu einer auf Gerechtigkeit und definitivem Frieden basierenden Lösung zu kommen... Jerusalem ist von Gott auserwählt, die Stadt der Erlösung für die Menschheit zu sein, die Stadt der Begegnung zwischen der Menschheit und Gott, deshalb die Stadt des Friedens und der Aussöhnung. Noch immer ist sie eine umkämpfte Stadt, voll von Hass, umgeben von Hass und Blutvergießen. Uns, die wir uns für den Frieden einsetzen, ruft sie auf, über die göttliche Aufgabe nachzudenken, um sowohl den Völkern wie auch den drei Religionen zu helfen – die Anspruch auf die Stadt erheben –, die Heilige Stadt zu einem Beispiel und zur Quelle allumfassenden Friedens und zur Quelle der Beilegung aller Konflikte zu machen." [1]

Paulus hat seinerzeit in seinem Plädoyer für das Judentum an seinem Volk festgehalten, wenn er auch von einigen von ihnen wegen religiöser Fragen lebensbedrohlich attackiert wurde.

TEIL 48
Von Korinth nach Jerusalem (I)

Orte und Landschaften:
Griechenland (Korinth) – Mazedonien – Philippi – Troas – Assos – Mytilene – Chioas – Samos – Milet –
Kos – Rhodos – Patara – Tyrus – Ptolemais – Cäsarea – Jerusalem

Die Abreise des Apostels aus Korinth erfolgte geradezu fluchtartig. Reiseziel war nun Jerusalem. Wegen eines vermuteten Anschlags benutzte Paulus den Landweg über Mazedonien.

Aus der Sicht des Reisetagebuches der Apostelgeschichte liest sich das neuerliche Reiseunternehmen durchaus spannend: „Als er mit dem Schiff nach Syrien fahren wollte, planten die Juden einen Anschlag auf ihn. So entschloss er sich, den Rückweg über Mazedonien zu nehmen. Dabei begleiteten ihn Sopater, der Sohn des Pyrrhus, aus Beröa, Aristarch und Sekundus aus Thessalonich, Gaius aus Derbe und Timotheus sowie Tychikus

•••

[1] Jenseits von entweder/oder: Doppelte Solidarität mit Israel und Palästina. Dokumentation des Pax Christi Kongresses 2001 in der Evangelischen Akademie Hofgeismar, Aphorisma – Pax Christi Nahostkommission (Kl. Schriftenreihe Sonderheft 12), 2. überarbeitete Neuauflage Trier 2002, 7.

und Trophimus aus der Provinz Asien. Diese reisten voraus und warteten auf uns in Troas." (Apg 20,3b-5).

Der Weg über Griechenland und Mazedonien diente einmal der Absicht, nochmals Kollektengelder für Jerusalem zu sammeln, dann aber auch der pastoralen Nachsorge, die darin bestand, die Christen in ihrem neuen Glauben zu stärken.

In seiner Lieblingsgemeinde Philippi feierte Paulus eine Woche lang Pessach, auch ‚Fest der Ungesäuerten Brote' genannt. Von nun an wird Paulus es noch eiliger haben, denn er wollte „wenn möglich, am Pfingstfest in Jerusalem sein". Liegen zwischen Pessach und Schawuot (Pfingsten) doch nur 50 Tage.

Die Fahrt von Neapolis nach Alexandria Troas dauerte fünf Tage. Hier hatte Paulus bei seinem letzten Besuch eine lebendige Christengemeinde zurückgelassen. Nochmals nimmt er sich Zeit.

Da die Gemeinde „am ersten Wochentag versammelt" (= Sonntag) zum Brotbrechen zusammenkam, nutzte Paulus die Gelegenheit für eine längere Unterweisung, die bis zum Morgengrauen anhielt.

Um Mitternacht wurde die Rede durch einen spektakulären Zwischenfall unterbrochen: Der jugendliche Eutychus war übermüdet aus dem Fenster gestürzt (Apg 20,8-10).

Im Wir-Bericht erzählt die Reisedelegation: „Wir gingen voraus zum Schiff und fuhren nach Assos, wo wir Paulus an Bord nehmen sollten; so hatte er es angeordnet, weil er selbst zu Fuß gehen wollte." (Apg 20,13).

Warum Paulus womöglich alleine über die Landzunge des Kap Lekton von Alexandria Troas nach Assos die 35 km zu Fuß ging, ist unklar. Wollte er die beschwerliche Schiffsreise mit den stürmischen Nordostwinden um das Kap vermeiden? Wollte er die auf einem Plateau gelegene ältere Hafenstadt Assos aufsuchen? Die Landschaft Troas war sagenumwoben. Auf dem nahen Ida-Gebirge residierten einst Zeus und Hera. Von hier aus wurde das Kriegsgeschick in Troia gelenkt.

In Assos lebte vier Jahre Aristoteles, der mit Theophrast, Erastos und Korsikos eine Tochterschule der Athener Philosophenschule gründete, ehe er in das mazedonische Pella berufen wurde, um Alexander den Großen zu unterrichten. Dies war freilich alles glorreiche Vergangenheit. Nach der Gründung der Hafenstadt Alexandria Troas 310 v. Chr. begann der Abstieg von Assos. Nur die hervorragende landschaftliche Lage ließ die einst blühende Stadt unter den Römern nicht untergehen. Mit dem dorischen Athenatempel beherbergte die Stadt zumal den einzigen archaisch-dorischen Tempel Kleinasiens. Die örtliche Sarkophagproduktion verschaffte Assos in römischer Zeit noch Weltruf. Doch auch das dürfte nicht der Grund für den paulinischen Fußmarsch durch die Troas nach Assos gewesen sein. Ob sich in der alten Hafenstadt eine kleine christliche Gemeinde befand, wie manche vermuten, ist nicht mehr zu klären.

Der nächste Halt der Reisegesellschaft ist Mytilene, die Hauptstadt der Insel Lesbos. Mit 164 qkm die drittgrößte griechische Insel nach Euboia und Kreta.

Ein moderner Reisender wird auf dieser angenehmen Insel mit mildem Klima und köstlichem Wein ein wenig verweilen und zumindest der Sappho gedenken, die hier um 600 v. Chr. ihre Lieder dichtete, bezeugen sie doch einen hohen künstlerischen Anspruch und zählen zur schönsten frühgriechischen Lyrik. „Schon im Altertum rühmte man an Sappho, mit welch schlichten Mitteln sie Natur- und Gefühlsschilderungen als lyrische Metaphern zu gestalten wusste ... Doch fehlen bei Sappho auch nicht die Züge eines kräftigen Realismus, so wenn sie eine andere Leiterin eines Mädchenkreises, die ihr Schülerinnen abspenstig machen will, als Landpomeranze bezeichnet, die ihr Gewand wie einen Bauernkittel umhängen hat und es nicht versteht, den Saum elegant zu raffen."[1]

Das nun folgende „Inselspringen", das nur durch den Miletaufenthalt auf dem Festland unterbrochen wurde, kann man mit der Eile des Apostels begründen, es gehörte aber auch zur üblichen (Küsten) Seefahrt. Ob die antike Schifffahrt in dieser Gegend durchgängig schon mit Fahrplänen im „Tagestakt" ausgestattet war, muss offen bleiben. Weshalb Paulus Milet ansteuert, um dann die Ältesten der Gemeinde aus Ephesus über den Landweg zu holen – sind es doch immerhin über Land 70 km Umweg –, bleibt ebenfalls ungewiss. 2x2 Tage brauchte diese Verzögerung, die sich Paulus per Schiff mit Landung im ephesinischen Hafen hätte ersparen können. So verbringt der Apos-

•••

[1] M. Giebel, in R. Nickel, Lexikon der antiken Literatur, Düsseldorf 1999, 137.

tel mindestens fünf Tage in der traditionsreichen Griechenstadt an der Mündung des Mäander, ehe er seine testamentarische Abschiedsrede vor den Ältesten hält.

Milet

Wer heute die antike Stadt betritt, sucht vergeblich nach dem Meer. Die einst bedeutende Hafenstadt am latmischen Meerbusen ist seit dem frühen Mittelalter verlandet und 10 km vom Meer entfernt. Milet war, so die Mythologie, eine Gründung aus Kreta. Die kretisch-minoische Kultur des 17./16. Jh.s v. Chr. ließ sich archäologisch in Kammergräbern mykenischen Typs, Megaron-Häusern und Stadtmauern nachweisen. Eine neue Siedlungsfolge setzte mit der ionischen Kolonisation im 11./10. Jh. v. Chr. ein und löste die kretisch-minoische Kultur mit ihrer karischen Bevölkerung ab.

Erste Blütezeit des ionischen Milet war das 8.–6. Jh. Als Hafenstadt beherrschte sie alle bekannten Meere. Mehr als 80 milesische Kolonien vom Schwarzen Meer bis zum Hellespont nennt Plinius (nat. hist 5,112). Mit der wirtschaftlichen Blüte ging eine kulturelle einher: Milet wurde zur Geburtsstätte der Philosophie, der Literatur, der Mathematik und der Kunst. Damit war es nicht nur die Metropole des griechischen Kleinasien (Ionien), sondern der gesamten griechischen Welt.

Thales (6. Jh.) berechnete eine Sonnenfinsternis voraus, stellte Fragen nach dem Seinsgrund der Welt und formulierte geometrische Theoreme. Schüler lernen heute noch im so genannten Thalessatz eines davon (Ein Dreieck ABC hat genau dann bei C einen rechten Winkel, wenn die Ecke C auf dem Halbkreis über [AB] liegt). **Anaximander** soll eine Schrift über die Natur verfasst und eine Sonnenuhr erfunden, eine Weltkarte und das Modell einer Himmelskuppel entworfen haben. **Anaximenes** erklärte die Verschiedenheit der Elemente. **Hekataios** galt als Vater der Geographie und Geschichtsschreibung. Er erstellte Erdkarten und Genealogien, sammelte Heldensagen und betrachtete wissenschaftlich historische Vorgänge.

Dann probte die Stadt einen Aufstand gegen die Perser. 499 v. Chr. wurde sie vollständig zerstört, die Einwohner 494 endgültig versklavt. Nach den Mederkriegen und dem großen Sieg von Mykale wurde Milet 479 wieder befreit. Der Neuaufbau der Stadt konnte beginnen.

Stadtplaner Hippodamos

Dem legendären **Hippodamos** (Mitte des 5. Jh.s v. Chr.) wird der neue Stadtplan zugeschrieben, der viele griechische, hellenistische und römische Städte prägen sollte. Die schachbrettartige, orthogonale Stadtplanung ist freilich älter. In Ägypten befinden sich Achetaton, die Hauptstadt Echnatons (1350 v. Chr.) und die Totenstadt von Giseh (um 2600 v. Chr.), denen dieses Planungsprinzip lange zuvor schon zugrunde gelegt wurde.

Doch mit Hippodamos verknüpfte man die Theorie dieser Planung: „Der hippodamische Plan stellt eine Rationalisierung des Raums, der Stadt, der Wohnstätte dar. Er strebt nach der Einführung des Menschen in eine ‚humanisierte' Welt, die ihn aufzunehmen bereit ist, eine Welt, in der die Bürger sich ohne Schwierigkeit zurechtfinden können, in der sie ihren Weg sehen: die Achsen – Abszisse und Ordinate – des bewohnten Universums.

Dieses rationale System entspricht dem Willen, die Wirklichkeit, die Oikumene, den geistigen Strukturen des Menschen zu unterwerfen. Es ist die Suche nach einer strengen Organisation, entsprechend jener der Logik in der vernunftgelenkten Überlegung oder der Klassifizierung der Erscheinungen in der Physik oder der Zoologie. Mit dem hippodamischen System zielte der Grieche nicht so sehr darauf ab, die von ihm bewohnte Stadt praktischer und funktioneller zu gestalten; er wollte sie vor allem auf die von den Philosophen ausgearbeiteten geistigen Kategorien beschränken. So wie die Renaissance sich im Begriff der Perspektive spiegelt, die der Menschheit ein Mittel kohärenter räumlicher Wahrnehmung im dreidimensionalen Bereich an die Hand gibt, so drückte die griechische Klassik sich dank des hippodamischen Stadtplans aus, den sie zu einem Mittel der Welterkenntnis machte, in mancher Hinsicht den philosophischen Begriffen oder der Bildhauerkunst vergleichbar, die den Göttern das Aussehen des idealen Menschen verlieh." [2]

Auch die römische Zeit Milets ist beachtlich. Als der deutsche Ausgräber Th. Wiegand mit seinem Team 1899 für die

---

[2] H. Stierlin, Kleinasiatisches Griechenland. Klassische Kunst und Kultur von Pergamon bis Nimrud Dagh, Stuttgart 1996, 46.

Königlichen Museen zu Berlin das monumentale Stadttor Milets ausgrub und im Pergamon-Museum rekonstruierte, erinnerte man sich eher an die Bühnenwand eines Theaters als an ein Stadttor. Heute gehört jenes römische Stadttor Milets zu den Hauptattraktionen des Berliner Pergamon-Museums.

Das in der Kaiserzeit umgebaute Theater lässt die Bedeutung der damaligen Stadt in der Römerzeit erahnen: Mit einer 140 m langen Fassade war es für 25.000 Zuschauer ausgelegt und damit das größte in Kleinasien.

Den religiösen Mittelpunkt der Stadt bildete das mittels Heiliger Straße verbundene Orakelheiligtum Didyma des Apollon Delphinios 20 km südlich der Stadt. Zahlreiche Löwenskulpturen säumten die Hl. Straße und verwehrten so Unbefugten den Zugang zum Tempel. Sitzstatuen der Priester und Priesterinnen, die allesamt dem Priestergeschlecht Delphis entstammten, unterbrachen den Weg und machten dem Besucher unmissverständlich klar, dass Delphi die Heimat auch dieses Orakels sein müsste.

Doch gab es schon vor Ankunft der ionischen Siedler in Didyma ein Orakel, das, über einer heiligen Quelle errichtet, Wahrsagung ermöglichte. Wahrsager, Pythien und Propheten spielten in Kleinasien eine herausragende Rolle, wobei sie freilich das griechische Orakel um Apollon begünstigten. Das Apollonorakel von Didyma wurde in hellenistisch-römischer Zeit nach Delphi zur zweitwichtigsten Orakelstätte der Antike.

Hat sich Paulus in der kurzen Zeit, in der er Milet besuchte, auch nach Didyma begeben, um dort das mächtige antike Orakelwesen zu studieren? Oder hat er sich von solchen Dingen scharf distanziert und die heidnisch-religiöse Welt ignoriert? Wohl Letzteres. Dennoch muss man sich mit dem antiken Orakelwesen beschäftigen, will man die Religiosität des antiken Menschen verstehen lernen.

Das antike Orakelwesen

Ging es in der antiken Lebensbewältigung um Fragen des menschlichen Zusammenlebens im familiären, gesellschaftlichen oder staatsübergreifenden Bereich, so suchte man bestimmte Wahrsageeinrichtungen auf. Der Anfragende wandte sich an Priester, weise Frauen oder spezialisierte Propheten. Im griechisch-römischen Kulturraum galt das Orakel als wichtigste Befragungsinstanz.

Die Gottheit Apollon schätzten viele als die Orakelgottheit schlechthin. Nicht nur in den großen Orakelstätten Delphi, Dodona oder im kleinasiatischen Didyma verwaltete Apollon sein Wissen, weitere 60 Orakelorte sind in Griechenland, auf den griechischen Inseln und im ionischen Kleinasien bekannt.

Stellt man in Rechnung, dass Apollon über 1000 Jahre im Wahrsagen befragt wurde, so wird verständlich, dass solches nur durch eine allgemeine gesellschaftliche Akzeptanz möglich war. Will man das Phänomen des Orakelwesens kennen lernen, so sind von Homer im 8. Jh. v. Chr. bis zu Julian Apostata im 4. Jh. n. Chr. reichlich literarische Beschreibungen überliefert.

Allein die über 1000 bekritzelten Täfelchen aus dem Dodona des 5. Jh.s v. Chr.

und die 615 von Parke/Wormell edierten Orakelsprüche aus Delphi geben Aufschluss über das Orakelwesen. Herodot, der erste Historiker aus dem 5. Jh. v. Chr., beschreibt ausführlich den Vorgang einer Orakelbefragung und macht deutlich, dass ein Orakel ursprünglich eine mündliche Angelegenheit war, die später erst verschriftlicht wurde. Über die Vielzahl der literarisch dokumentierten Orakelsprüche lässt sich mit Recht sagen, dass sie häufig im Nachhinein, als Voraussagen aus dem eingetroffenen Ereignis (vatecinia ex eventu) formuliert wurden. Die sich hier stellende Frage nach der Wahrheit eines Orakels darf freilich nicht dahingehend beantwortet werden, ob die Wahrsagung historisch geschehen oder fiktiv konstruiert ist.

Der neuplatonische Philosoph Iamblichos (4. Jh. n. Chr.) erwähnt in seiner Schrift über die Mysterien der Ägypter auch den Befragungsablauf des Orakels in Didyma: Vor einer Fragesitzung musste die Seherin (Prophetis) drei Tage fasten und sich kultisch reinigen. Während des Orakelspruchs saß sie auf einer Bank, benetzte ihre Füße mit dem Wasser der heiligen Quelle, atmete den Dunst des berauschenden Wassers ein und geriet dadurch in prophetische Ekstase. Seit dem 3. Jh. v. Chr. vermittelte ein Prophet zwischen Anfragendem und Seherin. Er war es auch, der die meist unverständlichen Worte dem Ratsuchenden deutete. Der Orakelspruch selbst war mehrdeutig.

Orakelkritiker gab es schon in der Antike und die Sophisten dürften als die ersten Aufklärer einzustufen sein. Doch selbst ein Satiriker wie Lukian von Samosata (2. Jh. n. Chr.) lässt in aller Häme noch erkennen, dass die Nachfrage nach Orakeln ungebrochen war. „Kritik an Orakeln und Akzeptanz von Orakeln sind unauflöslich miteinander verwoben ... Natürlich kann man zweifeln, ob tatsächlich die Götter den Menschen Antworten erteilen, aber wer zu einem Orakel geht, hat gute Aussichten, die Antwort zu erhalten, die er begehrt. Man verwendete Orakelsprüche, bog sie um oder beschnitt sie, um sie den eigenen Bedürfnissen anzupassen: Der Umgang mit Orakeln war weniger eine Angelegenheit des Glaubens, sondern lässt sich besser mit dem Begriff ‚Kulturtechnik' umschreiben." [3]

•••

[3] V. Rosenberger, Griechische Orakel. Eine Kulturgeschichte, Darmstadt 2001, 15.

TEIL 49
Von Korinth nach Jerusalem (II)

Orte und Landschaften:
Griechenland (Korinth) –
Mazedonien – Philippi – Troas –
Assos – Mytilene – Chioas – Samos –
Milet – Kos – Rhodos – Patara –
Tyrus – Ptolemais – Cäsarea –
Jerusalem

Der knapp eine Woche währende Aufenthalt des Paulus in Milet hat trotz aller Eile womöglich einen einfachen Grund: Die Abfahrt des nächsten Schiffes nach Cäsarea ließ auf sich warten. So nutzte er die Gelegenheit und ließ die Ältesten aus Ephesus zu sich kommen. Die Rede des Apostels in Milet gestaltet Lukas als „Abschiedsrede". Sie markiert damit „den endgültigen Abschluss der Mission des Paulus" (Conzelmann) und wird zum Vermächtnis. Aus einer 40-jährigen Distanz heraus ist solch ein Rückblick möglich. Paulus selbst hätte es wohl anders gesehen, da er ja nach Rom und Spanien reisen wollte. Die kirchliche Situation, die Lukas vor Augen hat, ist die Zeit der 90-er Jahre. Eine Ältestenversammlung, wie sie die Rede voraussetzt, kennen die paulinischen Gemeinden nicht. Wie programmatisch die Abschiedsrede ist, zeigen die Adressaten: Es ist die einzige paulinische Rede, die Lukas an Christen gerichtet sein lässt. In ihr geht es um das paulinische Erbe der nächsten Generationen. „Paulus erscheint im verklärten Licht der Vergangenheit, auf die eine in veränderten geschichtlichen Verhältnissen lebende Kirche zurückblickt, um sich an ihr für ihren weiteren Weg zu orientieren. Er wird als der ideale Hirte und Gemeindeleiter gezeichnet, der in seinem Dienst eine verpflichtende Norm für die nach ihm kommenden gemeindlichen Amtsträger gesetzt hat." (Roloff, 301f.).

Nach der Rede bricht Paulus unverzüglich auf. Lukas knüpft wieder an sein Reisetagebuch an: „Als die Zeit zur Abfahrt gekommen war, trennten wir uns von ihnen, fuhren auf dem kürzesten Weg nach Kos, am anderen Tag nach Rhodos und von dort nach Patara." (Apg 21,1). Wie die Reiseroute zeigt, bewegt sich das Schiff an der sicheren Küste entlang.

Ärzteschule von Kos

Nur kurz dürfte sich Paulus zum Übernachten im therapeutischen Kurzentrum der Insel Kos aufgehalten haben. Und doch lohnt es sich, dort ein wenig zu verweilen. Es ist der Geburtsort und die Heimat des Hippokrates (460-370 v. Chr.), des berühmtesten aller Ärzte. Sein therapeutischer Ansatz beruhte auf einer Medizin als Erfahrungswissenschaft, die sich auf eine kritische, spekulationsfreie Diagnostik berief. Im Mittelpunkt der hippokratischen Medizin stand der ganze Mensch, nicht eine Krankheit und nicht nur ein Teil des Körpers. Zudem war das ärztliche Handeln von einem hohen ethischen Verantwortungsbewusstsein geprägt, wie der „Eid des Hippokrates" belegt. Er enthielt die ethischen Leitsätze ärztlichen Handelns und wurde zum Leitbild vieler Ärzte und zum Vorbild des heutigen Ärztegelöbnisses. Im Corpus Hippocratium sammelte man über 60 Schriften unter dem Namen seiner Schule. Es diente als Handbibliothek der damaligen Ärzte und bildete auch den Grundstock der heutigen medizinischen Terminologie. Einen Teil bildeten allgemeine Vorschriften, ein anderer Diagnosen, Prognosen, Beschreibungen einzelner Leiden und diätetische Hinweise. „Gemeinsam ist allen die Haltung strenger Wissenschaftlichkeit, die Ablehnung der Priesterpraktiken, die Anerkennung der Natur (Physis) als bester Helferin des Arztes und vor allem das hohe Berufsethos." (Tusculum Lexikon, 343).

Wenn der „Eid des Hippokrates" unter den allgemeinen Vorschriften auch nicht auf ihn selbst zurückzuführen ist, so atmet er doch hippokratischen Geist und seine Denkrichtung.

Die Tempelmedizin

Eine andere antike Medizin, die sich auf Asklepios zurückführte, aber mit einem gänzlich anderen Ansatz auftrat, kann ebenfalls nur skizzenhaft erwähnt werden: die Tempelmedizin. Die Hauptheiligtümer befanden sich in Epidaurus, 20 km südwestlich von Korinth, in Pergamon und hier auf der Insel Kos. Über 400 Asklepiosheiligtümer hat es im griechischen Kulturraum gegeben. Viele von ihnen ragten weit in die christliche Zeit hinein. Wie in der hippokratischen Medizin hatte auch die asklepiatische auf die Menschen entscheidenden Einfluss, denn beide konnten sie große Heilungserfolge vorweisen. Homer (8. Jh. v. Chr.) kennt Asklepios noch als einen „untadeligen Arzt", der dank seiner erfolgreichen Medizin am Ende des 6. Jh.s v. Chr. vergöttlicht und dann zur Gottheit erhoben wurde. Hesiod, Pindar und Pausanius erzählen Legenden, die den Triumphzug des Asklepios durch die ganze antike Welt beschreiben. Auf der Insel Kos gab es vor dem Einzug des Asklepios (Mitte des 4. Jh.s v. Chr.) bereits die ältere naturwissenschaftliche Ärzteschule des Hippokrates. Während letztere im Südwestteil der Insel angesiedelt war, befand sich das Asklepiosheiligtum im Nordosten. „Es kann also keine Rede davon sein, dass sich die wissenschaftliche Medizin aus der Tempelmedizin entwickelt habe, vielmehr bestanden beide Formen der Heilkunde nebeneinander, und das nicht nur in Kos."[1] Galen, ein bedeutender Arzt der Antike, fasste im 2. Jh. n. Chr. in Pergamon die gesamte wissenschaftliche Medizin zu einem Lehrgebäude zusammen, ohne jedoch von Asklepios zu lassen, der ihn einmal von einer schweren Krankheit geheilt hatte.

Für Paulus, Lukas und die frühe Kirche waren beide Arten der Medizin verdächtig, da sie nicht von Christus medicus kamen. Man wusste zwar, die Kunst, Krankheiten zu heilen, war letztlich immer eine Sache Gottes, doch für Israel galt: „Ich bin der Herr, dein Arzt." (Ex 15,26).

Der hellenistisch gebildete Jesus Sirach des 2. Jh.s v. Chr. rät seinen Schülern: „Schätze den Arzt, weil man ihn braucht; denn auch ihn hat Gott erschaffen. Von Gott hat der Arzt die Weisheit, vom König empfängt er Geschenke. Das Wissen des Arztes erhöht sein Haupt, bei Fürsten hat er Zutritt ... Durch Mittel beruhigt der Arzt den Schmerz, ebenso bereitet der Salbenmischer die Arznei, damit Gottes Werke nicht aufhören und die Hilfe nicht von der Erde verschwindet. Mein Sohn, bei Krankheit säume nicht, bete zu Gott; denn er macht gesund. Lass ab vom Bösen, mach deine Hände rechtschaffen, reinige dein Herz von allen Sünden! Bring den beruhigenden Duft eines Gedenk-

•••

[1] R. Winau, Heilen und Heiligen, in: D. Kamper/Chr. Wulf (Hg.), Das Heilige. Seine Spur in der Moderne, Frankfurt 1987/1997, 133.
[2] A. Harbarth, „Gott hat sein Volk heimgesucht." Eine form- und redaktionsgeschichtliche Untersuchung zu Lk 7,11-17: „Die Erweckung des Jünglings von Nain", Heidelberg 1977.

Der Eid des Hippokrates

1 Ich schwöre und rufe Apollon, den Arzt, und Asklepios und Hygieia und Panakeia und alle Götter und Göttinnen zu zeigen an, dass ich diesen Eid und diesen Vertrag nach meiner Fähigkeit und nach meiner Einsicht erfüllen wurde.

2 Ich werde den, der mich diese Kunst gelehrt hat, gleich meinen Eltern achten, ihn an meinem
Unterhalt teilnehmen lassen, ihm, wenn er in Not gerät, von dem Meinigen abgeben, seine nachkommen gleich meinen Brüdern halten und sie diese Kunst lehren, wenn sie zu lernen verlangen, ohne Entgelt und Vertrag. Und ich werden an Vorschriften, Vorlesungen und aller
übrigen Unterweisung meiner Söhne und die meines Lehrers und die vertraglich verpflichteten und nach der ärztlichen Sitte vereidigten Schüler teilnehmen lassen, sonst aber niemanden.

3 Ärztliche Verordnungen werde ich treffen zum Nutzen der Kranken nach meiner Fähigkeit und meinem Urteil, hüten aber werde ich mich davor, sie zum Schaden und in unrechter Weise anzuwenden.

4 Auch werde ich niemandem ein tödliches Mittel geben, auch nicht, wenn ich darum gebeten werde, und werde auch niemanden dabei beraten; auch werde ich keiner Frau ein Abtreibungsmittel geben.

5 Rein und fromm werde ich mein Leben und meine Kunst bewahren.

6 Ich werde nicht schneiden, sogar Steinleidende nicht, sondern werde das den Männern überlassen, die dieses Handwerk ausüben.

7 In alle Häuser, in die ich komme, werde ich zum Nutzen der Kranken hineingehen, frei von jedem bewussten Unrecht und jeder Übeltat, besonders von jedem geschlechtlichen Missbrauch an Frauen und Männern, Freien und Sklaven.

8 Was ich bei der Behandlung oder auch außerhalb meiner Praxis im Umgang mit Menschen sehe und höre, das man nicht weiterreden darf, werde ich verschweigen und als Geheimnis bewahren.

9 Wenn ich diesen Eid erfülle und nicht breche, so sei mir beschieden, in meinem Leben und in meiner Kunst voranzukommen, indem ich Ansehen bei allen Menschen für alle zeit gewinne; wenn ich ihn aber übertrete und breche, so geschehe mir das Gegenteil.

(Übersetzung: K. Sroka)

---

opfers dar, mach die Gabe fett, wenn dein Vermögen es erlaubt. Doch auch dem Arzt gewähre Zutritt! Er soll nicht fernbleiben; denn auch er ist notwendig. Zu gegebener Zeit liegt in seiner Hand der Erfolg; denn auch er betet zu Gott, er möge ihm die Untersuchung gelingen lassen und die Heilung zur Erhaltung des Lebens." (Sir 38,1-12).

Ärztliche Heilkunst hatte immer etwas mit Gott zu tun. Doch wie konnte man die Menschen überzeugen, die ja die erfolgreiche Medizin des Asklepios kannten, dass Asklepios ein falscher Gott war? Lukas gestaltet ein Heilungswunder Jesu nach dem berühmten Vorbild. Das konnten die Inschriften in Epidauros aufzeigen: Asklepios begegnet „unterwegs einem Schwerkranken, den man auf der Bahre trägt. Er befiehlt, die Bahre abzustellen, und heilt den Kranken." (IG IV, 952, 27-35).[2] Lukas erzählt: Als Jesus in eine Stadt namens Nain kommt, trägt man einen Jüngling heraus, der gestorben war. Als Jesus an die Bahre tritt, berührt er den jungen Mann und befiehlt

**Abschiedsrede in Milet
(Apg 20,18-35)**
Ihr wisst, wie ich vom ersten Tag an, seit ich die Provinz Asien betreten habe, die ganze Zeit in eurer Mitte war und wie ich dem Herrn in aller Demut diente unter Tränen und vielen Prüfungen, die ich durch die Nachstellungen der Juden erlitten habe, wie ich nichts verschwiegen habe von dem, was heilsam ist. Ich habe es euch verkündigt und habe euch gelehrt, öffentlich und in den Häusern.

Ich habe Juden und Griechen beschworen, sich zu Gott zu bekehren und an Jesus Christus, unseren Herrn, zu glauben. Nun ziehe ich, gebunden durch den Geist, nach Jerusalem und ich weiß nicht, was dort mit mir geschehen wird. Nur das bezeugt mir der Heilige Geist von Stadt zu Stadt, dass Fesseln und Drangsale auf mich warten. Aber ich will mit keinem Wort mein Leben wichtig nehmen, wenn ich nur meinen Lauf vollende und den Dienst erfülle, der mir von Jesus, dem Herrn, übertragen wurde: das Evangelium von der Gnade Gottes zu bezeugen.

Nun aber weiß ich, dass ihr mich nicht mehr von Angesicht sehen werdet, ihr alle, zu denen ich gekommen bin und denen ich das Reich verkündet habe. Darum bezeuge ich euch am heutigen Tag: Ich bin unschuldig, wenn einer von euch allen verloren geht. Denn ich habe mich der Pflicht nicht entzogen, euch den ganzen Willen Gottes zu verkünden.

Gebt Acht auf euch und auf die ganze Herde, in der euch der Heilige Geist zu Bischöfen bestellt hat, damit ihr als Hirten für die Kirche Gottes sorgt, die er sich durch das Blut seines eigenen Sohnes erworben hat.

Ich weiß: Nach meinem Weggang werden reißende Wölfe bei euch eindringen und die Herde nicht schonen. Und selbst aus eurer Mitte werden Männer auftreten, die mit ihren falschen Reden die Jünger auf ihre Seite ziehen. Seid also wachsam und denkt daran, dass ich drei Jahre lang Tag und Nacht nicht aufgehört habe, unter Tränen jeden einzelnen zu ermahnen. Und jetzt vertraue ich euch Gott und dem Wort seiner Gnade an, das die Kraft hat, aufzubauen und das Erbe in der Gemeinschaft der Geheiligten zu verleihen. Silber oder Gold oder Kleider habe ich von keinem verlangt; ihr wisst selbst, dass für meinen Unterhalt und den meiner Begleiter diese Hände hier gearbeitet haben. In allem habe ich euch gezeigt, dass man sich auf diese Weise abmühen und sich der Schwachen annehmen soll, in Erinnerung an die Worte Jesu, des Herrn, der selbst gesagt hat: Geben ist seliger als nehmen.

---

ihm aufzustehen und er heilt den Kranken. (Lk 7,11-15).

Von einem frühen Kirchenlehrer heißt es: „Tausende haben den Asklepios als Heiland und Arzt angestaunt, da er den Menschen im Tempelschlaf erschien und sie von ihren körperlichen Gebrechen heilte, während er doch ein Seelenverderber ist und die Menschen vom wahren Heiland weggezogen und zum Irrglauben verführt hat." [3]

Erst Kaiser Theodosius wird im 4. Jh. die

•••

[3] R. Winau, ebd., 139.

Asklepios-Heiligtümer außer Kraft setzen, mindestens so lange konkurrierten sie mit der christlichen Heilkunst.

Weiterreise bis nach Jerusalem

Rhodos wird nur zum Übernachten angefahren, dann geht es weiter zur Hafenstadt Patara an der Südwestküste Lykiens. „Hier fanden wir ein Schiff, das nach Phönizien fuhr; wir gingen an Bord und fuhren ab. Als wir Zypern sichteten, ließen wir es zur Linken liegen, segelten nach Syrien und landeten in Tyrus; hier sollte das Schiff seine Ladung löschen."

(Apg 21,2-4). In der Zwischenzeit suchen Paulus und seine Begleiter eine kleine Christengemeinde auf, die eine Gründung aus dem nahen Antiochia sein könnte. „Nachdem wir die Jünger ausfindig gemacht hatten, blieben wir sieben Tage bei ihnen. Auf eine Eingebung des Geistes hin warnten sie Paulus davor, nach Jerusalem zu gehen. Als die Tage um waren, brachen wir zur Weiterreise auf, und alle, auch Frauen und Kinder, begleiteten uns bis vor die Stadt. Am Strand knieten wir nieder, beteten und nahmen Abschied voneinander. Dann gingen wir an Bord; jene aber kehrten nach Hause zurück. So fuhren wir von Tyrus ab und beendeten unsere Seereise in Ptolemaïs. Wir begrüßten die Brüder und blieben einen Tag bei ihnen. Am folgenden Tag kamen wir nach Cäsarea. Wir gingen in das Haus des Evangelisten Philippus, der einer von den sieben war, und blieben bei ihm. Er hatte vier Töchter, prophetisch begabte Jungfrauen. Wir blieben mehrere Tage ... Nach diesen Tagen bereiteten wir uns zur Reise vor und zogen hinauf nach Jerusalem. Auch einige Jünger aus Cäsarea begleiteten uns und brachten uns zu einem gewissen Mnason aus Zypern, bei dem wir wohnen sollten; er war ein Jünger aus der Anfangszeit. Als wir nach Jerusalem kamen, wurden wir von den Brüdern freudig empfangen." (Apg 21,4-10a.15-17). Paulus dürfte damit sein Ziel, als Pilgerreisender pünktlich zum Wochenfest (Pfingsten) in Jerusalem zu sein, erreicht haben.

TEIL 50
Letztmals in Jerusalem

„Hannah schwankte, so schien es, ob sie sich von der ‚Heiligen Straße' in ihren Bann ziehen oder abstoßen lassen sollte. Gestern erst war sie mit einer Gruppe von Pilgerinnen, der sie sich für den Weg von Cäsarea hier herauf hatte anschließen können, in Jerusalem angekommen. Heute waren wir gemeinsam in der Stadt unterwegs, und es war, als würde auch ich die Stadt nochmals mit den Augen des Neuankömmlings betrachten.

Da war zunächst die Unterstadt. Die armseligen Hütten, die sich an den Hängen aneinander drängten, die dunklen Gewölbe der Werkstätten und Läden, die zur Gasse hin offen waren, die Gerüche de Quartiere beim Misttor, dem ‚schmutzigsten Ort der Welt', die Kinder, die uns mit leerem Blick anstarrten, all das zeigte mit bedrückender Klarheit die Lebensverhältnisse eines großen Teils der Bevölkerung der Stadt.

All das schien, als wir die Oberstadt erreichten, wie in einer anderen Welt zu liegen. Hier ließen gepflegte Fassaden auf ein entsprechendes Interieur der Häuser schließen, in den Läden wurden Parfums und Salben, Gold- und Silberarbeiten, griechisches Glas, Schmuck und Souvenirs angeboten; wir sagen Bücherschreiber, Kopisten, Kunstschmiede und Spezereienverfertiger an der Arbeit. Die Straßen waren gefüllt von Pilgern, Wall-

Die dritte Missionsreise

fahrerinnen und Touristen aus dem ganzen Erdkreis, die sich zwischen ihren Tempelbesuchen vom bunten Treiben der Stadt ablenken ließen. Schließlich standen wir vor dem Palast, den sie Herodes hatte bauen lassen und hinter dessen imposanten Mauern sich neben zahlreichen kostbar ausgestatteten Sälen und Gemächern auch prächtige Säulenhallen, weitläufige Gärten und künstliche Teiche befinden sollten, wie Mnason mir berichtet hatte, de die Anlage aber ebenfalls nur vom Hörensagen kannte. Und mächtig wurde der Palast von den drei Türmen überragt, die Herodes nach seiner Gattin, seinem Bruder und seinem Freund Mariamne, Phasael und Hippikos benannt hatte, und von denen ein jeder allein schon ein ganzes Königsschloss hätte sein können.

Mit den drei Türmen des Herodespalastes hatten wir auch die alte Stadtmauer erreicht. Dahinter erstreckte sich die Vorstadt, und wir überließen uns dem Gewühl de dortigen Märkte. Wolle in allen Farben, Stoffe, Leinenkleider und Seidengewänder, Teppiche und Decken in de einen Gasse, Sandalen und Lederwaren in der zweiten, Gewürze und Süßwaren in einer anderen – über alledem hätte ich beinahe die zeit vergessen. Denn eigentlich waren wir auf dem Weg zum Tempelplatz, wo Tobias und Trophimus für heute ein Treffen mit verschiedenen Leuten arrangiert hatten."[1]

•••
[1] H.-J. Venetz, S. Bieberstein, Im Bannkreis des Paulus. Hannah und Rufus berichten aus seinen Gemeinden, 1995, 310f.
[2] H.-J. Venetz, S. Bieberstein, ebd., 15.

So lesen sich in einer modernen, exegetisch verantworteten Nacherzählung des Freiburger Neutestamentlers Hermann-Josef Venetz und seiner Mitarbeiterin Sabine Bieberstein die Reisen des Paulus. Da ist mit viel Phantasie ergänzt, kompiliert und sinngemäß eine spannende Geschichte erzählt. „Hannah und Rufus sind zwei rein fiktive Gestalten. Ihre Funktion ist eine rein literarische. Sie sollen vermitteln; sie sollen die alte Zeit mit der unseren zusammenbringen, Menschen von damals mit Menschen von heute, und so uns erlauben, einerseits den Menschen und Ereignissen damals näher zu kommen, andererseits zu ihnen in unverfänglicher Distanz zu bleiben. Was sie sehen und hören, ist sicher gefiltert, gefiltert durch neuere Erkenntnisse der Archäologie und Soziologie und Geschichte, gefiltert durch moderne exegetische und theologische Fragestellungen ..., gefiltert aber auch durch persönliche Glaubenserfahrungen der Verfasserin und des Verfassers; aber vielleicht kann man ohne Filter auch gar nicht recht sehen und hören."[2]

Der lukanische Paulus

Inwieweit Lukas in seiner Apostelgeschichte die paulinischen Begebenheiten in Jerusalem im Sinne des Völkerapostels darstellt, oder ob er nicht viel mehr seinen Aussagewillen hervorhebt, kann man hin und wieder gut beobachten. So verschweigt Lukas die Ablieferung der Kollekte in Jerusalem, obgleich sie doch für Paulus der Hauptgrund für den Jerusalembesuch war. Jedenfalls lässt die Nebenbemerkung „Nach mehreren Jahren bin ich nun zu meinem Volk gekommen, um Spenden zu überbringen und zu opfern" (Apg 24,17) erkennen, dass Lukas das Kollektenanliegen herunterspielen möchte. Wenn es bei ihm nicht das juden- und heidenchristlich einigende Band der Kirche sein soll, was ist dann das Anliegen der Jerusalemreise des Paulus? Ist es nur der fromme Entschluss, als Judenchrist am Wochenfest (Pfingsten) wie viele Diasporajuden auch in Jerusalem zu sein? Lukas weiß mehr als Paulus, wenn er diesen in die Hl. Stadt hinaufziehen lässt. So zeichnet er den Gang als „Triumphzug des späteren Märtyrers" (J. Becker). „Nun ziehe ich, gebunden durch den Geist, nach Jerusalem und ich weiß nicht, was dort mit mir geschehen wird. Nur das bezeugt mir der Heilige Geist von Stadt zu Stadt, dass Fesseln und Drangsale auf mich warten." (Apg 20,22f.).

Der Prophet Agabus versinnbildlicht in einer prophetischen Zeichenhandlung das gewaltsame Geschick, auf das Paulus sich zubewegt: „Er nahm den Gürtel des Paulus, band sich Füße und Hände und sagte: So spricht der Heilige Geist: Den Mann, dem dieser Gürtel gehört, werden die Juden in Jerusalem ebenso fesseln und den Heiden ausliefern. Als wir das hörten, redeten wir ihm zusammen mit den Einheimischen zu, nicht nach Jerusalem hinaufzuziehen. Doch Paulus antwortete: Warum weint ihr und macht mir das Herz schwer? Ich bin bereit, mich in Jerusalem für den Namen Jesu, des Herrn, fesseln zu lassen und sogar zu sterben." (Apg 21,11-13). Nach Jürgen Becker wird mit solch anekdotischen Geschichten der spätere gewaltsame Tod des Apostels vorbereitet: „Man interessiert sich nicht für die historisch-theologische Seite der Reise, sondern webt das Märtyrergewand eines großen kirchlichen Blutzeugen. Dabei blickt die – längst nachapostolische – Kirche nicht nur auf diesen großen Christen der ersten urchristlichen Generation zurück, sondern weiß sich auch über das paulinische Testament in Apg 20 in Kontinuität zu ihm. Doch zugleich verzeichnet man dabei den historischen Paulus: Natürlich ist er kein frommer Judenchrist. Er lebt betont heidenchristlich. Wer den Festkalender, den die Judaisten in Galatien einführen wollen, als Rückfall in die Gesetzlichkeit verurteilt (Gal 4,8-11), kann sich nicht selbst nach dem jüdischen Festkalender richten ... Wer endlich die Kollektenreise nur als letzten Akt vor einer neuen Missionsaufgabe im Westen ansieht, gestaltet seine Jerusalemreise nicht als Weg eines Märtyrers, wie es z.B. später Ignatius mit seiner Reise nach Rom tut." [3]

Die historisch verwertbaren Daten in den durch zahlreiche Reden angereicherten Überlieferungen, von der Ankunft des Paulus in Jerusalem bis zu seinem Abtransport von Cäsarea nach Rom, sind spärlich. Als die Reisegruppe um Paulus in Jerusalem eintrifft, finden sie eine Unterkunft bei einem heidnischen Mnason aus Zypern.

Der Herrenbruder Jakobus

Dass Paulus nicht beim Herrenbruder Jakobus Quartier nimmt, dürfte nicht zufäl-

•••

[3] Becker, Paulus, 480f.

lig sein. Im Haus des Jakobus erfahren wir vom Konflikt gegenüber den Juden. „Als sie das hörten, priesen sie Gott und sagten zu ihm: Du siehst, Bruder, wie viele Tausende unter den Juden gläubig geworden sind, und sie alle sind Eiferer für das Gesetz. Nun hat man ihnen von dir erzählt: Du lehrst alle unter den Heiden lebenden Juden, von Mose abzufallen, und forderst sie auf, ihre Kinder nicht zu beschneiden und sich nicht an die Bräuche zu halten. Was nun? Sicher werden sie hören, dass du gekommen bist. Tu also, was wir dir sagen: Bei uns sind vier Männer, die ein Gelübde auf sich genommen haben. Nimm sie mit und weihe dich zusammen mit ihnen; trag die Kosten für sie, damit sie sich das Haar abscheren lassen können. So wird jeder einsehen, dass an dem, was man von dir erzählt hat, nichts ist, sondern dass auch du das Gesetz genau beachtest." (Apg 21,20-24). Die Männer um Jakobus wollen den Völkerapostel als gesetzestreuen Judenchristen herausstellen, was der originale Paulus, wie er selbst im Galaterbrief darlegt, strikt abgelehnt haben dürfte. Auffallen muss, dass das genaue Einhalten des Gesetzes auch dem judenchristlichen Herrenbruder Jakobus am Ende nichts genutzt hat. Folgt man Flavius Josephus, so wurde er wegen Gesetzesübertretung angeklagt und hingerichtet (Altertümer 20,200). Juden Jerusalems wollten den Kopf der judenchristlichen Gemeinde in Jerusalem treffen und haben damit wohl die ganze judenchristliche Gemeinde gemeint.

Wenn bei der Hinrichtung des frommen Jakobus Gesetzesrelativierung als Motiv angeführt wird, so dürfte es sich wie bei Stephanus um eine Relativierung des Gesetzes durch das Christusbekenntnis gehandelt haben (vgl. Apg 6,13-14).

Jedenfalls stehen die Judenchristen Jerusalems zu diesem Zeitpunkt unter starkem Druck der Synagoge. Und bis zum jüdischen Aufstand (66-70 n. Chr.) wird sich der Einfluss der zelotischen Kreise noch verstärken, alles Nichtjüdische attackieren und als feindlich ansehen.

Von Josephus erfahren wir, dass man in Jerusalem beschloss, Geschenke von Nichtjuden für Tempel und Synagoge nicht mehr anzunehmen (Jüdischer Krieg, II, 408f.). Von daher wird verständlich, wie schwer es auch für Judenchristen in Jerusalem war, von Heidenchristen eine Kollekte anzunehmen.

Aufruhr im Tempel

Als Paulus sich im Tempel aufhält, kommt es zum Aufruhr: „Israeliten! Kommt zu Hilfe! Das ist der Mensch, der in aller Welt Lehren verbreitet, die sich gegen das Volk und das Gesetz und gegen diesen Ort richten; er hat sogar Griechen in den Tempel mitgenommen und diesen heiligen Ort entweiht. Sie hatten nämlich kurz zuvor den Epheser Trophimus mit ihm zusammen in der Stadt gesehen und meinten, Paulus habe ihn in den Tempel mitgenommen. Da geriet die ganze Stadt in Aufregung und das Volk lief zusammen. Sie ergriffen Paulus und zerrten ihn aus dem Tempel und sofort wurden die Tore geschlossen." (Apg 21,28-30).

Der Oberst der römischen Kohorte, der in der Burg Antonia residierte und mögliche Aufstände verhindern musste, lässt

Paulus verhaften. „In der Menge schrien die einen dies, die andern das. Da er bei dem Lärm nichts Sicheres ermitteln konnte, befahl er, ihn in die Kaserne zu führen. Als Paulus an die Freitreppe kam, mussten ihn die Soldaten wegen des Andrangs der Menge tragen. Denn das Volk lief hinterher und schrie: Weg mit ihm! Als man Paulus in die Kaserne bringen wollte, sagte er zum Obersten: Darf ich ein Wort mit dir reden? Der antwortete: Du verstehst Griechisch? Dann bist du also nicht der Ägypter, der vor einiger Zeit die viertausend Sikarier aufgewiegelt und in die Wüste hinausgeführt hat?" (Apg 21,34-38).

Die Sorgen des Oberst waren demnach nicht unbegründet. Paulus darf im Tempelvorhof vor dem Volk eine Rede halten, die noch einmal seine Lebensgeschichte und vor allem seine Berufung aufrollt. Als das Ende der Rede die Steinigung und den Missionsauftrag an die Heiden erwähnt, kommt es abermals zum Tumult. „Bis zu diesem Wort hörten sie ihm zu, dann fingen sie an zu schreien: Weg mit so einem Menschen! Er darf nicht am Leben bleiben. Sie lärmten, zerrissen ihre Kleider und warfen Staub in die Luft. Da befahl der Oberst, ihn in die Kaserne zu führen, und ordnete an, ihn unter Geißelschlägen zu verhören. Auf diese Weise wollte er herausfinden, warum sie derart gegen ihn tobten." (Apg 22,22-24). Trotz angedrohter Folter war der eigentliche, für Römer relevante Anklagepunkt (Aufstand gegen die römische Staatsmacht) nicht herauszufinden.

Nun appellierte Paulus an sein römisches Bürgerrecht, das eine Geißelung nicht zuließ: „Dürft ihr jemanden, der das römische Bürgerrecht besitzt, geißeln, noch dazu ohne Verurteilung? Als der Hauptmann das hörte, ging er zum Obersten, meldete es und sagte: Was hast du vor? Der Mann ist ein Römer. Der Oberst kam zu Paulus und fragte ihn: Sag mir, bist du ein Römer? Er antwortete: Ja. Da antwortete der Oberst: Ich habe für dieses Bürgerrecht ein Vermögen gezahlt. Paulus sagte: Ich bin sogar als Römer geboren. Sofort ließen die, die ihn verhören sollten, von ihm ab. Und der Oberst erschrak, als er erfuhr, dass es ein Römer war, den er hatte fesseln lassen." (Apg 22,25-29).

Weil sich die römische Obrigkeit nicht zuständig fühlte, wurde Paulus am nächsten Tag dem Hohen Rat überstellt. Der Fall Paulus sollte nun als innerjüdische Angelegenheit verhandelt werden. Vor dem Hohenpriester kam es zu einer dramatischen Szene: „Brüder! Bis zum heutigen Tag lebe ich vor Gott mit völlig reinem Gewissen. Der Hohepriester Hananias aber befahl denen, die bei ihm standen, ihn auf den Mund zu schlagen. Da sagte Paulus zu ihm: Dich wird Gott schlagen, du übertünchte Wand! Du sitzt hier, um mich nach dem Gesetz zu richten, und entgegen dem Gesetz befiehlst du, mich zu schlagen? Die Umstehenden sagten: Du wagst es, den Hohenpriester Gottes zu schmähen? Paulus antwortete: Ich wusste nicht, Brüder, dass er der Hohepriester ist. Denn es heißt in der Schrift: *Einen Fürsten deines Volkes sollst du nicht verfluchen.*" (Apg 23,1b-5).

Den „Hohenpriester Gottes" als „übertünchte Wand" zu apostrophieren, war wahrlich eine gewagte Inszenierung. Und doch sollte Paulus als gesetzesfromm dargestellt werden, der sich gar entschuldigt und zudem einen Gesetzestext aus Ex 22,27 zitiert.

Die hintersinnige Spitze, die mit der „getünchten Wand" gemeint ist, enthält eine Anspielung auf Ez 13,10: „Sie führen mein Volk in die Irre und verkünden Heil, wo es kein Heil gibt, und wenn das Volk eine Mauer aufrichtet, dann übertünchen sie sie." – „Damit deutet der Redner die innere Brüchigkeit und Unwahrhaftigkeit des durch den Hohenpriester repräsentierten Judentums an."[4] „Sein ‚Amt' übertüncht seine Gesetzlosigkeit."[5]

Da die sadduzäischen und pharisäischen Gruppierungen in Sachen „Auferweckung, Engel und Geister" im Hohen Rat geteilter Meinung waren, spielt der zweite Teil der Rede mit der Herkunft des Paulus aus dem Pharisäertum. „Da Paulus aber wusste, dass der eine Teil zu den Sadduzäern, der andere zu den Pharisäern gehörte, rief er vor dem Hohen Rat aus: Brüder, ich bin Pharisäer und ein Sohn von Pharisäern; wegen der Hoffnung und wegen der Auferstehung der Toten stehe ich vor Gericht.

Als er das sagte, brach ein Streit zwischen den Pharisäern und den Sadduzäern aus, und die Versammlung spaltete sich. Die Sadduzäer behaupten nämlich, es gebe weder eine Auferstehung noch Engel noch Geister, die Pharisäer dagegen bekennen sich zu all dem. Es erhob sich ein lautes Geschrei und einige Schriftgelehrte aus dem Kreis der Pharisäer standen auf und verfochten ihre Ansicht. Sie sagten: Wir finden nichts Schlimmes an diesem Menschen. Vielleicht hat doch ein Geist oder ein Engel zu ihm gesprochen." (Apg 23,6-9).

Nun wurde Paulus abermals in der Kaserne interniert. In der Nacht lässt Lukas in einer Christuserscheinung Paulus sein eigenes Martyrium erkennen: „In der folgenden Nacht aber trat der Herr zu Paulus und sagte: Hab Mut! Denn so wie du in Jerusalem meine Sache bezeugt hast, sollst du auch in Rom Zeugnis ablegen." (Apg 23,11). „Die von Gott verfügte Notwendigkeit, dass Paulus nach Rom gelangt, wird hier von Christus kundgetan. Zugleich handelt es sich um eine Verheißung: Sie gibt dem Leser die Gewissheit, ‚dass Paulus tatsächlich in Rom (vor dem Kaiser: 27,24!) Zeugnis abgelegt hat'".[6] Während Paulus Rom nur als Etappenziel für seine Durchreise nach Spanien ansieht, erkennt der lukanische Paulus noch in Jerusalem, dass ihn in Rom das Martyrium ereilen wird. Die Begrifflichkeit des Lukas (Blutzeugnisterminologie) spricht eine unzweideutige Sprache.

Trotz dieser Einsicht schildert Lukas in einer weiteren Überlieferung eine Verschwörung gegen Paulus, die mit dessen Tod enden soll. „Nach Tagesanbruch rotteten sich die Juden zusammen und schworen einen heiligen Eid, weder zu essen noch zu trinken, bis sie Paulus getötet hätten. An dieser Verschwörung waren mehr als vierzig Männer beteiligt. Sie gingen zu den Hohenpriestern und den

---

[4] J. Roloff, Apostelgeschichte, 328.
[5] R. Pesch, Apostelgeschichte, 243.
[6] G. Schneider, Apostelgeschichte, 334.

Ältesten und sagten: Wir haben mit einem heiligen Eid geschworen, nichts zu essen, bis wir Paulus getötet haben. Geht also jetzt zusammen mit dem Hohen Rat zum Obersten und bittet ihn, Paulus zu euch herunterzuführen, da ihr den Fall noch genauer untersuchen wollt; wir aber halten uns bereit, um ihn, noch bevor er hierher kommt, umzubringen. Der Neffe des Paulus, der Sohn seiner Schwester, erfuhr jedoch von dem Anschlag. Er ging in die Kaserne und verständigte Paulus. Paulus ließ einen der Hauptleute rufen und sagte: Bring diesen jungen Mann zum Obersten, denn er hat ihm etwas zu melden. Der nahm ihn mit sich, brachte ihn zum Obersten und sagte: Der Gefangene Paulus hat mich gerufen und gebeten, diesen jungen Mann zu dir zu führen, da er dir etwas mitzuteilen habe. Der Oberst fasste ihn bei der Hand, nahm ihn beiseite und fragte: Was hast du mir zu melden? Er antwortete: Die Juden haben verabredet, dich zu bitten, du mögest morgen den Paulus vor den Hohen Rat hinunterführen lassen. Angeblich wollen sie Genaueres über ihn erfahren. Trau ihnen nicht! Denn mehr als vierzig Männer von ihnen lauern ihm auf. Sie haben sich geschworen, weder zu essen noch zu trinken, bis sie ihn umgebracht haben; schon stehen sie bereit und warten auf deine Anordnung. Der Oberst befahl dem jungen Mann: Sag niemand etwas darüber, dass du mir das angezeigt hast. Dann ließ er ihn gehen." (Apg 23,12-23).

Diese Überlieferung steht freilich in Spannung zur vorausgehenden Rede. Auch die Reaktion des Oberst operiert mit unwahrscheinlichen Größenangaben. „Er rief zwei von den Hauptleuten und gab ihnen den Befehl: Haltet von der dritten Stunde der Nacht an zweihundert Soldaten zum Marsch nach Cäsarea bereit, außerdem siebzig Reiter und zweihundert leicht Bewaffnete; auch Tragtiere soll man bereitstellen, Paulus aufsitzen lassen und sicher zum Statthalter Felix bringen." (Apg 23,23-24).

TEIL 51
Von Jerusalem nach Cäsarea

„Während die nichts ahnenden Verschwörer noch letzte Vorbereitungen für ihren Anschlag treffen, lässt er seinen Gefangenen durch einen Trupp Soldaten nach Cäsarea eskortieren. Die Angaben über die Stärke dieses militärischen Aufgebotes sind allerdings reichlich unrealistisch; indirekt sollen sie dem Leser die Größe der von den Juden drohenden Gefahr vor Augen führen. Demnach wäre fast die Hälfte der Garnison ausgerückt, um Paulus zu geleiten." (Roloff, 332). Ein eigens verfasster Übermittlungsbrief des Obersten an den Statthalter macht deutlich, dass keiner so recht weiß, weshalb Paulus eigentlich vor den römischen Statthalter geladen wird: „Klaudius Lysias entbietet dem erlauchten Statthalter Felix seinen Gruß! Dieser Mann wurde von den Juden ergriffen und wäre beinahe von ihnen umgebracht worden; da habe ich mit der Wachtruppe eingegriffen und ihn befreit.

Ich hatte nämlich erfahren, dass er Römer ist. Und weil ich ermitteln wollte, wessen sie ihn beschuldigen, brachte ich ihn vor ihren Hohen Rat. Ich fand heraus, dass er wegen Streitfragen über ihr Gesetz angeschuldigt wird, dass aber keine Anklage gegen ihn vorliegt, auf die Tod oder Haft steht. Da mir aber angezeigt wurde, gegen den Mann sei ein Anschlag geplant, schicke ich ihn sogleich zu dir; auch habe ich die Kläger angewiesen, ihre Sache gegen ihn bei dir vorzubringen." (Apg 23,26-30).

Da der Statthalter Felix im früheren Palast, dem Prätorium Herodes' des Großen residiert, wird Paulus dort festgesetzt. Die baldigen Verhandlungen vor dem Statthalter bringen von der Sache her jedoch nichts Neues. Sie bieten aber Lukas die Gelegenheit, Paulus eine neue Rede vor Felix halten zu lassen. In ihr wird Paulus wieder als gesetzestreuer Judenchrist gezeichnet: „Ich glaube an alles, was im Gesetz und in den Propheten steht, und ich habe dieselbe Hoffnung auf Gott, die auch diese hier haben: dass es eine Auferstehung der Gerechten und Ungerechten geben wird." (Apg 24,14b-15).

Wieder kommt es zu einer Verzögerung und nicht zum Rechtsspruch. Felix möchte seinen Oberst Lysias befragen, doch dann bleibt Paulus zwei (!) Jahre in Cäsarea in Haft. Erst mit dem Amtsantritt des neuen Statthalters Festus (59 n. Chr.) kommt es zu einem Fortgang der Ereignisse.

Eine so lange, wenn auch leichte Haft ist für einen römischen Staatsbürger ohne triftigen Grund äußerst ungewöhnlich. Allein den Juden einen Gefallen zu tun dürfte kaum ein ausreichender Grund gewesen sein. Hatte Felix auf einen Freikauf des Paulus durch Christen gehofft?

Vor Festus appelliert der lukanische Paulus mit prorömischen Argumenten: „Ich stehe vor dem Richterstuhl des Kaisers und da muss ich gerichtet werden. Den Juden habe ich kein Unrecht getan, wie auch du sehr wohl weißt. Wenn ich wirklich ein Unrecht begangen und etwas getan habe, worauf die Todesstrafe steht, weigere ich mich nicht zu sterben. Wenn aber ihre Anklage gegen mich unbegründet ist, kann mich niemand ihnen ausliefern. Ich lege Berufung beim Kaiser ein! Da besprach sich Festus mit seinen Ratgebern und antwortete: An den Kaiser hast du appelliert; zum Kaiser sollst du gehen." (Apg 25,10-12).

Weiter dehnt Lukas die Handlungsabfolge mit einer Episode des Paulus vor König Agrippa. Doch bringt auch diese Rede keine neuen Argumente, die aufzeigen könnten, weshalb der Apostel verurteilt werden sollte. Am Ende hält Lukas fest: „Da erhoben sich der König und der Statthalter, auch Berenike und alle, die bei ihnen saßen. Sie zogen sich zurück, besprachen sich miteinander und sagten: Dieser Mann tut nichts, worauf Tod oder Haft steht. Und Agrippa sagte zu Festus: Der Mann könnte freigelassen werden, wenn er nicht an den Kaiser appelliert hätte." (Apg 26,30-32).

Demnach müsste Paulus als freier Mann und nicht als Gefangener seine Reise nach Rom angetreten haben. „Ist also Paulus doch vom Statthalter verurteilt worden? Dann könnte die nächsthöhere Instanz in Aktion treten mit der Konsequenz, dass Paulus als verurteilter Gefangener nach Rom gebracht wurde. Dieser Gang der Dinge ist wohl ernsthafter ins Auge zu fassen. Wie immer man Sinn in dieses rechtshistorische Gestrüpp bringen will, in jedem Fall erreicht Lukas, worauf er abzielt: Die Juden sind immer mehr die, die Paulus den Tod wünschen. Die Römer sind Paulus im Ganzen wohl gesonnen. Wenn sie sich prozessual nicht korrekt verhalten, so wird das nicht getadelt, noch stört das volkstümliche Erzählungen überhaupt." [7]

Von Cäsarea nach Italien

Die Reise nach Rom erfolgt per Schiff. Nach den Gesetzen der modernen Seefahrt etwas verworren und indirekt, doch zeigen die angelaufenen Häfen, dass man sich in der antiken Schifffahrt gerne in Küstennähe aufhielt: „Als unsere Abfahrt nach Italien feststand, wurden Paulus und einige andere Gefangene einem Hauptmann der kaiserlichen Kohorte namens Julius übergeben. Wir bestiegen ein Schiff aus Adramyttium, das die Orte entlang der Küste Kleinasiens anlaufen sollte, und fuhren ab; bei uns war Aristarch, der Mazedonier aus Thessalonich. Am anderen Tag liefen wir in Sidon ein und Julius, der Paulus wohlwollend behandelte, erlaubte ihm, zu seinen Freunden zu gehen und sich versorgen zu lassen. Von dort fuhren wir weiter und umsegelten, weil wir Gegenwind hatten, Zypern. Wir fuhren durch das Meer von Zilizien und Pamphylien und erreichten Myra in Lyzien." (Apg 27,1-5). Die Überlieferung der letzten Schifffahrt (Apg 27-28) verrät ausgesprochen nautische Kenntnisse. Vor allem aus seemännischer Sicht finden sich zahlreiche Details, die auf Insiderwissen hinweisen und die Geschichte spannend machen.

Günter Kettenbach folgert in seiner Arbeit „Das Logbuch des Lukas. Das antike Schiff in Fahrt und vor Anker (1997): „Darum ist die Seefahrtgeschichte in Apostelgeschichte 27,1 bis 28,16 ein Höhepunkt in der Bibel. Sie ist nicht nur der Höhepunkt der Apostelgeschichte, sie ist auch eine Zusammenfassung des lukanischen Doppelwerkes. Mehr noch: Die Seefahrtgeschichte ist eine Zusammenfassung des Neuen Testaments, der ganzen Heiligen Schrift." (11).

---

[7] Becker, Paulus, 503.

Die Fahrt nach Rom

TEIL 52
Die Fahrt nach Rom (I)

Orte und Landschaften
Cäsarea – Sidon – an Zypern vorbei – Meer von Zilizien und Pamphylien – Myra

Wenn auch die Seefahrt des Apostels nach Rom von Lukas spannend geschrieben ist, so sind die historisch verwertbaren Auskünfte doch äußerst spärlich.

Jürgen Becker bilanziert: „Schon lange ist aufgefallen, dass man die Paulusstellen in dieser Erzählung mühelos herausnehmen kann, dabei einige Unebenheiten im Text beseitigt und einen allgemeinen antiken Seefahrtbericht erhält, den Lukas offenbar benutzte. Historisch ist also an diesem Kapitel praktisch nichts verwertbar." (504). Vieles spricht tatsächlich für einen Seefahrtbericht eines Insiders. Nautische Kenntnisse werden mit fachspezifischen Begriffen eingebracht, die die Einheitsübersetzung meist der Allgemeinverständlichkeit geopfert hat.

Die beliebte Fahrtroute, möglichst lange entlang der sicheren Küste, haben wir früher schon erwähnt. Dann werden die für Segelschiffe so wichtigen Winde angesprochen:

Der leichte „Südwind" (Apg 27,13) im Frühjahr und Sommer meinte den heißen, staubtragenden Schirokko. Weil ein spezieller griechischer Begriff fehlte, nannte man ihn einfach nótos (Südwind). In der Winterzeit rechnete man mit einem Weißen Notos, der durchaus gefährlich werden konnte, da er als nicht recht richtungsbeständig galt und stürmisch, regnerisch und sichtbehindernd auftreten konnte. Paulus warnt in der Überlieferung in prophetischer Absicht vor diesem trügerischen Wind. Der Eurakylon (Apg 27,14) ist die zusammengesetzte Bezeichnung für zwei verschiedene Winde. Mit „Euros" benennt schon Homer den Ostwind (Od V 295f. 331f). „Aquilo" meint dagegen den Ostnordostwind, der in einer dynamischen Erscheinung auftreten konnte. Beide Windnamen zusammen wollen einen dynamischen von Nordost auf Ost drehenden Wind beschreiben.

Ein Typhonikos (Orkan) bezeichnet in meteorologischer Fachsprache einen Zyklon, also einen Wirbelsturm. Ohne noch Einfluss auf die Fahrtrichtung nehmen zu können, treibt das Schiff, nachdem es in einen Sturm geraten war, irgendwohin.

Gemeinhin rechnet man mit einer Westdrift, weil Malta westlich von Kreta liegt.

Die meisten Bibelkarten (vgl. Anhänge in der Einheitsübersetzung) zeichnen in einer Zickzackbewegung einen Kurs zwischen Südkreta und dem ca. 1000 km entfernten Malta ein, wobei die am Ende zurückgelegte Strecke mehr als 2000 km ausmacht.

„Ungeklärt bleibt dabei, wie das in Seenot treibende Schiff auf derartige Kurse gelangte, noch wie sich der längere Seeweg (Zickzack- oder Bogenline) mit der ohnehin schon bei geradem Wege angesichts der Umstände unglaubwürdig hohen Driftgeschwindigkeit (von beinahe 3km/h) verträgt. Damit die weite und zügige Westfahrt nach Malta in nur 4 Tagen (Apg 27,27 – 28,1) vonstatten gehen konnte, werden beinahe sämtliche in Apg 27 genannten Winde und Witterungsangaben uminterpretiert oder teils gar unterschlagen."

•

Für weitere Unklarheit sorgt der nur für uns heute präzise Inselname Malta (Apg 28,1). Im Griechischen steht die Bezeichnung „Melite". Doch konnte in der Antike dieser Name drei verschiedene Inseln oder Halbinseln benennen.

Eine im süddalmatischen Inselraum lokalisierte Insel Melite (heute Mljet) kennt Apollonios von Rhodos (3. Jh. v. Chr.). Es lag (liegt?) genau gegenüber dem italienischen Garganusgebirge (dem Sporn des italienischen Stiefels), was für die möglichen Windverhältnisse noch unwahrscheinlicher ist als Malta.

Heinz Warnecke hatte nun 1987 eine neue Theorie aufgestellt, die aufgrund nautischer Studien Melite als Meereslagune in der Nähe von Kephallenia östlich von Ithaka, der Heimat des homerschen Odysseus, lokalisiert. Es spricht viel dafür, dass dieses nach Malta dritte antike Melite der authentische Ort des Schiffbruchs der Reisegesellschaft war.

Nur wenige Monate nach der Veröffentlichung der Warneckeschen Theorie konnte ich in einem Gespräch mit dem Erzbischof von Malta die neue Lokalisierung ansprechen. Natürlich kannte der Erzbischof den nun mehr verlegten Ort des Schiffbruchs des Apostels. Doch während man im kephallenischen Inselraum Warnecke als willkommenen Wissenschaftler feierte, wollten die Malteser von solchen Theorien wenig wissen.

Nicht nur der Erzbischof von Malta lehnte Warneckes neue Lokalisierung ab. Da die nautischen Angaben im Seefahrtbericht am Ende zu ungenau bleiben, kann sowohl Malta als auch Kephallenia für das antike Melite in Frage kommen. So konnte sich die neutestamentliche Exegese der neuen Deutungsvariante nicht anschließen, da auch in ihr vieles offen bleibt.

Paulus und Nikolaus in Myra

Ehe wir Paulus mit einem neuen Schiff weiter nach Sizilien fahren lassen, blenden wir noch einmal zurück und schauen auf den Hafen Myra.

Eine Besonderheit fast am Ende unserer langen Artikelserie soll anhand der antiken Hafenstadt Myra noch aufgezeigt werden.

Paulus landet in Myra und steigt dort in ein hochseetaugliches Schiff um, den so genannten Alexandriner. Der Hafen war für viele Seereisende ein Muss. Heute liegt die Hafenanlage unter meterhohem Schwemmland. Nur Reste einzelner Kornspeicher ragen noch aus der Erde und markieren so den antiken Hafenbereich. Leider hatte Paulus keine Möglichkeit, das landschaftlich reizvolle Lykien näher zu erkunden. Die fast 100 lykischen Felsgräber in der Totenstadt nur wenige Kilometer nördlich von Myra dürften ihm jedoch nicht entgangen sein. Es sind in Felswände gehauene Grabanlagen aus dem 4. Jh. v. Chr. mit eindrücklichen Reliefs und Inschriften der beigesetzten Toten. Sie erinnern uns heute in ihrer Art stark an die Totenstadt Petras, die freilich einige Jahrhunderte jünger ist.

Bis heute haben wir die antike Stadt Myra nicht vergessen, jedoch nicht des Paulus, sondern des drei Jahrhunderte später dort wirkenden Bischofs Nikolaus wegen, der am Konzil von Nizäa (325 n. Chr.) teilnahm und zwischen 340 und 350 gestorben ist. Genauer gesagt, hat die Überlieferung ihn mit dem berühmten Abt Nikolaus von Sion, einem Klostervorsteher ganz in der Nähe von Myra, verschmolzen. Dass Letzterer erst zwei Jahrhunderte später gelebt hat (gest. 564), tut der Überlieferung und der Verehrung keinen Abbruch. Der Legendenkranz um beide Nikolausgestalten hat über die Zeiten hin zwei Menschen zu einer Heiligenfigur verschmolzen. Wir verehren heute in unserer Volksfrömmigkeit also eine Mischgestalt, die es nur in der Literatur und in der mündlichen Überlieferung so gibt.

Die byzantinische St.-Nikolaus-Kirche in Myra mit ihren 3 Apsiden und dem für die Zeit typischen Längsbau weist auf eine hohe Verehrung des Hl. Nikolaus hin. Zahllose Christenmenschen haben die Kirche schon damals besucht. Ein Sarkophag, der, im 11. Jh. restauriert, ins 4. Jh. zurückreichen kann und in dem Nikolaus seine letzte Ruhestätte gefunden haben könnte, wird den Besuchern gezeigt. Noch heute wird die St.-Nikolaus-Kirche von vielen Pilgern und Touristen besucht, nicht zuletzt, um eigene Kindheitserinnerungen aufzufrischen.

Doch eines muss verwundern und verweist auf ein großes religiöses und kulturelles Problem im Lande: Die vormals griechisch-orthodoxe Kirche ist heute ein Museum. In Myra, dem heutigen Demre, gibt es keinen einzigen Christen mehr. Nicht einmal ein Pope findet sich, der als Christ auf das große Erbe aufmerksam machen könnte. Dies hat nun nichts mit fehlendem Glauben, sondern mit türkischer Politik zu tun.

Religionspolitik in der heutigen Türkei

Als Folge des Unabhängigkeitskrieges, in den 20er-Jahren des 20. Jh.s wurden nach dem Lausanner Vertrag 1924/25 alle griechisch-orthodoxen Christen des Landes verwiesen und nach Griechenland umgesiedelt. Im Gegenzug siedelte man die osmanisch-türkische Bevölkerung aus Griechenland in die Türkei aus. „Im Rahmen dieses Abkommens über den Austausch der griechischen und türkischen Bevölkerung mussten 1924/25 insgesamt 1,3 Mio. Griechen die Türkei und 400.000 bis 500.000 Türken Griechenland verlassen. Von dieser Regelung war ein Teil der Griechen in Istanbul ausgenommen worden ... Heute bilden die Griechen nur noch eine kleine Minderheit, deren Zahl sich auf ca. 3500 Personen belaufen dürfte." (Akkaya, 188). Diese griechisch-orthodoxen Christen leben mit 2500 Personen in Istanbul. Ihnen sind im Istanbuler Patriarchat 58 Kirchen angeschlossen. Eine verschwindend kleine Zahl mit Rom unierter katholischer Griechen lebt in Izmir und Istanbul.

Eine andere christliche Minderheit lebt in Antakya (früher Antiochia am Orontes) und im weiteren Osten der Türkei. Sie rechnen sich zur syrisch-arabischen Kirche mit ihrem Patriarchat in Damaskus. Ihre Liturgiesprache ist das Arabische, die Landessprache aber ist das Türkische. Ein sprachliches Kuriosum, das auch die Mehrheit der muslimischen Türken teilt.

•

Nach der neuen Staatstheorie Atatürks – sein Name heißt übersetzt „Vater der Türken" –, des ersten Präsidenten der modernen Türkei, wollte man einen einheitlichen laizistischen Staat gründen, in dem die Sprache das Türkische und die Religion, der Islam, zur nationalen Identität werden sollten. „Das Türkentum basiert nicht auf der ethnischen Herkunft, sondern auf dem Willen, sich als Teil der türkischen Nation zu fühlen. Dieses Verständnis entspricht eher dem französischen als dem deutschen Nationsverständnis." (Länderbericht, 186).

So sind heute in der Türkei ca. 99% der Bevölkerung Muslime. Ethnisch herrscht ein komplexes Völkergemisch. Allein die in der heutigen Türkei noch verbleibenden Minderheiten zeigen die Vielfalt der ethnischen Herkunft und der religiösen Zugehörigkeit der Menschen auf.

Nach dem „Länderbericht Türkei" leben in der heutigen Türkei „über 47 ethnisch, sprachlich oder religiös differenzierte Gruppen. Eine kleine Auflistung ...: sunnitische und alevitische Türken; sunnitische, alevitische und jezidische Kurden; verschiedene Turkmenenstämme (alevitisch oder sunnitisch); schiitische aserbaidschanische Türken; Tataren, sunnitische, nussairische und christliche Araber; Lazen; Tscherkessen; Hemschinli; Georgier; Abschasen; Albaner; Aseris; Turkmenen; Mazedonier; Bosnier; Griechen; Juden; Armenier; Polen; Levantiner etc." (184).

Dass der junge Staat sich von Anfang an laizistisch, also nichtreligiös, versteht, übersehen wir gern, wenn wir in Deutschland um das Kopftuch der türkischen Musliminnen streiten.

In der Türkei ist die Religion reine Privatsache. Wer öffentliche Ämter begleitet, dem ist eine bewusst demonstrative Religionsausübung untersagt. Weil die Religion in der Türkei mit der muslimischen Religion verknüpft ist, werden andere Religionen nur in einem absoluten Minderheitenstatus geduldet.

Während der Islam mehr Richtung Osten zum islamischen Orient hin ausgerichtet ist, versucht der Staat sich westlich in Richtung der Europäischen Union zu orientieren. Deshalb ist beispielsweise der arbeitsfreie Tag der Woche der Sonntag, obwohl der islamische „Sonntag" der Donnerstag wäre. In dieser Zwitterposition befindet sich die moderne gegenwärtige Türkei.

Eine Altlast der Neuzeit wird der moderne türkische Staat nicht los, auch wenn sie gerne verschwiegen wird: den Völkermord an den Armeniern. Das bedeutende christlich-armenische Volk in der Osttürkei und im heutigen Armenien und Georgien wurde 1915 unter der Federführung der Jungtürken in einem grausamen Massaker größtenteils ermordet. Über eine Million Armenier christlichen Glaubens wurden Opfer dieses Massakers, während Europa in den Ersten Weltkrieg verstrickt war. Eine dunkle Periode am Ende des Osmanischen Reiches und zu Beginn der jungen Türkei, derer gedacht werden muss.

Franz Werfel hat in seinem 1930 entstandenen großen Roman „Die vierzig Tage des Musa Dagh" dieser Tragödie ein Denkmal gesetzt. Wer sich mit dem Schicksal des armenischen Volkes zu Beginn des 20. Jhd.s beschäftigen will, erfährt in einer meisterhaften, einfühlsamen Erzählung viele Details über dieses Volk.

Heute leben nur noch 60.000 bis 70.000 Armenier in der Türkei, meist in Istanbul. Sie gehören mehrheitlich der Armenisch-Apostolischen Kirche an. Nur ca. 3500 Armenier zählen zum katholischen Glauben. In Istanbul verfügen sie über drei Kirchen mit Schulen und Sozialeinrichtungen.

Die vergleichsweise wenigen Christen leben heute ohne Verfolgung in der Türkei. Denn im völkerrechtlich noch heute gültigen Lausanner Vertrag von 1923 wurde ihnen ein Minderheitenstatus zugebilligt, innerhalb dessen sie sich bewegen können. Eine Missionierung außerhalb der christlichen Gemeinschaften und damit eine mögliche Vergrößerung der Christenzahl ist ihnen jedoch untersagt.

TEIL 53
Die Fahrt nach Rom (II)

Orte und Landschaften
Myra – Knidos – Kreta – Salmone –
Kalói – Liménes – Phönix – Kauda –
Melite – Syrakus – Rhegion – Puteoli –
Forum Appii – Tres Tabernae – Rom

Unterwegs nach Kreta

„Viele Tage lang kamen wir nur langsam vorwärts und mit Mühe erreichten wir die Höhe von Knidos. Da uns der Wind nicht herankommen ließ, umsegelten wir Kreta bei Salmone, fuhren unter großer Mühe an Kreta entlang und erreichten einen Ort namens Kalói Liménes, in dessen Nähe die Stadt Lasäa liegt." (Apg 27,7-8). Noch ahnte niemand, was auf die Seeleute zukam. Die ungünstigen Winde ließen den Alexandriner, wie das hochseetaugliche Frachtschiff genannt wird, nur langsam westwärts kommen. „Mit Mühe" erreichten die Seeleute, die Soldaten, die Gefangenen mit Paulus und die übrigen Passagiere Knidos, eine Halbinsel mit einer gleichnamigen Stadt. Die Fahrtroute verlief nördlich der Insel Rhodos. Ohne landen zu können, trieb die Reisegesellschaft nun auf Kreta zu. Im Windschatten des Kap Sideros, hier Salmone genannt, „umfährt" das Schiff die Nordostspitze Kretas und erreicht einen Hafen mit dem wohlklingenden Namen Kalói Liménes („Guthafen"). Da weder der Hafen noch die nahe gelegene Stadt Lasäa heute noch sicher auszumachen sind, bleibt unklar, wo das Schiff angelandet ist.

Die widrigen Winde und die insgesamt ungünstigen herbstlichen Wetterverhältnisse machten eine Weiterfahrt gefährlich. „Da inzwischen längere Zeit vergangen und die Schifffahrt bereits unsicher geworden war – sogar das Fasten war schon vorüber –, warnte Paulus und sagte: Männer, ich sehe, die Fahrt wird mit Gefahr und großem Schaden verbunden sein, nicht nur für die Ladung und das Schiff, sondern auch für unser Leben." (Apg 27,9-10).

Dank der angegebenen jüdischen Zeitrechnung, die mit der Erwähnung des „Fastens" eine Datierung zulässt – es waren der Versöhnungstag und das Laubhüttenfest bereits verstrichen – kann der Monat Oktober angenommen werden. Eine Seefahrt in dieser Zeit war problematisch. „Nach dem 15. September riskierte man ohne Zwang keine Fahrt über das offene Meer mehr, und vom 1. November bis zum 10. März war die Schifffahrt eingestellt (mare clausum)." (Pesch, 290).

Paulus hatte ein seherisches Gespür für die nahen Gefahren, die auf die Mannschaft zukommen sollten. „Der Hauptmann aber vertraute dem Steuermann und dem Kapitän mehr als den Worten des Paulus. Da der Hafen zum Überwintern ungeeignet war, beschloss die Mehrheit weiterzufahren, um nach Möglichkeit Phönix zu erreichen, einen nach Südwesten und Nordwesten offenen Hafen von Kreta; dort wollten sie überwintern. Als leichter Südwind aufkam, meinten sie, ihr Vorhaben sei schon geglückt; sie lichteten den Anker und fuhren dicht an Kreta entlang." (Apg 27,11-13).

Der Seesturm

Mit der kleinen Insel Kauda, südwestlich von Kreta, verließ die Mannschaft den letzten sicheren Koordinationspunkt. Was nun folgte, liest sich spannend. Denn das schwere herbstliche Unwetter ließ nicht lange auf sich warten. „Kurz darauf brach von der Insel her ein Orkan los, Eurakylon genannt. Das Schiff wurde mitgerissen, und weil es nicht mehr gegen den Wind gedreht werden konnte, gaben wir auf und ließen uns treiben. Während wir unter einer kleinen Insel namens Kauda hinfuhren, konnten wir das Beiboot nur mit Mühe in die Gewalt bekommen. Die Matrosen hoben es hoch, dann sicherten sie das Schiff, indem sie Taue darum herumspannten. Weil sie fürchteten, in die Syrte zu geraten, ließen sie den Treibanker hinab und trieben dahin. Da wir vom Sturm hart bedrängt wurden, erleichterten sie am nächsten Tag das Schiff, und am dritten Tag warfen sie eigenhändig die Schiffsausrüstung über Bord. Mehrere Tage hindurch zeigten sich weder Sonne noch Sterne und der heftige Sturm hielt an. Schließlich schwand uns alle Hoffnung auf Rettung."

Lukas unterbricht den Seesturmbericht und lässt Paulus eine Rede halten. Ohne Rücksicht auf die seekranke Mannschaft hält der Apostel eine Mahnrede, die den bevorstehenden Schiffbruch theologisch deutet. „Niemand wollte mehr essen; da trat Paulus in ihre Mitte und sagte: Männer, man hätte auf mich hören und von Kreta nicht abfahren sollen, dann wären uns dieses Unglück und der Schaden erspart geblieben. Doch jetzt ermahne ich euch: Verliert nicht den Mut! Niemand von euch wird sein Leben verlieren, nur das Schiff wird untergehen. Denn in dieser Nacht ist ein Engel des Gottes, dem ich gehöre und dem ich diene, zu mir gekommen und hat gesagt: Fürchte dich nicht, Paulus! Du musst vor den Kaiser treten. Und Gott hat dir alle geschenkt, die mit dir fahren. Habt also Mut, Männer! Denn ich vertraue auf Gott, dass es so kommen wird, wie mir gesagt worden ist. Wir müssen allerdings an einer Insel stranden." (Apg 27,21-26).

Paulus „muss" vor den Kaiser treten und das Schiff „muss" an einer Insel stranden. Das Gottvertrauen bringt Zuversicht in die chaotische Lage. Weil das notwendige Geschick allen widerfahren „muss", ist auch die Rettung der Mannschaft bereits theologisch vorbereitet und gedeutet.

„Als wir schon die vierzehnte Nacht auf der Adria trieben, merkten die Matrosen um Mitternacht, dass sich ihnen Land näherte. Sie warfen das Lot hinab und maßen zwanzig Faden; kurz danach loteten sie nochmals und maßen fünfzehn Faden. Aus Furcht, wir könnten auf Klippen laufen, warfen sie vom Heck aus vier Anker und wünschten den Tag herbei. Als aber die Matrosen unter dem Vorwand, sie wollten vom Bug aus Anker auswerfen, vom Schiff zu fliehen versuchten und das Beiboot ins Meer hinunterließen, sagte Paulus zum Hauptmann und zu den Soldaten: Wenn sie nicht auf dem Schiff bleiben, könnt ihr nicht gerettet werden. Da kappten die Soldaten die Taue des Beibootes und ließen es forttreiben. Bis in die Morgendämmerung hinein ermunterte Paulus alle, etwas zu essen, und sagte: Heute ist schon der vierzehnte Tag, dass ihr ausharrt, ohne auch nur die geringste Nahrung zu euch zu nehmen. Deshalb rate ich euch: Esst etwas; das ist gut für eure Rettung. Denn keinem von euch wird auch nur ein Haar von seinem Kopf verloren gehen. Nach diesen Worten nahm er Brot, dankte Gott vor den Augen aller, brach es und begann zu essen. Da fassten alle Mut und aßen ebenfalls. Wir waren im Ganzen zweihundertsechsundsiebzig Menschen an Bord. Nachdem sie sich satt gegessen hatten, warfen sie das Getreide ins Meer, um das Schiff zu erleichtern." (Apg 27,27-38).

Die erneute Rede des Apostels empfiehlt eine Mahlgemeinschaft, die in ihrer Beschreibung an eine Speisewundererzählung oder an die Abendmahlberichte erinnern soll.

Das seemännische Verhalten der Matrosen ist nicht ungewöhnlich. So loten sie, um die Wassertiefe von 20 Faden (= 36 Meter) und 15 Faden (= 27 Meter) herauszufinden. Konsequent ist daher auch das frühzeitige Zuwasserlassen des Beiboots. Erst auf Anraten des Paulus werden die Taue des Beiboots gekappt. Ist das nicht widersinnig? Nun ist man ganz auf das Schiff angewiesen, Rettung kann nur mehr vom Schiff ausgehen, und - das wunderbare Überleben wird am Ende zur Rettungstat Gottes.

Die hohe Zahl der Passagiere, die nun gerettet werden können, mag uns erstaunen, ist tatsächlich aber nicht außergewöhnlich hoch, da hochseetaugliche Schiffe bis zu 600 Personen aufnehmen konnten.

Um möglichst nahe an den Strand heranzukommen, musste das Schiff von allen entbehrlichen Lasten erleichtert werden. Nach der letzten Speisung warf man das Getreide über Bord. Diese Notiz gab Lukas das Stichwort, um Paulus in einer Rede Trost geben zu lassen und eine Mahlgemeinschaft ausführlicher zu beschreiben.

„Als es nun Tag wurde, entdeckten die Matrosen eine Bucht mit flachem Strand; auf ihn wollten sie, wenn möglich, das Schiff auflaufen lassen; das Land selbst war ihnen unbekannt. Sie machten die Anker los und ließen sie im Meer zurück. Zugleich lösten sie die Haltetaue der Steuerruder, hissten das Vorsegel und hielten mit dem Wind auf den Strand zu. Als sie aber auf eine Sandbank gerieten, strandeten sie mit dem Schiff; der Bug bohrte sich ein und saß unbeweglich fest; das Heck aber begann in der Brandung zu zerbrechen. Da beschlossen die Soldaten, die Gefangenen zu töten, damit keiner schwimmend entkommen könne. Der Hauptmann aber wollte Paulus retten und hinderte sie an ihrem Vorhaben. Er befahl, dass zuerst alle, die schwimmen konnten, über Bord springen und an Land gehen sollten, dann die Übrigen, teils auf Planken, teils auf anderen Schiffstrümmern. So kam es, dass alle ans Land gerettet wurden." (Apg 27,39-44).

In der alten Seerettungsgeschichte waren die paulinischen Reden nicht enthalten. Wohl enthalten war der Beschluss der Soldaten, die Gefangenen zu töten. Hafteten sie doch mit ihrem eigenen Leben für deren Überbringung nach Rom. Um sich selbst sicherer zu retten, wollten sie daher ihre Gefangenen töten. Der Hauptmann, der den rettenden Einfluss des Häftlings Paulus erkannte, plädierte daher für das Leben aller Gefangenen. Auf der Insel Melite, die die Einheitsübersetzung mit Malta übersetzt, strandet die gesamte Besatzung. Die Inselbewohner nahmen die Schiffbrüchigen freundlich auf und verabschiedeten sie nach ihrem winterlichen Zwangsaufenthalt von drei Monaten ebenso herzlich. „Als wir gerettet waren, erfuhren wir, dass die Insel Malta heißt. Die Einheimischen waren uns gegenüber ungewöhnlich freundlich ... Sie erwiesen uns viele Ehren und bei der Abfahrt gaben sie uns alles mit, was wir brauchten." (Apg 28,1.2a.10).

Wundergeschichten auf Melite

Über die beiden in den Text eingewobenen Wundergeschichten hinaus erfährt man nichts Näheres über die Insel. Weder der lebensbedrohliche Schlangenbiss und die damit verbundene wunderbare Rettung des Apostels noch die Heilung des Publius, des Ersten der Insel, der von Paulus vom Fieber geheilt wird, muss auf Malta stattgefunden haben. Wobei nicht gesagt ist, dass beide Wunderdarstellungen nicht schon früh in die Seerettungsgeschichte eingeflochten wurden. Dies belegt die Verknüpfung der Rettung auf See mit dem Schlangenbiss. Vom Dichter Statilius Flaccus (1. Jh. v. Chr.) berichtet eine Grabinschrift: „Ach, er entrann zwar dem Sturm und der Wut des verderblichen Meeres, aber gestrandet, als er lag in dem lybischen Sand, nicht vom Gestade entfernt und beschwert vom Schlaf, dem letzten, nackt und bloß, wie er müde geworden vom traurigen Schiffbruch, biss ihn die Viper tot ..." (AGr II, 1957, VII, Nr. 290, Übersetzung O. Pesch).

Anders bei Paulus. Die Einheimischen, wörtlich „die Barbaren", „zündeten ein Feuer an und holten uns alle zu sich, weil es zu regnen begann und kalt war. Als Paulus einen Haufen Reisig zusammenraffte und auf das Feuer legte, fuhr infolge der Hitze eine Viper heraus und biss sich an seiner Hand fest. Als die Einheimischen das Tier an seiner Hand hängen sahen, sagten sie zueinander: Dieser Mensch ist gewiss ein Mörder; die Rachegöttin lässt ihn nicht leben, obwohl er dem Meer entkommen ist. Er aber schleuderte das Tier ins Feuer und erlitt keinen Schaden. Da erwarteten sie, er werde anschwellen oder plötzlich tot umfallen. Als sie aber eine Zeit lang gewartet hatten und sahen, dass ihm nichts Schlimmes geschah, änderten sie ihre Meinung und sagten, er sei ein Gott." (Apg 28,2b-6). Die griechische Gerechtigkeits- und Rachegöttin Dike, die den Einheimischen (Barbaren) auf Malta schwerlich bekannt gewesen sein dürfte, war den Bewohnern von Kephallenia durchaus vertraut. Weil Paulus den hochgiftigen Biss der Viper überlebte, wurde er für einen Gott gehalten. Ähnlich wurde Paulus schon einmal auf der ersten Missionsreise in Lystra beurteilt, wo ihn die Bewohner für Hermes und seinen Reisebegleiter Barnabas für Zeus hielten (Apg 14,15-17).

Dass Gott mit Paulus ist, wissen die Leserinnen und Leser schon von der Seesturmgeschichte her, wo „ein Engel des Gottes" den Apostel behütet. Auch bei der Rede vor Agrippa in Cäsarea hatte Paulus gesagt: „Ich habe Gottes Hilfe erfahren bis zum heutigen Tag." (Apg 26,22). Hier freilich soll gesagt werden: „Die göttliche Lenkung, die über dem Weg des Paulus steht, ist so augenfällig, dass selbst Heiden sie erkennen und in ihrer – gewiss unzulänglichen – religiösen Begrifflichkeit zum Ausdruck bringen müssen." (Roloff, 367).

Malta

Ob nun Malta oder Kephallenia der Ort des antiken Melite war, wird kaum noch herauszufinden sein. Die Verehrung des Paulus auf Malta setzt jedenfalls erst sehr spät ein. In Publius hatte man einen Anhaltspunkt, um den Ahnherrn einer christlichen Gemeinde auf Malta zu suchen. So sehen es bis heute zumindest die Malteser. Deshalb wird den Pilgern auf Malta eine Paulusbucht an der Nordwestküste der Insel gezeigt, ebenso ein Agape-Tisch in der St. Paulus-Katakombe, die aus dem 4.-5. Jh. stammt und den freundlichen Empfang der Schiffbrüchigen auf Malta würdigt. In der St. Paul's Parish Church in Rabat kann man das angebliche Gefängnis des Paulus besuchen. Die älteste Kirche auf Malta befindet sich in Mdina. Sie stammt zwar wie die gesamte gegenwärtige Stadtanlage aus dem 17. Jh. und ist als Hauptkirche der Insel St. Peter und Paulus geweiht. Aber viele vermuten mit Recht einen Vorgängerbau unterhalb der Kirche aus dem 4. Jh. Der Überlieferung nach soll hier Paulus den römischen Statthalter Publius geheilt haben.

Die Weiterfahrt

Die Weiterfahrt nach Rom schildert der Reisebericht wieder äußerst knapp: „Drei Monate später fuhren wir mit einem alexandrinischen Schiff ab, das auf der Insel überwintert hatte und die Dioskuren als Schiffszeichen trug. Wir liefen in Syrakus ein und blieben drei Tage; von dort fuhren wir die Küste entlang weiter und erreichten Rhegion. Nach einem Tag setzte Südwind ein und so kamen wir in zwei Tagen nach Puteoli." (Apg 28,11-13).

Einerseits verliert der Reisebericht kein Wort zu viel, andererseits findet er Raum für Details am Rande. Zum Beispiel, dass der Alexandriner als Schiffszeichen die Dioskuren trug. Die Dioskuren, die Zeussöhne Kastor und Pollux, wurden als Schutzgötter der Seefahrt verehrt und deshalb als Schutzzeichen in Form von Gallionsfiguren oder als Bilder am Bug angebracht. Unter ihrer Obhut segelte die Reisegesellschaft nun zuerst nach Syrakus, der an der Ostküste gelegenen Hauptstadt Siziliens. Der dreitägige Aufenthalt war wohl erzwungen, da die Seeleute Ladung löschten bzw. ein günstiger Wind abgewartet werden musste.

Wohl noch am gleichen Tag erreichte man Rhegion an der Stiefelspitze Italiens südlich der Straße von Messina. Der günstige Südwind ließ das Schiff die 350 km entlang der Küste rasch passieren, sodass es bereits nach zwei Tagen in Puteoli, dem Haupthafen im Norden des Golfes von Neapel einlaufen konnte. „Hier trafen wir Brüder; sie baten uns, sieben Tage bei ihnen zu bleiben." (Apg 28,14). Da sich alle Schiffbrüchigen für den Fußmarsch nach Rom neu ausrüsten mussten, blieb Zeit für eine Begegnung mit den „Brüdern" in Puteoli. Hier muss es um 60 n. Chr. schon eine Christengemeinde gegeben haben. Wenn die „sieben Tage" ein Hinweis auf das Osterfest sind – Pascha feierte man im Jahr 59 n. Chr. am 18. März –, dann kann man mit einer judenchristlichen Gemeinde in Puteoli rechnen. Mitfeiern hätte allerdings die Zustimmung des Hauptmanns vorausgesetzt. Der anschließende Fußmarsch zum 200 km entfernten Rom dürfte in fünf Tagen bewältigt worden sein. Der Weg führte bis Capua über die Via Campana und mündete dann in die Via Appia ein.

„Von dort waren uns die Brüder, die von uns gehört hatten, bis Forum Appii und Tres Tabernae entgegengereist. Als Paulus sie sah, dankte er Gott und fasste Mut. Nach unserer Ankunft in Rom erhielt Paulus die Erlaubnis, für sich allein zu wohnen, zusammen mit dem Soldaten, der ihn bewachte" (Apg 28,15-16). Forum Appii, hinter den Pontinischen Sümpfen, lag 64,5 Kilometer vor Rom und Tres Tabernae befand sich 49,5 Kilometer von Rom entfernt. Wohl im März des Jahres 59 n. Chr. traf Paulus in Rom ein.

TEIL 54
Rom – Ende und Anfang

Als Paulus sich Rom nähert, wird er von einer Delegation römischer Christen empfangen. Der in Korinth geschriebene Brief an die Römer war von der Diakonin Phoebe längst überbracht, die römischen Christen von der Theologie des Paulus inzwischen in Kenntnis gesetzt worden.

Über andere, uns nicht bekannte Informationskanäle müssen sie erfahren haben, dass Paulus als Gefangener in Rom eintraf.

Bis zur Aufnahme des Prozesses vor dem Kaiser, genauer wohl vor dem Praefectus praetorio, dem Gardepräfekten, der die Rechtsprechung in Sachen Appellationsgericht für den Kaiser wahrnahm[1], wurde Paulus in leichter Haft gehalten. Er „erhielt die Erlaubnis, für sich allein zu wohnen, zusammen mit dem Soldaten, der ihn bewachte ... Er blieb zwei volle Jahre in seiner Mietwohnung und empfing alle, die zu ihm kamen." (Apg 28,16.30).

•••

[1] F.M. Ausbüttel, Die Verwaltung des römischen Kaiserreiches. Von der Herrschaft des Augustus bis zum Niedergang des Weströmischen Reiches, Darmstadt 1998, 61-63.

Das Leben in Rom

Zwei Jahre Leben in der Millionenstadt Rom haben Paulus sicherlich geprägt. Natürlich können wir davon ausgehen, dass er nicht immer Handschellen (Fesseln) trug und sich in engster Begleitung des Soldaten befand. Stoff für Legendenbildungen hat das hautnahe ständige Verhältnis zwischen Paulus und seinem Soldaten natürlich gegeben.

Werfen wir einen Blick auf das Stadtleben. Reichtum und Armut lagen hart nebeneinander. Da gab es das unendlich scheinende Heer der Sklaven und Sklavinnen, die täglich die Straßen füllten und für das Wohlergehen ihrer Herren und Herrinnen sorgten. Knapp die Hälfte der Bevölkerung besaß die römische Vollbürgerschaft mit all ihren Rechten. Arbeiter und Müßiggänger, Soldaten, Athleten, Mimen, Bademeister, Gladiatoren, Gaukler und Wagenlenker, sie alle waren anzutreffen in der umtriebigen Stadt, die mit ihren ewigen Baustellen, der immer währenden Unterhaltungsindustrie und den vielen Fest-, Feier- und Gedenktagen mit sich selbst beschäftigt war.

Nero

Kaiser Nero regierte von 54 bis 68 n. Chr., also auch in den Tagen, als Paulus sich in Rom aufhielt. Unser heutiges Nerobild ist freilich recht einseitig. Er gilt als namhafter Christenverfolger, doch hat es vor und nach ihm grausamere gegeben. Caligula, Claudius und Domitian stehen ihm in nichts nach. Nero war der letzte Kaiser aus der Familie des Augustus und eine der schillernsten Gestalten unter den ersten Caesaren Roms. Heute bekannt gemacht hat ihn der Roman „Quo Vadis", vor allem in der Verfilmung mit dem Schauspieler Peter Ustinov, der die Rolle Neros genial verkörperte. Die spannende Romanvorlage von Henryk Sienkiewicz (1846-1916) verquickt allerlei antike Quellen, so die Darstellungen der Historiker Tacitus und Sueton, die Heiligenviten und Legenden christlicher Märtyrer, die nach dem Brand Roms als angebliche Brandstifter hingerichtet wurden. Ob dabei Nero selbst den Brand legte, wie Gerüchte belegen, so Tacitus, muss offen bleiben. Der wirkliche Nero, wie ihn die Historiker rekonstruieren, sah anders aus.

Als 17-Jähriger trat er in Rom seine Herrschaft an, ganz im Schatten seiner Mutter Agrippina, die noch unter Claudius faktische Mitregentin war. Der große Einfluss des Anführers der Prätorianergarde, Sextus Afranius Burrus, und des Philosophen Lucius Annaeus Seneca machten einen fähigen princeps aus ihm. Erst mit der Ermordung der herrschsüchtigen Mutter 59 n. Chr. begannen neue Zeiten. 62 n. Chr. starb Burrus. Der immer aufwendiger werdende Herrscherstil verlangte hohe Steuern und Abgaben. Es kam zur Inflation. Um die Kassen des Kaisers zu füllen, enteignete man Privatleute. Die unrömische Vorliebe des Ersten Mannes für Dichtkunst und Gesang prägten fortan das Stadtbild. „Nach Sueton soll während des Gesangs ein Erdstoß das Theater erschüttert haben, was Nero aber nicht weiter beachtete – wahrscheinlich eine gut erfundene Anekdote. Schließlich wagte er den Auftritt in Rom und umgab sich mit einer Gruppe von 5000 Claqueuren, die darauf trainiert waren, mit den verschiedensten Arten von Beifallsbekundungen Stimmung für den princeps zu machen. Auch Wagenrennen fuhr er selbst, denn dem Pferdesport galt seine zweite große Leidenschaft. Um in angemessener Form in der Hauptstadt auftreten zu können, gründete er die neronischen Spiele, die mit Wagenrennen, athletischen Wettkämpfen und einer Gesangskonkurrenz das ganze Repertoire der griechischen Vorbilder umfasste. Für Gladiatorenkämpfe errichtete er 57 n. Chr. ein hölzernes Amphitheater".[2]

Mit dem Brand Roms am 19. Juli 64 n. Chr., der 7 von 14 Stadtteilen in Schutt und Asche legte, veränderte sich nochmals das Kaiserbild. „Dass Nero vor der Kulisse der sterbenden Stadt ein Epos über den Untergang Trojas gesungen haben soll, dürfte der Phantasie der Einwohner Roms und ihrer Historiker entsprungen sein."[3]

Da die Christen zurückgezogen und mit „geheimen" Riten lebten, unterstellte man ihnen einen allgemeinen „Hass auf das ganze Menschengeschlecht" und schrieb ihnen Verbrechen zu, die sie nicht begangen hatten. „Geheime Riten" und Verbrechen konnten nach allgemeinem stadtrömischem Recht die Todesstrafe nach sich ziehen. So verurteilte man sie dazu, von wilden Tieren in der Arena getötet zu werden. Nero woll-

•••
[2] E. Köhne/C. Ewigleben (Hg.), Caesaren und Gladiatoren. Die Macht der Unterhaltung im antiken Rom, Mainz 2000, 30.
[3] Ebd., 30.

te daraus ein Schauspiel machen und ersann neue sadistische und perverse Tötungsmethoden, die so manchen Römer Mitleid mit den gequälten Opfern empfinden ließen. Tacitus schreibt in seinen Annalen: „Aus diesem Grund regte sich sogar Mitleid mit denen, die noch so schuldig waren, dass sie die härtesten Strafen verdienten. Man hatte den Eindruck, als würden sie nicht auf der Grundlage der Gesetze getötet, sondern der Mordlust eines Einzelnen geopfert." (Ann 15,44).

Als einflussreiche Senatsmitglieder 65 n. Chr. Nero töten wollten und der Anschlag misslang, wurden viele hingerichtet. Seneca, der der Verschwörung angehört haben soll, wurde zum Selbstmord gezwungen. „Die römische Bevölkerung hat Nero seine Eskapaden stets nachgesehen – er blieb auch in den Jahren nach seinem Tod ein populärer Herrscher, dessen Andenken noch lange lebendig war. Zu seinem Sturz führten schließlich Aufstände der Statthalter in den Provinzen Gallien, Spanien und Africa, auf deren Seite sich auch der Senat stellte. Der spätere Kaiser Galba, Legat in Spanien, ließ durch einen Mittelsmann die Prätorianer bestechen. Der Senat erklärte daraufhin Nero zum Staatsfeind, worauf dieser sich selbst den Tod gab. Am 11. Juni 68 n. Chr. starb der letzte princeps aus der julisch-claudischen Dynastie."[4]

Das Ende des Völkerapostels

Lukas lässt seine Apostelgeschichte enden mit dem Satz: „Er (Paulus) verkündete das Reich Gottes und trug ungehindert und mit allem Freimut die Lehre über Jesus Christus, den Herrn, vor." (Apg 28,31).

Ob Paulus nun sein Lebensende so friedlich beendet hat, wie Lukas seine Apostelgeschichte ausklingen lässt und wie manche heute vermuten, ist doch fraglich. Warum aber verschweigt Lukas, der dem Wirken des Völkerapostels in seiner Apostelgeschichte so viel Raum widmet, das Martyrium, das er gekannt haben muss? Eine Erklärung ergibt sich aus der Zielsetzung der Apostelgeschichte. Schon zu Beginn lässt er den Auferstandenen zu den Jüngern in Jerusalem sagen: „Ihr werdet meine Zeugen sein in Jerusalem und in ganz Judäa und Samarien und bis an die Grenzen der Erde." (Apg 1,8). Die Grenzen der Erde sind in der antiken Welt mit der Reichshauptstadt Rom markiert. Von Bedeutung ist zudem, für wen Lukas seine Apostelgeschichte schreibt: „Sie war ja nicht nur zur Erbauung der Gläubigen geschrieben, sondern ebenso mit apologetischer Absicht für den heidnischen Staat. Dieser sollte am Bilde des Paulus einen Eindruck von der Größe und dem Friedenswillen des Christentums erhalten und dadurch zu demselben weisen und gerechten Verhalten gegenüber der Kirche bestimmt werden, das viele Vertreter der römischen Obrigkeit im Laufe der Paulusgeschichte bereits bewiesen hatten." (Bornkamm, Paulus, 119).

Wie ist aber nun das Ende des Apostels verlaufen? Lässt sich etwas Sicheres vermuten? Lukas setzt in der Abschiedsrede

•••

[4] Ebd., 31.

des Paulus in Milet ein gewaltsames Geschick des Apostels voraus. Bereits für den Gang nach Jerusalem wird von der Möglichkeit eines gewaltsamen Endes gesprochen. Paulus sagt, an die ephesinische Ältestendelegation in Milet gerichtet: „Nun ziehe ich, gebunden durch den Geist, nach Jerusalem und ich weiß nicht, was dort mit mir geschehen wird. Nur das bezeugt mir der Heilige Geist von Stadt zu Stadt, dass Fesseln und Drangsale auf mich warten. Aber ich will mit keinem Wort mein Leben wichtig nehmen, wenn ich nur meinen Lauf vollende und den Dienst erfülle, der mir von Jesus, dem Herrn, übertragen wurde: das Evangelium von der Gnade Gottes zu bezeugen." (Apg 20,22-24).

Und noch einmal spricht Paulus sein gewaltsames Ende im Haus des Evangelisten Philippus in Cäsarea an: „Warum weint ihr und macht mir das Herz schwer? Ich bin bereit, mich in Jerusalem für den Namen Jesu, des Herrn, fesseln zu lassen und sogar zu sterben." (Apg 21,13). Lässt sich das Ende des Apostels rekonstruieren? Etwa zwei Jahre verschleppt sich der Prozess, um dessentwillen Paulus als Gefangener nach Rom gereist war. So lange nämlich hält sich der Apostel mit Fesseln in seiner römischen Mietwohnung auf. Nach der Chronologie des Lukas wären dies die Jahre 60-62 n. Chr. Dann muss ein Prozess für den römischen Bürger Paulus stattgefunden haben. Von 51 bis 62 n. Chr. hatte der Gardepräfekt Afranius Burrus die Rechtsprechung inne. Entweder hatte er oder einer seiner Unterbeamten Paulus verhandelt. Das Prätorianerlager (Castra praetorianorum) und damit der Prozessort befand sich, wie Tacitus berichtet, zu dieser Zeit im Bereich der Porta Viminalis und der Porta Tiburtina vor der Stadt (hist. 1,13). Wurde er in einem regulären Prozess zum Tode verurteilt, so hatte er als römischer Bürger das Recht, den Tod durch Enthauptung mit dem Schwert zu erleiden. Eine Hinrichtung am Kreuz oder eine Tötung in der Arena vor den wilden Tieren (ad bestiam) war für Römer nicht vorgesehen. So kann Paulus vor den Toren Roms im Prätorianerlager nach seinem Prozess enthauptet worden sein.

Wie der Prozess selbst abgelaufen ist, ob er rechtsgültig war, ob zutreffende, todeswürdige Argumente vorgebracht wurden, das alles ist nicht belegt.

Nachbiblische Zeugnisse

Was sagen die nach der Bibel nächsten literarischen Zeugnisse? Der 1. Clemensbrief, in den Neunzigerjahren des 1. Jh.s in Rom geschrieben, bezeugt das Ende des Petrus und des Paulus nebeneinander: „Petrus, der als Opfer ungerechten Eifers nicht ein oder zwei, sondern eine ganze Anzahl von Beschwerden ertragen hat und danach als Bekenner zu dem ihm gebührenden Ruhmesplatz hingegangen ist. Um bösen Eifers und Streites willen wurde Paulus mit dem Siegespreis der Ausdauer gekrönt, er, der siebenmal Fesseln getragen, Flüchtling gewesen, mit Steinigung bestraft, als Herold gewirkt hat in Ost und West – er hat herrlichen Ruhm für seinen Glauben erlangt. Als er die ganze Welt Gerechtigkeit gelehrt hatte, bis zur Grenze des Westens gelangt war und vor den Machthabern sein Bekenntnis abgelegt hatte, war er von der Welt befreit und an die heilige Stätte aufgenommen – das größte Vorbild der Ausdauer ist er geworden." (1. Clem 5,4-7, Ü.: Bornkamm).

Die Lobrede auf die beiden Märtyrerapostel ist stark stilisiert und mit Motiven aus den Paulusbriefen angereichert. Über den Tod selbst erfahren wir wenig: „... war er von der Welt befreit und an die heilige Stätte aufgenommen ..." Die typische Märtyrersprache umschreibt hier den gewaltsamen Tod des Apostels.

Ob aus dem 1. Clemensbrief auch zu schließen ist, dass Paulus seine Haft nochmals unterbrechen und bis zur Grenze des Westens, d.h. Spanien, reisen konnte, ist zu bezweifeln. Der 1. Clemensbrief scheint doch eher die einzelnen Stationen des paulinischen Wirkens aufzuzählen und mit Spanien den angekündigten Reisewunsch, wie ihn Paulus den Römern mitteilte (Röm 15,28), zu referieren. Paulus dürfte Rom nach seiner Ankunft nicht mehr verlassen haben.

„Zum Kaiser sollst du gehen"

Das nächste Zeugnis für das gewaltsame Ende des Apostels sind die apokryphen Paulusakten (Acta Pauli), die vor 200 n. Chr. entstanden sein dürften. Sie sind allerdings mit stark legendären Zügen ausgestaltet. Hier wird der Apostel direkt vor dem Kaiser Nero verhört: Nach einer flammenden Rede des Paulus heißt es weiter: „Als der Kaiser dies hörte, befahl er, alle gefesselten Christen zu verbrennen. Paulus sollte nach dem römischen Gesetz enthauptet werden. Trotzdem hielt sich Paulus mit der Botschaft keineswegs schweigsam zurück, sondern gab sie mutig weiter an den Präfekten Longinus und den Hauptmann Cestus. Durch das Wirken des Teufels warn in Rom schon so viele Christen ohne Prozess hingerichtet worden. Daher stellten sich die Römer vor dem Palast auf und riefen: ‚Es reicht! Das sind unsere Leute, du nimmst den Römern ihre Kraft!' Daraufhin gebot der Kaiser Einhalt und ordnete an, kein Christ dürfe mehr angerührt werden, bis er selbst ihren Fall untersucht hätte. Auf dieses Edikt hin wurde Paulus dem Kaiser nochmals vorgeführt. Nero blieb dabei, dass er enthauptet werden sollte. Doch Paulus sagte: ‚Kaiser, für meinen König lebe ich nicht nur diese kurze Zeit des Erdenlebens. Und wenn du mich enthaupten lässt, wird folgendes geschehen: Ich werde auferweckt werden und dir erscheinen. Denn ich bin dann nicht gestorben, sondern ich lebe für meinen Herrn Jesus Christus und in seiner Kraft. Er wird kommen, um die Welt zu richten ... Longinus und Cestus baten um ihre Rettung, und ... Während sie noch miteinander sprachen, schickte Nero zwei Boten, Parthenius und Pheretas, die nachsehen sollten, ob Paulus schon enthauptet sei. Sie fanden ihn aber noch lebendig. Paulus rief sie zu sich und sagte zu ihnen: ‚Glaubt an den lebendigen Gott, der uns und alle, die an ihn glauben, von den Toten auferwecken wird.' Die beiden antworteten: ‚Wir gehen zu Nero. Wenn du nach deinem Tod auferstehst, wollen wir an deinen Gott glauben.'

Longinus und Cestus baten um ihre Rettung und Paulus sagte ihnen: ‚Wenn ihr alsbald hier an mein Grab kommt, werdet ihr zwei Männer dort beten finden: Titus und Lukas. Sie werden euch das Siegel der Gemeinschaft mit dem Herrn geben. Dann stellte sich Paulus mit dem Gesicht nach Osten, betete lange und sagte: ‚Vater meines Herrn Jesus Christus, in seine Hände lege … ich meinen Geist, und ich bitte dich, Herr Jesus Christus, nimm ihn auf!' In seinem Gebet sprach er hebräisch zu den Vätern. Als er das Gebet beendet hatte, sagte er nichts weiter, sondern hielt nur dem Henker seinen Nacken hin. Als der Henker ihm das Haupt abgeschlagen hatte, spritzte Milch auf seine Kleider. Als die Umstehenden das sahen, wunderten sie sich … und gingen weg und meldeten es dem Kaiser … Der Kaiser wunderte sich und fand keine Erklärung. Um die neunte Stunde standen viele beim Kaiser, Philosophen, Freunde und der Hauptmann. Da kam Paulus. Paulus erschien allen und sagte durch den Heiligen Geist: ‚Seht, Paulus, der Soldat Gottes, ist nicht gestorben. Vielmehr lebe ich. Aber dir wird es recht bald sehr schlecht ergehen, denn du hast unschuldiges Blut auf Erden vergossen.' Als der Kaiser das hörte, befahl er, alle Gefangenen freizulassen, Patroclus und die Freunde des Barsabas …" (Acta Pauli, Kap. 8-10, Übersetzung K. Berger, 1220-22).

In den apokryphen Paulusakten wird erstmals erwähnt, Paulus sei direkt vor dem Kaiser verhandelt worden. Dies kann aus einer biblischen Erinnerung hervorgegangen sein und muss nicht auf historischer Tatsache beruhen. Denn in Apg 25,12 sagt der Statthalter Festus in Cäsarea: „An den Kaiser hast du appelliert; zum Kaiser sollst du gehen." Und in einer nächtlichen Vision verkündet der Engel Gottes: „Du musst vor den Kaiser treten." (Apg 27,24). Im Normalfall wurden solche Fälle wie Paulus vom Gardepräfekten verhandelt. Über die näheren Umstände der Verhandlung erfahren wir in den Paulusakten nichts. Die genannten Dialoge dürften wie die Wunder auch freie Ausschmückungen sein, die das Martyrium und die Martyriumsfrömmigkeit steigern sollten.

Archäologische Zeugnisse

Folgt man archäologischen Zeugnissen und der römischen Ortstradition, so ist Paulus erst unmittelbar nach dem Brand Roms (64 n. Chr.) hingerichtet worden.

Im Zusammenhang mit dem Brand Roms wurden die Christen der Brandstiftung bezichtigt und verfolgt. Paulus galt aufgrund seiner verantwortlichen Position als besonders gefährdet. Wurde er auf der Tiberinsel enthauptet? Nahe Trastevere, jenem römischen Bezirk, in dem die meisten Juden lebten?

Die Kirche Tre Fontane, damals außerhalb der römischen Stadtmauer gelegen, markiert einen potentiellen Hinrichtungsort. Auf dem antiken Friedhof, nur ca. 2 km vom Ort des Geschehens entfernt, steht die Basilika S. Paolo fuori le mura (St. Paul vor der Mauer). Hat man dort seinen Leichnam beigesetzt? In späterer Zeit errichtete man über dem Grab ein Siegesmal (Tropaion), das der antike Presbyter Gaius voraussetzt, wenn er Gäste nach Rom einlädt, um sie zu den Denkmälern der Apostel Paulus und Petrus zu führen.

Der Tod eines Märtyrers ist das Ende seines Lebens in der irdischen Welt und sogleich das Geburtsdatum in der himmlischen Welt. So wird nach alter Tradition der 29. Juni als Todes-, Geburts- und Namenstag des hl. Paulus begangen.

TEIL 55
Schluss – Ausblick

Vierundfünfzig Folgen einer Paulusserie haben ein wenig zeigen können, dass ein Verstehen der Person des Paulus aus Tarsus eine Jahrzehnte währende Aufgabe sein kann. Das ist nicht weiter tragisch, sondern eine interessante Herausforderung.

Paulus wird greifbarer, wenn er aus seiner Zeit und in Abgrenzung zu seiner Umwelt betrachtet wird. Sein Leben hat sehr schnell viele nennenswerte Spuren hinterlassen, sodass er bis zum Abschluss der neutestamentlichen Schriften als der mit Abstand bedeutendste Literat des Neuen Testaments gelten darf.

Paulus in der Überlieferung

Während Jesus keine Literatur verfasst hat, tritt Paulus als gewichtiger Briefschreiber auf. 13 und mit dem Hebräerbrief 14 kanonische Paulusbriefe sind uns im Neuen Testament erhalten. Auch wenn heute nur sieben Briefe als authentisch gelten (Röm; 1+2 Kor; Gal, 1 Thess, Phil, Phm), so belegt die Zuschreibung von weiteren sieben Briefen zu seinem Namen den Einfluss seiner Person und seiner Theologie in der Folgezeit.

Die vielfache Bezeugung des Paulus beginnt mit der Sammlung der einzelnen authentischen Briefe, die zeigen, wie sehr man seine Botschaft in den von ihm gegründeten oder zumindest besuchten Gemeinden schätzte und deshalb auch anderen Christengemeinden weitergeben wollte. Das Wort des Apostels zu einem konkreten Anlass wurde so zu einer steten Vergegenwärtigung seiner Gedanken. Denn in den regelmäßigen gemeindlichen Versammlungen wurde Paulus nun in Auszügen „zitiert".

Wie die Entstehungsprozesse der einzelnen Briefe noch erkennen lassen, haben so genannte Paulusschüler einzelne Briefe zusammengewoben und gelegentlich den neuen Gemeindesituationen angepasst. Redaktionelle Veränderungen dachte man sich im Sinne des Apostels. Gewiss kann solches Vorgehen manchen Kreisen zum Ärgernis geworden sein, uns liegt heute nur noch das Ergebnis vor.

Besonders bei redaktionellen Eingriffen erleben wir, wie paulinische Botschaften, so seine Rede von Gott, Christus und der Kirche, in einem lebendigen Prozess fortgeschrieben werden.

Paulus'sche Gemeinden haben in der Folge auch Briefe im Namen des Apostels verfasst. Nicht nur die Sprache, auch die veränderte Botschaft lässt bei genauem Studium der Schriften erkennen, wie aufgrund neuer Situationen paulinisches Denken fortentwickelt wird und weiterlebt.

Bereits am Ende des 1. Jh.s hat in vielen Kirchenprovinzen die paulinische Briefliteratur ihren festen Platz. Einen ganz anderen Blick auf Paulus wirft in dieser Zeit Lukas, indem er einen selbständigen Entwurf der Kirche „von Anfang an" liefert und Paulus darin eine entscheidende Position zubilligt. Und wenn wir heute das Neue Testament wie ein Buch von vorne nach hinten lesen sollten, dann würden wir eben zuerst dem lukanischen Paulus begegnen, wie er eine Generation nach dem Martyrium für lukanische Kirchengemeinden ausgedeutet wird. Mit diesem Wissen im Hinterkopf würden wir dann erst den authentischen Paulus lesen.

Diese Sicht der Dinge ist seit dem 3. Jh. möglich, als sich der Kanon der heiligen Schriften des Neuen Testaments entwickelt.

Apostelakten (Acta Pauli), später apokryphe Apostelakten genannt, illustrieren seit dem 2. Jh. das Paulusbild. Ihre vielfältig umlaufenden Textfassungen bezeugen ihrerseits ein lebendiges Interesse an dem Völkerapostel. Die Theologie dieser Literatur hat man bis heute nicht einmal halbwegs gewürdigt.

Nachhaltige Wirkung erzielt die Paulusrezeption des hl. Augustinus, der seinerseits den Paulinismus der lutherischen Reformation prägte. Bis heute hat für einen evangelisch-lutherischen Gläubigen Paulus eine starke Bedeutung, wie Menschen in ökumenischen Bibelgesprächskreisen rasch erkennen können. Katholische Christen sind, was die Paulusliteratur betrifft, meist unterbelichtet. So wird eine paulinische Rechtfertigungs- und Gnadentheologie von einem evangelischen und einem katholischen Christen doch in höchst unterschiedlicher Weise verstanden, wie die Diskussion in den letzten Jahren gezeigt hat.

Andere Zugänge

Unsere Serie wollte Paulus im Spiegel seiner Umwelt beleuchten, wie sie dessen Leben und später dessen Reisen prägen musste. Jetzt erst wären die Voraussetzungen halbwegs geklärt, um in die paulinische Rede von Gott und Christus näher einzudringen. Wer den zweiten vor dem ersten Schritt tun möchte, mag wie Paulus Schiffbruch erleiden. Das bedeutet wie so oft bei Paulus aber nicht das Ende, sondern dank Gottvertrauen die Möglichkeit eines neuen Anfangs.

In den Paulusbriefen ist „manches schwer zu verstehen" (2 Petr 3,16), sagt man zu Beginn des 2. Jh.s Doch bei entsprechender Geduld und Ausdauer lichtet sich das Unverständnis. Die Ungeduld unserer modernen Zeit ist einem besseren Verstehen freilich abträglich. Doch gibt es heute viele und neue Wege, um sich mit Paulus und seiner Botschaft auseinander zu setzen. Literatur ermöglicht einen Weg der Begegnung, gute Fernsehsendungen oder Videos zeigen andere moderne Wege auf. Nicht wenige machen sich heute auf den Weg und absolvieren Studien- oder Pilgerreisen, um authentischer noch als zuhause sich des Paulus zu vergewissern. Manchmal bleibt aber auch diese Erfahrung ernüchternd, weil sich in den vergangenen 2000 Jahren schon viele Kulturen und Religionen an den einstigen Wirkstätten des Apostels abgelöst und Kriege, Erdbeben und die Erosion der Zeit viele Zeugnisse verschüttet haben. Zudem liegen erheblicher Kulturschutt, Missverständnisse und Sprachverwirrung zwischen uns und Paulus. Doch manches bleibt. Die Sinne vor allem. Die orientalischen Gerüche, die Wärme der südlichen Sonne und die eisigen Winter, die blumenreiche, exotische Sprache des Orients und des Altertums und die Kunst des Erzählens. Mit ihr verbindet sich der vielleicht wichtigste Schlüssel des Verstehens: Der Glaube.

Was einst für die Söhne Israels galt, gilt auch heute noch als ein gelingendes Verstehen des Paulus: „Was wir hörten und erfuhren, was uns die Väter erzählten, das wollen wir unseren Kindern nicht verbergen, sondern dem kommenden Geschlecht erzählen: die ruhmreichen Taten und die Stärke des Herrn, die Wunder, die er getan hat. Er stellte sein Gesetz auf in Jakob, gab in Israel Weisung und gebot unseren Vätern, ihre Kinder das alles zu lehren, damit das kommende Geschlecht davon erfahre, die Kinder späterer Zeiten; sie sollten aufstehen und es weitergeben an ihre Kinder, damit sie ihr Vertrauen auf Gott setzen, die Taten Gottes nicht vergessen und seine Gebote bewahren." (Ps 78,3-7).

Wenn wir uns in die Geschichte und die Geschichten des Paulus verstricken lassen, dann tauchen wir ein in seine Lebens- und Glaubenswelt. Einst wurde Paulus nicht gelesen, er wurde vorgelesen und es wurde von ihm erzählt. Die Wahrheit seiner Kunde war auf diesem mündlich bekennenden Weg zu erfahren. Dort können wir heute wieder ansetzen.

Ausblick

Die Serie ist zu Ende. Wie die Paulusbriefe selbst, wollte auch diese Artikelfolge ein pastorales Instrument der Vermittlung sein.

Lassen sie mich enden mit einem hymnischen Schluss, den Paulus am Ende des ersten Hauptteils des Römerbriefes seinen Hörerinnen und Hörern mitgibt:

„Was ergibt sich nun, wenn wir das alles bedenken? Ist Gott für uns, wer ist dann gegen uns? Er hat seinen eigenen Sohn nicht verschont, sondern ihn für uns alle hingegeben – wie sollte er uns mit ihm nicht alles schenken? Wer kann die Auserwählten Gottes anklagen? Gott ist es, der gerecht macht. Wer kann sie verurteilen? Christus Jesus, der gestorben ist, mehr noch: der auferweckt worden ist, sitzt zur Rechten Gottes und tritt für uns ein.

Was kann uns scheiden von der Liebe Christi? Bedrängnis oder Not oder Verfolgung, Hunger oder Kälte, Gefahr oder Schwert? In der Schrift steht: Um deinetwillen sind wir den ganzen Tag dem Tod ausgesetzt; wir werden behandelt wie Schafe, die man zum Schlachten bestimmt hat. Doch all das überwinden wir durch den, der uns geliebt hat. Denn ich bin gewiss: Weder Tod noch Leben, weder Engel noch Mächte, weder Gegenwärtiges noch Zukünftiges, weder Gewalten der Höhe oder Tiefe noch irgendeine andere Kreatur können uns scheiden von der Liebe Gottes, die in Christus Jesus ist, unserem Herrn." (Röm 8,31-39).

Anhang

Literaturverzeichnis

A) Primärliteratur

Einheitsübersetzung der Heiligen Schrift. Die Bibel. Gesamtausgabe, Stuttgart 7. Aufl. 1992
Die Gute Nachricht Bibel. Revidierte Fassung der „Bibel im heutigen Deutsch", Stuttgart 1997

Antike Autoren

Kochen wie die alten Römer. 200 Rezepte nach Apicius, für die heutige Küche umgesetzt von H.-P. von Peschke und W. Feldmann, Düsseldorf/Zürich 1995
Apuleius. Der Goldene Esel. Metamorphoseon Libri XI, lateinisch-deutsch. Hg. u. übers. v. E. Brand u. W. Ehlers, Düsseldorf 5. Aufl. 1998
Cicero, Reden gegen Verres II, Lateinisch/Deutsch, übers. u. hg. v. G. Krüger, Stuttgart 1986
Columella, Über Landwirtschaft. Aus dem Lateinischen übersetzt, eingeführt und erläutert v. K. Ahrens (Schriften zur Geschichte und Kultur der Antike 4), Darmstadt 1972
Hesiod, Theogonie. Werke und Tage, Griechisch-Deutsch, Hg. u. übers. v. A. von Schirnding, Düsseldorf 2. Aufl. 1997
Homer, Odyssee, Übers. v. J. H. Voss, Stuttgart 1969
Homersche Hymnen, Griech. und Deutsch, hg. v. Anton Weiher, München 3. Aufl. 1970
Das Neue Testament und frühchristliche Schriften. Übersetzt und kommentiert von Klaus Berger und Christiane Nord, Frankfurt/Leipzig 1999
Schneemelcher, W., Neutestamentliche Apokryphen. II. Apostolisches – Apokalypsen und Verwandtes, Tübingen 5. Aufl. 1989
Nestle-Aland, Novum Testamentum Graece, Dt. Bibelgesellschaft, Stuttgart 27. Aufl. 1993
Pausanias, Beschreibung Griechenlands. Ein Reise- und Kulturführer aus der Antike, Zürich 1999
Porphyrios, Adversus Christianos, bei Macarius Magnes 3,31.33, M. Stern, Greek and Latin Authors on Jews and Judaism, 3. Bde, Jerusalem 1974-1984, Nr. 459d, deutsche Übersetzung bei: Karl Leo Noethlichs, Der Jude Paulus – ein Tarser und Römer?, in: Raban von Haehling (Hrsg.), Rom und das himmlische Jerusalem. Die frühen Christen zwischen Anpassung und Ablehnung, Darmstadt 2000, 55f.
Ovid, Liebeskunst, in: Römische Frauen. Ausgewählte Texte. Lateinisch/deutsch, Übersetzt und hg. von Ursula Blank-Sangmeister, Stuttgart 2001
Sueton, Das Leben des Klaudius, Lateinisch/Deutsch, Übers. u. hg. v. M. Giebel, Stuttgart 1978
Sueton, Nero, Lateinisch/Deutsch, Übers. u. hg. v. M. Giebel, Stuttgart 1978
Vergil, Aeneis, übersetzt und hg. v. W. Plankl, Stuttgart 1989
Vitruvii De architectura libri decem = Zehn Bücher über Architektur, übers. u. mit Anm. vers. von Curt Fensterbusch, Darmstadt, 5. Aufl. 1996
M. Stern, Greek and Latin Authors on Jews and Judaism, 3. Bde, Jerusalem 1974-1984
A. Jensen, Thekla – Die Apostolin. Ein apokrypher Text neu entdeckt (Kaiser Taschenbücher), 1999
Griechische Papyri aus Ägypten als Zeugnisse des öffentlichen und privaten Lebens, Hg. J. Hengstl, (Tusc), Tübingen 1978

Mittelalterliche Autoren

Ibn Dschubaier, Tagebuch eines Mekkapilgers. Aus dem Arabischen übertragen und bearbeitet von Regina Günther, 1985
Die Erzählungen aus den Tausendundein Nächten. Vollständige deutsche Ausgabe in 12 Bänden zum ersten Mal nach dem arabischen Urtext der Calcuttaer Ausgabe aus dem Jahre 1839, übertragen v. E. Littmann, Wiesbaden 1976
Hugo von Hofmannsthal, Einleitung zu dem Buche genannt die Erzählungen der Tausendundein Nächte, in: Die Erzählungen aus den Tausendundein Nächten. Vollständige deutsche Ausgabe in 12 Bänden zum ersten Mal nach dem arabischen Urtext der Calcuttaer Ausgabe aus dem Jahre 1839, übertragen v. E. Littmann, Bd.1, Wiesbaden 1976

Moderne Belletristik

Blackmore, N., Der Himmel über Damaskus, 2000
Camus, A., Der Mythos von Sisyphos. Ein Versuch über das Absurde, 1942, 1980
Joris, L., „Die Tore von Damaskus. Eine arabische Reise", München 2000
Kafka, F., Briefe an Felice und andere Korrespondenz aus der Verlobungszeit. Hg. von E. Heller und J. Born, Frankfurt 1982
Kafka. F., Briefe an Milena. Hg. von J. Born und M. Müller, Frankfurt 1986
Schami, R., Erzähler der Nacht, München, 10. Aufl 2001
Schami, R., Eine Hand voller Sterne. Roman, München, 6. Aufl. 2000
Schami, R., Der Fliegenmelker. Geschichten aus Damaskus, München 1997

B) Sekundärliteratur

Bibel – Paulus

Becker, J., Paulus. Der Apostel der Völker, Tübingen 1989
Betz, O., Die Vision des Paulus im Tempel von Jerusalem. Apg 22,17-21 als Beitrag zur Deutung des Damaskuserlebnisses, in: Verborum Veritas. Festschrift f. G. Stählin, Wuppertal 1970, 113-123
Bornkamm, G., Paulus, Stuttgart u.a. 3. Aufl 1976
Conrad, W., Christliche Stätten in der Türkei. Von Istanbul bis Antakya, Stuttgart 1999
Dautzenberg, G., Zur Stellung der Frauen in den paulinischen Gemeinden, in: ders. (Hg.), Die Frau im Urchristentum, (QD 95), Freiburg 1983
Elliger, W., Mit Paulus unterwegs in Griechenland. Philippi, Thessaloniki, Athen, Korinth, Stuttgart 1998
Faber, G., Auf den Spuren des Paulus. Eine Reise durch den Mittelmeerraum, Freiburg 1989
Gnilka, J., Paulus von Tarsus. Zeuge und Apostel, Freiburg u.a. 1996
Haacker, K., Paulus, Der Werdegang eines Apostels, Stuttgart 1997
Harbarth, A., „Gott hat sein Volk heimgesucht." Eine form- und redaktionsgeschichtliche Untersuchung zu Lk 7,11-17: „Die Erweckung des Jünglings von Nain", Heidelberg 1977
Klauck, H.-J., Herrenmahl und hellenistischer Kult. Eine religionsgeschichtliche Untersuchung zum ersten Korintherbrief (Neutestamentliche Abhandlungen 15), 2. Aufl. 1986
Klauck, H.-J., Die antike Briefliteratur und das Neue Testament (UTB 2022), Paderborn 1998
Metzger, B., Der Kanon des Neuen Testaments. Entstehung, Entwicklung, Bedeutung, Düsseldorf 1993
Noethlichs, K.L., Der Jude Paulus – ein Tarser und Römer?, in: Raban von Haehling (Hrsg.), Rom und das himmlische Jerusalem. Die frühen Christen zwischen Anpassung und Ablehnung, Darmstadt 2000, 53-84
Ollrog, W.-H., Paulus und seine Mitarbeiter, Neukirchen 1979
Reichardt, M., Psychologische Erklärung der paulinischen Damaskusvision? (SBB 42), Stuttgart 1999
Richter-Reimer, I., Frauen in der Apostelgeschichte des Lukas. Eine feministisch-theologische Exegese, Gütersloh 1992, 91-161
Riesner, R., Die Frühzeit des Apostels Paulus, Tübingen 1994
Roloff, J., Einführung in das Neue Testament, Stuttgart 1995
Sanders, E.P., Paulus. Eine Einführung, Stuttgart 1995
Schwankl, O., „Lauft so, daß ihr gewinnt". Zur Wettkampfmetaphorik in 1 Kor 9, BZ 41 (1997), 174-191

Kommentare

Goppelt, L., Der Erste Petrusbrief (MeyerK XII/1) Göttingen 1978, 347-349
Klauck, H.-J., 4. Makkabäerbuch (JSHRZ III/6), Gütersloh 1989
Knauf, E.A., Die Umwelt des Alten Testaments. (Neuer Stuttgarter Kommentar Altes Testament 29), Stuttgart 1994
Luz, U., Das Evangelium nach Matthäus (EKK I/1), Neukirchen 3. Aufl. 1992
Mußner, F., Der Galaterbrief (HThKNT IX), Freiburg 3. Aufl. 1977
Pesch, R., Die Apostelgeschichte (EKK V/2), Zürich u.a.1986
Prostmeier, F.R., Der Barnabasbrief (KAV 8), Göttingen 1999
Roloff, J., Die Apostelgeschichte (NTD 5), Göttingen 1981
Schmitt, A., Das Buch der Weisheit. Ein Kommentar, Würzburg 1986
Theobald, M., Römerbrief. Kapitel 1-11 (Stuttgarter Kleiner Kommentar Neues Testament 6/1, Stuttgart 2. Aufl 1998
Trilling, W., Der zweite Brief an die Thessalonicher (EKK XIV), Neukirchen 1980
Wilckens, U., Der Brief an die Römer (Röm 12 – 16), (EKK VI/3), Neukirchen u.a. 2. Aufl. 1989

Europa – Orient

Alanyali, H.S., Der Kentauromachie- und der Gigantomachie-Fries des Theaters von Perge, Zeitschrift f. Klass. Archäologie 3/V/1997 oder http://farch.n3.net/.
Archäologische Entdeckungen. Die Forschungen des Deutschen Archäologischen Instituts im

2. Jahrhundert/Deutsches Archäologisches Institut, Mainz 2000
Ausbüttel, F.M., Die Verwaltung des römischen Kaiserreiches. Von der Herrschaft des Augustus bis zum Niedergang des Weströmischen Reiches, Darmstadt 1998
Bammer, A., /Muss, U., Das Artemision von Ephesos, Das Weltwunder Ioniens in Archaischer und klassischer Zeit, Mainz 1996
Becker, J., Paulus und seine Gemeinden, in: ders. u.a., Die Anfänge des Christentums, Stuttgart 1987
Bernhard, W., Homers Ilias. Die Bibel der Griechen, in: Troia. Traum und Wirklichkeit, Hrsg. Archäologisches Landesmuseum Baden-Württemberg u.a., 2001, 98-102
Blass, F./Debrunner, A./Rehkopf, F., Grammatik des neutestamentlichen Griechisch, Göttingen 15. Aufl. 1979
Boge, H., Tachygraphie und Tironische Noten. Ein Handbuch der antiken und mittelalterlichen Schnellschrift, Berlin 1973
Böttrich, Chr., Petrus. Fischer, Fels und Funktionär (Biblische Gestalten 2), Leipzig 2001
Bowker, J., Speeches in Acts. A Study in Poem and Yelammedenu Form, NTS 14 (1967/68) 96-111
Breytenbach, C., Zeus und der lebendige Gott. Anmerkungen zur Apostelgeschichte 14,11-17, in: NTS 39 (1993) 396-413
Brox, N., Falsche Verfasserangaben. Zur Erklärung der frühchristlichen Pseudepigraphie (SBS 79), Stuttgart 1975. – Ders. (Hrsg.), Pseudepigraphie in der heidnischen und jüdisch-christlichen Antike (WdF 484), Darmstadt 1977
Cumont, F., Die orientalischen Religionen im römischen Heidentum (Les religions orientales dans le paganisme romain, Paris 1. Aufl 1906), Darmstadt 7. Aufl. 1975
Dentzer, J.-M., Siedlungen und ihre Kirchen in Südsyrien, in: Syrien. Von den Aposteln zu den Kalifen. Ausstellungskatalog, E.M. Ruprechtsberger, Linz 1993, 82-101
Die Bekenntnisschriften der evangelisch-lutherischen Kirche, herausgegeben im Gedenkjahr der Augsburgischen Konfession, Göttingen 2. Aufl. 1955, II
Dörner, F.K., Mysia, in: Der Kleine Pauly, Bd. 3, 1528
Downey, G., Ancient Antioch, Princeton 1963.
Fleischer, R., Artemis von Ephesus und verwandte Kultstatuen aus Anatolien und Syrien, Leiden 1973
Giebel, M., Das Geheimnis der Mysterien. Antike Kulte in Griechenland, Rom und Ägypten, München 1990
Giebel, M., Kaiser Julian Apostata. Die Wiederkehr der alten Götter, Düsseldorf 2002

Giebel, M., Reisen in der Antike, Düsseldorf 1999
Greve, K., Licht am Ende des Tunnels. Planung und Trassierung im antiken Tunnelbau, Mainz 1998
Hengel, M., Proseuche und Synagoge, in: Tradition und Glaube (FS f. K.G. Kuhn), Göttingen 1971, 157–184
Hueber, F., Ephesos. Gebaute Geschichte. (Sonderhefte der Antiken Welt), 1997
Jenny-Kappers, Th., Muttergöttin und Gottesmutter in Ephesus. Von Artemis zu Maria, 1986
Keenan, B., Damaskus. Verborgene Schätze im Orient, Stuttgart 2001
Klauck, H.-J., Die religiöse Umwelt des Urchristentums I. Stadt- und Hausreligionen, Mysterienkulte, Volksglaube, Stuttgart 1995
Klauck, H.-J., Magie und Heidentum in der Apostelgeschichte des Lukas (Stuttgarter Bibelstudien 167), Stuttgart 1996
Köhne, E./Ewigleben, C. (Hg.), Caesaren und Gladiatoren. Die Macht der Unterhaltung im antiken Rom, Mainz 2000
Kollmann, B., Joseph Barnabas. Leben und Wirkungsgeschichte (SBS 175), Stuttgart 1998
Kondoleon, Chr., Antioch. The Lost Ancient City, Princeton 2001
Körner, F., Bithynia, in: Kl. Pauly, Bd.1, 908
Kraus, W., Zwischen Jerusalem und Antiochia. Die „Hellenisten", Paulus und die Aufnahme der Heiden in das endzeitliche Gottesvolk (Stuttgarter Bibelstudien 179), Stuttgart 1999
Kroll, G., Auf den Spuren Jesu, Stuttgart 10. Aufl. 1988
Kunze, M., Der Pergamonalter. Seine Geschichte, Entdeckung und Rekonstruktion, Mainz 1992
Lindemann, U., Die Wüste. Terra incognita. Erlebnis. Symbol. Eine Genealogie der abendländischen Wüstenvorstellungen in der Literatur von der Antike bis zur Gegenwart, Heidelberg 2000
Linges, S.M., Das Barnabas-Evangelium. Wahres Evangelium Jesu, genannt Christus, eines neuen Propheten, von Gott der Welt gesandt gemäß dem Bericht des Barnabas, seines Apostels, Bonndorf 1994
M.C. Howatson, Dionysos, in: Reclams Lexikon der Antike, 1996
Mellaart, J., Catal Hüyük. Stadt aus der Steinzeit, 1967
Millard, A.R., Pergament und Papyrus, Tafeln und Ton. Lesen und Schreiben zur Zeit Jesu, Gießen 2000
Nauerth, C./Warns, R., Thekla. Ihre Bilder in der frühchristlichen Kunst (Göttinger Orient-Forschungen II,3), Wiesbaden 1981, Nauerth, C., Nachlese von Thekla-Darstellungen, ebd. (II,6), 1982, 14-18, R. Warns, Weitere Darstellungen der heiligen Thekla, ebd. (II,8), 1986, 75-137.

Neumann, E., Die Große Mutter. Eine Phänomenologie der weiblichen Gestaltungen des Unbewußten, 2. Aufl. 1974
Nilsson, M.P., Griechische Feste von religiöser Bedeutung mit Ausschluß der attischen, 1906/1957
Rasche, U., Nürnberg stellt sich. Auf Hitlers Reichstagsgelände entsteht ein Dokumentationszentrum, in: FAZ 16.07.2001, 3
Richards, R.R., The Secretary in the Letters of Paul (WUNT 2/42), Tübingen 1991
Rosenberger, V., Griechische Orakel. Eine Kulturgeschichte, Darmstadt 2001
Sack, D., Damaskus. Entwicklung und Struktur einer orientalisch-islamischen Stadt. (Damaszener Forschungen 1), Mainz 1989
Sanders, G., Kybele und Attis, in: M.J. Vermaseren, Die orientalische Religionen im Römerreich (Etudes preliminaires aux religions orientales dans l'empire romain), 1981, 264-297
Seiterle, G., Artemis. Die große Göttin von Ephesus, in: Antike Welt 10 (1979) H.3.
Sinn, U. (Hrsg.), Wettkampf in der Antike. Wettkampf. Spiele und Erziehung im Altertum, Würzburg 1996
Sonntag, W., Rote Karte für den Spartathlon: condition 1-2 (1997), 8-10
Stierlin, H., Kleinasiatisches Griechenland. Klassische Kunst und Kultur von Pergamon bis Nimrud Dagh, Stuttgart 1996
Venetz, H.-J., Bieberstein, S., Im Bannkreis des Paulus. Hannah und Rufus berichten aus seinen Gemeinden, 1995
Winau, R., Heilen und Heiligen, in: D. Kamper/ Chr. Wulf (Hg.), Das Heilige. Seine Spur in der Moderne, Frankfurt 1987/1997
Wirth, E., Die orientalische Stadt im islamischen Vorderasien und Nordafrika, Bd.1, Mainz 2000

Kunstführer/Kunstreiseführer/ Reiseführer

Elliger, W., Ephesus. Geschichte einer antiken Weltstadt, Stuttgart 1985, 2. Aufl. 1992
Elliger, W., Mit Paulus unterwegs in Griechenland. Philippi. Thessaloniki, Athen, Korinth, Stuttgart 1998
Conrad, W., Christliche Stätten in der Türkei. Von Istanbul bis Antakya, Stuttgart 1999
Faber, G. Auf den Spuren des Paulus. Eine Reise durch den Mittelmeerraum, Herder/Spectrum 4099, Freiburg 1998
Keenan, B., Damaskus. Verborgene Schätze im Orient, Stuttgart 2001
Latzke, H.E., Türkei, DuMont - Richtig reisen, Köln 1998
Schäfer-Schuchardt, H., Antike Metropolen – Götter, Mythen und Legenden. Die türkische Mittelmeerküste von Troja bis Ionien, Stuttgart 2001
Scheck, F.R., Odenthal, J., Syrien. Hochkulturen zwischen Mittelmeer und Arabischer Wüste, DuMont Kunstreiseführer, Köln 1998
Schneider, A., Zypern (DuMont Kunst-Reiseführer), Köln 4, Aufl. 1994
Schneider, L./Höcker, Chr., Griechisches Festland (DuMont Kunst-Reiseführer), Köln 1996

Orientalische Musik

Fire Dance. Brian Keane & Omar Faruk Tekbilek, © 1990, Celestial Harmonies

CD-ROM

Troia. 3000 Jahre Geschichte im Modell, Wolfgang Zöller/Rosemarie Ackermann, Theiss Verlag, © 2001
Rom, Streifzug durch das Alte Rom United Soft Media, München, © 2001

Die Lebensdaten des Paulus

Geburt in Tarsus	2–4 n. Chr. (?)
Paulus verfolgt die Christen	32
Berufung, erste Missionsversuche	32
1. Jerusalembesuch bei Petrus	34/35
Mission in Syrien/Kilikien	34/35
Paulus in Antiochia	ab 36/37 (?)
Mission mit Barnabasvor	48
2. Besuch in Jerusalem: Apostelkonzil	48/49
Paulus verlässt Antiochia	49
Erste selbstständige Missionsreise	49-50
über Galatien – Philippi – Thessalonich nach Korinth	
Gemeindegründung in Korinth (1. Besuch)	50-52
1. Thessalonicherbrief	50/51
Paulus vor Gallio	50/51
Aufenthalt in Ephesus und der Asia	52-55/56
Besuch in Galatien (2. Besuch)	52
1. Korintherbrief (= 1Kor)	54
2. Besuch in Korinth (Zwischenbesuch)	54
„Tränenbrief" aus 2 Kor	54
Gefangenschaft/Todesgefahr	54/55
Philemonbrief	54/55
Philipperbrief	54/55
„Gefangenschaftsbriefe" aus 2Kor	54/55
Reise von Ephesus über Troas-Mazedonien nach Korinth (sog. „Kollektenreise")	55/56
Galaterbrief	56
„Versöhnungsbrief" aus 2Kor	56
3. Besuch in Korinth (ca. 3 Monate)	56
Römerbrief	56
Reise von Korinth mit Kollekte nach Jerusalem	56/57
3. Besuch in Jerusalem (Kollektenbesuch)	57/58
Reise des gefangenen Paulus nach Rom	58-60 (?)
Aufenthalt in Rom	60-62 (?)
Märtyrertod	62 (?)

Die Briefe des Paulus

Die echten Briefe des Paulus
Entstehungszeit und vermutlicher Ort der Abfassung der Paulusbriefe

Der erste Brief an die Thessalonicher Korinth	49 n. Chr.
Der Brief an die Philipper (Ephesus)	50
Der Brief an die Galater (Ephesus)	53
Der erste und zweite Korintherbrief (Ephesus)	53
Der Brief an Philemon (Philemon)	53
Der Brief an die Römer (Korinth)	55/56
	7 Briefe

Die Anordnung der Paulusbriefe erfolgt im Neuen Testament nicht nach ihrem Entstehungsalter, sondern nach ihrer Länge.

Die nachpaulinischen Briefe (Deuterokanonen)
Der Brief an die Epheser
Der Brief an die Kolosser
Der zweite Brief an die Thessalonicher

Die Pastoralbriefe (Tritokanonen)
Der erste Timotheusbrief	
Der zweite Timotheusbrief	
Der Titusbrief	6 Briefe
Der Brief an die Hebräer	1 Brief
	13/14 Briefe

Die römischen Kaiser

Die römischen Kaiser z.Z. des Paulus (kursiv) und in der Folgezeit

Octavian Augustus	31-14
Tiberius	14-37
Caligula	37-41
Claudius	41-54
Nero	54-68
Vespasian	69-79
Titus	79-84
Domitian	81-96
Nerva	96-98
Trajan	98-117
Hadrian	117-138

Bildtafeln

Bedeutende Orte und Szenen

Titel
Bild oben: Athen, Akropolis (5. Jh. v. Chr.)
Bild unten: Ephesus, sogenannter Hadrianstempel (2. Jh. n. Chr.)

Tarsus (Teil 3)
Bild 1: Tarsus: Hadriansbogen in Tarsus (2. Jh. n. Chr.)
Bild 2: Tarsus: Pauluskirche (16. Jh. n. Chr.)
Bild 3: Tarsus: Paulusbrunnen (16. Jh. n. Chr.)

Antiochia am Orontes (Teil 8-10)
Bild 4: Antiochia am Orontes: heutiges Antakia
Bild 5: Antiochia am Orontes: heutiges Antakia, Petrusgrotte (12. Jh. n. Chr.)
Bild 6: Antiochia am Orontes: heutiges Antakia, Petrusgrotte, Innenraum
Bild 7: Antiochia: heutiges Antakia, Fluss Orontes
Bild 8: Antiochia am Orontes: Innenhof der Röm.-kath. Gemeinde
Bild 9: Antiochia am Orontes: Kirchenraum der Röm.-kath. Gemeinde
Bild 10: Antiochia am Orontes: Syrisch.-orth. Kirche
Bild 11: Daphne bei Antiochia: Bodenmosaik mit dem Motiv: Orpheus singt mit den Tieren (3. Jh. n. Chr.)

Seleuzia (Teil 11)
Bild 12: Seleuzia: Verlandeter Hafen Antiochias

Perge (Teil 14)
Bild 13: Perge: Hellenistisches und römisches Stadttor
Bild 14: Perge: Agora (2. Jh. n. Chr.)
Bild 15: Perge: Wasserleitungssystem (2. Jh. n. chr.)
Bild 16: Perge: Agora, Innungszeichen der Fleischer (3. Jh. n. Chr.)
Bild 17: Aspendos: Römisches Theater (2. Jh. n. Chr.)
Bild 18: Termessos, in 1050m Höhe, Reste eines römischen Theaters, Plätze für 4000 Zuschauer
Bild 19: Termessos, in 1050m Höhe, Blick auf die Phrygische Pforte

Athen (Teil 29)
Bild 20: Athen, Agora
Bild 21: Athen, Agora

Bild 22: Athen, Akropolis, Parthenon mit Stufenaufgang für Weihegaben (5. Jh. v. Chr.)
Bild 23: Athen, heutiges Stadion

Korinth (Teil 34-38)
Bild 24: Korinth, Isthmos
Bild 25: Korinth: Glauke-Brunnen (2. Jh. v. Chr.)
Bild 26: Korinth, Latrinen
Bild 27: Korinth: Akro-Korinth, 575m
Bild 28: Korinth: Lechaion-Straße
Bild 29: Korinth: Hafen Kenchräa

Hierapolis (Teil 39)
Bild 30: Hierapolis: Eingang zur Marktstraße (2.- Jh. n. Chr.)

Ephesus (Teil 39-43)
Bild 31: Ephesus: Theater mit Hafenstraße und verlandetem Hafen
Bild 32: Ephesus: Museum, Artemis ephesia (antike Kopie, 2. Jh. n. Chr., Höhe 174cm)
Bild 33: Ephesus: Reste des Artemistempels (Artemisions)
Bild 34: Ephesus: Kuretenstraße
Bild 35: Ephesus: Celsus-Bibliothek (117 n. Chr.)
Bild 36: Ephesus: Mariengrab (7. Jh., Neubau 1951)

Smyrna (Teil 44)
Bild 37: Smyrna: heute Izmir, Kirche des Hl. Polykarb

Pergamon (Teil 44)
Bild 38: Pergamon, Theater

Milet (Teil 48-49)
Bild 39: Milet: Reste der antiken Hafenanlage mit Hafenmonument (1. Jh. v. Chr.)
Bild 40: Milet: Ionische Halle

Myra (Teil 52-53)
Bild 41: Myra: heutiger Hafen von Myra
Bild 42: Myra: heutige Innenstadt
Bild 43: Myra: Kirche des Hl. Nikolaus (8. Jh.)
Bild 44: Myra: Lykische Gräber (4. Jh. v. Chr.)

Flora
Bild 45: Kakteenpflanzen am Isthmos
Bild 46: Mohnfeld bei Hierapolis
Bild 47: Olivenbaum bei Korinth
Bild 48: Granatapfelbaum nahe Myra

Bild 1: Tarsus: Hadriansbogen in Tarsus (2. Jh. n. Chr.)

Bild 2: Tarsus: Pauluskirche (16. Jh. n. Chr.)

Bild 3: Tarsus: Paulusbrunnen (16. Jh. n. Chr.)

Bild 4: Antiochia am Orontes: heutiges Antakia

Bild 5: Antiochia am Orontes: heutiges Antakia, Petrusgrotte (12. Jh. n. Chr.)

Bild 6: Antiochia am Orontes: heutiges Antakia, Petrusgrotte, Innenraum

Bild 7: Antiochia: heutiges Antakia, Fluss Orontes

Bild 8: Antiochia am Orontes: Innenhof der Röm.-kath. Gemeinde

Bild 9: Antiochia am Orontes: Kirchenraum der Röm.-kath. Gemeinde

Bild 10: Antiochia am Orontes: Syrisch.-orth. Kirche

Bild 11: Daphne bei Antiochia: Bodenmosaik mit dem Motiv: Orpheus singt mit den Tieren (3. Jh. n. Chr.)

Bild 12: Seleuzia: Verlandeter Hafen Antiochias

Bild 13: Perge: Hellenistisches und römisches Stadttor

Bild 14: Perge: Agora (2. Jh. n. Chr.)

Bild 15: Perge: Wasserleitungssystem (2. Jh. n. chr.)

Bild 16: Perge: Agora, Innungszeichen der Fleischer (3. Jh. n. Chr.)

Bild 17: Aspendos: Römisches Theater (2. Jh. n. Chr.)

Bild 18: Termessos, in 1050 m Höhe, Reste eines römischen Theaters, Plätze für 4000 Zuschauer

Bild 19: Termessos, in 1050 m Höhe, Blick auf die Phrygische Pforte

Bild 20: Athen, Agora

Bild 21: Athen, Agora

Bild 22: Athen, Akropolis, Parthenon mit Stufenaufgang für Weihegaben (5. Jh. v. Chr.)

Bild 23: Athen, heutiges Stadion

Bild 24: Korinth, Isthmos

Bild 25: Korinth: Glauke-Brunnen (2. Jh. v. Chr.)

Bild 26: Korinth, Latrinen

Bild 27: Korinth: Akro-Korinth, 575 m

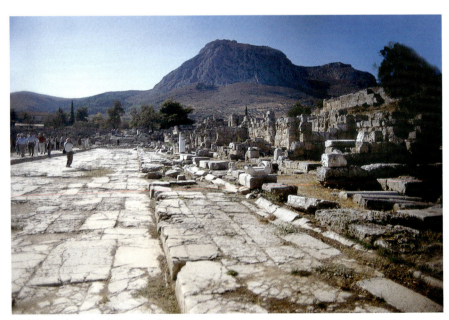
Bild 28: Korinth: Lechaion-Straße

Bild 29: Korinth: Hafen Kenchräa

Bild 30: Hierapolis: Eingang zur Marktstraße (2. Jh. n. Chr.)

Bild 31: Ephesus: Theater mit Hafenstraße und verlandetem Hafen

Bild 32: Ephesus: Museum, Artemis ephesia (antike Kopie, 2. Jh. n. Chr., Höhe 174 cm)

Bild 33: Ephesus: Reste des Artemistempels (Artemisions)

Bild 34: Ephesus: Kuretenstraße

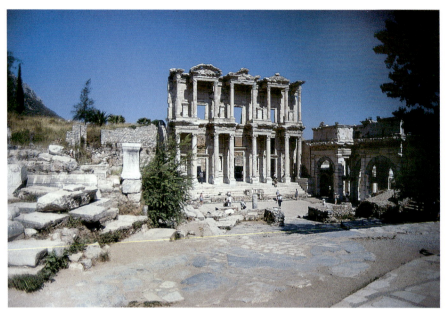

Bild 35: Ephesus: Celsus-Bibliothek (117 n. Chr.)

Bild 36: Ephesus: Mariengrab (7. Jh., Neubau 1951)

Bild 37: Smyrna: heute Izmir, Kirche des hl. Polykarp

Bild 38: Pergamon, Theater

Bild 39: Milet: Reste der antiken Hafenanlage mit Hafenmonument (1. Jh. v. Chr.)

Bild 40: Milet: Ionische Halle

Bild 41: Myra: heutiger Hafen von Myra

Bild 42: Myra: heutige Innenstadt

Bild 43: Myra: Kirche des hl. Nikolaus (8. Jh.)

Bild 44: Myra: Lykische Gräber (4. Jh. v. Chr.)

Bild 45: Kakteenpflanzen am Isthmos

Bild 46: Mohnfeld bei Hierapolis

Bild 47: Olivenbaum bei Korinth

Bild 48: Granatapfelbaum nahe Myra